베드로와 초기 기독교

사도행전 1-3장

베드로와 초기 기독교

사도행전 1-3장

유상현 지음

대한기독교서회

베드로와 초기 기독교

–사도행전 1–3장

2016년 6월 30일 초판 1쇄

지은이 / 유상현
펴낸이 / 서진한
펴낸곳 / 대한기독교서회
편집책임 / 하미자 · 정성수

등록 / 1967년 8월 26일 제1967–000002호
주소 / 서울시 강남구 테헤란로 103길 14(삼성동)
전화 / 출판국 (02) 553–0873~4, 영업국 (02) 553–0871~2
팩스 / 출판국 (02) 3453–1639, 영업국 (02) 555–7721
e-mail / cls1890@chol.com
edit1890@chol.com
http://www.clsk.org
facebook.com/clskbooks

직영서점 / 기독교서회
종로5가 기독교회관, 전화 (02) 744–6733, 팩스 (02) 745–8064

책번호 / 2189
ISBN 978–89–511–1847–0 93230

The Christian Literature Society of Korea, Seoul
Printed in Korea

* 책값은 뒤표지에 있습니다.

머리말

이 책은 사도행전 1-3장에 그려진 베드로의 활동에 관한 탐구다.

베드로는 초기 기독교 역사에서 문자 그대로 '독보적 존재'다. 신약성서 기록 가운데, 예수의 활동 기간을 기록하는 복음서와, 기독교 선교와 교회 활동 기간을 서술하는 사도행전 기록, 이 두 종류의 문서 속에 동시에 등장하여, 그 활동과 발언들이 묘사된 교회 지도자는 베드로 외에 찾을 수 없다. 신약성서 중 예수 시대와 교회 시대에 걸쳐 두루 활동했던 거의 유일한 인물이란 뜻이다. 그런 의미에서 베드로는 신약성서가 소개하는 등장인물 중 가장 인상 깊은 이미지를 일궈놓은 사람이라 말해도 지나치지 않다. 비록 예수의 공생애 이전 시기와 사도행전 15장 이후 시기에 그의 활동에 관한 명시적 묘사들이 신약 기록 가운데 나타나지 않고, 그 특정 기간 중 그의 역할도 확실히 알아내기 어렵지만, 복음서, 특히 사도행전에 묘사된 베드로의 모습은 사뭇 괄목할 만하다.

베드로의 활동은 사도행전 1-5장에 두드러지게 나타난다. 그 중 우리의 관심 영역인 처음 3장에 베드로와 관련된 중요한 사건들이 묘사되어 있다. 예수의 승천 이후에 유다의 빈자리를 채우게 될 맛디아 선출, 오순절 성령 강림, 베드로의 오순절 설교, 신자의 재산 공유, 태어날 때부터 지체장애인이었던 사람의 치유 기적, 그리고 그 치유와 연관된 베드로의 솔로몬 행각(行閣) 설교 등의 사건들이 연이어 제시된다. 이 모든 일은 하나같이 베드로가 개입되어 이뤄졌고, 그의 발언들, 활동들의 묘사가 단연 돋보인다. 베드로는 처음 기독교 새 역사 전개의 '태초'(太初) 국면에서 결정적으로 중요한 역할을 수행하는 대표, 우두머리의 모습을 보인다. 후세가 기억하는 기독교 시작 장면 모두에 베드로가 참여하여 사건의 진행을 이끈다. 처음 기독교 역사는 베드로가 주도하는 것이다.

이처럼 누가가 보여주는 베드로의 행적에 관한 사도행전 속 도합 3장의 기록에는, 저자의 필치가 불어넣은 그의 삶의 궤적이 '새겨져' 있다. 문자 그대로, 보이지 않는 문면 위에 글로 각인(刻印)된 베드로의 평면적 인물도가 거기 누워 있다. 저자의 글 속에 누워 있는 '누가의 베드로'에게 생기와 호흡, 살과 뼈, 감정과 이성, 사유와 행동을 불어넣는 '활성화' 또는 '활인화'(活人化) 작업이 바로 사도행전 해석의 과정이요, 그 과정의 끝에, 누가가 보낸 '베드로'가 종이와 글을 뚫고 '걸어 나오게' 된다. 거기에 성서해석자의 구명(救命)적 입김이 불어넣어진 것이라고, 그 인공호흡의 결과로 '누가의 베드로'는 '오늘의 베드로'로 또 다른 시공에서 재생하게 되는 것이라고 여기고 싶다. 그처럼 베드로가 살았던 역사적 '실제 시간'과 역사적 '실제 공간'을 누가의 텍스트 속에 주입시키려 노력함으로써, 저자가 애써서 어떤 특정 역사 속에 되살아나기를 바랐던 그 인물의 삶이 가능한 오롯이 '재활'되기를 바라는 것이다. 이것은 '역사적 베드로'의 '완전한 재생'을 의도하는 것이 아니다. 다만 '누가가 새긴' 베드로의 그림을 바라보며, 역사 속에 살았던 한 인물의 굴곡진 생애를 '입체적으로' 더듬어, 우리의 망막과 뇌리의 스크린 위에 투사시키고, 나아가 그 이미지가 '살아, 대화하는' 모습을 보고자 하는 것이다. 그러나 이런 노력의 결정적 한계가 있다. 누구나 알 듯, 초기 기독교 성장기의 베드로 활동에 관한 '여타 보고서', 곧 참조자료는 거의 없다시피 하다. 물론 요한복음 21:18-19에 베드로의 순교와 십자가 처형을 암시하는 내용이 있고, 로마에서 기록된

'클레멘트 1서'에는 바울과 더불어 베드로의 순교 사실이 제시된다. 이 문장들의 해석 논란은 차치하고 그 기록을 신뢰한다 하더라도, 그것들 이외 베드로 생애를 추적할 다른 자료를 찾기 어렵다.[1]

그 무렵 베드로의 생애를 이해할, 어쩌면 가장 이른 시기의 자료적 근거는 누가의 기록, 사도행전 외에는 찾기가 힘들다. 그러니 '초기 교회 역사의 맹아기'를 탐구하기 위해서도, 그 역사의 주인공인 베드로의 인물 연구를 위해서도, 사도행전 기록들이 품은 각종 사실(事實)과 의미의 굴착을 가능한 최대, 최선의 노력을 기울여 시도할 수밖에 없다. 누가의 서술에 관한 정밀한 주석 작업이 필수적이라는 뜻이다. 그 같은 과정에는 '역사적 상상력의 개입'과, '정당한 추론과 합리적 짐작'의 수단이라 이를 수 있는 여러 작업도구들, 연구방법들이 필연적으로 활용된다. 그러나 이런 '연구방법적용'이란 미명의 '추측 작업들'은, 엄밀히 말해 '가설들의 행진'이 되기 십상임을 또한 누구든 알고 있다. 따라서 주석이 찾아내는 저자의 숨은 의도, 감춰진 사실, 간과된 인과관계의 실체들이란, 기껏해야 '허용 가능한' 최대치의 역사 복원의 결과이거나, 아니면 '그나마' 저 정도로 성취한 대견한 실적임을 한계와 보람으로 자각하며 매진할 수밖에 없다. 특히 기독교 출범 이후의 베드로 생애와 활동을 탐색하려 하면, 거의 배타적으로 사도행전의 처음 보고 내용을 천착할 도리밖에 없다. 비록 그 문서가 오늘의 '사실성 충전(充塡)물'로서의 '객관적 역사' 이해와 상관없는 고대의 글월임이 분명하더라도, 그것 이외 달리 매달릴 자료의 벼랑이 없기 때문이다.

---

1 후기의 수다한 외경, 위경, 경외서 문헌들 중에 베드로와 관련된 문서들, 언급들, 암시들이 존재하는 것이 사실이다. 하지만 그들 기록과 언급들의 역사적 가치에 관한 논란이 심각하기 때문에 그에 관한 토론은 다른 논의의 마당을 필요로 한다. 이를테면, '베드로복음서, 베드로행전, 베드로와 안드레행전, 베드로묵시록, 베드로의 빌립에 보낸 편지' 등과 베드로 관련 언급들이 있는 '도마복음서' 문서 등에 관한 논의가 그렇다.

당연한 말이지만, 누가의 행전 첫 부분이 베드로란 한 인물의 전기와 위인전을 꾸미기 위해 기록된 것은 아니다. 그렇기 때문에 우리의 탐색도 베드로 한 사람의 활동과 발언에 집중하여 그의 일거수일투족을 뒤쫓을 수만은 없게 된다. 그렇게 되면, 그것은 자칫 베드로의 내면과 정신까지 더듬는 개인 심리에 관한 소설적 추궁으로 기울 가능성이 있기 때문이다. 적어도 우리의 연구는, '누가의 역사'에 관한 기본 신뢰를 전제로, 그가 제시한 만큼의 서술 범주 안에서 베드로의 행적을 고찰하는 데 국한하여야 한다. 실상 사도행전 저자의 서술 초점은 역시 하나님의 역사 이끄심, 기독교회의 성립과 발전 등에 모아져 있는 것이 사실이기 때문이다. 그러한 초기 기독교의 전개를 묘사해 나가는 과정에서 베드로라는 인물은 자연스럽게 등장할 수밖에 없다. 그의 역할과 위상이 간과될 수 없는 특별한 자리를 점했기 때문이다. 누가는, 베드로가 주도적으로 참여하고 이끌었던 초기 신자들의 활동이 확대, 진전될수록 그의 모습이 좀 더 뚜렷한 윤곽으로 자신의 역사 속에 새겨지도록 했다. 그래서 베드로를 중심에 놓고 그의 모습을 그리려 의도적으로 씨름하지 않아도, 누가의 기록을 따라 톺아보기를 계속하면 슬며시 그려지는 베드로의 그림이 있다. 그것은 주변을 압도하듯 떠오르는, 새로운 모임의 준수한 견인역(牽引役), 지도자 베드로다. 우리는 바로 이런 그림을, 직설적이거나 독점적인 베드로 추적의 형태가 아니라, 누가 글의 분석 끝에 자연스레 나타나는 베드로의 모습으로 그려나갈 수밖에 없다. 따라서 이 글은 베드로가 등장하는 누가의 각종 묘사 장면들을, 기록된 순서를 좇아 조밀하게 연구, 분석하는 방식으로 진행될 것이다.

이러한 사도행전의 기록들은 누가가 전하는 기독교 발생의 최초 기억들이다. 누가의 보고 이외에 그 같은 발생 초기 이야기를 전하는 다른 사례가 없는 상황에서, 그것들은 기독교 형성의 처음 이야기, 배타적 창립담화들로 '기독교적 기억'의 원형을 이룬다. 그 이야기들은 '기독교인'으로 자기 정체를 규정하는 모든 이들에게, 항구적 회고의 대상으로 그들 뇌리 속에 견고히 박혀 있다. 그것은 '그들 모임'의 시작 이야기가 아닌, '우리 교회'의 창설 이야기로 기억의 깊숙한 곳간에 자리 잡는다. 그리하여 모든 '보편교회'의 탄생설화로, 그 성원들에게 자신들의 궁극적 기원 이야기가 되어 상상의 양식들을 제공하게 된다. 기독교적 기억의 '모태회귀'는 사도행전의 바로 이 기록을 향해 언제나 곧바로 되돌아가는 것을 뜻한다. 어느 시대든 '신자'로 자처하는 모든 이들의 현재 사유는 바로 이 기억과 직결되는 것이고, 그렇기 때문에 누가의 이 부분 묘사는 '기억의 본향'이 된다.

그렇게 누가가 전하는 기독교의 성립, 그 발생의 시점에는 놀라움과 신기함, 환희만이 가득 찬 듯하다. 별다른 어려움, 박해, 억압이나 큰 곤란함이 없다. 이제 막 출발한 기독교의 발걸음은 오직 승리만을 구가하는 것 같다. 사도행전 1-3장 속의 사건들, 곧 예수 승천의 경이로움, 성령 강림의 신비함, 베드로 설교의 성공과 그 놀라운 성과, 유례를 찾기 힘든 재산 공유의 공동체적 성취, 지체장애인을 치유한 베드로의 기막힌 기적 행함 등은 어느 하나 흠잡을 데 없는 온전한 승전보(勝戰譜)다. 그런 사건들로 시작된 기독교의 최초 시기는, 어두운 그림자, 고난의 흔적은 예감조차 할 수 없던 밝은 세월로 감지된다. 이후 이룩될 교회의 역사가 간단(間斷)없는 수난으로 점철되고 있음을 감안할 때, 그러한 박해가 개입되기 이전, 기독교 원초의 역사에는 눈부신 성취만이 잇달아 나타나고 있음이 뚜렷하다. 마치 기독교는 '황금시대'를 먼저 겪고 난 후, 수난의 역사에 가담하는 것이 아니냐는 인상을 갖게 만든다. 그런 황금의 시기를 지나고, 사도행전 4장에 들어서면서부터(행 4:3) 초기 신도들과 지도자들은 지상 세력들의 도전에 직면하며, 유대인들, 각종 권력자들과의 대화와 대결의 험난한 일상을 살게 된다. 황금기는 길게 이어지지 않았던 것이다.

누가가 기독교인들이 이룬 새로운 역사를 기록했던 시대, 즉 기원후 80년대의 회고적 관점에서 보면, 처음 신도들이 발생했던 과거 특정 시기는 매우 놀라운 성취의 시절로 파악됐던 듯하다. 어쩌면 저자 당시로부터 거의 반세기 이전인 기원후 30년대에 새로 탄생한 '신도들의 모임', 그 자체가 예수의 수난과 부활이 있은 후 팔레스타인 땅에 새로이 내려앉은 '새 시대의 봄'을 의미한다고 보았을지 모른다. 이제 기독교인들, 나중 '교회'란 이름으로 불리게 될 새로운 공동체는 '유대땅의 봄' 또는, '예루살렘의 봄'을 꽃피운다는 인식이 누가의 내면에 의식 속에서든 무의식 속에서든 깔려 있었던 듯하다. 오순절이란 봄철에, 성령이 '불의 혀처럼' 강림하고, 그 불로 인해 '화염'(火焰)이 타오르듯 피워 올린 '새 시대'의 시작, 기독교의 서막은 계절의 생신함에 맞춘 듯 봄처럼 화사한 성공의 기록으로 채워져 있다. 그 첫 개막의 역사에서 베드로는 우뚝 선 신도들의 지도자로 불현듯 다가온다. 누가가 사도행전에서 그려주는 '위인'(偉人) 베드로는, 기독교의 봄, 그 짧았던 시절에 놀라운 위업으로, 마치 기독교 개막 계절의 화려함을 이끄는 전위처럼 나타난다. 그리고는 예수의 위대함을 '대체할 듯한' 선도자로 스승의 자리를 조심스레 채우며, 다가올 미래의 '절대적 미지(未知)' 앞에서 의연한 걸음으로 역사 속으로 걸어 들어가, 마침내 역사 자체가 되어 사라진다.

누가가 사도행전 벽두부터 전하는 베드로의 활동과 인물의 부조(浮彫)가 확연히 두드러진 것이 사실이지만, 과연 '역사적 베드로'의 실제 모습이 어떠했는지를 좀 더 자세히, 정확히 알기란 불가능하다. 이를테면 베드로, '제자요 사도요 순교자'라는 지칭으로 그의 정체를 요약한 바 있는 쿨만(Cullmann)의 고전적 연구[2]가 있다. 이런 개념들이 이 인물의 속성들을 그려내는 데 중요한 기여를 한다고 말할 수 있다. 하지만 엄밀한 의미에서 베드로의 생애, 그의 전기, 얼굴과 몸집을 가진 자연인 베드로의 삶을 '재현'해 낸다는 것, 특히 그의 역사 속에서의 성취와 구체적 업적, 활동, 역할 등을 정확히 추적한다는 것은 본질적으로 불가능하다. 처음 누가

2 Oscar Cullmann, *Saint Pierre, disciple, apôtre, martyr*(Neuchâtel et Paris: Delachaux et Niestlé, 1952).

가 보고했던 그대로, 제자들 중 수장(首長)으로서 명실상부한 '초대 교황'의 역할을 끝까지, 또는 어느 일정 시기까지 수행했는지도 알 수 없다. 더구나 애초 베드로의 등장 모습에서 예루살렘 신도들의 지도자 모습을 본 것처럼, 왜 끝까지 그의 위상이 유지되지 않았는지도 의아스럽다. 나중 사도행전 21장에 바울이 예루살렘에 도착했을 무렵 그곳 교회의 지도자로 예수의 친동생인 야고보가 등장한다. 그렇다면 그 어간, 즉 사도행전 처음과 사도행전 21장 사이의 시간에, 이 도시에서 무슨 일들이, 왜, 어떤 연유로 벌어졌는지 궁금하지 않을 수 없다. 사도행전 12:18을 끝으로 실제적 베드로 활동 보고는 끝나고, 사도행전 15:7에 스치듯 한 번 그 이름이 언급된 뒤로는 그의 종적은 사라진다. 이와 같이 사도행전 12장 이후의 누가의 '서술 공간'이든, 역사적 실제 시간이든, 그 사이 베드로가 사라졌는데, 그에게 무슨 일이 있었던 것인가? 야고보는 어떤 과정 끝에 베드로가 맡았던 그 수위(首位)의 자리를 대신 맡게 되었는가? 요컨대, 그즈음 베드로는 무슨 사정이 있어서, 어디서 무엇을 하고 있었는가? 이 문제야말로 초기 교회 역사 중 최대 미스터리 가운데 하나일 것이다. 베드로 추종자와 야고보 추종자 사이에 대립이 있었는지, 아니면 베드로가 어떤 알지 못할 계기에 의해 신망을 잃고 사라진 빈자리를 야고보가 자연스레 메우게 되었는지, 그 시간 사이에 벌어진 일들이 세력 간, 인물 간, 이념과 주장 간의 갈등으로 비롯된 알력이었는지, 아니면 형제적 협의와 양보에 의한 역할 교체나, 합리적 과업 분담의 결과, 그가 활동 근거지를 옮겨 다른 곳에서 새로운 일에 매진하게 되었는지, 자세히 알 수 없다.

도대체 누가는 왜 자신의 기록 속에서, 그 처음의 완연했던 지도자 베드로의 활약상은 고사하고라도, 그의 '후일담'(後日譚)이나 활동의 낙수(落穗) 정도도 언급하지 않은 채 자신의 글을 마감했는가? 더구나 그의 선교활동 중 있었을 승리와 좌절, 그의 최후에 관한 일화 등은 희미한 전설의 형태 이외엔, 언감생심 추측마저 쉽지 않을 정도다. 그렇다고 베드로가 초기에 순교했거나, 불의에 의한 사고로 활동을 하지 않은 것은 아니었다.

바울이 고린도전서(1:12, 3:22, 9:5, 15:5)나 갈라디아서(1:18, 2:9, 11, 12, 14)에 베드로의 존재와 활동에 관한 언급들을 명시하고 있는 것으로 보아, 그가 쉼 없이 선교를 계속했으리라는 것은 추측 이상의 사실임이 분명하다. 그러나 그 활동의 세부에 관한 한 거의 아무것도 알려져 있지 않다. 따라서 베드로에 얽힌 후세 사람들의 모든 정당한 궁금증들에 관한 한, 다만 추측과 가설의 형태로만, 물음의 형태로 된 대답만이 제시될 수 있을 듯하다.

하지만 이 같은 수많은 물음과, 또 답변 없이 무성한 추측만 나열됨에도 불구하고, 분명한 것이 하나 있다. 그것은 누가의 기록에 근거할 때, 그의 서술에서는 물론이고, 거기 반영된 현실 상황에서조차도, 베드로가 초기 기독교의 성립 시기에 어떤 중요한 역할과 지위를 확실히 행사했으리라는 점이다. 비록 그 모습이, 거의 영웅적 품새로 사람들 위에 압도적 권위를 행사하는 교회의 수장은 아닐는지 몰라도, 적잖은 권위, 분명한 지도력, 새 모임의 대표적 위상 등을 가진 사람으로 나름의 인상적 활동을 행했으리라는 추정에는 큰 이의가 없을 듯하다. 바로 그런 위상이 어떤 형태든 반영되어 나타난 것이 사도행전 1-3장까지 제시된 누가의 '초기 기독교 형성' 이야기다. 특히 누가는 오순절 성령 강림 사건을 다채롭고 극적인 묘사로 서술한 다음, 베드로의 오순절 선교 설교 이후 3,000명의 '신자수' 증가를 알린다. 누가의 글 속에서 베드로는, 이런 빛나는 활동의 결과, 초기 기독교의 주역으로 부각될 수 있었다. 게다가 성전 미문(美門) 곁에서 구걸하던 지체장애인을 기적적으로 치료했다는 누가의 묘사는, 베드로를 초기 선교 발전의 핵심적 지도자로 뚜렷이 기억하게 만든 결정적 기록이다. 이런 서술을 통해 베드로는 자연스레 초기 교회 리더십의 대표로서, 이 '누가 버전'의 기독교 초기 역사를 읽는 사람들에게 강렬한 이미지를 심게 된다. 그러니 이런 위인이 기록 속에서 사라지는 사태야말로 궁금증 이상의 의혹을 가질 수 있는 충분한 이유가 된다.

우리는 이 책에서 누가가 제시하는 문면의 순서와 안내를 따라, 위와 같은 기독교 창립의 일등 공신으로 사도행전의 저자가 그려주는 베드로의 행적을 연구할 것이다. 따라서 본서는 기독교 탄생의 '봄날'이라 일컬을 수 있는 그 시기, 어쩌면 성공과 놀라운 성취로 기억될 그 기간을 기록한 누가의 글(행 1-3장)[3]에 집중할 것이다. 사실 바로 이어서 전개되는 사도행전 4장 이후 기독교 전개의 상황이 성공, 성취가 없는 것이 아니다. 베드로가 주된 역할을 수행하는 행전 부분(행 12장까지)만 보더라도, 적잖은 박해와 어려움이 빈발하고 있지만, 그럼에도 불구하고 전체 사건의 흐름은 성공적인 기독교 확대의 기록이라 말해도 지나치지 않다. 그러나 그중에도, 사도행전 1-3장은 아무런 외부 제약과 도전, 물리적 장애가 없는 온전한 기독교 승리의 기록이다. 물론 벽두부터, 그 누구도 기독교의 정체를 알 수 없는 상황에서 고통스런 시작으로 '기독교 운동'이 출발했을 가능성도 적고, 그런 출발을 한다는 것이 자연스럽지도 않을 것이다. 하지만 그럼에도 누가의 묘사는 단순히 '고난 없는 출발' 정도가 아니라, '대성공의 출발'로 그려나가고 있다는 점이 주목된다. 우리는 이런 성공적 출발을 알리는 부분까지, 짐짓 거기까지만 본서 연구의 범위로 삼고자 한다. 그처럼 사도행전 1-3장의 내용은 이어지는 4-5장과 대비된다. 즉, 사도행전 4:1-31의 '베드로 체포와 산헤드린 앞 출두' 기록, 그리고 사도행전 4:32-5:42의 '아나니아와 삽비라 부부의 죽음과 사도들의 체포' 등 사건들에 포함된 '박해와 고난'은, 사도행전 1-3장의 '성공'과 뚜렷이 비교된다는 것이다.

따라서 우리가 1-3장을 연구 범위로 설정한 것은, 이 구분이 사도행전 서술의 윤곽에서 구조적 단락의 변화나, 내용상 중대한 전환의 계기를 보여주기 때문이 아니다. 그보다는 위와 같은 '성공'과 '박해'의 관점에서 '편이적 구분'을 임의로 도입한 것일 뿐이다. 물론 베드로에 관한 누가의 그림은 거기서 이어져 사도행전 4-12장, 그리고 15장에서의 마지막 출현

3 정확히는 행 1:15에서 행 4:1-4까지.

까지 계속된다. 그 기록들 속에서 베드로는 여전히 중요 주인공으로 남게 된다. 그러나 그 부분의 탐구를 이 책에서 다룰 겨를은 없으므로 그것은 다른 기회를 기약해야 한다.

이 책이 제시하고 있는 신약성서의 본문들은 모두 저자가 그리스어 신약성서[4]에서 사역(私譯)한 것들이다. 본 저자는 이미 다섯 권의 사도행전 연구서적을 저술, 간행한 바 있다.[5] 그 책들이 본서를 읽는 데 혹시 참고가 되고, 도움이 될 수 있기를 기대한다. 앞서 출간된 저자의 다른 여러 연구서와 마찬가지로, 이 책의 출판을 위해 대한기독교서회의 여러분이 많은 애를 써주셨다. 열악한 우리의 출판 환경에서, 이런 연구서의 출간이 적지 않은 희생과 용기를 필요로 하는 일임은 익히 아는 바다. 그런 여러 제약을 무릅쓰고 간행을 결정하신 대한기독교서회 서진한 사장님께 깊은 감사를 드리며, 하미자 차장님과 정성수 과장님에게 고마운 마음을 전한다.

2016년 3월
연세대 신학관 연구실에서
유상현

---

4 Institute for New Testament Textual Research, *Novum Testamentum Graece: Nestle-Aland*, 28th edition(Stuttgart: German Bible Society, 2012).

5 유상현, 『사도행전 연구』(서울: 대한기독교서회, 1996); 유상현, 『바울의 제1차 선교여행』(서울: 대한기독교서회, 2002); 유상현, 『바울의 제2차 선교여행』(서울: 대한기독교서회, 2008); 유상현, 『바울의 제3차 선교여행』(서울: 대한기독교서회, 2011); 유상현, 『바울의 마지막 여행』(서울: 동연, 2014).

차례

제5장 베드로의 장애인 치료(행 3:1-10)

제6장 베드로의 솔로몬 행각 설교와 그 결과(행 3:11-4:4)

제1장

맛디아 선출과 베드로[1]

(행 1:15–26)

I. 서언

사도행전(1:15–26)에 의하면 유다의 배반 이후, 그의 빈자리를 채우는 일이 이뤄졌다. 그런데 그 공석을 메우는 과정에서 주목되는 것은, 그 작업이 베드로의 주도에 의해 이룩되었음(행 1:15)을 명시하고 있다는 점이다. 이런 방식을 통해 사도행전 서술공간에서 베드로가 공식적, 공개적으로 처음 등장한다. 행전 기록에서 그의 활동이 본격적으로 시작되는 사건은 다름 아닌 맛디아 선출이었다. 이 사건과 관련하여 사도행전의 베드로는 최초로 자신의 연설을 시작했을 뿐 아니라, 누가에 의해 자신의 발언이 소개되는 최초의 초기 기독교인이 되었다. 물론 앞서 사도행전 1:4–8에 부활한 예수의 발언이 소개되고, 사도행전 1:11에 천사의 말도 나타나긴 하지만 '기독교 지도자'의 연설로는 베드로의 발언이 맨 처음 나타난다. 그의 연설을 통해 유다의 죽음에 관한 사실들, 그의 자리를 메우는 문

1 이 장(章)의 처음부터 유다의 죽음과 관련된 논의 부분까지는, 저자가 "유다의 죽음"(「신학논단」 70, 2012, 135–164)이라는 제목으로 발표된 글을 수정, 보완한 것임.

제 등이 거론되고, 이어서 맛디아가 선출되는 내용이 소개된다.

아래의 제1장은 사도행전 1:15–26에서 누가에 의해 진술된 맛디아 선출 관련 기록 중에서 베드로의 연설, 그리고 맛디아 선출과 관련하여 제기되는 제반 문제들에 대한 고찰이다.

II. 베드로 연설과 맛디아 선출

누가는 자기 작품의 서문으로 간주될 사도행전 1:1–5에서 부활한 예수의 활동과 발언을 짤막하게 소개하며, 제자들에게 성령 세례가 임할 것이라는 예수의 말씀을 전한다. 그런 후 예수의 승천 장면(행 1:6–11)을 묘사한 다음, '그들'(행 1:12)로 지칭된 제자들이 '올리브 산'에서 예수 승천 장면을 목격한 후 성 안으로 들어와, 어느 '다락방'에 모였다고 한다. 그곳에서 그들은, 다른 여자들과 예수의 어머니와 동생들과 함께 기도했다고 진술한다.(행 1:14) 이런 묘사 이후 나타난 것이 바로 유다를 대체한 맛디아 선출 장면(행 1:15–26)이다. 이를테면 '승천 기록'과 예수가 예견한 '성령 강림'(행 2:1–13) 묘사 사이에 맛디아 관련 기록이 자리 잡고 있다. 이 같은 '승천, 맛디아 선출, 성령 강림'의 서사 흐름을 유념하며 베드로의 등장과 맛디아 선출의 내용을 더듬어 봐야 할 것이다.

맛디아 선출 관련 기록인 사도행전 1:15–26은 대체로 다음과 같은 내용구조로 이뤄졌다.

1) 저자의 설명–베드로 소개(행 1:15)
2) 베드로 연설(행 1:16–22)
   (1) 유다의 죽음(행 1:16–19)
   (2) 예언–시편 인용(행 1:20)
   (3) 공석 채우기 제안(행 1:21–22)

3) 맛디아 선출(행 1:23-26)

1. 전제: 열두 제자들

이 같은 구조를 갖는 맛디아 선출 관련 기록의 흐름에서 특이하게 눈에 띄는 것이 있다. 베드로와 맛디아의 언급 이전에, 누가는 가룟 유다를 제외한 예수의 제자들, 소위 '열둘'의 명단을 상세히 제시(행 1:13)하고 있다는 것이다. 그 명단을 이처럼 제시하는 이유가 '열둘'이란 그룹이 갖는 독특한 의미와 중요성을 강조하는 데 있음은 자명하다. 그런 중요성 강조에 근거하여 유다를 대체하는 맛디아를 선출하게 되는데, 이 명단 제시가 그 선출 내용 진술을 위한 '사전 포석'의 의미를 갖는 점 역시 간과될 수 없다. 사도행전 1:13에 수록된 그들의 명단은 다음과 같다. "베드로와 요한, 야고보, 안드레, 빌립, 도마, 바돌로매, 마태, 알패오의 아들 야고보, 셀롯인 시몬, 야고보의 아들 유다"가 그 이름들이다. 이들 중 사도행전의 주요 인물로 뚜렷이 등장하는 베드로와, 사도행전 3, 4, 8장에 출현하는 요한, 사도행전 8장에 묘사된 빌립, 사도행전 15장의 야고보 행적을 제외하면, 그 외 다른 일곱 인물의 활동은 저자에 의해 소개되지 않는다.

이들 '열둘'의 리스트는 신약성서에 마태(마 10:2-4), 마가(막 3:16-19), 누가-행전(눅 6:14-16, 행 1:13)에 도합 4개가 실려 있다. 그 명단들 사이에 약간의 차이가 있다. 등장 이름들이 순서나 호칭 등에서 다소의 상이점들을 보인다는 것이다. 누가는 '가나안 사람 시몬'(마가, 마태)이라는 지칭 대신에, '셀롯인 시몬'이란 명칭으로 기록한다. 그러한 변경, 또는 차이의 이유를 분명히 알기는 어렵다. 여러 추측들이 제시되는데, 이를테면 마이어(Meier)의 경우, 누가가 '히브리어, 또는 아람어' 단어를 자기 작품 속에 기록하기를 꺼렸던 탓에 이런 변경을 낳았을 것이라 보기도 한다.[2]

---

2 John P. Meier, "The Circle of the Twelve: Did It Exist during Jesus' Public

물론 이런 추정 역시 확실한 근거가 있는 것은 아니다.

그런데 그런 '사소한' 차이 말고, 심각한 문제가 있다. 제자의 이름 하나가 전혀 다르게 등장하는 것이다. 일단 누가복음 6:14-16과 사도행전 1:13은 모두 같은 이름들을 열거하고 있음이 확인된다. 그러나 누가-행전에서 '야고보의 (아들) 유다'(Ioudas Iakōbou)라고 지칭된 이름은 마태-마가에선 찾을 수 없고, 그 대신 '다대오'란 인물이 등장한다. 이 차이의 이유를 밝혀, 해명하는 일은 쉽지 않다. 가장 단순하고도 쉬운 설명은, 같은 사람의 이름이 다르게 불렸다는 해명일 것이다. 물론 이런 추정도 전혀 근거 없는 것으로 일축할 수는 없지만, 이것이 지나친 편의주의적 발상의 소산이거나, 성서 본문상의 상이점을 조화시키려는 의도에서 비롯된 것이 아닌지 묻게 된다. 또, 너무나 뚜렷한 이름의 차이가 드러난다는 점에서 누가가 마가의 그것과는 전혀 다른 자료를 활용했을 것이라는 유추도 가능하다.[3] 그렇다 해도, 왜 '다대오'가 아닌 '야고보의 유다'가 등재되었는지 그 이유를 정확히 알 수는 없다.

아니면, 또 다른 가능성들을 지목할 수 있다.[4] 즉, 후기 교회에서 '열둘'의 권위가 퇴색되어 그들의 이름조차 제대로 기억될 수 없던 사정과, 그에 따른 상이한 전승에 의해 제자 명단이 '잘못' 전해졌기 때문에 이런 오류가 발생한 것으로도 볼 수 있다. 또는 예수가 설교여행을 2년 남짓 펼쳤다고 할 때, 그 어간에 한 제자가 스스로 예수 추종 그룹을 떠났을 가능성도 있을 것이고, 예수에 의해 쫓겨났거나, 질병 또는 죽음 등의 이유로 결원이 생겼다고 하면, 그 제자가 다른 사람으로 대체되는 과정에서 이 같은 이름이 바뀌는 결과를 낳을 수 있었을지도 모른다.[5] 그러나 이 모든 추

Ministry?," *Journal of Biblical Literature* 116(1997), 650.

3 *Ibid.*, 652.

4 여기 제시된 것들은 마이어가 조사한 몇 가지 해명을 소개하는 것이다. John P. Meier, "The Circle of the Twelve: Did It Exist during Jesus' Public Ministry?," 648.

5 *Ibid.*

정은 그럴 법한 상황을 가설적으로 구성해 본 것이지 어느 하나도 신빙성 있는 해명으로 간주될 수는 없다.

'야고보의 (아들) 유다'라는 인물은 누가의 기록 중 이곳 외에는 단 한 번도 다시 언급되지 않는다. 요한복음 14:22("가룟 유다가 아닌 다른 유다")에 어떤 '다른 유다'란 인물이 등장하여 예수께 질문하는 모습이 그려져 있다.[6] 이 '유다'가 누가-행전 속 '열둘' 중 하나인 제자 '유다'와 동일인인지 확인할 길은 없으나, 그렇지 않다고 주장할 이유도 없다.[7]

한편, 이 명단과 관련하여 '열둘'의 역사성, 즉 그들의 '각별한' 존재가 예수시대에까지 소급될 수 있느냐의 논의가 제기될 수 있다. 이 논의 속에는 이 '열둘' 개념이 예수에게 닿을 수 있느냐는 사실과, '열둘'의 '실체와 집단적 활동'이 예수 시대까지 소급될 수 있느냐는 사실은 구분될 수 있다는 토론이 포함된다. 따라서 '열둘'의 존재 관련 주제 역시 매우 복잡한 양상을 띨 수밖에 없다. '열둘'의 존재마저 허구로 돌리는 이해로부터, 그 존재의 역사성에 신뢰를 주는 이해까지 다양한 주장이 제기된다.[8] 이에 관한 상세한 논의를 계속할 수는 없을 것이고, 다만 마이어가 언명했듯이 예수가 자신의 주변에 매우 헌신적인 제자 집단을 가졌다는 것은 예수 생애 관련 가장 확실한 역사적 사실이라는 점,[9] 그리고 그 중 가까운 '열둘'이 예수의 초기 선교시기 이미 확립된 핵심적 제자들이었으리라는 점을 강조할 필요는 있다.[10] 샌더스가 제시했듯,[11] '열둘'이라는 예수를 따르는 특

---

6 요한복음서에는 '열둘'의 명단이 제시되지 않는다. 다만 베드로, 도마(요 20:24), 유다만이 '열둘'에 속한 인물로 명시된다.

7 이 이름이 사본에 따라 '가나안인 유다', '도마' 등의 이름으로 달리 등장하기도 한다. 참고. C. K. 바레트, 『요한복음 II』(서울: 한국신학연구소, 1985), 300.

8 예컨대, E. P. 샌더스, 『예수운동과 하나님나라』(*Jesus and Judaism*), 이정희 역(서울: 한국신학연구소, 1997), 187-201에 이런 논란들이 소개된다.

9 John P. Meier, *A Marginal Jew: Rethinking the Historical Jesus*, vol. 3(New York: Doubleday, 2001), 41-47.

10 *Ibid.*, 128-147.

11 E. P. 샌더스, 『예수운동과 하나님나라』(*Jesus and Judaism*), 187-191.

수한 집단이 있었다는 점을 시사하는 고린도전서 15:5('그는 게바에게, 다음에는 열둘에게 나타나셨다'), 마태복음 19:28('나를 따르는 너희도 열두 보좌에 앉아 이스라엘 열두 지파를 심판할 것입니다')의 두 구절은 분명한 전승적 기초를 갖고 있는 것으로 볼 수 있을 것이다. 이에 덧붙여서, 샌더스가 인정한 바대로, '열둘'의 명단이 복음서 모두 동일하지 않다는 점도, 오히려 그 불일치 자체가 그들 이름을 정확하게 기억하지 못한 상태였지만 '열둘'이라는 개념이 확고하게 정착되었으리라는 사실, 즉 그 불일치가 그 존재에 대한 반박 증거가 아니라, '열둘'이란 집단이 예수 선교 기간에 이미 존재했음을 설명해준다는 이해를 가질 만하다.[12] 또한 마이어의 경우, 마가, 요한, 바울, 누가자료, Q 등의 여러 '자료들' 그리고 각기 다른 '서술양식들'(Forms: 서사문–마가/요한, 어록–Q/요한, 명단–마가/(아마도)누가자료, 신조형식–고전 15:3–5)의 근거들을 통한 '복수 입증(multiple attestation)의 기준'을 통해 검토할 때, '열둘'의 존재가 초기 교회의 작위(作爲)에서 비롯됐을 것이라는 주장은 순전한 억측에 불과할 뿐이라고 보는데,[13] 그 주장에 신빙성이 있다고 평가된다.

그렇다면 왜 굳이 거기, 그 장면, 예수 승천 직후 예루살렘에 귀환한 장면에, '열둘'의 이름이, 바로 이 순서로 나열되었는가? 그 이유를 묻지 않을 수 없는데,[14] 그 가장 간단한 답변은, 위에서 간략히 언급했듯이 유다의 빈자리를 채우기 위한 서술상의 포석을 위해서 명단이 제시됐다는 것이다. 즉, '대체될 유다'가 어떤 사람들 사이에서, 어떤 위치와 역할을 맡았었는지를 밝힐 필요가 있었기 때문에 이 명단이 제시되었다는 것이다. 이들에게는, 예수의 지상 활동 중 그와 더불어 동고동락했음은 물론이거

12 *Ibid.*, 192.

13 John P. Meier, "The Circle of the Twelve: Did It Exist during Jesus' Public Ministry?," 643–663.

14 이와 관련, 이 글의 아래에서 '맛디아 선출의 의미'에 관한 논의 중 다시 다루게 될 것이다.

니와, 예수의 승천을 목격한 사람들이고, 함께 모여 추후 벌어질 '오순절 사건'의 참여, 목격자로 새로운 기독교 운동의 지도자로 간주될 중요한 구실과 자리를 갖게 될 인물들이었다는 암시가 모아져 있다. 유다를 포함한 그들의 중요성이 환기되어야만 '맛디아 대체'의 명분이나 의의를 확보할 수 있고, 그 대체가 갖는 의미를 높일 수 있게 된다. 그런 이유로, 복음서 초반에 초기 기독교 활동보고 이전, 예수 시대의 동반자들이 거명된 것과 같이, 그 동일한 인물들이 사도행전 초입에 이름과 함께 거명됨으로, 두 시대를 잇는 '인물들', 즉 예수 시대와 그 이후 시대 지도부의 동질성, 계속성을 드러내려 한다. 그리하여 시대를 이어 계속되는 '구속사'의 연결을 확보함은 물론이요, 앞으로 전개될 기독교 활동의 본질이 예수 활동의 본질과 그 심층에서 연결되어 있음을 보이려 한다. 바로 그런 맥락에서 유다의 존재를 거론하고, 그의 유고(有故)를 환기시킬 이유가 있다.

그러면 명단의 '순서'는 왜 이런 식으로 제시됐는가? 여기에는 일종의 '중요성의 정도'가 감안되어 열둘의 순서가 매겨졌을 수 있다. 물론 앞에서 언급했듯이, 자료에 따라 다른 순서들이 등장하고, 명단 내용도 약간의 차이가 나타나는 것으로 보아, 그 순서가 단일하고 확정적인 것은 아니었을 것이다. 그렇더라도 각 자료의 관점에서 파악한 중요도가 그 순서 속에 반영되었을 것이라는 추측은 자연스럽다. 여하튼 위에서 지적했듯이 여기 등장하는 누가의 '열둘' 명단(행 1:13)은 마태(마 10:2-3), 마가(막 3:16-19)의 명단들과 다소 다르며, 누가 자신의 복음서 명단(눅 6:14-16)[15]과도 다른 순서가 등장한다. 우선 지적할 것은, 사도행전에 등장하는 제자들의 이름 순서가, 다른 곳의 명단과 상이하다는 점이다. 이런 이름 순서의 차이에서, 각 자료의 저자가 파악한 '중요성' 말고, 그 외의 심각한 신학적, 서술상의 이유가 있다고 보기는 어려울 것이다. 저자가 앞선 자료를 취합,

15 '베드로, 곧 시몬과 그 형제 안드레, 야고보, 요한, 빌립, 바돌로매, 마태, 도마, 알패오의 아들 야고보, 셀롯이라 하는 시몬, 야고보의 아들 유다, 배반자가 될 가룟 유다.'

정리하는 가운데 편의상의, 또는 문체와 기록의 용이함과, 각 저자가 부여한 '중요도'에 따르는 이유로 이런 순서로 제시되었을 듯하나 그 정확한 사유를 밝힐 수는 없을 것이다. 아마도 같은 저자인 누가에게서, 복음서와 사도행전 사이 명단 순서의 차이가 나타나는 것은 각 작품의 저술 시점에 참고했던 자료가 달랐거나, 자신의 기억에 차이가 있었을 수 있다. 그렇더라도 두 저술에 나타난 순서는 각 시점에 저자가 이해한 '중요도'에 따른 결과일 것이다.

2. 저자의 개입 – 베드로 소개(행 1:15)

1) 베드로 등장

누가는 '열둘' 중 하나였던 유다를 대체할 인물을 새로 뽑는 과정을 묘사하면서 그 과업을 이루는 주도적 인물로 베드로를 내세운다. 예수 승천 이후, 그를 따르던 추종자 그룹 중에서 '예수 부재'의 상황을 메우며, 그의 지도력을 대신하는 인물로 베드로가 처음 등장한 것이다. 이를테면 '새로운 지도자' 베드로가 역사의 무대 전면에 출현함을 알리는 셈이다.

베드로의 등장과 관련하여, 누가가 자신의 복음서에서 이미 노출했던 그에 대한 관심과 비중을 검토하는 것은 사도행전에서 펼치게 될 베드로의 활동에 관한 전 이해에 도움이 된다. 누가는 예수가 베드로를 부르는 독특한 장면(눅 5:1–11)과 제자들을 대표하여 베드로가 예수에게 발언하는 일련의 모습들(눅 8:45, 9:20, 33, 12:41, 18:28)을 보여준 바 있다. 또한 저자가 누가복음 22:32에 표현한 대로, 예수가 베드로를 위해 특별한 기도를 했다는 언급("내가 너를 위해 네 믿음이 떨어지지 않기를 기도했다")과, 베드로에게 "너는 돌이킨 후에 네 형제를 굳게 하라"는 각별한 당부를 전하는 등의 모습들은 베드로를 배려하는 누가의 관심을 반영한다. 게다가 누가는 다른 복음서들과 달리, 사도 중 베드로만 예수 부활 이후 빈 무덤을 찾아가 남아 있던 세마포를 발견하는 장면을 보인다.(눅 24:11–12) 아울러 누가의 글에서 다른 사도들과 여러 사람들은, 예수가 살아난 다음 "시몬에게 나타나셨다"(눅 24:34)는 말을 함으로써 베드로를 부활의 증언자로 내세우고 있는 모습이 돋보인다. 이처럼 베드로에 관한 누가의 관심이 그의 전(前) 작품에 반영되어 나타나는데, 그런 인물이 새로운 지도자의 풍모를 보이며 사도행전에 등장하는 국면이 하필이면, 일종의 '인사'(人事) 관련 자리 메우기, 즉 맛디아 선택이란 점이 이채로운 것이다.

사도행전 저자의 맛디아 선출에 관한 보고는 다음과 같은 서술로 시작한다.

> 그 즈음에 형제들 가운데서 베드로가 일어나 말하였다. 그런데 함께 모인 무리의 수가 백이십 명쯤 되었다.(행 1:15)

15절의 이 기록은, 아래에 등장하게 될 23, 26절과 더불어, 저자가 서술 속에 직접 개입해 들어와 설명하는 방식으로 제시된 것이다. 이것은 단락의 구조를 균형 있게 살려나가는 섬세한 서술방식으로 지적된다.[16] 이런 누가의 묘사는 앞서 기술했던 예수의 승천 관련 보고에 이어서 제시되는 설명이다. 저자는 부활한 예수가 40일 동안 사도들과 함께 머물다가, 그들이 보는 앞에서 승천했음을 전한다.(행 1:3-11) 그런 후, 베드로를 비롯한 11명의 제자들은 예루살렘에 돌아와 어느 다락방에서, 마리아, 예수 동생들, 여타 여인들과 함께 '기도'에 힘썼다는 것이다.(행 1:12-14) 바로 이런 기록에 이어서 등장하는 것이 맛디아 선출 관련 단락이고, 그 첫머리에 위의 15절이 제시되고 있다.

이 단락을 시작하는 "그 즈음"이라는 시간 지시어는 누가의 시간계산법에 의하면 몇 가지 사건의 연쇄 위에서 독특한 위치를 차지한다. 누가에

---

16 Etienne Trocmé, *Le 'livre des Actes' et l'histoire*(Paris: Presses Universitaires de France, 1957), 199.

의하면, 예수는 유월절 어간에 수난 받고 부활한다. 그리고는 부활 이후 40일을 지상에 머물다가 승천한다.(행 1:3) 그런 다음 여기 본문에 등장하는 '그 어떤 무렵'에 관한 언급이 나오고, 다시 '오순절 사건'(행 2:1) 관련 묘사가 이어진다. 다시 말해 유월절 이후 예수 승천 활동 40일이 지나고, 50일이 지난 오순절 집회에 대한 기록이 나타난다. 그렇다면 여기 15-26절까지 이어지는 단락 묘사가 벌어진 시기는 10일(50-40=10일) 사이의 어느 날에 발생했다는 추측이 가능하다. 즉, 이 기간은 묘사상의 산술에 비춰볼 때 예수가 승천하여 없고, 성령이 강림하기 이전이라 비어 있는 열흘,[17] 그 미묘한 '부재와 공백의 기간'에 벌어진 사건들을 이런 시간의 눈금을 통해 제시하고 있다.

2) '120명': 기독교 성장의 계량적 파악

'백이십'의 숫자를 말하는 15절의 내용("그 즈음에 형제들 가운데서 베드로가 일어나 말하였다. 그런데 함께[18] 모인 무리의 수가 백이십 명쯤 되었다.")은 저자가 직접 개입하여 설명하는 소위 '방백'(傍白, aside)의 행태를 띠고 나타난다. 이런 저자의 육성에 의한 직접 개입을 통해 '120명'이란

---

17 Arie W. Zwiep, *Judas and the Choice of Matthias*(Tübingen: Mohr Siebeck, 2004), 129. 이 10일을 '연결'로 이해할 것이냐 '갭'으로 이해할 것이냐의 논의는 별로 의미가 없다. 분명한 것은, 10일의 '공백기'가 발생했다는 점에 변함이 없다는 것이다.

18 여기서 '함께'로 번역한 'epi to auto'란 표현은 문자 그대로 이해할 경우 매우 생경한 표현이 된다. '그 자체 위에서'(on the thing itself) 정도로 번역될 직역은 따라서 문맥에 맞지 않는다. 우리말 번역본들은 대개 이 세 단어로 된 표현을 살려 드러내지는 않는다. 번역자들은 주로 '함께'('together', NRSV, NASB, ASV 등)라는 '사회적 의미'로 번역한다. 하지만 그리스어의 뉘앙스를 살려 '무리를 이루어' ['former un bloc', Edouard Delebecque, *Les Actes des Apôtres*(Paris: Les Belles Lettres, 1982), 5], '그룹으로'('un groupe', *Traduction Oecuménique de la Bible*)로 번역하든가, 원문 표현을 '공간적 의미'로 읽어 '그 장소에서'('dans cet endroit', *La Bible: Nouvelle Traduction*)로 옮기는 예도 있다.

숫자를 특정하여 말하는데, 이것은 저자(진술자)의 사건 전개 이해 정도를 드러내는 능력, 이를테면 저자의 신뢰도를 높이는 효과를 낳는다.[19] 저자가 당시 상황에 관한 분명한 정보를 가지고 있는 듯한 인상을 주어 신뢰와 권위를 높이는 구실을 한다는 것이다. 물론 여기 '120'이라는 숫자가 어떻게 나타났는지에 관한 논의가 없는 것은 아니다. 비록 본문 전후에 등장했던 인물들(13-14절: 열두 제자들, 몇몇 여인들, 예수의 모친과 가족 등)의 도합이 '120명'에 훨씬 못 미치는 수효인 듯하나, 어쩌면 실제 모인 사람의 숫자도 그쯤 됐을 것이라는 추측도 불가능하진 않다. 아니면, 이 숫자도 저자가 활용한 기존자료에서 비롯됐을 것이라는 추측도 제기된다.[20] 이런 추측 말고도, 이를테면 당시 '회당'의 기도 모임에 필요한 최소 인원이 유대인 남자 10명인데, 거기에 12제자의 수를 곱하면 120명이 될 것이라는 '수학적' 짐작은 그럴듯하기보다는 억지스럽다. 왜냐하면 사도행전 1:14에 '여자들과 예수의 모친' 등 '여성들'이 포함된 것으로 진술하고 있기 때문이다. 하지만 정확한 법적 개념으로 남자 10명을 염두에 두었다기보다는, 초기 기독교 생성의 중핵 인물들을 소개하는 과정에서 '12'란 유대인의 풍부한 상징성이 포함된 숫자를 '10'명 단위에 적용시켜, 첫 모임과 관련지으려 했던 의도가 이 수효를 언급하는 저자의 기록 배후에 자리잡았을 수도 있다고 본다면 그것도 나름의 일리는 있을 듯하다.[21] 그 정확한 사정이 어떠했든, 누가는 처음 기독교인 모임에 참여한 사람들이 '상당

---

19 Steven M. Sheely, *Narrative Asides in Luke-Acts*(Sheffield: JSOT Press, 1992), 120.

20 Joseph A. Fitzmyer, *The Acts of the Apostles: A New Translation with Introduction and Commentary*(New York: Doubleday, 1998), 222; Charles K. Barrett, *A Critical and Exegetical Commentary on the Acts of the Apostles*, vol. I(Edinburgh: T&T Clark, 1994), 95. 모든 난점들을 자료 탓으로 돌리는 것이 잘못은 아니나, 본질적으로 규명되기 어려운, 지나치게 손쉬운 해명이다.

21 Daniel Marguerat, *Les Actes des apôtres(1-12)*(Genève: Labor et Fides, 2007), 60.

한 수효'의 인원들로 이뤄졌음을 알린다.

한편, 이처럼 저자가 사도행전에서 처음으로 '무리의 숫자'를 밝히는 점은 흥미 이상의 관심을 불러일으킨다. 누가의 글이 계속될수록 이런 기독교인 모임의 숫자가 점차 확대되고 그 수효가 불어나고 있기 때문이다. 즉, 누가가 자기 작품에서 보여주는 '교인 숫자 확대 모티프'는 사도행전 1:2에서 제자들 숫자가 12(또는 11)명으로 시작된다. 그것이 여기 본문에서 120명으로 커지고, 사도행전 2:41에서는 3,000명으로, 그리고 사도행전 4:4에서 5,000명, 마침내 사도행전 21:20에서 '10,000'명[22]으로 점차 확대되는 양상을 보여준다. 누가는, 시간이 지나 기독교 선교의 영역이 넓어질수록 기독교인 모임의 숫자가 점증적으로 불어났다는 이해를 가졌던 듯하다. 그리고 그것이 이러한 숫자 확대 동기를 통해 표출된 것으로 볼 수 있다.[23] 이를테면 시간이 지날수록 선교의 진전을 이루게 되고, 그것은 숫자의 확대를 통한 발전, 또는 진보의 결과로 나타났다는 이해를 가졌다는 것이다. 따라서 누가가 사도행전을 기록하는 시점에서 지난 과거를 회고하는 감회의 속성은, 그러한 초기 기독교의 전개를 '수효의 성장'이라는 계량적 각도에서 관찰했다는 점이다.

여기서 이런 기독교 현상의 '계량적 파악'을 통해 지적해야 할 것은, 예수 승천 이후 기독교의 전개를 점검, 반추하면서 누가는 그것을 '발전'의 측면에서 조망했다는 점이다. 저자는 기독교의 '출범' 이후 반세기 동안 성장, 발전했다는 확고한 의식이 있었던 듯하다. 그리고 기독교 발전의 성격을 드러내면서 누가는, 그 발전 내용을 교인들의 내면적 성숙이나, 주

22 거기 사용된 그리스어 'murias'란 말은 정확히 말해 숫자 '10,000'을 가리키지만, 커다란 수효를 뜻하는 '수많은'이란 뜻으로도 새길 수 있다.

23 물론 이런 식의, 숫자를 통한 이야기 정리는 그리스 산문의 형식적 특성 중 하나였다는 지적도 있다. Joseph A. Fitzmyer, *The Acts of the Apostles: A New Translation with Introduction and Commentary*, 98. 이에 해당하는 작가들을 열거함.

변인의 이해와 평판의 호전, 또는 자의식의 성장과 같은 '정성(定性)적' 시각에서 접근하지 않았다. 누가에게 기독교 발전의 '기준'은 가시적 수효의 확대에 근거한 '양적 성장'에 맞춰져 있었다. 어쩌면 기독교의 양적 확대가 질적 성장의 기초요, 출발이라는 인식이 이런 묘사를 불러일으켰을지도 모른다.

3. 베드로 연설(행 1:16-22)

1) 모임: 기독교 운동의 사회적 실체

이 구절들은 예수 승천 이후 새로 시작된 기독교 운동의 '모임' 모습을 보고한다. 즉, 기독교가 집단적 '모임'의 형태로 사람들을 회집하여, 어떤 의도된 '행위'를 이루려는 것을 보여주는 첫 장면 묘사다. 이를테면 기독교가 사회적, 공동체적 실체로서 집단적 자기 구현을 이루는 '역사적', 또는 '뜻 깊은' 그림 하나를 '처음으로' 제시하고 있다는 것이다. 그런데 이런 장면을 서술하면서 저자는 과도한 '생략'의 방책을 펼친다. 달리 말해, 이야기 서술자로서는 그가 매우 불친절한 진행을 이끈다는 뜻이다. 왜냐하면 이런 초유의 기독교인의 모임을 그리면서, 그 모임의 소집 이유, 성격, 의제, 모임 이전과 이후의 상황이나 모임 당시의 정황 등에 관한 자상한 설명을 생략하고 있기 때문이다. 그러니 그 모임을 누가, 왜, 어떤 대상을 상대로, 어떻게 소집했는지의 연유를 밝힌다는 것은 거의 불가능하다. 게다가 처음 발언자로 나선 베드로를 소개하면서, 그가 어떤 배경에서 지도자적 위상으로 사람들 앞에 서서 발언하게 되었는지, 그간의 과정과 상황에 관한 '가능한' 의문점들에 관해 누가는 설명하지 않는다. 이런 저자의 생략, 또는 묵살이 의도된 저술의 기교일 수도 있고, 아니면 그 같은 설명의 필요를 느끼지 않는, 독자와의 '이해의 공감대'를 전제한 효과적 진술방식일 수도 있다. 아니면, 사건의 전말을 보고하며, 그 핵심적 줄기만을 좇을 수밖에 없는 서술의 한계와 성격을 감안한 현실적 선택일 수도 있다. 그 정확한 사정이 어떠하든, 분명한 것은 저자가 역사적 맥락의 앞뒤와, 정황의 디테일 묘사를 하지 않고 있다는 점이다. 다만 거두절미하고, 뚜벅 '120명쯤의 사람들 앞에서 베드로가 말했다'는 요약적 진술로, 서술하는 이와 말하는 이의 권위를 함께 독자 앞에서 과시한다.

베드로 발언은 사도행전에 등장하는 기독교 지도자들의 설교 중 처음 소개된다. 사도행전에 제시되는 각종 '연설'(설교)의 분량은 전체 대략 1,000개의 절(節) 중에서 약 300개의 절에 해당된다고 본다.[24] 사도행전의 3분의 1 가량이 설교로 이뤄졌으니 그 막대한 양과, 그것이 차지하는 의미의 중요성을 쉽게 알 수 있다. 설교의 수효는 헤아리는 사람과 설교(연설)의 정의에 따라 26개, 24개, 18개 등으로 다르게 산정된다.[25] 디벨리우스의 구분에 따르면,[26] 사도행전에서 그가 꼽는 24개의 연설 중 베드로가 8개,[27] 바울이 9개, 기타 다른 인물들이 7개의 연설을 한 것으로 소개된다. 디벨리우스의 이러한 정리가 가장 널리 받아들여지는 듯하다.[28]

2) 지도그룹 지칭: 사도, '열둘', 제자

이미 지적했지만, "형제들 가운데서 베드로가 일어나 말하였다"는 누가의 묘사는 베드로가 모임을 주재하고 있다는 인상을 심어주기에 족하

---

24 John B. Polhill, *Acts: The New American Commentary*. vol. 26(Nashville: Broadman Press, 1992), 42–47.

25 Jacques Dupont, "Les discours de Pierre dans les Actes et le chapitre XXIV de l'évangile de Luc," in *Nouvelles études sur les Actes des Apôtres*(Paris: Cerf, 1984), 58, n. 1에 그것들이 소개되어 있다.

26 Martin Dibelius, *The Book of Acts: Form, Style, and Theology*, ed. by K. C. Hanson(Minneapolis: Fortress, 2004), 57.

27 행 2:14–39, 3:12–26, 4:8–12, 19–20, 5:29–32, 10:34–43, 11:5–17, 15:7–11. 주목할 것은, 이들 중 행 15:7–11을 제외하고는 모두가 다 '기독교인들'을 상대로 했던 설교들이란 점이다.

28 Jacques Dupont, "Les discours de Pierre dans les Actes et le chapitre XXIV de l'évangile de Luc," 58, n. 1.

다. 그가 역사적으로 예루살렘 기독교인들 사이에서 어떤 지위와 역할을 맡았고, 그 실제적 기능이 어땠는지를 정확히 알 수는 없다. 하지만 누가가 제시하는 베드로의 모습은, 그 수가 '백이십 명'쯤 된 그룹의 '리더'로서 등장한다. 이런 저자의 베드로에 관한 작품 첫머리 그림, 즉 베드로가 맡았던 역할의 '주요 진행자'로서의 위상에 관해서는 어떤 의문도 제기하기 어렵다. 이 모습은 사도행전 2:14 이하, 소위 베드로의 '오순절 설교' 장면에서도 확연히 눈에 띈다. 그 후에도 사도행전 3, 4, 5장, 그리고 8-12장에 이르기까지, 누가 저작 속 베드로가 '발언하며', '행동하는' 모습들은 뛰어난 위상과 주목받는 지도자로 조금도 흔들림이 없다. 그런 베드로가 사도행전 15장 이후에 홀연히 누가의 서술공간에서 사라지고 말았다는 사실은 단순한 호기심 차원의 흥미를 불러일으키는 정도가 아니다. 그것은 일종의 역사적 수수께끼로서 깊은 관심을 기울일 주제이나, 그 해명은 말 그대로 미궁에 빠진다. 게다가 여기서 우리의 논구 초점도 거기에 모아져 있지는 않다.

본문 15절에서 베드로가 '형제들' 가운데서 일어나 말했다고 하는데, 그 '형제들'이 누구를 뜻하는지는 누가의 문맥상 분명하다. 이들은 '예수 승천'을 겪었을 뿐 아니라, 그 이전 예수 생애에 참여했던 사람들을 일컬을 것이다. 예수를 '가까이 따르던 사람들'을 가리키는 용어들로, 흔히 '사도들', '열둘', '제자들'을 꼽는다. 이들이 이를테면 '친위그룹'을 형성했을 것이다. 각각의 단어들은 복음서를 비롯한 여러 문헌에서 널리 발견된다. 이 중, '열둘'과 '사도'를 긴밀히 연결하거나, 그 둘을 완전히 동일시하려는 시도는, 누가복음 6:13('제자들을 부르시고, 그들 중 열둘을 택하시며, 그들을 사도들이라 칭하심')에 명시적으로 드러나듯이, 주로 누가에게서 비롯된다.[29] 누가는 '열둘', '사도들'을 별 차별 없이 교차 사용한 것이다. 그

---

29 사도를 열둘에 국한시킨다는 이해는, Joseph A. Fitzmyer, *The Gospel According to Luke I-IX*(New York: Doubleday, 1981), 618.

러나 마태복음 10:2(Cf. 계 21:14)에서와 같은 '열두 사도들'이라는 조합적 표현은 누가-행전에서 발견하기 어렵다. 그러니 누가는 '열두 사도들'이란 지칭을 불러오게 했던 역사적 변화의 과정 중 중간자(또는 촉매)적 존재라는 평가를 받을 만하다.[30]

그런데 문제는, 사도행전 14:4, 14에서 누가는 바나바와 바울에게도 '사도들'이라는 칭호를 붙인다는 점이다. 그렇다면 과연 사도행전 14장의 '사도' 호칭 관련 본문을 어떻게 이해해야 할 것인지 다양한 제안이 나타날 수밖에 없다.[31] 그 호칭을 안디옥 교회의 특별한 임무를 수행했던 두 사람에게 붙여졌던, '잠정적' 기능의, 단지 문자적 의미의 '보냄 받은 사절'이라는 의미로 이해해야 할 것인가? 아니면 누가에게서 '사도'란 호칭이 '열둘'에게만 배타적으로 적용된 것이 아니라, 바울과 바나바에게도 적용될 수 있는 확대된 의미로 이해해야 될 것인가? 그도 아니라면 이 호칭 관련 부분은 누가가 활용했던 어떤 알 수 없는 '자료'에서 기인하여 사도행전 본문에 잔존하게 된, 이를테면 누가의 이해와는 상관없는 것인가? 특히 사본상의 문제를 들어 이 표현의 진정성에 의문을 가질 여지도 있다. 베자 사본에는 사도행전 14:14의 '사도들'이란 표현이 생략되어 있다는 점이 논란의 대상인데, 그 사본의 생략조차도 사도 칭호의 확대에 불만을 가진 필사자가 생략했을 수 있다는 등의 반론이 또 따른다.[32] 그래서 이에 관한 명확한 해명을 한다는 것은 어차피 불가능하다. 어쩌면 누가로서는 바울에게 '사도'란 칭호를 붙이고 싶은 충정(衷情)이 있었을 것인데, 이런 용감한 시도를 용납할 수 없던 주변 사정에 따라, 단 두 곳에서, 그것도 바나바를 함께 언급함으로 비판의 화살을 누그러트리려는 조심스러움이 그

---

30 John P. Meier, "The Circle of the Twelve: Did It Exist during Jesus' Public Ministry?," 642.

31 *Ibid.*, 642에 관련 주장자들이 소개되어 있다.

32 브루스 M. 메츠거, 『신약 그리스어 본문 주석』 제2판, 장동수 역(서울: 대한성서공회 성경원문연구소, 2005), 363. 그러나 이 본문에 관한 사본상의 어려움을 심각히 제기하기는 어려울 듯하다.

런 표현으로밖에 나타날 수 없었던 것은 아닐지 모른다.

사도행전 중 최초로 서술 무대의 중앙에 등장하는 베드로는 지도자로서 위엄을 드러내는 그의 연설과 더불어 나타난다. 앞선 누가의 복음서 기록에서는 베드로가 예수를 세 번 부인하는 행태(눅 22:54-62)를 보이긴 하였다. 하지만 예수는 그 이전에 이미 베드로의 이런 배신에도 불구하고 "네가 돌이킨 후에는, 네 형제들을 굳세게 하여라"(눅 22:32)라는 당부를 한 바 있다. 배신이 '돌이킴'으로 변환될 것을 미리 예견할 만큼 베드로에 대한 평가는 애초부터 긍정적이다. '돌이킨 후 형제들을 굳세게 하라'는 예수의 당부에 걸맞게, 사도행전의 베드로는 등장 벽두부터 복음서의 베드로와는 전혀 다른 모습으로 지도자의 풍모와 권위를 지닌 채 나타난다. 예수를 부인했던 베드로가 형제들을 굳게 하는 모습으로 나타나는 이 장면은, 그의 과거가 정화되고 새로운 정체로 다시 등장하는 상황을 매우 극적으로 드러낸다. 물론 베드로가 어떤 과정을 거쳐 이런 '변신'에 가까운 변화를 이뤘는지 상세한 사정이 설명되지는 않는다. 하지만 베드로는 지난 잘못이 극복되었으며, 새로운 지도자가 되었다. 그리하여 '형제들을 굳세게 하는' 연설과 행동들을 결행한다. 이런 함축이 저자가 베드로를 등장시키는 방식에 녹아 있다.

베드로의 연설은 사도행전 1:16-22에 걸쳐 비교적 길게 제시되는데, 그 구조는 세 부분으로 매우 분명히 나뉜다. (1) 16-19절에서 유다의 죽음에 관한 사실들을 제시하는 첫 부분이 나온다. (2) 20절에 성서의 예언을 소개하는데, 앞의 유다 죽음 관련이 20절의 전반부 인용에서 취급되고, 뒤의 맛디아 선출 관련 성서 내용이 20절 후반부에서 인용된다. (3) 21-22절에서 유다의 빈자리를 채우기 위한 제안으로 '대체자'의 자격 등을 거론하게 된다.

3) 유다 죽음의 문제

베드로의 발언은 다음과 같은 내용으로 시작된다.

형제들이여, 예수를 잡아간 사람들의 길잡이가 된 유다에 관해서는, 성령이 다윗의 입을 빌려 미리 말씀하신 성경이 마땅히 이루어졌어야만 했습니다.(행 1:16)

여기서 베드로는 모임의 의제를 '유다 문제'로 설정한다. 이런 특정 주제를 제시하며 그것이 일종의 '문제적 상황'이라는 점을 환기한 다음, 그 문제의 해결을 위한 처방, 해법을 제시하는 형식으로 발언의 구조적 특성을 보인다. 즉, 유다의 죽음에 따른 유고(有故)가 '문제'로서 제기되고, 그 해결을 위해 대체자, 곧 맛디아 선출이란 방식을 제시하여 '문제의 해소'를 꾀하고 있다. 그러면서도 이에 관련된 자신의 '고유한' 주장을 펼치는 것으로 그의 발언을 시작하지는 않는다. 베드로는 자기의 주장을 하는 것이 아니라, 구약을 인용, 제시하고, 그것을 유다 주제와 관련시켜 설명하는 방식, 즉 '해석의 주도자'로 나타난다. 인용이란 형식을 통해 '의제 설정과 전개'의 정당성을 구약의 권위에 근거하여 확보하면서, 동시에 해석자로서의 자기 권위를 부수적으로 고양시키는 결과를 낳게 한다. 그렇지만 베드로는 관련 '성경'을 바로 언급하며 해석할 듯한 어조와는 달리, 성경 본문을 곧장 인용하거나 거론하지 않고, 유다에 관한 발언을 먼저 제시한다.

어쩌면 이 같은 방식의 주제 제시는 베드로 스스로도 예수를 부인했던 누가복음 22:54-62의 복음서 기록을 상기한 누가의 배려일지도 모른다. 예수를 부인했던 베드로가, 배신자 유다의 '배반죄'를 거론하며 그의 잘못을 탄핵한다는 것은 면구스러운 일일뿐더러, 발언의 권위마저 떨어트릴 수 있다. 비록 베드로가 '밖에 나가 심히 통곡했다'(눅 22:62)는 참회 기록을 누가가 덧붙였다 해도, 그 면구스러움이 경감되는 것은 아니다. 따라서 저자는 베드로가 발언의 처음 부분에 자신의 말이 아닌 성경을 거론케 함으로 자신이 해야 할 말의 일부를 대신할 수 있도록 배려하고 있다.

(1) 시편의 인용

가. 16절 '성경 말씀'의 성격

여기 사도행전 1:16에 언급된 "다윗의 입을 빌려 미리 말씀하신 성경 말씀"은 어떤 사건과 관련되어 '미리 말씀하신' 것인가? 본문의 맥락에 비추어 볼 때 몇 가지 가능성이 제시된다. 즉, 그 말씀이 유다의 '배반행위'에 관한 예언인가, 그의 '추락과 변절'에 관한 것인가, 아니면 유다의 비참한 죽음에 관한 것인가, 그도 아니면 본문 단락의 주요 주제인 유다의 '빈자리 대체'에 관한 예언인가? 이런 문제를 결정짓기 위해서는 '미리 말씀하신 성경 말씀'이 구체적으로 어떤 구약 구절을 가리키느냐의 문제를 제기해야 하고, 그것을 해명해야 한다.

자연스럽기는, 베드로의 이어지는 발언 중에서, 사도행전 1:20에 나타난 두 인용구("그의 거처를 황폐하게 하시고, 거기 사는 사람이 없게 하소서", "그의 직분을 다른 사람이 취하게 하소서")를 염두에 두었으리라는 것이다. 20절의 전반부는 시편 69:26을 인용한 것이요, 후반은 시편 109:8을 인용한 것으로 추정된다. 그렇다면 16절은 이 두 시편 중 어떤 구절을 저자가 머리에 간직한 채 제시하였느냐는 것이다. 20절의 첫 번째 구절을 지시하는가, 아니면 두 번째 구절인가, 또는 두 구절 전체를 감안하여 말했는가? 그도 아니라면, 20절의 두 인용구가 아닌 그 외의 또 다른 어떤 구약 구절, 이를테면 시편 41:9, 또는 시편 55:12-13처럼, 친지의 배신을 언급하는 구절 등을 의식하고 말했는가?[33]

이런 논의를 진행하기 위해서는 16절의 "미리 말씀하신 성경이 마땅히 이루어졌어야만" 했다는 문장에서, '마땅히 이루어졌어야'로 번역한 'edei' 동사를 짚고 넘어가야 한다. 이 표현은 'dei'(have to, must) 동사의 미완료시제를 가리키는데, 그것은 이 표현이 '지나간 과거'의 발생사건을

---

33 이런 네 가지 추측과 관련된 각종 주장들이 뒤뽱의 글에 상세히 소개되어 있다. Jacques Dupont, "La destinée de Judas prophétisée par David," in *Etudes sur les Actes des Apôtres*(Paris: Cerf, 1967), 309-320.

염두에 두고 있다는 점을 뜻한다. 그렇다면 본문 중 베드로가 발언하는 이 시점에서, 여기 언급된 '과거 발생된' 사건이 무엇인지를 찾아야 한다. 유다 관련 사건에서 벌어진 과거 일이란, 그가 예수를 배반하여 넘겨주고, 자신은 비참한 죽음을 겪고 묻힌 사건이다. 결국, 지난날 마땅히 '이루어졌어야' 했던 '미리 말씀하신 성경'은 유다의 '배반, 추락, 죽음'과 관련 있는 과거가 될 것이다.

그런데 이런 '유다 최후와 연관된 과거사'는 사도행전 1:18에서 시편 69:25를 인용 묘사한, "그의 거처를 황폐하게 하시고, 거기 사는 사람이 없게 하소서"란 표현이 집약, 또는 암시한다고 말할 수 있다. '거처가 황폐하게 되고, 사는 사람이 없다'는 말은 유다의 '배반, 추락, 죽음'을 한꺼번에 시사하는 표현이라 이를 수 있기 때문이다. 18절에서 "그의 직분을 다른 사람이 취하게 하소서"란 시편 109:8의 인용은 베드로 발언의 시점에선 아직 발생하지 않은 사건, 곧 '유다 공석(空席)의 채움'이라는 '미래사'를 의미한다. 그렇기 때문에 16절의 마땅히 '이루어졌어야 하는 성경'과는 직접 관련이 적다고 말할 수 있다.

이런 논의를 통해 드러나는 것은, 16절의 '성경'이 본문 맥락의 자연스런 흐름에서 18절의 두 인용구와 관련이 있다고 한다면, 그것은 사도행전 1:18a의 시편 69:25 인용구와 연결된다고 볼 수 있다. 그리고 그것은 유다의 '배반, 추락, 죽음'이 내포된 그의 비참한 최후를 연상케 한다는 점이다.

나. 'dei'의 기능

본문에서 "성령이 다윗의 입을 빌려 미리 말씀하신 성경이 '마땅히 이루어졌어야만' 했습니다"라는 표현을 통해서 '이루어져야만' 될 필연의 사건으로 신적 의지의 개입을 이끌어낸다. 반드시 이루어져야 할 것으로 규정하는 이런 특이한 용법은 'dei'란 비인칭동사 표현을 통해 누가에게서 하나님의 의지와 그의 주권적 계획 아래 모든 게 이루어지고 있다는 저자

특유의 의미를 담게 된다.[34] 특히 본문과 같이 성서의 약속이 반드시 성취될 것이라는 점이나,[35] 하나님의 뜻이 변치 않고 이룩될 것이라는 점[36]을 강조하는 표현에서 누가의 이 단어 용법은 두드러진다. 더구나 베드로의 연설은 처음 16절과 끝 무렵 21절[37]에 이 동사가 사용되면서 '유다 죽음과 맛디아 교체'의 사실에 관한 진술을 펼치고 있음이 주목된다.[38] 16절에 등장하는 'dei'는 이 사건들이 전적으로 하나님의 통제와 허락, 그의 이끌림에 의해 이룩되었음을 강조한다. 베드로 연설의 처음과 끝을 이 단어로 둘러싸게 만든 형국은, 누가가 제시하려 하는 하나님의 구속사 집행의 확실성과 필연성을 더욱 돋보이게 만든다.

(2) '이 직무'의 의미: '열둘'의 위상과 기능

저자는 16절에 이어 유다에 관한 설명을 17절에서 다음과 같이 덧붙인다. "그는 우리 숫자 가운데 참여하여 이 직무의 한 부분을 맡았던 사람입니다."(행 1:17) 사실 이런 설명은 모인 사람이 예수의 생전 활동 때부

---

34 이 말(dei, 또는 deon esti)이 신약에 102회 출현하는데, 그 중 누가의 두 저술에만 41회 나타난다는 점에서도 저자가 독특한 의미를 이 표현에 부여했음을 알 수 있다. 그 밖에 이 동사의 의미에 관해, W. Grundmann, "dei," in *Theological Dictionary of the New Testament*, vol. II, ed. by G. Kittel, tr. & ed. by G. W. Bromiley(Grand Rapids: Eerdmans, 1967), 21–25.

35 저자의 눅 22:37, 24:26, 44, 행 1:21, 17:3 등 서술에도 이와 유사한 의미를 찾을 수 있다.

36 비슷한 뜻이 눅 9:22, 17:25, 24:7, 26, 44, 행 3:21, 9:16, 14:22 등에서도 발견된다.

37 아래에서 옮겼듯이 우리말 번역의 어순상 'dei'가 22절에 속한 듯이 소개됐지만 그리스어 원전에는 21절에 속한다.

38 만일 16절의 '그 성경 말씀'이 유다의 '대체 사실'을 가리킨다면, 그것은 행 1:20("시편에 기록되기를, '그의 거처를 황폐하게 하시고, 거기 사는 사람이 없게 하소서'라 하였으며, 또한 '그의 직분을 다른 사람이 취하게 하소서'라고 하였습니다.")의 두 시편 구절들과 관련이 있을 것이다. 그렇지 않고, 16절이 유다가 예수를 배신한 사실을 가리킨다면 그것은 시 41:9를 염두에 둔 표현이 될 것이다.

터 이 운동을 잘 알던 이들이었다면 불필요한 군더더기 덧붙임일 것이다. 그들이 예수 측근이었던 유다에 관해 이 정도도 몰랐을 리 없기 때문이다. 하지만 '120명'의 성분이 단순하지 않았으리라는 점, 그 다양한 인물들 속에는 예수 주변 인물들에 관한 상세한 이해가 없었을 수도 있다는 점 등을 감안하면 이런 베드로의 소개말이 크게 낯설지는 않다.

그렇지만 헨헨의 경우, 만약 베드로 연설이 베드로 당시의 실제 상황을 반영한다면, 바로 며칠 전에 죽은 유다에 관해 이런 새삼스런 소개는 필요 없었을 것이라면서 이 언급이 누가의 독자들만을 향한 것이었다고 단정한다.[39] 이런 그의 지적도 문제는 있다. 물론 이 연설이 베드로 당시 실제 상황을 반영하느냐의 여부에 관한 논의는 그것대로 의미가 있다. 하지만 이와는 별개로 비록 '바로 얼마 전에' 유다의 죽음이 알려졌다 해도, 그의 신상에 관한 정보가 '다양한 연설 청취 인원'들 모두에게 알려지지 않았다면 베드로가 유다 소개를 행하는 것은 이상하지 않다. 따라서 누가는 자신의 독자들을 우선 염두에 두었겠지만, 베드로 당시의 화자와 청자의 소통 상황도 주의 깊게 고려하여 이 글을 썼다고 보아야 할 것이다.

이 구절에서 두드러지는 표현은 "우리 숫자 가운데 참여하여"[40]라는 12숫자의 독특성과, "이 직무"로 강조된 어떤 '기구'로서의 '사도직' 또는 '열둘'의 돋보이는 성격이다.[41] 이런 베드로의 발언을 통해 누가가 파악하는 '12제자'가 갖는 특성은 주목할 만하다. 이런 묘사 속에서 간파할 수 있는 것은 적어도 누가의 기록 당시, 아니면 초기 기독교 맹아기(萌芽期)에서 '12제자'의 위상이 나름대로 구별된 지위와 독특성을 간직했다는 일반적 인식이다. 물론 '열둘'의 활동, '그 직무'의 역할과 동정(動靜)에 관해 저자가 차후의 기록에서 명시하거나 상술하지 않았기 때문에, 그들이 그 같

39 E. 헨헨, 『사도행전 I』, 이선희, 박경미 역(서울: 한국신학연구소, 1987), 262, no. 11.

40 직역하면, '우리 가운데 계수(計數)되었던'.

41 누가에서 '열둘'의 의미에 관해, Jacob Jervell, *Luke and the People of God*(Minneapolis: Augsburg Publishing House, 1972), 89, 그리고 84 이하.

은 지위나, 독특한 구실을 실제로 떠맡았고 수행했는지조차 심각한 논의의 대상이 되기는 하다. 하지만 초기 기독교 전개의 한 특정 단계에서 '열둘'이라는 예수와 특별한 인연을 맺었던 제자 부류들이 그 성격을 확정할 수 없는 어떤 주목할 만한 역할과 기능을 맡았을 것이라는 추정에는 큰 문제가 없을 것이다. 또 그러한 역할에 대한 기억들이 누가의 자유로운 저술의 자료 속에 녹아들어 본문의 형태로 결정(結晶)을 맺었으리라 볼 수 있다.

(3) 유다 죽음 관련 정보

가. 유다의 사인(死因)

누가가 베드로의 입을 통해 드러내는 유다와 관련된 이야기는 다음과 같이 이어진다. "이 사람은 불의한 삯으로 밭[42]을 샀습니다. 그러고는 거꾸로 박혀 배가 터지고 내장이 모두 쏟아져 나왔습니다."(행 1:18) 이 구절은 유다 신상, 특히 그의 죽음에 관한 매우 희귀한 정보를 제공한다. 이런 사도행전의 유다 죽음 관련 기록의 일부와 유사한 측면이 있는 고대문서들도 여럿 발견된다.[43] 또한 고대 유대문서에서도 비슷한 묘사들을 찾을 수 있다.(지혜서 4:19 등) 그러나 그같이 매우 부분적이고, 상호 관련 없는 맥락 속의 표현들과 제한적 유사성을 보인다고 해서 그런 문서들과 사도행전 사이 영향의 수수(授受) 관계를 논한다는 것은 적절해 뵈지 않는다. 한두 개의 단어나 표현 일부가 흡사하다고 문헌의 상호관련을 지목하는 것은, 별 근거 없이 억지스레 상관성을 강요하는 일로 여겨질 수 있기

42 '밭'으로 번역한 본문의 'chōrion'을 마 27:7-8은 'agros'란 말로 표기한다. 바우어 사전에 의하면, 두 단어의 의미 차이를 굳이 따질 이유는 없을 것 같다. Walter Bauer, *A Greek English Lexicon of the New Testament and Other Early Christian Literature*, 3rd ed. rev. by F. W. Danker(Chicago: Univ. of Chicago Press, 2000), 1095.

43 Pierre Benoit, "La Mort de Judas," in *Exégèse et Théologie*, tome I(Paris: Cerf, 1961), 347, n. 1에 고대문서들 중 '내장이 터진' 사례들이 제시된다.

때문이다. 여기 본문 말고는 신약성서에서 유다 죽음에 대한 기록을 마태복음 27:5("유다는 그 은돈을 성전 안에 내던지고 물러나, 나가서 스스로 목을 매달아 죽었다[44]")에서만 찾을 수 있다. 이 마태의 진술 방식이 스가랴 11:13('은 삼십을 야훼의 전에서 토기장이에게 던지다')을 비롯, 예레미야 18:2-3, 19:1-2, 32:6-15 등 구약의 표현으로부터 영향을 받았다는 주장과,[45] 마태의 유다 관련 기록 배후에 어떤 형태로든 '민중적 전승'이 자료로 녹아 있을 것이라는 브놔(Benoit)의 견해는 일리가 있다.[46] 그 외 유다 죽음 관련 정보는 기원후 2세기 히에라폴리스 주교였던 파피아스의 기록을 통해 알려진다. 이에 따르면, "그의 몸은 마차도 쉽게 지나는 길도 통과하지 못할 정도로 부풀어 올랐다. 그는 마차에 치어서 창자가 터져 나와 (죽었다)."[47] 이런 기록은 민수기 5:21-22, 27의 영향을 받아 작성되었다는 추정이 제기된다.[48]

유다 죽음에 관한 기존 기록들을 간략히 정리하면, 마태는 유다가 '자살하여 죽었다'고 보고하고, 누가는 '추락사로 죽었다'고 알린다. 파피아스는 유다가 '몸이 부은 채 마차에 치어 내장이 터져 죽은 것'으로 전한다. 즉, 각기 자살, 추락사, 사고사로 규정될 수 있다. 하지만 유다 죽음의 방

---

44 여기서 '스스로 목매달아 죽다'로 번역한 'apagchomai'란 동사는 (토빗 3:10에도 있지만) 정경 중에는 본문과 칠십인역의 삼하 17:23(아히도벨이 그의 집으로 '물러나' … '목을 매달아 죽었다.')에서만 찾을 수 있는데, 다윗의 참모인 아히도벨이 압살롬의 반란에 가담하여 다윗을 배반한 얘기를 다루는 삼하 15-17장과 마태 본문과의 유사성이 주목된다. 이와 관련된 논의, Raymond E. Brown, *The Death of Messiah*, vol. 1(New York: Doubleday, 1994), 125, 643 등.

45 Pierre Benoit, "La Mort de Judas," 349.

46 *Ibid.*, 340-343.

47 Papias, *Fragment* 3, 1744. http://www.ccel.org/ccel/schaff/anf01.vii.ii.iii.html 파피아스의 문헌은 라오디게아의 아폴리나리우스(Apollinarius, 4세기)에 의해 전승되었다. Cf. Kirsopp Lake, "The Death of Judas," in *The Beginnings of Christianity: Part I*, vol. V. ed. by F. J. Foakes Jackson & K. Lake(London: Macmillan and Co., 1933), 23-25.

48 E. 헨헨, 『사도행전 I』, 262, n. 13.

식에 관한 파피아스의 기록이 마태, 행전의 자료와 구약적 표현의 영향을 받은 후기의 기록으로 간주하여 논의에서 제외시킨다면, 문제는 마태복음과 사도행전 사이의 차이를 어떻게 설명하는가이다. 두 묘사의 상충되는 내용들을 조화시켜서 문제의 소지를 없애려는 시도는 다양하게 제시되었다. 이를테면, 소설적 추리의 소산이겠지만, 유다가 목을 매어 자살하려 했을 때 그 맨 끈이 끊어졌다든가, 지나던 사람이 유다 사망 후 목맨 끈을 풀었기 때문에 사도행전에는 그런 사실이 보도되지 않았다든가, 목맨 나뭇가지가 부러져서 유다의 몸이 땅에 떨어지고 그래서 배가 터지게 됐다든가[49] — 하는 추정은 상상력의 만개(滿開)를 보는 듯하다. 이런 흥미로운 상상 중 어느 하나가 '진실'에 부합될 수도 있다. 즉, 목맨 자살 이후 어떤 연유에 의해 추락했을 수 있는데, 마태는 자살에 포인트를 맞춰 기술한 반면, 누가는 추락사에 초점을 두고 기록했을 가능성도 아주 배제하기 어렵다는 뜻이다. 그렇지만 이런 추정들에서 과도하게 작용하는 자의(恣意)적, 임의적 경향들은 경전 본문의 상치점들을 완화, 조정시키려는 본문외적 동기를 더욱 돋보이게 한다. 따라서 그러한 추측에 신뢰를 부여하기는 어렵다. 그보다는, 서로 다른 자료와 전승의 전달 과정에서 이런 이질적 기록이 서로 다른 형태로 등장했다고 보는 게 옳을 것 같다.

본문인 사도행전의 설명에 논의를 국한한다면, 유다 죽음의 시작은 우선 '거꾸로[50] 떨어져 박힌 상태'로부터 비롯된다. 떨어져 '배가 터지고 내장이 쏟아지는' 정황을 가정할 경우, 이는 높은 곳으로부터 추락을 의미할 수 있다. 본문이 명시하지는 않지만 그 맥락상, 유다 죽음의 원인은 추락에 의한 상처, 곧 창자가 쏟아져 나올 정도의 충격에 의한 것이라는 점

---

49 이런 사례들, Pierre Benoit, "La Mort de Judas," 344.

50 '거꾸로'(prēnēs, headlong)란 특이한 표현의 예를 들어, 이 구절에 지혜서 4:19의 영향[같은 절의 'rēgnumi'(집어던지다, 부서져 나뉘다) 동사도 관련 있는 것으로 이해]을 거론하기도 한다. K. Lake, "The Death of Judas," 29–30; Pierre Benoit, "La Mort de Judas," 346.

이 드러난다. 그런데 그러한 사망에 이르는 정도의 높이를 상정한다면, 고지대나 언덕, 낭떠러지, 높은 나무 등으로부터 낙하를 연상할 수도 있고, 어쩌면 '지붕 위에서 떨어진' 상황[51] 등을 전제할 수도 있다. 하지만 그가 추락했다 해도, 무슨 연유로 떨어졌는지, 그것이 타인의 개입이나 교사(敎唆)에 의한 타살적인 것인지, 아니면 자신의 실수에 의한 것(실족)이거나 고의의 자살적인 것인지를 짐작할 수는 없다. 본문은 그가 '어디에서, 어떻게' 떨어져 죽게 되었는지를 암시하지 않기 때문이다. 다만 저자는, 유다 죽음의 원인으로, '추락으로 인해 내장이 터져 죽었다'는 단순한 한 사실만을 전할 뿐이다.

나. '피밭'의 성격

유다의 죽음이 어떤 이유로 발생했는지를 언급한 누가의 베드로는, 그의 죽음과 관련된 어떤 '피밭'에 관한 정보를 덧붙인다.

> 이 일은 예루살렘에 사는 모든 사람에게 알려지게 되었으며, 그들은 그 밭을 자기들의 언어로 '아켈다마'[52]라고 했는데, 이것은 '피밭'이라는 뜻입니다.(행 1:19)

이 본문의 뜻을 살피기 위해 18절부터 이어지는 내용을 감안한다면, 유다는 자신의 예수 배반 행위의 보상으로 밭을 샀다는 것이다.("이 사람은 불의한 삯으로 밭을 샀습니다.") 그리고 그는 '거꾸로 박혀 배가 터지고

---

51 E. 헨헨, 『사도행전 I』, 262. 콘첼만은 '낭떠러지나 지붕'을 연상한다. Hans Conzelmann, *Acts of the Apostles*, tr. by J. Limburg, A. Th. Kraabel, & D. H. Juel(Philadelphia: Fortress Press, 1987), 11.

52 이 단어의 표기를 '아켈다마'로 하느냐, 아니면 '하켈다마'로 하느냐의 논란이 있을 수 있지만 전자로 표기하는 게 나을 것이다. 참고. Joseph A. Fitzmyer, *The Acts of the Apostles: A New Translation with Introduction and Commentary*, 224-225.

내장이 모두 쏟아져 나왔다'고 한다. 이런 묘사는 그 사태가 벌어지는 '과정' 중에 유다가 죽게 됐다는 것을 시사한다. 그 과정이 어떤 상황을 의미하고, 더 구체적으로 '밭 매입'과 '사망' 사이에 어떤 일들이 어떻게 발생했는지를 전혀 짐작조차 할 수 없다. 다만 그 어떤 애매한 과정의 와중에 그가 피를 쏟았을 것으로 추정할 수 있다. 그래서 사람들은 그 밭을 '피밭'이라 부르게 됐을 것이라는 요지다.[53] 즉, '피밭'의 '피'는 '배가 터지고 내장이 쏟아질 때' 흘렸던 유다의 피를 의미한다는 뜻이다. 물론 사도행전 기록에는 '유다의 피'에 관한 분명한 언급이 없다. 그래서 브라운 같은 이는 이 밭을 유다의 '피가 쏟아진 밭'으로 볼 것이냐, 아니면 그가 '죽어 묻힌 땅'으로 보아야 할 것인지를 물어야 한다고 본다.[54] 하지만 적어도 누가 기록의 앞뒤 문맥이 자연스럽게 가리키는 것은 '유다의 피밭'이다. 그 이유는, 18절의 '밭'과 '배가 터지고 내장이 쏟아졌다'는 묘사가 전후로 바로 연결되는데다가, 그 '밭'을 '유다의 묘지'나 마태복음 27:7과 같이 '나그네의 묘지' 등과 연관시키는 어떤 암시도 없다는 점에서 '유다의 피가 쏟아진 밭'으로 이해하는 것이 좀 더 자연스럽다. 그런데 문제는 이런 '피밭'에 관한 내용들이 마태의 보고와 다르다는 데 있다.

마태복음 27:5-8의 서술에 의하면, 유다가 배반 후 '은돈'을 성전에 내던진 다음 자살하자, 대제사장들이 그 '피값'으로 '토기장이의 밭'을 샀으며, 이 밭이 곧 '피밭'이라는 것이다. 그렇다면 그 '은돈', 곧 '피값'은 '유다의 피값'이 아니다. 유다가 예수를 배반한 보상으로 받은 '예수의 피값'으로 보는 게 마땅하다. 따라서 마태복음 27:8의 '피밭'은 유다의 피를 뜻하는 게 아니라, 예수의 피를 의미하게 된다. 또 그 밭을 산 주체도 마태복음서와 사도행전이 각각 대제사장들(마태), 유다(행전)로 차이를 보인다.

---

53 그래서 이런 19절 서술을 지명의 '유래를 밝히는 이야기'(aetiological story)로 규정하기도 한다. Luke T. Johnson, Acts, 36; Hans Conzelmann, *Acts of the Apostles*, 11.

54 Raymond E. Brown, *The Death of Messiah*, vol. 1, 646, n. 28.

게다가 마태의 유다는 예수를 배반한 사실에 대한 뉘우침, 후회의 감정 등을 나타내며 자살하는 모습(마 27:3-5)을 보임에 반해, 사도행전에서 베드로가 소개한 유다는 그처럼 뉘우치는 기미를 전혀 보이지 않는다. 그 밖에도, 마태에는 등장하지만 행전에 생략된 세부묘사들도 있다. 이를테면, '토기장이의 밭'에 관한 언급, '은돈 30', 그리고 '나그네의 묘지' 등에 관한 마태의 기록들은 누가의 글에서 발견되지 않는다. 이런 점들도 묘사의 상이점으로 고려될 만하다. 이와 같이 마태복음의 유다상과 사도행전이 제시하는 유다의 모습에는 그 묘사의 디테일에서 차이점들을 드러낸다. 이런 차이의 이유를 밝히려 애쓰고, 유다 사건의 '역사적 진실'에 관한 논의를 본격적으로 이루고자 하는 노력은 그 자체로 의미 있다. 하지만 이런 종류의 탐구는 자료의 절대적 제약이란 부담 아래서는, 어차피 그 분명한 해답을 찾기 어려운 미궁에서 이뤄질 수밖에 없다. 그것은 묘사의 허구성을 입증하려는 노력이나, 양자 기록의 진실성을 입증하려는 노력 모두가 당도할 수밖에 없는 본질적 한계를 뜻한다. 유다의 죽음에 관한 마태복음/사도행전의 묘사가 얼마나 실제의 정황과 부합하는지를 확정하기 어렵다면, 유다란 인물의 존재 전반에 관한 사실을 얼마나 인정하고, 그 역사성에 신뢰를 부여할 것인지, 이를테면 유다란 인물 관련 역사적 실체 전반에 관한 신빙성으로 논의가 진전될 수밖에 없다.

(4) 유다 관련 역사성 논의

가. 유다 존재의 역사성

사도행전의 유다에 관한 이야기가 비역사적 기록일 것이라는 견해는 새삼스러운 주장이 아니다. 심지어 유다란 인물의 존재 자체를 의문시하는 주장[55] 역시 새삼스러운 것이 아니다. 유다가 아예 존재하지도 않았을

55 예컨대, 로버트 펑크, 『예수에게 솔직히』, 김준우 역(서울: 한국기독교연구소, 1999), 355-356.

것으로 보는 이유들을 여기서 길게 상술할 수는 없지만, 간략히 요약하면 다음과 같은 것들이 거론된다.[56] 신약에 유다에 관한 자료들이 매우 희소하다는 점, 유다의 역할이란 예수를 배신할 가능성이 있는 신자들을 돌려세워 격려하기 위한 비유적 의미만을 가졌으리라는 점, 유다가 등장하는 장면이 갖는 연출적 성격(특히 마 26:21-25에서 제자들 하나하나가 모두 '저입니까'라고 묻고 유다에까지 이르는 점), 그의 죽음에 관한 이야기들의 상이성, 바울과 사도시대 교부 대부분이 유다에 관해 침묵한 점 등이 꼽힌다. 유다란 존재는 실체가 없는 상징적 인물이요, 그 이미지는 유대인들이 로마 권력에 기독교인들을 넘겼던 초기 교인들의 경험으로부터 창작되었다는 것이다.

이런 이유들로 인해 브레데를 비롯한 19세기 이래 여러 학자는 유다 관련 이야기 대부분이 꾸며진 허구라고 이해했다.[57] 그러나 이런 논증들 대부분은 소위 '침묵으로부터의 논증'(argumentum ex silentio), 곧 언급되지 않은 것들로부터의 추측에 근거한 것들이다. 따라서 그 넘치는 '자의(恣意)성'으로 인해 추론의 신빙성을 의심받기 십상이다. 더구나 만일 유다 관련 기록의 허구 조작이 있었다고 한다면, 그것은 기독교 전승 발생 이후 이른 10년 미만의 짧은 기간 안에 이뤄졌어야 했을 터인데, 그럴 가능성은 매우 낮다. 왜냐하면 유다에 관한 언급이 포함된 신약 자료의 형성이 매우 이른 시기에 이뤄진 것으로 보면, 그 이른 시기에 비교적 정교한 '유다 허구'가 창작되기는 시간상 어렵다고 보아야 하기 때문이다. 즉, 유다란 이름이 신약에 22번 등장(마가-3회, 마태-5회, 누가-행전-6회, 요한-8회)하는데, 그 중 유다가 포함된 '열둘' 명단 자료들은 복음서 기록 속에 구분되기 어려울 정도로 깊이, 균형 있게 녹아 스며져 있다. 그렇다

---

56 그 이유들과 이에 대한 반론, 그리고 기타 논증들이 Raymond E. Brown, *The Death of the Messiah*, vol. 2(New York: Doubleday, 1994), 1395-1397에 소개됨.

57 *Ibid.*, 1395.

면 유다가 속해 있는 명단과 그것을 포함한 자료의 형성은 매우 앞선 시기, 곧 복음서 자료 형성의 초기에 이뤄졌을 가능성이 크고, 그 유통 역시 이른 시기에 이뤄졌을 수 있다. 그런 짧고, 이른 시기에 '유다'의 존재에 관한 순전한 허구의 창작물이 정연한 형태로 '날조'되었다고 보기는 어렵다.

다른 한편, 크로산의 경우, 유다의 배반은 실제 역사적으로 발생했던 것으로 본다. 그러나 유다가 소위 '12인' 중 하나였던 존재로는 보지 않을 뿐더러, '열둘'이란 그룹이 예수 생전에 존재했을 것이라는 견해에 대해서도 부정적이다.[58] 크로산의 '추정'에 의하면, 유다는 예수의 '성전 사건' 와중에 예수 일행 중에서 체포된 인물이었을 것으로 보며, 체포 후에 '누가' 성전에서의 행위들을 행했느냐의 사실은 자기를 붙잡은 사람들에게 알렸지만, 그가 '어디에' 있을 것이라는 점 등을 알린 것은 아니었을 것이라 짐작한다.[59] 이런 짐작들은 나름 그럴듯한 측면이 있고, 흥미마저 넘친다. 하지만 그 중 특히 유다의 역할, 행동의 구체적 내용에 관한 주장이 신뢰할 만한 근거 위에 성립됐고, 확신 있게 주장할 수 있는 것이라 믿는 사람은 드물 것이다. 그보다는 마이어의 지적과 같이,[60] 신약에서 서로 다른 독자적 자료들의 증언들이 입증하는 바대로 유다가 '열둘'에 원래 포함됐던 인물이었으리라 보는 것이 더 옳을 듯하다.

나. 유다 죽음의 진실

유다의 죽음을 둘러싼 확실한 역사적 상황, 또는 죽음과 관련된 실상을 단정적으로 정리하기 어렵다는 점은 분명하다. 그렇다고 마태/행전 기록들이 전혀 아무런 근거 없는 맹랑한 조작이나 허위의 창작일 가능성도

---

58 John D. Crossan, *Who Killed Jesus?*(New York: Harper Collins, 1995), 75.

59 *Ibid.*, 81.

60 John P. Meier, "The Circle of the Twelve: Did It Exist during Jesus' Public Ministry?," 666-667. 그리고 그 이전 여러 쪽들.

받아들이기 어렵다. 이러한 근본적 애매성과 역사성 논의의 한계를 인정한다면, 결국 유다 관련 기록들을 참고하여 그의 죽음과 관련된 정황을 추정할 수밖에 없다. 그러기 위해서는 두 문헌 사이의 차이점들, 또는 공통점들에 관한 숙고를 필요로 한다.

이미 앞에서 언급했듯이 마태와 행전의 유다 죽음 관련 기록에는 그 상세한 묘사에서 많은 차이가 존재한다. 그러나 두 문헌 사이에 적잖은 유사성들도 발견된다는 점 역시 사실이다.[61] 세부 표현이 다르지만, 적어도 진술의 윤곽, 또는 전하려는 대강은 근본적으로 비슷하다는 점을 지적할 수 있다. 물론 세부 표현이 같은 것도 있다. 이를테면, 가장 명백한 것은 두 문헌 모두가 '피밭'(마 27:8, 행 1:19)이라 이름 부르는 공간의 존재를 제시하고 있다는 점, 그리고 그 밭을 유다의 최후와 연관시키고 있다는 점이 비슷하다. 그 외에, 두 기록은 유다의 갑작스런 죽음을 그의 배반('예수를 넘겨준 유다'-마 27:3, '예수를 잡아간 사람들의 길잡이'-행 1:16) 행위와 관련짓고 있다는 점을 드러낸다. 또한 '피밭'과 관련된 설명에서 두 문헌은 그 내력을, 전해져 내려온 소문이나 시정(市井)의 전언('오늘날까지 그 밭을 피밭이라 일컫는다'-마 27:8, '이 일은 예루살렘에 사는 모든 사람에게 알려지게 되었으며, 그들은 그 밭을 자기들의 언어로 아켈다마라고 했는데, 이것은 피밭이라는 뜻입니다'-행 1:19)과 관련짓고 있다는 것도 흡사하다. 그 밖에 유다 '죽음의 처참함'에 관한 묘사라든가, 유다의 죽음, 또는 배반을 '돈'(貨幣) 모티프와 관련지어 진술하고 있다는 점은 분명한 유사점으로 지적될 수 있다. 게다가 저술의 형식상 유다의 죽음을 구약 기록(스가랴/예레미야-마태, 시편-행전)과 연결시켜 진술하고 있는 점도 형식적 유사점으로 첨가될 수 있다.

그렇지만 비록 위와 같은 유사점들을 중요하게 고려한다 해도, 마태

---

61 이런 유사점들에 관해서는 다음 글들에서도 달리 제시된 바 있다. Arie W. Zwiep, *Judas and the Choice of Matthias*, 106–107; Raymond E. Brown, *The Death of Messiah*, vol. 1, 655.

와 행전이 서로 특정 자료들이나 구전정보들을 '공통으로' 이용했다거나 직접 활용했다고 보는 것은 무리다. 양자 사이에 놓인 이질적 요소들, 심각한 차이점들을 감안할 때, 어떤 형태로든 공유 자료를 직접적으로 사용했다고 주장하기는 어렵기 때문이다. 하지만 또한 제반 유사점들과 줄거리의 대강, 묘사의 본질에 관한 내용 등을 두루 균형 있게 숙고한다면, 두 문헌을 각 저자의 순전한 창의의 산물로 보기도 어려울 것이다.[62] 말하자면 이 기록들 이면에 존재했을 전승의 흔적들을 인정할 수 있다는 뜻이다. 그 전승들은 파편적 진실이 중핵이 되었을 '이야기들'이 사람들의 입을 통해 구전(口傳)으로 전달, 유통, 확대되었을 것이고, 그 과정 중 '구어성'(口語性)의 본질로 지목될 내용의 역동적 변화, 또는 첨삭들이 이뤄졌을 것이다. 유다 관련 이 단락의 배후에 어떤 형태로든 이 같은 '전승 자료들'이 존재했을 것이라는 추정은 일반적 동의를 얻는다.[63] 그러나 그 전승들의 연원, 성격 등을 추정하여 어떤 기록을 특정 자료와 연관시킨다든가, 그 전승의 배경과 내용을 상세히 소급, 추적하여 하나하나의 역사적 순도를 평가한다든가 하는 노력은 별로 성과를 기대하기 어려운 노릇이다.[64] 일반적으로 사도행전에 녹아들어 있는 자료들을 추출하여 그 범위와 기원을 밝히는 것이 지난한 작업이라는 데 누구도 이의를 달지 않는다. 사도행전 자료 추적에는 극복하기 힘든 근본적 난관이 있다. 그 이유는, "누가가 자신의 자료를 철저히 용해시키고 그것을 치밀하게 재구형시켜 온전한

---

62 현 상태의 두 문헌 사이 문자적 유사성이 적은 것에 대해, 어쩌면 본래 히브리, 또는 아람어로 된 공통자료가 있었는데 두 저자들에 의해 그리스어로 번역되는 과정 중에 다르게 표현되었을 수 있다는 추정을 하기도 한다. Arie W. Zwiep, *Judas and the Choice of Matthias*, 106에 소개됨. 하지만 그럴 가능성도 의문이지만, 설혹 그렇다 해도 문제가 설명되거나 해소되는 것은 아니다.

63 예컨대, Hans Conzelmann, *Acts of the Apostles*, 10; E. 헨헨, 『사도행전 I』, 266-267.

64 그런 뜻에서 Zwiep가 자료들의 요소들, 성격들을 규정하려는 시도에 신뢰를 부여하기 힘들다. Arie W. Zwiep, *Judas and the Choice of Matthias*, 124.

자기의 글로서 변용된 형태로 제시하고 있기 때문에, 그것들을 다시 구분해서 원형을 추출하여 확인해 내기란 극도로 어렵다는 데 있다. 더욱이 누가복음서와는 달리 비교의 자료가 결여되어 있다는 점이 (행전 자료연구의) 어려움을 가중시킨다."[65] 따라서 사도행전 자료문제에 관한 논의로서는 희귀한 연구물을 제시한 뒤뽕(Dupont)의 비관적 전망은 여전히 유효하다. "대단히 조심스럽고도 섬세한 연구가 있었음에도 불구하고 사도행전 저자에 의해서 사용된 어떠한 자료들도 연구자들 사이에서 광범위한 동의를 받아낼 수 있을 정도로 확실히 정의될 수 있는 것들은 없다."[66]

그렇지만 행전 문면 배후에 존재하는 다양한 전승들의 존재야말로 민중의 집단적 창작이 아닌, 사실의 핵들이 내포된 역사적 진실의 일정한 반영이라는 점은 인정할 수 있을 것이다. 물론 행전과 마태 기록 중 어느 것에 더 역사적 신뢰성을 부여할 것인지를 결정하기는 어려울 것이다. 비록 브놔(Benoit)는 마태 쪽에 더 신뢰를 둔다고 하지만 이를 단정할 근거는 없다.[67] 유다의 죽음에 관한 소문의 유통 과정에서 과장과 왜곡, 변조 등이 발생했을 가능성은 일반적으로 받아들일 수 있다. 그런 소문들이 문자로 정착되어 전파되거나, 구전 형태로 전달되는 과정 중 어느 단계에서 마태나 누가와 같은 저자들이 이질적 자료들을 접하고 활용했을 수 있다. 바로 그처럼 전승 유통의 궤적이 상이한 점, 그리고 그 상이한 전승들을 '다른 이해와 통찰, 세계관'을 가진 저자들과 그 주변 기독교인들이 새롭게 문자로 정착시켰다[68]는 점 등이 지금 우리가 갖는 문서들의 이질성을 설명할

65 유상현, 『사도행전 연구』(서울: 대한기독교서회, 1996), 65.

66 Jacques Dupont, *Les sources du livre des Actes*(Bruges: Desclée de Brouwer, 1960), 159.

67 Pierre Benoit, "La Mort de Judas," 359.

68 예컨대, 이런 저자들의 경향에 관해, Zwiep의 경우, 마태는 미드라쉬적으로 유다 이야기를 해석했다고 하고, 누가는 사악한 자들의 처참한 죽음에 관한 이야기 전승에 의거하여 진술하고 있다고 본다. Arie W. Zwiep, *Judas and the Choice of Matthias*, 110. 유다 죽음 기록과 저자들의 전체 신학적 전망과의 관련에 대해서

수 있을 것이다. 이를테면 자료발생 상황 중 나타나는 이질적 다양성과, 저술 과정의 '정황과 교인들'의 상호관련성들이 역동적으로 작용함으로, 매우 '다른 문서들'이 산출됐다는 것이다. 그렇지만 그 이면에는 일정 이상의 '순도'를 지닌 유다 죽음의 진실이 파편적 형태로 녹아 있을 것이라는 추정은 가능하다는 것이다.

따라서 행전과 마태의 기록들을 역으로 추적하여 유다 죽음의 사실과 관련된 진실을 가설적으로 제시한다면 다음과 같은 내용이 될 것이다. 유다는 자기 스승을 배반한 사실과 관련된 이유로 죽음을 맞게 되었으며, 그 죽음은 아마도 자살의 형태로 이뤄졌을 공산이 크다. 따라서 그의 죽음은 비참한 모습의 기억으로 사람들의 뇌리에 남아 있었을 것이다. 그의 배반의 동기와 배경에 관한 분명한 설명이 떠오르지 않는 상황에선, 그것을 '금전'과 연관 지어 생각할 수 있었을 것이고, 유다 죽음 이후 그 '금전의 토지화'는 가능한 사태의 전개라고 말할 수 있을 것이다.

사실 유다 죽음을 묘사하는 누가의 기록에서 중요한 것은, 그것이 정확한 사실인지의 여부, 또는 사건의 재현 여부가 아닐 수 있다. 그 역사성의 진위보다 더 중요한 것은, 누가의 묘사에서 강조하고자 하는 배반한 자에 대한 하나님의 징계의 두려움, 그 징벌의 심각한 효과를 전달하려 했다는 점이다. 이 점이 무엇보다 우선되어 지적되어야 한다. 이것은 배신, 불신, 독신(瀆神)에 대한 누가의 일관된 징계의 묘사들을 연상하면 당연히 떠올리게 되는 사항이다. 누가의 글 속에서 하나님의 징계를 받은 사람들의 묘사는 유다 이후에도 이어진다. 아나니아와 삽비라(행 5:1-11), 헤롯 아그립바(행 12:23), 엘루마(행 13:6-12), 스게바의 아들들(행 19:13-16)이 그들이다. 그런 뜻에서 사도행전의 등장인물 중 처음으로 징벌받은 사람이 바로 유다라는 점, 그리고 그 유다 이야기를 소개함으로 사도행전의 역사적 전개가 시작되었다는 점은 당연한 사실의 역사적 전개라 하더라

는 얼마든지 상이한 해석이 제안될 수 있을 것이다.

도 특기할 부분이다.

(5) 유다 존재에 관한 당혹성: '길잡이'/예수를 '넘긴 자'와 '배신자'

본문 16절에서 베드로는, 유다를 가리켜 "예수를 잡아간 사람들의 길잡이"(행 1:16)라고 부른다. 이에 비해 누가복음 6:16은 '배신자'(prodotēs)란 용어로 그를 가리킨다. 누가의 이 '배신자' 지칭은 복음서에서 유다의 행위를 '넘기다'(paradidōmi)란 동사를 써서 묘사하는 일반적 모습(유다의 배신을 '넘기다'는 동사로 묘사하는 공관복음서 사례들: 마 27:3, 막 3:19, 14:10, 11, 눅 22:4, 6, 48)[69]과는 사뭇 다르다. 여기 본문의 '길잡이'란 용어를 사용한다든지, '넘기다'는 동사를 사용하는 것이 필연적으로 '배신'을 상정하지는 않는다. 이를테면 저자는 '넘기는' 중립적 의미로 유다의 행위를 서술하기도 하고, 부정적 가치판단이 극단으로 주입된 용어인 '배신자'란 표현을 함께 병용하고 있는 셈이다. 그렇다면 다른 복음서 저자들이나, 자신의 복음서에서조차 유다의 행위에 대해 부정적 인식을 갖고 있었음이 분명함에도 불구하고, 저자가 복음서와, 특히 이곳 사도행전에서 이를 묘사하며 '길잡이', '넘기다'라는 '중립적' 용어를 함께 사용하는 이유는 무엇일까? 여기에는 유다의 행위를 옹호하려 한다거나, 그 죄상(罪狀)을 누그러트리려는 의도가 작용했다고 보기는 어렵다. 동일한 저자인 누가가 복음서와 사도행전에서 다른 용어를 사용하고 있기 때문이다. 거기에는 일종의 '신정론'(神正論)에 관한 배려, 또는 구속사에 관한 인식이 작용하지 않았느냐는 짐작을 해볼 수 있다. 이를테면, 유다의 행위에는 인간의 행위와 신적인 개입이 동시에 작용했다고 보고, 그 묘사를 일방적 '부정어'로 행할 수 없는 사정이 이런 중성 언어를 쓰게 한 것이 아니냐는 추측이 가능하다.[70]

---

69 이들 중 '개역한글판'은 마 27:3, 막 3:19의 번역을 '팔다'란 동사로 '해석'하는데, '개역개정판'도 이를 수정치 않았다.

70 Cf. John P. Meier, "The Circle of the Twelve: Did It Exist during Jesus' Public

아니면, 비록 유다가 배신의 주체로서 예수를 넘긴 것이 분명하지만 그러한 행위는 하나님의 '허락'과 거대한 구속사적 섭리의 작용이 배후에서 치밀하고 정교하게 작동되고 있다는 인식이 이런 표현을 낳게 했다는 이해도 할 수 있다. 그리고 이러한 인식은 후기 기독교인들이 가졌을 예수 죽음과 유다의 배신에 얽힌 당혹감과 긴밀한 연관이 있을 것이다. 바울이 역사적 유다에 관해 아무런 언급도 하고 있지 않는데, 이 침묵에 관한 다른 설명도 가능하겠지만 초기 교인들이 가졌을 이런 당혹과도 관련이 있을 수 있다. 그 당혹은 다음과 같은 것이다. 즉, 예수가 신적 능력이나, 비범한 능력을 가졌던 인물이었다면 유다가 자신을 배신할 수 있는 존재라는 것을 몰랐겠는가? 만약 그럴 가능성이 있음을 미리 알았다면 왜 예수는 그런 인물을 애초에 제자 그룹에 포함시켰는가? 예수 죽음의 신비에 관한 물음들은 말할 것도 없고, 유다의 존재에 관련된 이런 질문들이 꼬리를 이었을 것이다.

이런 물음들에 대해서 누가는, 그것이 유다만의 의지에 의한 배반도 아니요, 하나님의 뜻에 의한 섭리의 기계적 집행만도 아닌, 그 둘의 설명할 수 없는 신비한 작용과 반작용의 불가사의(不可思議)가 작동된 결과였음을 '넘기다'란 용어로 드러내고 있다는 것이다. 이를테면, 유다는 배반을 발의하고 행동하였으며, 하나님은 구속(救贖)의 원려(遠慮) 아래 이를 허락하였으되, 이 모든 과정은 하나님의 신묘막측(神妙莫測)한 섭리의 과정 속에서 이뤄진 것이라는 이해를 이런 식의 표현으로밖에 나타낼 수 없었던 것이 아니냐는 뜻이다.

4) 예언—시편 인용

누가가 등장시킨 베드로는 시편을 인용하며 자신의 발언을 이어간다.

Ministry?," 664. 이 견해는 Raymond E. Brown, *The Death of Messiah*, vol. 1, 211–213.

시편에 기록되기를,[71] '그의 거처를 황폐하게 하시고, 거기 사는 사람이 없게 하소서'라 하였으며, 또한 '그의 직분을 다른 사람이 취하게 하소서' 라고 하였습니다.(행 1:20)

20절의 앞부분 상반절은 시편 69편에서, 뒤의 하반절은 109편에서 인용된 구절이다.[72] 이 인용구들 중 '거처(epaulis–homestead, residence, farm)와 직분'이 무엇을 뜻하는지의 논의가 가능하다. 두 표현 모두가 '직분'(episkopē)과 관련된 것으로 해석될 여지가 있다. 그럴 경우, '거처'는 은유적으로 읽을 수밖에 없다. 그런데 그렇게 보면 앞의 인용인 '거처를 황폐하게 하다'는 말, 곧 '직분을 비우게 된다'는 뜻과, 뒤의 인용인 '직분을 타인이 취하게 하다'라는 말, 즉 맛디아로 '직분을 채우는 것'은 상충하는 듯한 모순이 드러나게 된다. 그렇다면 과연 시편 69편과 109편의 두 시편 인용은 서로 대립되는 의미를 담고 있는가? 적어도 직분에 관해서는, 전자가 폐허 되게(비워지게) 해주십사 하고, 후자는 채워지게 해주십사 한다는 뜻에서 보면 그렇다. 그래서 이런 상충되는 구절들을 인용하는 방식조차 '의도된 주석방법'으로 간주될 수 있다고 한다.[73] 랍비 문헌에서 발견되는 주석방법이 원용되고 있다는 평가인데, 이를테면 서로 반대 되는 두 구절을 언급한 뒤, 어느 한 편으로 통합하는 방식으로 주석을 전개한다는 것이다.[74]

그러면 두 상충하는 듯한 시편이 나란히 등장하는 것을 어떻게 이해

---

71 여기 우리 번역에는 생략한 'gar, 왜냐하면'이란 단어를 살린다면, 이 말은 앞서 16절의 "성령이 다윗의 입을 빌려 미리 말씀하신 성경이 마땅히 이루어졌어야만 했습니다"란 표현에 상응하여 제시된 것임을 지적할 수 있다.

72 이 부분, 20절 인용 관련, 참고. Tzvi Novick, "Succeeding Judas: Exegesis in Acts 1:15–26," *Journal of Biblical Literature* 129(2010), 795–799. 그 중 796–797 등.

73 *Ibid.*, 797.

74 *Ibid.*

해야 할 것인가? 이에 대한 설명이 노빅(Novick)에 의해 제시된다.[75] 유다의 후임자는 사실상 이미 사도 그룹 중에서 활동해왔던 사람으로 볼 수 있다는 것이다. 그러므로 시편 109편에 있는 대로, 그 사람이 유다가 남긴 빈자리를 채워왔던 것으로 말할 수 있다. 엄밀한 '실제적' 의미에선, 그는 12인 그룹에 새로 편입된 '새 사람'은 아니었다. 따라서 시편 69편에 묘사된 그대로 유다의 자리는 비게 되어(황폐) 새로 채워야 할 자리가 남아 있는 셈이며, 그래서 그 빈자리를 채우게 된다(시 109편)는 주장이다. 그렇게 하여 얼핏 상반된 두 개의 시편이 통합되는 것으로 이해한다는 것이다. 이런 해명 시도를 정답으로 단언하기는 어려울 터이나, 나름대로 그럴듯한 설득력은 있다. 두 시편을 평면적, 기계적으로 이해하면 서로 충돌하는 듯이 보이지만, 실상 위의 설명 아래 관찰하면 두 시편은 본문의 맥락에선 상호 대립하지 않은 뜻으로 저자의 해석에 의해 채용되었다고 설명할 수도 있다.

여하튼 베드로가 인용한 시편의 두 인용구는 앞의 것이 '지난날' 유다의 활동과 역할에 관한 시사로 파악될 수 있고, 뒤의 것은 '앞으로' 펼쳐질 유다의 빈자리에 관련된 지적으로 이해될 수 있다. 이를테면 두 인용구가 각기 과거사와 미래사를 상기시키는 기능을 하고 있다는 것이다. 이처럼 '인용 장치'를 통해 과거와 미래를 연관시켜 현 상황 속에 통합시킴으로, 유다의 대체라는 '지금' 활동이 성령(16절)의 관장 아래, 성령의 개입 속에 이룩되고 있다는 강력한 인상을 주게 된다.

그리고 그 인상은 유다의 배반과 그에 따른 대체가 불러올 수 있는 각종 질문과 의구심을 잠재우는 효과를 낳을 수 있었을 것이다. '유다에 관한 진실'의 배후에 성령의 간섭이 존재했다는 '설명 없는 설명'의 기능을 시편 인용이 이뤘다는 뜻이다. 이것은 간접적으로 제시된 유다 대체의 이유라 말할 수 있다. 즉, 그의 대체는 성령의 예지 아래 벌어진 하나님 뜻

75 *Ibid.*, 799.

안의 사건으로 이해돼야 한다는 묵시적 메시지다.

5) 공석 채우기 제안

베드로는 두 개의 시편을 인용하여 유다 대체의 배경과 이유를 성령과 연관시켜 에둘러 제시한 다음, 본격적으로 맛디아 선출에 관한, 그와 직접 관련된 언급을 이어간다.

(1) 유다 대체자의 자격

누가는 베드로의 입을 통해 유다의 자리를 잇는 이의 어떤 '자격'을 제시한다.

> 21절그러므로 주 예수께서 우리 가운데서 오고 가시던 모든 기간, 22절곧, 요한이 세례 주던 때로부터 시작하여 예수께서 우리를 떠나 올려져 가신 날까지 우리와 함께 다니던 사람들 중에 하나가, 우리와 더불어 예수 부활의 증인이 되어야 할 것입니다.(행 1:21-22)

베드로가 언급하는 유다 자리를 잇는 자의 자격에는 두 가지 요소가 내포되어 있다. 하나는 '어떤 시간'과의 관련이요, 또 하나는 '그들과의 동행' 여부다.

가. '특정 시간'과의 관련성

먼저, 베드로는 유다 대체자의 요건으로 어떤 '특정 시간'을 자기들과 함께했어야 한다는, '시간적 연관'을 거론한다. 즉, "요한이 세례 주던 때로부터 시작하여 예수께서 우리를 떠나 올려져 가신 날까지" 자신들과 함께 다니던 사람들 중 하나여야 한다는 것이다. 그 시기는 "주 예수께서 우리 가운데서 오고 가시던 모든 기간"(21절)으로 또 달리 설명된다. 이를테면 예수의 공적(公的) 활동기간 처음부터 마지막까지 동행하는 것이 필수

요건이라는 뜻인데, 거기에는 예수라는 인물이 갖는 특출난 중요성이 일차적으로 전제되고, 거기 덧붙여 그의 공생애 기간이 갖는 '예외적 중요성'에 대한 강조가 이차적으로 전제된다. 이런 표현 자체가 환기시키는 바는 분명하다. 그것은 '수세(受洗)로부터 승천까지'로 표상되는 일정기간은, 누가가 인간사의 시간적 전개, 또는 구원사(救援史)의 흐름 속에서 특별한 의미를 부여한 농밀하고도 특수한 시간 구간이라는 점, 이 점을 강력하게 주장하고 있다는 것이다. 누가가 지난 일들을 '시간의 틀' 속에서 회상하고, 지난 사건들을 '역사적 인식'의 범주 안에서 사고했다면, 그가 여기서 드러내는 '특정 시간'에 관한 이 같은 강조는 그 자체가 그 기간을 나름대로 '차별화'시켰다는 점을 시사한다. 그리고 이러한 '시간의 차별화'를 종교적 사유의 언어로 바꾸면 바로 '시간의 성별(聖別)'이라 이를 수 있다. 그러한 시간의 구별, 또는 성별이 의미가 있어야만 새로 뽑게 될 '대체자'의 자격도 의미 있을 것이며, 그 기간을 '시간적으로 동행'했던 이의 예외성도 강화되게 마련이다.

따라서 이 동행을 '시간적으로' 조망할 때 부각되는 것이 있는데, 그것은 인간 역사의 긴 흐름 속에서 '누군가'가 하필이면 바로 '그때 그 기간' 중에 예수와 인연을 맺게 되었다는 점이다. 그러므로 특별한 '그 누구'인가가 뚜렷이 부각되는 것은 물론이고, '그 기간'마저 차별적이고 선택적인 의미를 부여받아 구별됐다는 것이다. 물론 이런 연관의 바탕에는 그들이 예수의 삶 속에 참여하고 투신했다는 점이 본질적 중요성으로 깔려 있다. 왜냐하면 그 시기 자체가 의미 있는 게 아니라, 그 시기 '예수와의 교류'가 중요하기 때문이다. 그 인격적 만남과 관계의 특수성이 여기 언급되는 대체자 자격의 핵심이라 말할 수 있다.[76] 그런데 바로 그런 인격적 교류의 강조를, '시간'을 축으로 한 언어로 전환하여 이르게 되면, '수세(受洗)로부터

76 바울 역시 '사도'의 자격을 언급하는 고전 9:1의 글에서, '예수를 보았다'는 말을 스스로에게 적용하여 자신의 사도직을 변호한다.

승천까지' 기간을, 예외를 극한 배타적 특수성으로 강조할 수밖에 없다. 다시 말해, 이 시기를 강조함으로 그 기간의 구속사적 특수성이 부각되는 동시에, 예수 생애에 참여함으로 비롯되는 동지적 일체성이 강조될 수 있다는 뜻이다.

이처럼 '예수'와의 관련성이 대체자의 자격으로 거론되었다는 것은 승천한 예수가 여전히 그들 제자들 위에, 그리고 새로운 '교회' 위에 권위와 지도력을 행사하고 있음을 시사한다.[77] 즉, '예수'가 지상생애 중에 자신과 관련 맺었던 제자들을 인도하고 지도하였듯이, 예수와의 관련성을 가진 제자를 다시 선정함으로, 승천한 '예수'가 다시 그들 제자들과 교회를 인도하고 지도하리라는 점을 암시한다는 것이다.

나. 제자들과의 동행

예수와의 교류, 또는 동질성의 확보는 그 제자들 사이의 '동류(同類)적 동행'으로 확대되며, 이것이 '자격'의 두 번째 요소를 이룬다. 유다를 새로 대체할 사람은, "우리와 함께 다니던 사람들" 중 하나여야 된다는 것이다. 여기 표현이 '예수'와 함께 다니던 사람들로 규정짓지 않고, '우리'를 내세웠다고 해서 '예수'가 배제된 것이라 볼 수는 없다. 그보다는, 예수와의 관계는 기본적 전제로 승인한 다음, '우리와 함께'라는 말로 사도들 사이의 연관성을 좀 더 강조하고 그 '수평관계'의 의미와 결속, 응집력 등에 주목해야 할 것이다. '우리와 함께 다니다'로 표상된 제자들 사이의 인간관계는 서로가 서로의 삶에 관여하고 참여하는 인격 교섭의 본질을 시사한다. 만일 이 표현이 서로의 인생에 상호 가담하고, 서로의 생애 속에 상호 침투하는 모습을 떠올리게 한다면, 그것은 그들 사이에 견고하게 자리 잡힌 동질성의 강도(强度)와 정체의 합일성을 환기시키는 말과 다름이 없다. 또

---

77 Stephen G. Wilson, *The Gentiles and the Gentile Mission in Luke-Acts*(Cambridge: Cambridge Univ. Press, 1973), 113.

한 어느 의미에서 이 표현은 '함께 다닌 공간들'을 환기시키기 때문에, 그들 그룹이 함께했던 '동행의 공간적 성격'을 시사하는 은유로 파악해도 아주 그르지는 않다. 앞에서 베드로가 그들 '동행의 시간성'을 강조하는 표현을 제시했다면, 이어서 '동행의 공간성'을 드러내고 있다고 보아야 한다는 뜻이다.

결국 21-22절에서 발견되는 것은, 이러한 두 요소들, 즉 '시간적 동행'과 '공간적 동행'이 '12인 그룹'의 일치성을 공동체적, 사회적 차원에서 강화하는 것이고, 그들 사이 정체의 동질성과 밀도를 두 겹으로 강화하고 강조하고 있다는 이해다.

누가의 베드로는 이처럼 뜻깊은 '동행'의 시간적 구간이 '수세로부터 승천까지'라는 점을 명시했다. 유다 대체자의 자격은 그 시간을 '우리와 함께 다닌' 사람이어야 한다는 것이다. 즉 예수의 공생애 시작점이랄 수 있는 수세로부터 '그들', 곧 제자들, 또는 12인 그룹은 '함께 다녔다'는 점을 전제하고 있는 것이다.[78] 그런데 실상은 어떤가? 저자 자신이 기록한 누가복음서의 제자들 선택 기록은 추후 누가복음 5:1-11에 수록되어 있다. 다시 말해 누가 서술에 따르면, 제자 선택이 예수의 수세(눅 3:21-22)보다 훨씬 '이후'에 벌어졌다는 것이다. 이 사실은 사도행전에 기록된 것과 같이, 제자들이 '수세로부터 승천까지'의 기간을 '항시 함께' 다니며 그들끼리, 또는 예수와 동행했던 것은 아니지 않았느냐는 물음을 갖게 한다.

---

78 이 단락에 '우리'로 지칭된 표현들이 여럿 등장한다. 17절의 '우리 수' 그리고 21-22절의 3차례에 걸쳐 나타나는 '우리' 표현 등이 대표적이다. 그 '우리'는 누구를 지칭하는가? 가능성은 13절에 열거된 '제자들', 15절의 '120명' 등을 꼽을 수 있다. 추정컨대, '우리 수'가 말하는 선택적 성격, '우리와 함께 다니던' 사람들이 갖는 배타성 등을 감안한다면 '특정 제자들', 그 중에도 '열둘' 중 유다가 빠진 그룹을 일컫는 것이 아니냐는 제안을 할 수 있다. 이런 추측은 23, 24, 26절의 동사들[estēsan-그들이 (앞에) 세우다, eipan-그들이 이르다, edōkan-그들이 던지다(제비뽑다)] 속에 숨어 있고, 여기서 '그들'로 번역하는 사람들과 동일인들인 것으로 확장시켜 간주할 수 있다.

즉, 함께 다닌 것은 예수의 수세 '한참 지난 이후'가 아니었느냐는 것이다. 그런 뜻에서 이 '기준들'을 지나치게 엄격하게 적용할 수 없다는 논의가 나타나게 된다. 만일 이 선택 기준("주 예수께서 우리 가운데서 오고 가시던 모든 기간, 곧, '요한이 세례 주던 때로부터 시작하여 예수께서 우리를 떠나 올려져 가신 날까지' '우리와 함께 다니던' 사람들 중에 하나")을 '엄밀하고 철저하게' 적용한다면 베드로를 비롯한 다른 사도들 역시 그 기준과 전적으로 맞지는 않았다고 말할 수 있다. 그들이 예수의 '수세 시부터' 동행하지 않았음은 물론이고, '올려져 가신 날까지' 한결같이 예수 곁에 머물거나 예수를 포함한 '우리와 함께', '항상' 동행한 것은 아닌 듯하기 때문이다. 누가의 글에는, 예수 수난의 시기에 제자들이 '항상 함께' 있었다는 흔적, 보고는 제시되지 않는다. 다만 제자들이 아닌, 예수가 '아는 자들'과 갈릴리로부터 따라온 '여인들'이 모두 '멀리 서서'(눅 23:49) 그의 수난을 지켜본 것으로 누가는 묘사한다. 제자들은 '예수 수세로부터 승천까지'의 기간을 완전히 예수 곁에서 함께 동행한 것만은 아니지 않느냐는 인상을 받게 된다.[79] 사실 이런 차이점은 사소하고도 별 의미 없는 착오에 기인한 것으로 볼 여지가 있다. 저자가 예수의 공생애를 '수세부터 승천까지'로 규정하는 관습이나 말법, 또는 '구별된 기간의 중요성'에 집착한 나머지 본문과 같은 차이에 무신경했을 수 있다는 것이다. 어쩌면 이런 사소한 묘사의 작은 오류가, 예수의 생애 '특정 기간'에 부여한 누가의 차별화된 인식, 그 중요성을 오히려 반증하는지 모른다.

(2) 세례 요한: '특수 시간'의 가늠자

이 본문에서 누가가 예수 공생애의 시작점으로 잡은 시점이 하필 '요

79 이런 뜻에서 행 14:4, 14에서 '바울과 바나바'를 '사도'로 칭하고 있는 점도 납득할 수 있는 측면이 있다. '사도' 개념의 유연한 적용, 즉 예수 생애 중 그를 시종(始終) 철저히 따르지 않았다 해서 사도됨의 자격을 문제시할 수 없다는, '사도 자격'의 기계적 적용이 완화될 수 있음도 고려할 수 있다.

한의 세례로부터'였다는 점은 다시 숙고할 필요가 있다. 왜냐하면 저자의 누가-행전 전체 작품에서 '요한', 또는 '요한의 세례'는 항상 긍정적 뉘앙스를 갖는 것만은 아니기 때문이다. 그 평가는 긍정, 부정적 인상이 병존하는 매우 미묘한 양상을 띤다. 이런 미묘함을 명시적으로 드러내는 표현이 누가복음 7:26 이하에 제시된다. 거기 따르면, 요한은 어떤 예언자보다 출중하다. 게다가 그는 '여자가 낳은 사람들 가운데, 세례 요한보다 더 큰 인물은 없다'(눅 7:28a)라는 극상의 칭송을 듣는다. 즉, 그의 장점과 위대함이 최고조로 강조된다. 그러나 '하나님 나라에서는 가장 작은 자도 요한보다는 크다'(눅 7:28b)는 말을 곧이어 덧붙임으로 그의 한계를 분명히 한다. 이것이 "어찌 보면 역설적 표현이지만, 가장 훌륭한 인간이면서 동시에 보잘것없는 사람이기도 하다는 주장은 그 기준점을 어디로 할 것이냐에 따라 달라진다. 일반적 척도로서는 출중한 인물이지만 '하나님 나라'의 상속자, 곧 '예수의 제자'가 비교점이 되면 그의 제자들 중 '가장 부족한 자보다 못한 이'로 전락된다. '예수에 관한 것'이 개입될 경우, 그의 장점보다는 단점과 결핍이 부각된다는 것은, 세례 요한에게 예수와 관련된 어쩔 수 없는 결함이 내재되어 있다는 것을 뜻한다. 예수와의 비교를 허용치 않는 위상의 차이를 명시하는 것이다."[80] 세례 요한의 존재는 그 자체로 위대하다. 하지만 예수, 또는 예수 관련 사안이 비교의 대상이 될 경우 상대적 열등성을 면치 못한다는 평가의 미묘함이 서려 있다는 것이다.

이 같은 미묘함은 사도행전에서도 발견된다. 사도행전 1:5, 11:16, 13:25, 18:25, 19:4 등에서 요한이 "자기 뒤에 오시는 분을 믿으라"라고 말하면서 스스로를 예수의 전령(傳令) 역할을 했던 사람으로 제시되는 것이 그 점을 특징적으로 보여준다. 이런 언급들 역시 그의 역할과 위상이 매우 미묘하다는 점을 시사한다. 그 표현에 긍정과 부정이 동시에 포함된 측면이 있다는 것이다. 곧, 좋은 뜻에서 예수의 전령이지만, 부정적으로는 '기

80 유상현, 『바울의 제3차 선교여행』(서울: 대한기독교서회, 2011), 76.

껏해야' 전령에 불과할 뿐이라는 함축이 서려 있다.[81]

특히 사도행전 18:25, 19:2–5에서 아볼로와 에베소의 몇몇 제자들에 관한 묘사를 통해 누가는 '요한의 세례'와 '성령 세례'를 대비하며 '요한 세례'의 불충분, 결핍을 강조한 바 있다. "그러나 그럼에도 불구하고 그 결핍은 복구나 회복이 불가능한 치명적 성격을 갖는 것은 아니다. 완전한 구제불능의 흠결(欠缺)로 낙인이 찍힌 것이 아니라, 새로 깨우침을 받고 교정을 받아 온전한 길로 들어설 수 있다. … 세례 요한과 관련 있는 사람들은 세례 요한 자신이 그렇듯이 명백한 한계와 약점을 갖고 있다는 것이다. 그 모자람을 메우고 약점을 보완한 다음에야 같은 기독교인의 무리로 정체와 신념을 공유한 구성체가 될 수 있다. 그 보완의 길은 '예수에 관한' 바른 이해에 연결되며, 그것이 바로 일종의 입신(入信)의 통과의례를 시사하는 '예수 이름으로 받는 세례'이다."[82]

이처럼 세례 요한의 존재는 누가의 글에서 무엇인가 부족한 결핍이 있다. 하지만 노골적으로 폄하되거나 무시되지는 않는다. 이러한 미묘한 존재를, 누가는 자기가 생각하는 예수 생애의 '특수 기간'을 시작, 구별하는 가늠자로 설정했다. 이것은 요한에 얽힌 '부정과 긍정'의 변증법에 독특한 의미론을 주사(注射)하는 듯하다. 누가가 요한을 평가하는 데 부정과 긍정이 교차하는 미묘함이 여러 측면에서 나타난다고 했는데, 그 긍정적 평가의 매우 강력한 요소 중 하나가 바로 본문에서 나타난 '시간 측정'의 기준이라는 점이다. 예수 생애를 규정하는 시발(始發)점이 다른 어떤 사건이나, 추상적 시간개념이 아닌 요한으로부터의 수세로 설정했다는 것, 이보다 더 중요한 요한에의 의미 부여는 없다고 할 수 있다. 이런 누가의 착안에는 요한이 갖는 구약과 예수 시대를 잇는 '가교(架橋)적' 성격이 큰 역할을 했을 것이다. 물론 누가복음 16:16('율법과 예언자는 요한까지지요, 그

81 *Ibid.*, 75–76.
82 *Ibid.*, 76.

후부터는')에 의하면 요한은 구시대의 마지막 인물로 묘사되는 듯하지만, 그렇다고 그가 구약시대 속에 오롯이 함몰되는 것은 아니다.[83] 사실 누가복음 16:16의 언어분석만으로 이 문제를 해결하기는 어렵다. '그 후부터는'(apo tote)의 해석에 애매함이 있기 때문이다. 이를테면, '그 후부터'가 요한의 때를 '포함한' 시기를 일컫느냐, 아니면 요한을 '배제한' 시기를 일컫느냐를 어의(語義)적으로 판단하기는 쉽지 않다. 차라리 이 애매한 표현 자체에도 요한이 옛 시대와 새 시대를 동시에 간여하고 연결하는 뜻이 있다고 보는 것이 현명할지 모른다.

더구나 본문 사도행전 1:22의 "요한이 세례 주던 때로부터 시작하여"라는 표현에서 알 수 있듯, 그가 예수와, '세례'를 통해 관련되고 그의 생애 속에 뛰어들면서, 요한은 새로운 예수시대의 개벽(開闢)과 관계를 맺는 존재로 차출된다고 볼 수도 있다. 그렇게 하여 요한이란 인물은 구시대와 신시대, 두 시기에 모두 참여하고, 관련되어 양자를 이어주는 동시에, 앞 시대와 뒷시대 사이의 연속성을 확보하는 구실을 명백히 한다는 것이다. 구약시대와의 연결, 그리고 새로운 예수시대와의 연관에서 양자를 결속시키고, 마침내 새로운 시대의 정당성과 합법성을 부여해주는 존재로 누가가 파악했을 수 있다. 거기에 이 '미묘한 존재' 등장의 '미묘성'을 넘어, 그의 긍정, 부정 양면을 적극적으로 진술했던 저자의 원래 품었던 이유가 있을 것이다.

(3) 대체자의 임무: 부활의 증인

베드로는 위에서 제시한 자격에 상응하는 유다의 대체자가 뽑히게 되

83 콘첼만은 요한을 '새 시대'로부터 배제된, 구약시대에만 속한 인물로 파악한다. Hans Conzelmann, *The Theology of St. Luke*, tr. by G. Buswell(London: Faber and Faber, 1960), 22-27. 물론 요한이 율법과 예언자의 시대에서 벗어나, '새 시대'에 속한 인물로 보는 견해도 있다. I. 하워드 마샬, 『루가복음 II』(서울: 한국신학연구소, 1984), 342-343.

면, 그가 "우리와 더불어 예수 부활의 증인이 되어야 할 것"(행 1:22)이라고 지적한다. 이것은 그가 선출된 이후에 달성해야 할 임무를 제시한 것이며, 그런 임무는 '자신들과 더불어' 함께 이뤄야 될 것임을 밝힘으로, 제자들의 사명도 역시 드러낸 셈이다. 그들이 유다 대체자를 뽑은 이유, 그가 행해야 할 임무는 '예수 부활의 증인'이 되는 것이다. 그것은 제자들의 임무이기도 하다. 이 '예수 부활의 증인'이 되는 것이야말로, 모든 다른 증언들, 선포들, 전언(傳言)과 설교 등의 '결정적 기초'가 된다. 그것이 다른 증언들의 바탕이 되는 근본적 증언인 것이다.

여기서 말하는 "예수 부활의 증인"이 되어야 한다는 자격 조건은 '문자 그대로'의 축자(逐字)적 적용을 하는 것은 아니다. 왜냐하면 누가의 복음서 기록(눅 24:1-9)에 의하면, 실제로 '예수 부활 자체'를 목격하고, 그 당시 사건에 직접 참여한 제자들은 없기 때문이다. 그렇다면 이 말은 부활 사건에 '다른 형태'로 참여하고, 그 소식의 전언에 '다른 방식'으로 가담하는 의미로 받아들일 수밖에 없다.

일반적으로 인정되듯이, 사도행전에 등장하는 '증인, 또는 증언' 관련 언급들은 매우 중요한 논의 주제다. 사도행전에 '증언'(martus)과 관계된 6개의 파생어가 도합 39회에 걸쳐 나타난다고 하는데,[84] 이런 용어들이 자주 사용되었다는 점 자체가 이 개념에 누가가 부여한 의미의 중요성을 암시한다.[85] 누가의 '증인' 개념은 사건의 '목격자(Cf. 행 1:3)나 관찰자' 개념과는 다르다. '증인'이나 '목격자'가 어떤 특정 사건 발생 상황을 겪고, 보고 들었다는 점에서는 비슷한 성격을 갖는다. 그러나 '목격자'는 단순히 사건을 관찰한 사람으로 사건 자체와는 상관없이 타자화된 채, 아무런 관

---

84 Allison A. Trites, *The New Testament Concept of Witness*(Cambridge: Cambridge Univ. Press, 1977), 128.

85 특히 행 1:8, 2:40, 8:25, 10:42, 18:5, 20:21, 23-24, 23:11, 28:23 등에 '증언'과 관련된 언급들이 등장. 사도행전의 '증언'에 관하여, 유상현, 『바울의 제3차 선교여행』, 286-288.

련도 개입도 없이 홀로 여전히 남을 뿐이다. 이에 비해 '증인'은 자신이 겪은 경험을 타인의 삶, 특히 법률적 상황과 같은 예민한 현실 속에 가져와 개입함으로 해서 원래 상관없었을 그 사건이 나의 상황, 나의 사건으로 '주관화'된다는 것을 의미한다. '증언'이라는 형식의 법적 과정을 통해 나는 그 사건 자체 속에 뛰어들고, 그 사건이 나의 사건이 되는, 사건 당사자와의 기묘한 동일화를 경험하게 된다. 누가에게서 '증인'이 참여할 '법적 사건'은 그리스도 사건이다. 그리고 증언의 '대상 사건'은 보통의 객관적, 일상적 사건이 아니다. 그것은 예수 부활이라는, '믿어야 할', '선포되어야 할' 사건이고, '증인'은 증언을 통해 사건에 전인격적으로 참여하게 된다. 이를테면 이들 '증인들'은 예수의 부활을 통한 하나님의 구원행위와 그의 현존을, '나의 진실과 인격'의 총체성 안에서 확보하고 입증하는 역할을 맡게 된다. 그 역할은 다름 아닌 '말씀의 중재역'이라고 말할 수 있다.[86] 그렇기 때문에 부활한 예수는 '증인'을 통해서만 증언, 전파되는 것이고, 그런 뜻에서 그는 '증인'을 반드시 필요로 한다.[87]

그렇다면 베드로가 유다 대체자의 자격으로 언급한 '부활의 증인'은, 단순한 사건 목격자나 관찰자의 개념을 넘어서는 '또 다른 차원'을 갖게 된다. 곧 부활사건과 증인과의 인격적, 실존적 연결 끈을 더욱 중요시하는, 좀 더 심각하고 포괄적인 의미, 즉 '하나님의 구원행위의 확실성'을 분명히 하고 보증, 중재하는 '확대된 증인'의 의미를 지향하고 있다는 것이다. 그리고 이것이 누가가 부활의 증인으로 생각한 '열둘'의 의미 중 하나라 말할 수 있다. 따라서 이처럼 중요한 개념이라 할 '증언'의 대상인 '부활'의 중요성은 더 말할 나위가 없게 된다. 누가에게 예수의 부활은 기독교 신앙에서 '결정적 요소'라는 점이 '증인' 개념의 전제로서 강조되어야 한다.

---

86 François Bovon, *Luke the Theologian*, 2nd rev. ed.(Waco: Baylor Univ. Press, 2006), 419.

87 유상현, 『바울의 제3차 선교여행』, 287.

한편, 이 22절("… 한 사람을 뽑아 우리와 더불어 예수 부활의 증인이 되어야 할 것입니다.") 본문의 베드로 연설 속에 스며 있는, 맛디아 선출과 관련되어 제시된 '시제의 변동'을 살펴보는 것도 흥미롭다. 베드로는 앞에서 "성령이 다윗의 입을 빌려 '미리 말씀하신' 성경이 '마땅히 이루어져야만'" (16절)했다는 것을 말한 바 있다.

이런 내용은 기록한 저자나, 말하는 베드로의 시점(時點)에서 보면 모두가 과거에 벌어진 일이다. 하지만 이 모두가 다 과거라 할지라도 '성경이 말한 시점'과 유다 사건이 '벌어진 시점'을 시간 선상에서 비교하면, '과거 기록된' 성경은 미래에 '마땅히 이뤄질'(edei) 일들과 '과거-대(對)-과거적 미래'의 대응관계로 맞서고 있음을 알 수 있다. '마땅히 이뤄질' 일들은 순전한 미래가 아닌 과거 속의 미래다. 이런 과거적 미래는 20절의 두 번째 인용구에서 "그의 직분을 다른 사람이 취하게 하소서"라는 '현재적 미래'의 양상으로 베드로의 시점에서 현재화된다. 즉, 시편 109편의 인용구가 당시 베드로의 기원(祈願)으로서, 현재화된 희구의 미래로 읽히게 된다는 뜻이다. 그리고 이런 미래적 의미의 진전은 22절["… 한 사람을 뽑아 우리와 더불어 부활의 증인으로 삼아야 '할 것입니다(dei)']"에서 '순수 미래적' 시점으로까지 나아가며, 그로써 맛디아 선출이 갖는 '과거 기록'이 지금 당장, 아니면 바로 잠시 후의 미래적 현실로 이뤄질 것임을 보여주고 있는 듯하다.

이런 '미래적' 의미의 다양한 출현은 'dei'(must, have to, 16절과 21절-우리의 번역은 22절)라는 동사의 활용을 통해 더욱 강화되고 있다. 그리고 이 동사의 출현은 그 모든 작업, 역사(役事)의 배후에 하나님의 신적 활동이 존재하고 있다는 점을 강력히 암시한다. 유다의 배반과 같은 불미스런 사건의 발생이 하나님의 전능한 활동과 어떻게 조화될 수 있느냐는 의문이 제기될 수 있는데, 이에 대한 부분적 해답이 이 표현에 숨어 있다. 이점은 위에서도 언급했듯이 시편의 두 인용구를 통해서도 암시적으로 제시된 바 있다. 이를테면, 유다 배반 사건도 실은 하나님의 절대적 통치,

우월성과 그 의지 안에 포괄되어 있음을 의미하는, 즉 하나님이 어떤 것을 '뜻하셨으며, 따라서 그 일은 일어날 수밖에 없다'는 의미를 이 용어가 가리킨다는 것이다.[88]

4. 맛디아 선출(행 1:23-26)

누가는 유다 대체자의 자격을 베드로의 연설에서 거론하게 한 다음, 해당 인물을 선출하는 실제 과정에 관한 인상적 진술을 전개한다. 그런 과정을 묘사하면서 저자는 이 장면의 세팅을 다소 급작스러운 형태로 전환시킨다. 즉, 베드로의 연설을 마감하면서, 그것이 어떤 정황에서 어떻게 끝났는지, 청중의 반응이 어땠는지에 관한 추가설명이나 마무리짓는 언급이 없다. 거두절미한 채, 대체자 선정 과정을 23절부터 곧바로 그려나간다는 것이다. 마치 연설한 베드로의 발언이 모든 것을 정리하였고, 관련 논의를 몰아갈 수 있었으며, 있을 법한 질문들을 잠재울 수 있었다는 듯한 인상을 준다. 베드로는 모임의 향방과 의제를 결정할 수 있는 압도적이고 비범한 존재임을 문면의 배후가 암시하는 셈이다. 적어도 누가의 묘사에서 베드로는 거의 전권을 가진 모임의 지도자로 나타난다.

1) 후보자 추천

맛디아 선출의 과정을 묘사하는 누가의 서술은 다음과 같은 기록으로 시작한다.

> 그래서 그들은 두 사람을 (앞에) 세웠는데, 바사바라고도 하고 유스도라고도 하는 요셉과 맛디아였다.(행 1:23)

---

88 *Ibid.*, 260, n. 7.

여기서 왜 더 많은 사람이 후보에 오르지 않고 '바사바라고도 하고 유스도라고도 하는 요셉'과 '맛디아', 이 두 사람만을 누가가 최종 물망에 오르게 하였는지, 그 이유를 밝히는 것은 어렵다. 비록 '요한의 세례 때부터 승천까지 함께 다니던 사람들'이라는 선정 자격의 제한 때문에 그렇게 되었다 하더라도, 그런 자격을 갖춘 사람이 이 둘뿐이었을 것 같지는 않다. 예수의 동생 야고보 같은 이를 후보로 떠올릴 수도 있다. 하지만 그가 예수 생전에 믿지 않았다는 요한복음 7:5의 언급 등을 감안할 때 자격에 미달됐을 것이라는 추정도 제시되는데,[89] 그렇다면 그 밖에 다른 후보자가 없었을 리 없다. 또 22절의 "우리와 함께 다니던 사람들"이란 복수 표현은 그 수가 둘 이상일 것이라는 점을 시사한다. 그러니 어떤 절차로 이 두 사람이 마지막 선택을 기다리게까지 되었는지, 그 배경과 연유를 짐작할 도리가 없다. 어쩌면 소위 '사전 심사'나 경합을 통해 다른 후보들이 걸러지고 마지막으로 이 둘이 최종 선택 단계에까지 올랐을 수도 있지만,[90] 그것을 확인하기는 힘들다.

후보로 오른 두 사람 중 하나인 '요셉'[91]이란 인물은 '바 사바'(bar Sabbā, '노인의 아들'이란 뜻), 곧 '사바의 아들'이란 아람어 이름과, 'Iustus'란 라틴어 이름을 가졌던 듯하다.[92] 그에 관해서 유세비우스의 『교회사』(3.39.9)에는 '그가 독을 마셨음에도 해를 입지 않았다'는 신기한 이야기가 전래되

---

89 Charles K. Barrett, *A Critical and Exegetical Commentary on the Acts of the Apostles*, vol. I, 108.

90 예컨대, Ch. Grappe, *D'un temple à l'autre*(Paris: Presses Universitaires de France, 1992), 53.

91 '요셉'이란 이름은 제2성전기 기간 중 '시몬'이란 이름 다음으로 가장 널리 불린 유대인 남자 이름이었다고 한다. Arie W. Zwiep, *Judas and the Choice of Matthias*, 160.

92 당시 유대인들이 '유대 이름'과 '이방 이름' 등 이름을 둘, 또는 세 개를 갖는 것은 흔한 일이었다고 한다. M. H. Williams, "Palestinian Jewish Personal Names in Acts," in *The Book of Acts in Its Palestinian Setting*, vol. 4, ed. by R. J. Bauckham(Grand Rapids: Eerdmans, 1995), 104–105.

어 온다고 전한다.[93] '바사바'란 이름은 사도행전 15:22에 예루살렘 교회가 안디옥에 파송한 사절단 명단 가운데서 발견된다. '바사바라는 유다'로 등장하는 그 인물과 여기 본문의 바사바는 제시된 이름이 다른 것으로 봐서 동일인일 것 같지는 않다.

다른 한 사람, '맛디아'(Matthias)는 '마타디아'(Matthathias)의 축소형인데, 히브리 이름인 Mattityāh(대상 16:5)나 Mattityāhû(대상 15:18)란 이름(그 뜻은 '야훼의 선물')을 그리스화한 것이다.[94] 이 인물들에 관해서는 여기 선출장면 이외에 사도행전 어느 곳에도 그 존재나 활동이 보고되지 않는다. 또 위 두 사람에 관해 복음서 어느 곳에서도 자취를 찾을 수 없다.[95] 이처럼 이 기록 이전이나 이후에 잘 알려지지 않은 두 인물이 갑자기 등장하게 된 것이 의아스럽고, 그 배경과 이유가 궁금하지만 누가의 글에서 그런 이면 사정까지 엿볼 근거는 찾을 길이 없다. 저자는 이들이 추천된 정황을 제시하면서, '두 사람을 모인 사람들 앞에 세웠다'고 그 모습을 그린다. 사람들 앞에서 추천된 이들을 불러내어 소개시키는 장면을 연상하게 만든다.

---

93 Joseph A. Fitzmyer, *The Acts of the Apostles: A New Translation with Introduction and Commentary*, 226-227.

94 *Ibid.*, 227. 피츠마이어는 유세비우스의 『교회사』에, 맛디아가 눅 10:1의 파송된 '70명' 중 하나였다는 전승이 소개됐다고 한다. 그의 두개골은 이탈리아에, 유해는 독일의 Trier에 안장되어 있다고 하는데, 헨헨은 그렇지 않다고 한다. 이탈리아에 두개골이 없다는 것이다. E. 헨헨, 『사도행전 I』, 265, n. 29; Daniel Marguerat, *Les Actes des apôtres(1-12)*, 38, n. 38.

95 맛디아란 이름은 기원후 2세기 이후 다양한 종파 그룹들(대부분이 영지주의적)의 선전물에 등장한다고 하며, 나그함마디 문서 중 3세기 초반의 한 기록에 의하면 부활한 예수의 비밀 말씀을 받아 적은 사람이 어떤 '맛다이아스'(Mathaias)란 인물이었다고 한다. 이런 인물들의 존재는 사도행전에 등장하는 '맛디아'의 이름을 활용하여 후기 기록의 신빙성을 높이려는 시도의 흔적일 뿐이다. 흥미로운 것은, 이 맛디아를 요한복음서에 등장하는 '사랑하는 제자'와 동일시하려는 시도가 있었다는 것이다. 맛디아 관련 논의들, Arie W. Zwiep, *Judas and the Choice of Matthias*, 162-163.

2) 모인 이들의 기도

이어지는 누가의 묘사는 마치 추천된 사람들을 앞에 두고, 모인 사람들이 기도하고 있는 듯한 장면을 보여준다.

> 24절그러고는 그들이 기도하여 이르기를, '모든 사람의 마음을 아시는 주님, 이 두 사람 중에 누구를 주께서 택하시어 25절이 섬김과 사도의 직무(자리)를 맡기실 것인지 저희에게 보여 주옵소서. 유다는 이 직무를 버리고 제 자리로 갔습니다.'(행 1:24-25)

누가는 자신의 작품에서 결정적 사건, 계기, 또는 중요한 결정을 앞두고 등장인물들의 '기도하는 장면'을 자주 제시한다.[96] 이를테면 구속사의 전개에서 '매듭이 되는 사건'으로 간주될 중요 순간에 '기도'가 언제나 등장한다. 누가-행전 전반에서 '기도'가 차지하는 위치는 긴 설명이 필요 없을 정도다. 누가의 두 저술 속에 '기도'에 관한 표현이 110회에 걸쳐 등장한다는 것만 보아도 이를 단적으로 알 수 있다.[97] 저자가 간주하는 구속사의 여러 결정적 순간, 장면에 기도가 등장한다는 사실에 비추어,[98] 여기 이 장면 역시 기도로 사건 진행이 이뤄졌다는 점에서 맛디아 대체가 갖는 중요성을 거꾸로 유추할 수 있다. 즉, 기도로 이 과정이 진행됐다는 것은 역으로 이 사건의 중요도를 판별할 이유가 된다는 뜻이다. 하지만 맛디아 대체 사실의 중요성은 그 사건 자체가 갖는 고유 의미에 의해 입증되고 조명된다. 아래에서 다시 언급하겠지만, 교회의 성립과 발전 이전에 '지도부 전열 정비'라는 독특한 의미가 이 사건에 함축되어 있다는 것이다.

---

96 참고. 사도행전의 '기도'가 갖는 제반 의미에 관해, 유상현, 『사도행전 연구』, 113-140.

97 *Ibid.*, 113.

98 사도행전에서 구속사의 결정적 순간에 등장하는 여러 기도 장면들에 관해, *Ibid.*, 117-119.

그런 뜻에서 이 일이 벌어진 시간은 구속사 전개의 중요 장면일 수 있고, 그 중요 순간을 기도로서 맞도록 누가가 배려하고 있다는 것이다.

저자가 소개하는 이 기도는 유다 대체자를 누구로 뽑아야 할 것인지를 알게 해달라는, 특별한 목적 달성을 위한 간청의 내용을 담는다. 누가가 누가복음 11:2-4(주기도문)에서 제시했던 것처럼 일반적 상황에 두루 어울리는 보편적 성격의 기도가 아니라, 바로 '이곳 이때'의 특정 상황에만 적용될 수 있는 기도인 것이다.

여기서 "모든 사람의 마음을 아시는 주님"(24절)이라고 번역한 문장은 그리스어 원전을 그대로 옮길 경우, '주여'라는 호칭을 먼저 부르고 난 후, '모든 사람의 마음을 아시는 분'이라는 설명이 이어지는 것으로 되어 있다. 이를테면, 누가에게 기도란, '주여'라고 부를 수 있는 존재의 인정, 그 권위의 승인, 그 앞에 선 이들의 경외(敬畏)와 신앙고백이 전제된 이후에 행해지는 일이라는 점이 암시된다. 저자의 나중 기록인 바울의 아레오바고 연설(행 17:23)에서 언급될, 어떤 '알 수 없는 신'에게 드리는 요구나 강요, 아니면 정체불명의 신 개념을 희롱하는 관념적 유희가 아니라, 이미 복음서에서 '열둘'을 선택케 했던 그 '하나님'[99] 그리고 이후에 성령을 통해 교회의 활동과 발전을 이루게 만들 그 하나님에 대한 고백이 우선되어야 한다는 점을 드러낸다.[100] 물론 여기 제시된 '주님'이란 분이 '하나님'이 아닌 '예수'를 가리킬 것이라 추정하는 이들도 있다.[101] 바레트에 의하면

---

99 눅 6:12에서도 예수는 '열둘'을 선택하기 전에 하나님께 기도한 것으로 나타난다. 이 구절에 관한 논의, Jacob Jervell, *Luke and the People of God*, 86-87 참고.

100 유상현, 『사도행전 연구』, 135-136. 그 외 '주님'을 하나님으로 이해하는 이들: Hans Conzelmann, *Acts of the Apostles*, 12; James D. G. Dunn, *The Acts of the Apostles* (Valley Forge: Trinity Press International, 1996), 21; Jacob Jervell, *Luke and the People of God*, 88.

101 Charles K. Barrett, *A Critical and Exegetical Commentary on the Acts of the Apostles*, vol. I, 101; Augustin George, *Etudes sur l'oeuvre de Luc*(Paris: J. Gabalda, 1978), 418; Frederick F. Bruce, *The Acts of the Apostles: The Greek*

'제자 선정의 권한'은 예수에게 귀속된 고유한 것이기 때문에 이곳 제자 선출 장면에서도 예수를 '주님'으로 불렀을 것이라 추측한다. 물론 죠르주(George) 같은 이가 지적했듯이 사도행전 기도들의 대상이 명확히 제시되지 않기 때문에 그것들이 하나님, 또는 예수께 드린 것인지를 확정하기는 쉽지 않다.[102] 예수 승천 한참 후에는, 스데반이 순교하기 직전 예수에게 기도하는 모습도 나타나긴 한다(행 7:59-60). 하지만 예수 승천 후 바로 얼마 안 있어서, 현실에 부재한 그의 승천 직후 상황에, 그에게 곧바로 기도한다는 것이 낯선 것이 사실이다. 그렇지만 좀 더 결정적인 것은, 본문과 유사한 표현이 나타나는 사도행전 15:8에 '마음을 아시는 하나님'이란 묘사가 직접적으로 제시된 점으로 유추컨대, 여기 주님은 예수가 아닌 '하나님'으로 보는 것이 옳을 것이다.(행 4:24도 참고)

누가가 소개하는 초기 교인들의 기도 중 25절("이 섬김과 사도의 직무를 맡기실 것인지 저희에게 보여 주옵소서. 유다는 이 직무를 버리고 제 자리로 갔습니다.")은, 17절에 제시됐던 유다가 맡았던 '직무'에 관한 언급을 반복하여 이어받고 있다. 이를테면, 유다가 차지했던 역할과 위상을 맛디아가 대치한다는 구체적 표현을 이 '직무'[103]라는 표현이 직설적으로 드러내고 있다는 것이다. 그 직무에 덧붙여 제시하는 활동 개념이 바로 '섬김'이다. 이미 저자는 누가복음 22:26에서 '지도자', 또는 '다스리는 자'를 '섬기는 사람'으로 규정한 바 있다. 그런데 특이한 점은 누가에게 '섬기다'(diakoeō, diakonia)라는 단어는 항상 '음식 준비, 음식 봉사'와 관련되어 사용됐다는 것이다.[104] 이런 일들은 고대에서 우선적으로 '여자와 종들'이 하는

Text with Introduction and Commentary, 3rd and enlarged ed.(Grand Rapids: Eerdmans, 1990), 112.

102 그는 그 불분명한 사례들로, 행 1:14, 2:42, 6:4, 6, 8:15, 9:11, 40, 10:9, 11:5, 20:36, 21:5, 28:8 등을 열거한다. Augustin George, *Etudes sur l'oeuvre de Luc*, 418.

103 그리스어 원전에는 'topos, 자리(place)'로 표현되어 있다.

104 Robert C. Tannehill, *The Narrative Unity of Luke-Acts*, vol. 2(Minneapolis:

일이었다. 그렇다면, 달리 말해서 '열둘', 즉 '사도'는 '여자와 종들'과 같은 사회적 열등계층이 흔히 하는 일들을 해야 되고, 할 수 있어야 된다는 것,[105] 이를테면 지도자의 겸허와 공동체적 희생의 덕성을 강조한다는 것이다.

한편, 유다의 배신을 가리키는 누가의 표현은 직무를 '버리다'(parebē)[106]라는 묘사를 통해 나타난다. 이 단어가 담은 이미지를 통해 유다의 일탈을 배신으로 간주하는 누가의 의도가 좀 더 명료하게 드러난다. 이런 '저버림'의 결과 유다는 "제 자리"(eis ton topon ton idion)로 갔다는 것이다. 유다의 '자리'가 무엇을 뜻하는지 다양한 해석 가능성이 제시된다. 이를테면, 예수의 반대편에 원수들과 함께 있는 어떤 자리, 또는 위의 18절 이하에서 저자가 언급한, '불의한 삯으로 산 밭'과 같은 유형의 소유물, 즉 유다에게 속한 '땅, 자리'라는 문자적 의미, 아니면 유다가 자신의 직무를 버리고 자신의 여생을 살았으리라 '추정하는' 사생활, 또는 사도직에서 배신자의 자리로 옮겨갔던 그의 지위와 위치를 가리킨다는 해석, 또는 유다에게 닥쳤던 사후 운명을 시사할 수 있을 것이라는 등의 여러 다양한 제안들을 꼽을 수 있다.[107] 이런 해석들 중 어느 하나를 확실한 의미라고 단정지을 수는 없다. 하지만 비교적 분명한 것은 이 표현을 문자적 겉말 그대로 받아들이기는 어려울 것이라는 점이다. 이 말은 좀 더 상징적, 은유적 의미로 유다의 '죽음이나 운명'과 같은 추상적 개념을 뜻하거나, 저자가

Fortress Press, 1990), 22.

105 유상현, 『사도행전 연구』, 136-137.

106 본래 이 말(parabainō)은 '빗나가다, 지나가다, 넘어가다'란 뜻을 갖는데, 그 은유적 의미로 '위반하다(transgress), 어기다, 무시하다(break)' 등의 뜻을 갖는다. W. Bauer, *A Greek English Lexicon of the New Testament and Other Early Christian Literature*, rev. & ed. by F. W. Danker(Chicago: Univ. of Chicago Press, 2000), 758.

107 Arie W. Zwiep, *Judas and the Choice of Matthias*, 166-167에 이 같은 다수의 해석 시도들이 소개되어 있다.

누가복음 16:28에서 언급한 바 있는 '고통 받는 이곳', 다시 말해 '지옥'으로 번역되는 'geenna'를 시사하는 완곡한 말법으로 받아들이는 것이 적합해 보인다.

3) '제비뽑기'

저자는 하나님을 '모든 사람의 마음을 아시는 분'(24절)으로 파악한 이상, 그분에 대한 절대적 신뢰를 바탕으로 하고, 그분에 대한 의존을 전제로 하여 두 추천자 중 하나를 뽑는 방식을 제시한다. 곧 '제비뽑기' 방식이 그것이다.

> 그리고 그들이 제비를 뽑았다. 맛디아가 뽑혀서, 열한 사도의 수에 더하여졌다.(행 1:26)

누가의 관점에 의하면, 인간 내면의 곡절과 구비, 활동 모두를 전체적으로 감찰하시는 분에 대한 신뢰가 전폭적이고 무조건적이었기 때문에, 그 신뢰의 바탕과 기도를 통한 의존의 맥락 속에서 '제비뽑기'라는 방식이 제안된 것으로 보았던 듯하다.[108] 다시 말해, 저자는 인간의 선택과 하나님의 선택이 '제비뽑기'[109]를 통해 합류, 연결될 수 있다고 봤다는 것이다. 그래서 위와 같은 기도의 과정을 통해 이뤄지는 '제비뽑기'의 결과는, 비록 '제비를 뽑는다'라는 지극히 자의(恣意)적이고 우연성의 극치로 이해될 방식이긴 했어도, 그것이 신적 인준을 담보한 것이요, 결과적으로는 하나

108 유상현, 『사도행전 연구』, 136. 여기 본문처럼, 삼상 14:41-42에 '기도'와 '제비뽑기'가 연결되어 나타난 사례를 찾을 수 있다.

109 우리가 '제비뽑기'라고 번역은 하지만, 이 '뽑기 행위'가 구체적으로 무엇을 뜻하는지, 어떤 형태로, 어떤 도구를 사용하여 이뤄졌는지 정확하게 알 수 없다. 아마도 두 후보자들이 일종의 표시된 '주사위'와 같은 성질의 물체를 던지게 하여 당첨자를 가리거나, 다른 사람이 가진 표시된 '홀'과 같은 것을 집어 선택하게 함으로 낙점자를 가리게 하지 않았을까 짐작만 할 뿐이다.

님의 의지가 그 뽑기를 통해 제시될 수 있다는 이해를 가졌을 수 있다. 사실 이런 발상이 잠언 16:33('제비는 사람이 뽑지만 결정은 주님께서 하신다.')에 명시적으로 드러나기도 했다. 요컨대, 하나님께 대한 '무한신뢰'는, 뽑기 결과 역시 하나님의 뜻으로 이해될 만큼 강고한 믿음을 의미했다는 것이다.

얼핏, '제비뽑기'란 전적으로 우연과 임의만이 작동되는 지극히 인간적 행위인 듯 보인다. 단순히 신적인 수단이 아닌 것만이 아니라, 요행(僥倖)이 작용하는 도박적 선택을 드러내는 수단인 것 같다. 그러한 수단을 하나님의 의지표출의 방식으로 보게 하는 데는, 모든 인간의 마음을 아시는 분에 대한 신뢰와 그분께 올리는 기도의 정성이, '도박'을 하나님의 선택으로 알도록 만들었으리라는 것이다. 오직 그런 배경에서만 '제비뽑기'와, 그 결과로서의 맛디아 선출을 하나님의 개입과 승인이라 이해할 수 있었을 것이다. 즉, 뽑기를 통해서였지만, 맛디아는 하나님이 뽑으셨다는 말이 성립되는 것이다. 사실, "구약적 발상에서 본다거나, 아니면 예수의 지상활동을 고려한다면, 이러한 경우는 하나님의 음성으로 내리는 계시를 통한 개입이 기대됨직한 상황이다. 그런데 저자는 여기서 다만 하나님에게 대한 신뢰만을 토로하고 제비뽑는 방식으로 사도가 선출되었다고만 말하고 있다. 그렇다면 모든 기도는 '신앙고백'의 전제 아래 이루어진다고 말하기보다는, 모든 기도는 그 기도의 요구와 결과까지를 포함하여, '신앙의 고백' 그 자체라고 말해야 할 것이다. 심지어 '제비뽑기'에 의한 어찌 보면 '인간적 낙점(落點)'이 결국 하나님의 선택으로 파악됐던 이유가 거기 있다 할 것이다."[110]

이러한 '제비뽑기' 사례들은 고대문헌에서 드물지 않게 발견된다. 그리스와 로마, 또는 유대사회에서 각종 종교적, 사회적 목적을 위해 '제비뽑기'에 의한 선택 방식이 널리 시행됐다는 점은 잘 알려진 바다.[111] 특히

110 유상현, 『사도행전 연구』, 136.

구약에서 성전 예배를 위한 제사장 지명(대상 25:8–23), 성전 문지기 선정(대상 25:13–19), 속죄제를 위한 염소 선택(레 16:8–10) 등을 위해 '제비뽑기'를 행한 사례들을 열거할 수 있는데, 그 중 폭풍 속에서 요나가 지목받게 된 '제비뽑기'(욘 1:7)는 가장 잘 알려진 사례일 것이다. 또 하나님의 뜻을 아는 방식으로 위에서 소개한 잠언 16:33('제비는 사람이 뽑지만 결정은 주님께서 하신다.')의 기록도 관심을 끈다. 요세푸스의 보고에 의하면, 유대전쟁 시기 중 셀롯당원들이 대제사장을 '제비뽑기'에 의해 선출하고자 시도한 바 있다면서, 그 방식이 '옛 관습을 따르는 것'이라 했다는 것이다.[112]

무엇보다 사도행전 논의와 관련하여, 쿰란공동체의 '제비뽑기' 관행들을 주목하여 살펴볼 필요가 있다. 쿰란공동체에서는 '사제적 의무, 공동체 허입(許入), 회중 속 다양한 지위' 등을 정하는 데 '제비뽑기'가 활용되었다는 것이다.[113] 만일 에세네파의 영향이 초기 기독교 형성 과정에 여러 각도에서 비중 있게 행사된 것으로 본다면,[114] '제비뽑기'도 이런 관점에서

---

111 Richard I. Pervo, *Acts: A Commentary*(Minneapolis: Fortress Press, 2009), 56; Charles K. Barrett, *A Critical and Exegetical Commentary on the Acts of the Apostles*, vol. I, 104; Kirsopp Lake & Henry J. Cadbury, *The Acts of the Apostles: English Translation and Commentary*, in *The Beginnings of Christianity: Part I*, ed. by F. J. Foakes Jackson & Kirsopp Lake, vol. IV(London: Macmillan & Co., 1933), 15.

112 물론 요세푸스는 이런 시도에 대한 부정적 언급을 첨언한다. Josephus, *Jewish War*, Bk IV, ch. iii, 7–8. http://www.gutenberg.org/files/2850/2850-h/book4.htm#note-5

113 1QS V.3.("그들의 권위에 의해, '제비뽑기'에 의한 결정이 법률, 재산, 판결 등을 포함하는 모든 사안에서 이뤄져야만 했다⋯.") 1QS VI.16.("'다중협의회'의 '제비뽑기' 결과에 따라 그 사람이 축출되든지 영입되든지가 결정돼야 했다.") 그 외 1QS VI.18, 22. Arie W. Zwiep, *Judas and the Choice of Matthias*, 169에서 중인.

114 초기 기독교와 쿰란의 에세네파 공동체와의 영향관계를 짐작하게 하는 다양한 유비점들에 관해, Ch. Grappe, *D'un temple à l'autre*, 52–73에 자세히 논의되어 있다. 그라쁘는 맛디아를 '열둘' 그룹에 합류시킨 것, 오순절과 소유 공유공동체 관련

검토할 이유가 있다. 이를테면 그 영향이, 12제자의 존재, 소유물의 공유에 관한 것, 메시아 해석과 관련된 신학적 접촉점, 세례 요한과의 간접적 관련, 초기 교회 형성의 제도적, 외형적 모델 역할 등과 관련하여 작용했음을 심각하게 고려할 경우, "에세네파와 예루살렘에 결집한 예수 그리스도의 처음 제자들 사이의 교류는 충분히 가능한 일이었다. 기독교 공동체가 에세네파의 모방에 지나지 않는다고 믿는 것은 어리석은 일일 것이다. 그러나 교회가 이 대규모 반유대운동의 영향 없이 설립되었으리라고 믿는 것은 더욱더 어리석은 일일 것이다."[115] 그렇다면 그 영향이 직접적 '의존이나 답습' 형태가 아니었다 해도, 어떤 형태로든 이러한 접촉이 양자 사이에 있었다고 할 때,[116] 쿰란공동체의 '제비뽑기' 역시 자연스럽게 초기 기독교가 채택할 수 있는 여러 '선택을 위한 결정 수단들' 중 하나로 받아들여졌을 가능성은 높다. 사실 예루살렘 초기 기독교가 '제비뽑기'를 유다 대체자 선정의 방식으로 실제 사용했는지의 여부를 확인하기는 어렵다. 그러나 여러 정황상 '제비뽑기'가 어떤 어려운 선택이나 중요 사안을 결정하는 수단으로 선택됐을 가능성을 배제할 수는 없다.

그렇다면 이러한 '제비뽑기' 방식이 초기 교회의 다른 결정을 위해 활용된 적은 없는지, 그런 사례는 유독 맛디아 선택에만 국한된 것인지, 이런 물음들이 자연스레 따른다. 적어도 누가의 보고에 의하면 초기 기독교

이야기, 고고학적 탐구 결과 등을 탐구한 끝에 그러한 관계를 추정하는데, 특히 에세네파의 신학적 영향, 그리고 제도적 영향 등에 관해 설득력 있는 논증을 편다.

115 에티엔느 트로크메, 『초기 기독교의 형성』, 유상현 역(서울: 대한기독교서회, 2003), 42, 또한 41–43. 트로크메는 맛디아 선정을 비롯한 초기 교회 조직 등의 현실이, 쿰란의 직접적 영향 관계나 계보 선상에 있다기보다는, '동일한 정신상황' 아래 위치해 있다는 지적을 한다. Etienne Trocmé, *Le 'livre des Actes' et l'histoire* (Paris: Presses Universitaires de France, 1957), 200.

116 초기 교회의 구체적 면모와 쿰란공동체와의 '직접적 연관성'에 관해 비판적 태도를 취하는 헨헨도 양자 사이의 '전체적 관련성'을 인정한다. E. 헨헨, 『사도행전 I』, 269.

에서 '선택 수단'으로서 '제비뽑기'가 다시 제시된 바는 없다. 실제 다른 경우에는 이 방식이 사용된 바가 없거나, 아니면 활용된 적이 있지만 저자가 굳이 기록하지 않았을 수도 있을 것이다. 이후의 역사에서 '제비뽑기'의 실제 활용 여부가 중요한 것은 아니다. 다만 이런 누가의 침묵이 혹시 '제비뽑기' 자체에 대한 누가의 부정적 인식이나, 그 방식에 의해 선정된 맛디아에 관한 유보적 태도를 시사하는 것은 아닌지 물을 수는 있다. 그러나 저자가 이 방식과 그 결과에 대한 불만을 가지고 있었다면 그가 서술하는 형태의 맛디아 선출 관련 기록을 지금 사도행전 기록과 같은 형태로 제시할 필요는 없었을 것이다. '제비뽑기' 방식을 생략하고 하나님의 뜻을 내세우거나, 다른 제자들의 견해를 고려하여 맛디아 선택을 알리는 등 여러 다른 형식의 진술방법을 구사할 수 있었을 것이기 때문이다. 따라서 맛디아 이후 '제비뽑기' 방식이 초기 교회에서 다시 활용되었는지 안 되었는지, 활용되었다면 왜 누가는 그 기록을 빠트렸는지의 여부를 묻는 것은 별 실효가 없는 질문이 될 공산이 크다.

덧붙여서, 브루스에 의하면 사도행전 본문의 '제비뽑기'가 지명된 후보들을 앞에 세운 뒤 이뤄졌다는 점에서 아리스토텔레스가 전하는 아테네의 사법관(magistrates) 선출 과정과 유사하다고 추정하는데,[117] 문제는 여기 행전 본문의 '제비뽑기' 과정이 과연 어떻게 전개됐는지를 확실히 알 길이 없다는 것이다. 따라서 브루스 추정의 정당성도 알 수 없다. 어쩌면 고대의 '제비뽑기'는 그 형태와 시행환경에 따라 과정도 각기 달랐을 것이다. 예를 들어, 로마의 역사가 '리비'가 보고하는 '제비뽑기' 과정은 다음과 같았다고 한다.[118] 제비로 사용됐던 돌이나 나무 조각에 후보자의 이름을 기록한 다음, 그것들을 용기(容器)나 상자 속에 넣는다. 용기를 흔든 후

117 Frederick F. Bruce, *The Acts of the Apostles: The Greek Text with Introduction and Commentary*, 112.

118 Livy, *Hist.* XXIII iii, 7. Arie W. Zwiep, *Judas and the Choice of Matthias*, 168에 소개됨.

에 제비를 뽑아 먼저 선택된 제비에 적힌 사람이 선정된다는 것이다. 물론 이런 사례가 맛디아 선출에 적용되었는지를 확인할 수는 없다.

그렇다면 이처럼 유다의 대체자 선출을 '제비뽑기'라는 방식을 통해 행한 이유는 무엇이었을까? 사실상 왜 그들이 '제비뽑기' 방식을 선택했는지 이유를 밝히는 것은 매우 어려운 과제다. 다만 유다의 대체자를 맛디아로 선택하기 위해서라면 굳이 '제비뽑기'라는 생소한 방식을 통해 하나님의 뜻을 확인할 필요가 없었을지 모른다. 그런 방식 말고도 그의 뜻을 확인할 방도가 달리 있었을 것이기 때문이다. 신적 '음성'을 통한 낙점, 계시와 현몽을 통한 지명, 아니면 다른 집단적 결의와 지도자들의 의논, 또는 합의 등에 의해 그 인물을 선정할 수도 있었다는 뜻이다. 부활한 예수의 직접 지명도 아니고, 베드로나 지도자들의 상의, 또는 계시 등의 방식이 아닌 '제비뽑기'를 통해 맛디아가 선정됐다는 점에서 흥미와 호기심을 불러일으키는 것은 사실이다. 하지만 왜 그런 방식이 채택되어 유다의 자리가 메워졌는지를 확언할 근거는 희박하다.

그럼에도 불구하고 '제비뽑기' 방식의 채택 이유를 굳이 거론할 경우, 예컨대 퍼보 같은 이에 따르면, 자격을 갖춘 후보자들 중에서 제비를 뽑아 누군가를 선정하는 과정을 통해 누가는 초기 기독교 공동체를 마치 고대의 아테네와 같은 이상적 정치체제로 묘사할 수 있었을 것이라 추정한다.[119] 그에 의하면, 맛디아 선출 단락을 통해 누가는 초기 교회가 정돈된 기준, 규칙 등에 따라 마치 반듯한 의회처럼 행동했음을 보이고자 했다는 것이다.[120] '제비뽑기' 방식의 제시가 기독교 발생 상황을 호의적으로 채색하려는 의도와 연관이 있다고 본 것이다. 하지만 '제비뽑기'는 그 본질상 '이상적, 또는 민주적' 후보선택의 방식과는 거리가 멀다. '제비뽑기'란 우연과 임의에 사람의 운명을 맡기는 일종의 도박성이 있는 놀이적 현상인

119 Richard I. Pervo, *Acts: A Commentary*, 56.

120 Richard I. Pervo, *Profit with Delight: The Literary Genre of the Acts*(Philadelphia: Fortress Press, 1987), 39–40.

데, 다만 그 현상 위에 종교적 의미를 부여하여 신적 의지의 개입으로 '해석한' 행위다. 거기서 그리스-로마의 '정치적 이상과 가치'를 발견한다는 것은 납득되기 어렵다.

사도행전의 저자 누가에게는 독특한 서술의 전략과 방책이 있었던 듯하다. 그것을 서사적 설득 방식으로서의 가시적 구상화 전략이라고 말할 수 있다고 본다.[121] 이를테면 누가에게는 전달하려는 '개념과 사실'들을, 이야기를 통한 '형상언어'로 변용, 전개시키는 능력과 관심이 두드러진다고 파악할 수 있는데, 그 특징적 사례 하나가 '맛디아 선택' 기록 중 '제비뽑기'의 범례에서 발견된다는 것이다. 누가는 하나님이 맛디아를 선택하셨음을 분명히 드러내 알리기 위해 '제비뽑기'라는 과시적이고도 극적인 퍼포먼스를 채택하였다고 이해했을 수 있다. 그러한 가시적이고 눈에 두드러지는 '구상적 행위방식'을 통해 하나님의 의지가 전달됐다는 이해를, '객관화시켜 보이게 과시'했을 수 있다는 것이다. "그 같은 방식으로 하나님의 개입과 간섭, 그 뜻의 전달을 가시화시키고, 하나님의 의지를 '보이도록' 만드는, 좀 더 생생한 묘사 방법을 구사하고 있다는 것이다. 요컨대 저자는 하나님의 뜻이 명제적 진술로서가 아닌, 구상적 현시화(顯示化)로 '바라볼 수 있도록' 기록해 나갔다는 것이다."[122]

따라서 '제비뽑기' 방식 선택의 이유를 밝히기 어렵다는 점을 다시 환기하면서도, 누가가 '제비뽑기' 방식을 기록한 이유를 신학적으로 이해하면, 성령이 임하기 전 예수 승천 이후 그 '신적 존재' 활동의 공백기에 하나님의 뜻을 알게 할 수단으로 '신인(神人) 합작'의 의사 결정 방식인 '제비뽑기'가 제시되었을 수 있다는 제안을 할 수 있을 것이다.

121 이에 관해, 유상현, 『사도행전 연구』, 94-112.

122 *Ibid.*, 101.

III. 결어: 베드로 연설과 맛디아 관련 기록의 성격과 의미

앞서 논의된 내용들을 여기서 모두 재론할 필요는 없을 것이다. 다만 그것들 중, 좀 더 강조되어야 할 사항들과 미처 다루지 못한 논점들을 아래에서 취급하고자 한다.

1. 베드로 발언의 의의

위에서도 이미 지적했지만, 베드로의 연설이 갖는 의의 중에서 빼놓지 말아야 할 것은, 그가 신약성서 가운데 드물게 특정 '역사적 정보'의 제공 당사자로 나타나고 있다는 점이다. 그의 연설에서 제시하는 주요 정보들은 다음 세 가지로 구분할 수 있다.

먼저, '유다의 죽음'에 관한 정황, 또는 그에 관련된 '사실들'을 알려준다. 즉, 18-19절에서 베드로는 유다의 죽음을 기정사실로 놓고, 그의 사망에 관련된 정보를, 그것이 상세한 내용들은 아니지만, 신약성서 중에서는 희귀하게 제공한다.

둘째로, 베드로는 유다의 빈자리는 '채워져야 한다'는 초기 기독교의 어떤 인식에 관한 정보를 제공한다. 20절('다른 사람이 취하게')은 이런 '대체에 관한 인식'을 보여준다. 그것이 '실제의 역사적 진실'이냐의 여부와 상관없이, 누가가 전해주는 초기 기독교 역사의 한 단계에서는 그러한 '대체'에 관한 필요성, 또는 정당성에 관한 이해가 있었다는 점을 의도하지 않은 채 '누가의 역사'는 흘려주고 간 것이다.

셋째로, 21-22절에서 이를테면 '사도직'의 내용, 또는 자격에 관한 정보를 제공한다. 물론 사도의 역할에 관한 포괄적인 정보나 그 자격에 관한 상세한 내용을 알려주진 않지만, 초기 기독교의 발전에서 이른바 '사도직'

의 발생과 그에 대한 이해의 한 단면을 엿볼 수 있게 하는 '역사적 정보'를 제시하고 있다는 점은 분명하다.

그렇다 하더라도, 이 단락이 품고 있는 위와 같은 '정보들'의 진실성에 관한 논란은 피하기 어렵다. 맛디아 관련 기록이 포함하는 '사실들'의 역사성 관련 논의는 대체로 다음과 같은 것들과 관계가 있다. 1) 유다의 죽음 관련 사항, 2) '제비뽑기' 관련, 3) 맛디아 대체 관련 사실 등이 논제가 될 수 있을 것이다. 물론 베드로의 연설에 관한 논의는 제외한다 해도 그렇다는 것이다. 하지만 위의 세목(細目)들이 역사성 논란의 내용이 된다 해도, 각 사건들의 사실성 여부를 따로 떼어 논의하는 것은 어렵다. 그 사실성을 개별적으로 규명할 근거도 마땅치 않을뿐더러 모두가 하나로 묶여 진술되어 있기 때문에 기록 전체를 통괄하여 논의할 수밖에 없을 듯하다.

2. 유다 죽음과 맛디아 대체의 역사와 그 의미

1) 유다의 죽음

사도행전의 저자는 베드로의 입을 통해 유다의 신상, 특히 그의 죽음에 관련된 제한된 정보들을 사도행전 1:16-19에서 제공한다. 유다가 예수를 배반하고, 예수 체포에 앞장서서 그를 죽음으로 이끄는 역할을 수행했으며, 그 배반의 삯으로 밭을 사고, 배가 터지는 참혹한 죽음을 당했다는 누가의 전언이다. 이 간략하고 인상적인 정보들이 역사적 신빙성을 갖는 실체적 진실을 담고 있는지를 확언할 수는 없다. 심지어 유다란 사람의 존재조차 허구에 기인한 것으로 파악하는 회의론의 넓은 스펙트럼 앞에서, 그의 죽음과 관련된 사도행전 기록의 배타적 진실성을 확인받기는 어렵다. 사실 유다가 예수를 배반한 '의도와 동기' 등에 관한 사안들이나, 그의 '생애 일반'에 관련된 신약의 여타 정보가 없는 상황에서, 그에 관한 사건의 재구성이란 별 수 없는 소설적 상상력[123]의 한계 안에 머물 수밖에 없다. 이와는 달리, 매우 희귀하긴 하지만 사도행전이 보고하는 그의 '죽음' 관련 정보는, 진위를 결정적으로 판단할 근거를 찾기 어려움에도 불구하고, '역사성'의 판별 대상으로 비판적 성찰을 받을 만할 정도는 된다. 만일 사도행전의 유다 관련 기록이 일정한 역사적 진실을 담고 있다고 전제한다면, 적어도 그가 예외적인 비참한 죽음으로 생을 마감한 예수의 잃어버린 한 비극적 제자였으리라는 점만은 분명한 사실로 인정될 수 있다.

2) '대체' 기록의 역사적 성격

유다 자리를 맛디아로 대체한 사실에 관한 누가의 모든 진술이 과연 역사적 사실의 오롯한 반영이냐 아니냐의 논의는 정리하기 매우 어려운 주제다. 맛디아 관련 전체 이야기가 전승에서 유래했다고 보는 견해가 됐든,[124] 아니면 누가의 창작에서 비롯됐다고 보든,[125] 그 실체의 진실성을 의문시하는 주장들이 있음은 분명하다. 하지만 이런 논의를 진전시킬 만한 여타 관련 자료나 부가적 암시와 병행구들이 절대적으로 부족한 상황에서 관련 논의는 한 발짝도 더 나아가기 어려운 상황임을 인정해야 할 것이다. 따라서 대강의 유추와 정리, 그리고 전체 윤곽에 대한 역사적 인식에 근거한 일반적 평가를 곁들일 수밖에 없는 실정임을 전제로 해야 한다.

크게 봐서, 누가의 붓끝에서 수사적 장식과 표현의 매만짐이 더해지고, 전설적 요소가 가미되었다 해도, '맛디아 대체'라는 사실의 중핵은 객관적 현실로서 존재했을 가능성이 있다. 물론 이런 주장의 근거를 명백히 제시하기는 어렵다. 그런 확실한 증거가 있다면 이에 관한 논의가 어려울

123 그 한 예, William Klassen, *Judas: Betrayer or Friend of Jesus?*(Minneapolis: Fortress, 1996).

124 헨헨(E. 헨헨, 『사도행전 I』, 266-267)은 이는 맛디아 대체의 기록을 누가의 창작이 아니라 전승에서 비롯됐을 것으로 이해한다.

125 Gerd Lüdemann, *The Acts of the Apostles*(New York: Prometheus Books, 2005), 45.

이유도 없을 것이다. 다만 '열둘'의 의미가 남달랐으리라는 짐작이 가능하다면, 그 '열둘'의 배타적 고유성을 유지하려는 의지도 뚜렷했을 것이고, 그 결과 '유다'가 비운 빈자리를 누군가로 채웠으리라는 점은 추측 가능하다. 일단, 사도행전의 이에 관한 서술의 본질적 근거는 '열둘'이란 숫자가 갖는 권위와 배타적 의미다. 그 그룹의 숫자가 '열둘'로 유지되어야 할 신학적, 역사적 이유가 있어야 그 충원의 발의가 의미 있고 유효할 수 있다. 그에 관해서는 이스라엘 '열두 지파'가 갖는 상징성, 그것의 종말론적 뜻을 유지, 계승시켜야 할 시대적 필요성을 거론할 수 있다. 초기 교회의 지도자 그룹이 집체적으로 가졌던 고유한 권위가 확보될수록 '열둘'의 폐쇄된 의미와 상징을 견지해야 할 이유가 증대된다.

'열둘'의 빈자리를 채워야 할 이유는 저자의 복음서 중 누가복음 22:30('너희들이 내 나라에서, 내 식탁에서 먹고 마시며, 보좌에 앉아 이스라엘 열두 지파를 심판할 것이다.')에서 예수가 예고한 종말적 상황을 대처하기 위한 이유도 고려될 수 있다.[126] 이를테면 그 같은 종말론적 심판 상황을 맞이하기 위해서는 꽉 채운 '열둘'의 온전한 준비가 필수적일 것이라는 이해가 작용했을 수 있다는 것이다. 그렇게 되면 예수의 종말론적 예고들의 신빙성, 유효성이 유지될 수 있다는 것이다. 물론 누가복음 22:29–30에서 제자들을 염두에 두고 행한 예수의 발언이 반드시 '열둘'이라는 배타적 숫자를 전제한 것이라 볼 수만은 없다. '열둘'이 됐든, 특별한 사정에 의해 '열하나'가 됐든, 그 집단적 존재로서 '그와 함께 한 사람들'(눅 22:28)을 상정한 발언이었다고 해도 별 무리는 없을 듯하다. 더구나, 만일 '열하나'가 된 것이 '마땅히 이루어져야만 했던'(행 1:16) 구속사의 필연적 사유에 의해서였다면 특별히 누가복음 22:30에 근거한 종말론적 성원(成員)의 필요를 맛디아 보충의 이유로 거론하기는 어려울 것이다. 하지만 반드시

126 Zwiep가 그러한 이해를 심화시킨다. Arie W. Zwiep, *Judas and the Choice of Matthias*, 181–182.

누가복음 22장과 연관시키지 않더라도 다른 이유, 이를테면 유다의 배반과 그의 공석이 오순절을 대망하며 성령 강림을 희구하는 의지에 방해될 수도 있다는 인식이 있었다면 그 빈자리를 채워야 될 필요성이 제기된다. 즉, 예수의 제자가 배신하면서 구속사 전개에 대한 불확실성, 의구심이 발생할 소지가 있을 경우, 예수의 약속들, 이를테면 이스라엘의 회복과 성령 강림에 관한 약속들이 성취될 수 있을 것인가에 관한 의혹도 제기될 수 있었을 것이라는 뜻이다. 맛디아 선출이 오순절 성령 강림을 준비하기 위한 활동으로 이해될 수 있는 측면이 있다는 것이다. 그래서 그러한 의구심, 또는 당혹을 없애기 위해 유다의 대체자 선출이 필요했을 것이라는 이해도 가능하다.[127]

3) 맛디아 대체의 이유

유다의 빈자리가 '맛디아'로 대체되었음을 전하는 사도행전의 보고에는 몇 가지 근본적 측면에서 흥미 있는 물음들이 제기될 여지가 있다.[128] 왜 예수는 부활한 후에 자신이 직접 배반자 유다의 대체자를 결정하지 않고 승천했을까? 사도행전 12:2에서 요한의 형인 '사도 야고보'가 피살된 사실을 알리는데, 그렇다면 왜 열두 제자 중 하나인 야고보는 가룟 유다처럼 다른 사람으로 대체, 충원되었다는 보고를 하고 있지 않는가? 그리고 그 외 다른 사도들도 그들이 사망한 이후에 충원되었으리라고 상상할 수는 없는데, 왜 유독 가룟 유다의 자리만 충원되고 있는가? 더구나 예수의 승천 이후 교회공동체의 지도자들이 행한 '최초' 결정이, 그리고 '최초' 설교가 그 충원과 직접 관련될 뿐 아니라, 누가가 보고한 기독교인의 '최초' 기도가 그 충원을 위해 드려졌다. 이처럼 예외적 중요성을 이 충원 사건에 부여하게 만든 이유는 과연 무엇인가? 그렇게 하면서까지 달성해야 할 정

127 *Ibid.*, 177.

128 유상현, 『사도행전 연구』, 133-134.

도로 유다의 빈자리를 메우는 일이 중요하고 특별한 일이었던가? 질문들은 꼬리를 물고 이어진다. 그러나 이러한 물음들에 대해서 누가의 서술만을 토대로 완결된 답변을 준비하기는 어려울 것이다. 그러나 몇몇 짐작될 수 있는 사항들을 추정해 볼 수는 있을 것이다.

가장 먼저 지적해야 할 것은, 유다의 빈자리 메움이 그가 단순히 '죽었기' 때문에 이뤄진 것만은 아니었다는 점이다. 그의 죽음이 물론 그의 충원으로 이어지긴 했지만, 그 때문이 아니라 유다가 예수를 '배반했기' 때문이라는 인식이 결정적으로 작용했던 탓일 수 있다는 것이다.[129] 다시 말해, 유다의 사도직은 그가 예수를 배신했기 때문에 원천적으로 무효가 되는, '원인 무효'의 결과를 낳았으리라는 뜻이다. 달리 표현하면 유다는 배반으로 인해 그의 사도됨은 무효화되고, 그는 애초부터 사도 아닌 자가 되었으며 사도 하나는 '원래' 없었던 것이 된다는 것이다. 배신한 제자는 제자일 수 없고, 배반했기 때문에 그는 제자가 아니었던 것이다. "이 점이 야고보와 다른 사도들의 경우와 다른 것이다. 죽은 야고보의 자리를 충원한다면 '사도'는 도합 13인이 되는 것이고, 그 외 다른 사도들의 자리도 계속 충원되어 사도의 숫자는 14, 15, 16으로 확대되었을 것이다. 그러므로 맛디아는 유다의 대체자이지, 유다 외에 덧붙여진 '추가자'가 아니라는 것이다. 유다가 '사도'였다면 맛디아는 13번째 사도로서의 추가자가 되었을 것인데 그것이 아니라는 말이다."[130]

또 하나 지적할 것은, 유다의 자리를 맛디아로 대체하여 '열둘'의 숫자를 채운 사실은 단순히 열두 제자의 '빈자리'를 채운다는 의미만 있었던 것이 아니라는 점이다. 그것은 예수 승천으로 확인된 '그의 부재'를 '채우고', '그 자리'를 '대체'하는 존재로 '열둘'이란 집단지도부의 실체를 확립했다는 의미도 있다는 뜻이다. 유다의 자리를 맛디아로 '대체하여 메우듯

---

129 Ph. Menoud, *Jésus-Christ et la foi*(Neuchâtel: Delachaux & Niestlé, 1975), 95–97.

130 유상현, 『사도행전 연구』, 134.

이', '예수의 자리'를 '열둘'로 '대체하여 메운다'는 의미를 되살릴 필요가 있다. 그리하여 예수의 존재에 상응하는 자리에 '열둘'이 위치하게 되고, 예수의 과업은 '열둘'이 이어가게 될 것이라는 암시가 '열두 숫자'의 메움이란 과정 배후에 깔려 있음을 간파할 수 있다. 물론 예수의 위상과 열둘의 위상이 동등한 형태의 권위로 나타난다는 것은 아니다. 다만 그들의 기능과 역할이 예수의 그것을 잇는다는 뜻에서 그 같은 '대치(代置)의 은유'가 유효하다는 것이다. 달리 말하면, 승천으로 사라져 눈에 안 보이는 예수의 존재를 '열둘'이란 눈에 보이는 가시적 지도부의 현존이 어느 의미에서 대체하고, 계승한다는 뜻이 스며 있다는 것이다.

그렇게 대체된 유다의 자리, 그리고 충원된 '열둘'로 지도부의 전열은 정비된다. 새롭게 시작하는 기독교의 역사가 획기적 구원사의 장엄한 출발이 되기 위해서는 진영의 정비, 전열의 정돈이 필수적이다. 그 정비의 우선순위 중 최우선은 '열둘'이란 뜻깊은 그룹을 채우고 완비된 지도부를 형성하는 일에 있었을 것이다. 그와 같이 지도부의 전열을 가다듬고, 기독교는 새로운 출범을 하게 된다. 그 대장정이 어디까지, 언제까지, 어떻게 이어질지 알 수 없는 시점의 누가에게는, 그 출발만은 이처럼 안정되고, 확립된 지도자그룹의 결속으로 시작되었음을 알리고 있다.

4) 제비뽑기

누가는 배반자 유다를 '대체하는' 인물을 선정하면서 그 당사자에 대한 하나님의 뜻을 파악하는 점지(點指) 방식으로 '제비뽑기'를 제시한다. 그것은 베드로가 사도행전 1:24-25에서, "주께서 이 두 사람 중 누구를 뽑아서 이 섬기는 일과 사도의 직무를 맡기시려는지 우리에게 보여 주소서"라고 행한 기도에 대한 응답 결과를 판별하는 방식이었다. 그렇다면 하나님의 의지를 알게 하는 데 왜 하필이면 이 방법이 채택되었는가? 위에서 언급한 바대로, '제비뽑기'가 하나님의 의지를 명백히 확인 가능한 '가시적 응답의 형태'로 나타낸다는 '구상적 특질' 말고도, 당시의 어떤 관행, 또는 행태가 영향을 미쳤을 수 있다. 하지만 이에 대한 확실한 답을 알 수는 없다. 다만 어쩌면, 이 일화의 기록된 위치가, 예수의 승천 '이후'와 성령의 오순절 강림 사건 '이전'의 '중간시기'였다는 점이 한 가지 시사점을 제공할 수 있다. 즉, 이 두 사건의 '중간 인터벌'에는, 계시를 위한 유효한 매개자로서의 '성령'이 아직 강림하지 않은 때였다. 그렇기 때문에 성령 이외의, '또 다른 방식, 또는 통로'의 하나님 뜻을 전달할 수단과 방법을 필요로 했을지 모른다는 신학적 해석을 제시할 수 있다.

위와 같이 간단치 않은 과정을 거쳐서 맛디아가 선출된다. 그런데 그의 선출 과정에 관한 짧지 않은 소개와, 피택(被擇) 자체에 대한 쉽지 않은 상황 기록을 인상 깊게 남겼음에도 불구하고, 본문의 이 묘사 이후에 맛디아는 누가의 서술 속에 다시는 등장하지 않는다. 아마도 그의 행적을 설명할 이유와 가치가 없어서 저자가 언급하지 않은 것은 아닐 것이다. 맛디아뿐 아니라 베드로를 제외한 '열둘' 구성원은 기껏 몇몇 이름 정도가 나타나는 것 외에는 나머지 대부분의 행적이 드러나지 않는다. 이 '대규모적 침묵'의 이유를 묻는 것은, 어쩌면 '답변 불가'라는 정답을 이미 알고 난 후 질문하는, 질문을 위한 질문이 되어버리기 십상이다. 다만 어떤 알 수 없는 이유에 의해 맛디아를 비롯한 그들 대부분의 사도들은 누가가 허락한 '기록의 은총'을 입지 못하고 망각 속에 묻혀버리게 된다. 그 여러 지도자 중 오직 베드로만이 특징적으로 완연하고도 뚜렷한 지도적 존재로 사도행전 기록 속에 우뚝 올라선다. 그 우뚝 섬은 '예수의 새로운 사도' 맛디아를 뽑는 일을 주도하며, 실질적 스승의 대행자로 활동하는 모습을 그린 본문 단락의 묘사를 통해 확실한 인상으로 각인되게 된다. 스승의 제자를 뽑는 일을 베드로가 주도했다는 것이다. 누가의 비교적 자상한 이 묘사를 통해 등장하게 된 베드로는, 예수의 직제자들 중 유일하게 초기 기독교를 대표하는 배타적 지도자의 이미지로 교회 역사 속에 보이지 않는 동상으로 서 있게 된다.

제2장

오순절 성령 강림

(행 2:1-13)

I. 서언

누가는 사도행전 1장에서 부활한 예수의 승천에 관한 이야기를 제시하고, 베드로가 주역이 되어 유다를 대체할 인물로 맛디아를 '열둘의 수'(행 1:17) 가운데 영입하는 일이 진행됐음을 보고한다. 그리고 곧이어 소개하는 사건이 바로 '오순절의 성령 강림'이다. 사도행전 2:1-13에서 그 장면을 묘사한 다음, 저자는 오순절 성령 강림과 관련된 베드로의 설교를 사도행전 2:14-36에 길게 소개한다. 비록 오순절 사건에는 베드로가 전면에 등장하지 않지만, 그 사건을 설명하면서 예루살렘 사람들을 설득하는 베드로의 이어진 중요 발언으로 인해 이 장면 역시 베드로와 관련된 진술로 연관지어 이해해도 무방하다. 베드로를 중심으로 보면, 오순절 사건 보고는 베드로를 등장하게 하는 상황 전개로 볼 수 있다. 이것이 '베드로의 오순절'도 아닐뿐더러, 베드로 한 사람에게 적용되고 제한되는 오순절도 아니다. 하지만 일련의 오순절과 관련된 '추후 사건들'에서 베드로의 역할은 뚜렷하고, 사도행전 1-5장까지의 실질적 주인공을 베드로로 간주하는 데 무리가 없기 때문이다. 따라서 오순절 사건 역시 베드로 인물을 간접 조명하는 이야기의 한 부분으로 접근해도 될 것이다. 그렇지만 오순절 장면의 압도적 초점, 핵심은 역시 '성령'에 모아진다.

사도행전을 두고 크리소스토무스가 명명한 '성령의 복음서'[1]라는 명칭이 교회사를 관통하여 오늘까지 잊히지 않고 기억되어 온 것은, 그 지칭이 충분한 설득력을 갖고 있기 때문이다. 그만큼 누가의 신학에서, 특히 사도행전에서, 성령이 차지하는 역할과 위치가 막중하다는 점을 굳이 강조할 필요는 없다. 성령이 사도행전에서 차지하는 중요성이 크다는 것은, 그에 관한 사도행전의 언급(59회)이 신약 전체에서 거의 4분의 1의 분량을 차지한다는 산술적 이유 때문만이 아니다. 성령의 역할과 기능, 의미가 사도행전 서사 진행에서 남다른, 또는 압도적인 중요성을 차지하는 탓에 이 책을 '성령 행전, 또는 성령 복음서'라고 부르기에 모자람이 없다는 것이다. 그런 지위를 차지하는 '성령'이 오순절에 초기 교인들 위에 강림했다는 것이 저자의 서술이며, 우리는 아래에서 그 내용을 상세히 연구하고자 한다.

II. 성령 강림 사건: '탄생' 이야기

누가가 작품 전개를 시작하는 방법, 또는 작품을 풀어나가는 '첫 내용'을 검토하는 것은 그의 서술이 갖는 주된 관심을 살피는 데 유용하다. 누가는 자신의 복음서를 서문(눅 1:1-4)으로 열어놓은 다음, 곧바로 이어서 예수의 탄생이야기를 길게 배열한다.(눅 1:5-2:20) 이를테면 예수라는 인물의 생애에 관한 서술을 펼치면서 그의 출생이야기부터 시작한다는 것이다. 예수 생애의 맨 처음, '생애의 시작'으로부터 '작품의 시작'을 이끌

1 John Chrysostom, *Hom.* 1.5. Frederick F. Bruce, *The Acts of the Apostles: The Greek Text with Introduction and Commentary*. 3rd and enlarged ed.(Grand Rapids: Eerdmans, 1990), 61, n. 3에서 중인.

어낸다는 뜻이다. 누구든지 지난 과거 이야기를 풀어놓으려 한다면, 여러 형태의 접근방식이 가능하다. 이야기의 발생 '첫 시기'인 먼 과거, 곧 '원초'(原初)를 기점으로 그때로부터 진술을 시작할 수도 있고, 아니면 지금 시점이나, 직전, 또는 이야기의 맨 나중으로부터 서술을 시작하여, 그 나중 시점의 일을 설명하기 위해 시간을 거슬러 올라가는 방식으로 직전 과거를 향해 조금씩 소급하거나, 또는 현재의 상황을 묘사하다가 회상의 형식으로 맨 처음으로 되돌아가 과거를 설명해가는 방식 등, 여러 다양한 진술 형태들이 있을 수 있고, 그 중 어느 하나를 채택하게 될 것이다.

그런데 누가가 자신의 첫 작품인 복음서에서 예수 생애를 드러내는 이야기를 시작한 것이 '주인공 생애'의 '첫 시작'으로의 '탄생 기록'이었다고 한다면, 그의 두 번째 작품인 사도행전에서도 서문에 이어 나타나는 내용은 자신이 이제 풀어놓으려는 존재의 '생애 시작', 그 처음 부분을 배치했으리라는 짐작은 자연스럽다. 이것은 누가가 제시하려는 '교회공동체'라는 살아 있는 유기체의 '생애 시작', 곧 '교회의 탄생'에 관한 기록을 뜻한다. 그렇게 시작한 '교회공동체의 생애 시작'은 지도부 전열 정비(맛디아 선출, 행 1:16-26)라는 일화가 중간에 삽화로 잠시 들어선 다음, 진정한 의미의 '교회의 출생'에 얽힌 이야기를 제시한다. 그것이 바로 오순절 성령 강림 이야기이다. 오순절 이야기로 저자는 '교회의 시작' 이야기를 다음과 같이 '시작'하고 있는 것이다.

> 오순절이 이르렀을 때, 그들이 모두 한 곳에 함께 모여 있었다.(행 2:1)

누가는 초기 기독교 형성의 주요 기점으로 '오순절'이란 유대의 절기를 설정한다. 이를테면 기독교 역사의 시작을 유대교의 절기, 곧 "오순절이 이르렀을 때"라는 시간 지시어로 사건 전개를 시작하는 것이다. '오순절'이란 이스라엘이 이집트 바로의 노예상태로부터 해방된 것을 기념하는 유월절(출 12:1-20, 신 16:1-8) 이후 50일째 되는 날(칠칠절, 七七節-

the Feast of Weeks, 출 34:22, 레 23:15-21, 민 28:26, 신 16:9-11), 곧 밀(wheat) 수확을 축하하는 절기(초실절, 初實節, firstfruits festival)를 지칭한다. 구약의 전통에서 '오순절'이란 명칭은 존재하지 않는다. 다만 유월절의 안식일을 기점으로 해서 일곱 주간 이후 되는 날까지의 50일(즉, 50일째 날 — 五旬되는 날, hē hēmera tēs pentēkostēs)을 지칭하는 명칭으로 이 날을 가리키게 됐다.[2]

하지만 기원후 1세기 유대사회에서 이런 지칭이 어느 한 날을 확정적으로 가리킨 것은 아니었다. 50일째를 꼽는 방식에 따라 세 가지 종류의 날짜를 오순절로 삼았다는데, 사두개인들은 유월절 당일로부터 셈을 시작하고, 바리새인들은 유월절 다음 안식일로부터 셈을 시작했으며, 에세네파는 유월절 이후 8일이 지난 안식일로부터 셈을 시작했다고 한다.[3] 비록 그 계산법이 다르게 나타난다 해도, 기원후 1세기 중반 전후 시기의 '오순절'은 어쩌면 어디서나 같은 날의 축제로 기념된 듯하다. 사도행전 20:16에 바울이 '아시아에서 지체하지 않기 위해 에베소를 지나치기로 결정했는데, 이것은 가능한 오순절 안에 예루살렘에 이르기 위함'이란 기록이 나타난다. 이 기록은 '오순절'의 시기에 관한 한, 일반적 이해가 전제된 표현이라 할 수 있다. 그렇다면 사도행전 2장의 오순절 절기에 관해서도 공통된 이해가 있었을 것이라는 추정이 가능하다.

사도행전의 본문을 연구하면서, 이 시기 오순절 관련 논의에서 중요한 것은 그 시점이나, 지칭 등에 관한 것이 아니다. 그보다는 누가가 과연 성령 강림에 대해 기록하면서 오순절 절기에 '율법 부여'에 관한 이해를 전제로 자신의 글을 썼느냐의 문제가 중요하다. 즉, 누가 시대에 오순절이 과연 시내산에서 모세에게 토라를 부여했던 사실을 기념하는 의미를 가

---

2 '오순절'(pentēkostē)이란 그리스 단어가 처음 등장하는 것은 토빗서 2:1, 제2마카비서 12:32이다.

3 Jacques Dupont, "La première pentecôte chrétienne(Actes 2,1-11)," *Etudes sur les Actes des Apôtres*(Paris: Cerf, 1967), 482.

졌던가의 문제다. 이런 문제가 제기되는 이유는 두 관련 기록들 사이에 상당한 유사성이 존재하기 때문이다. 이 문제 제기의 다른 이유는, 오순절이 율법 부여나 계약과의 관련을 기념하는 축제로 이해된 증거가 있다는 점이다.[4] 기원전 2세기에 저작된 주빌리서(Jubilee書) 6:17-21에서는 칠칠절을 계약갱신 축제로 언급하고 있다.[5] 필로는 토라 부여를, '불타는 연설, 말하는 불꽃' 등과 연결하여 말한 적도 있다.[6] 불꽃은 종종 토라에 대한 상징으로 사용되기도 했다.

그렇지만 누가의 '오순절 기록'과 '율법 부여 사실'을 연관 지으려는 해석에 대한 반론도 적지 않다. 연관성의 근거로 내세우는 랍비 문서가 후대 기록이라는 점 외에도, 주빌리서의 계약 관련 언급은 모세 계약이 아니라, 노아 계약에 관한 것이며, 필로의 글에는 '율법'과 이 축제를 직접 연결짓는 언급이 없다는 점, 그리고 중요한 점은, 사도행전 2장의 오순절 성령 강림 기록 속에 시내산 '율법 수여'에 관한 직접적 언급이나 암시가 나타나고 있지 않다는 것이다.[7] 게다가 문제는, 사도행전 기록을 제외하더라도, 누가시대에 오순절과 시내산을 곧장 연관시켜 제시하는 직접적인 증거를 찾기 어렵다는 데 있다. 사실 사도행전 기록과 시내산 사건의 연관성을 주장하는 근거로 제시되는 것은 누가 이전, 또는 이후 시대의 사례들이기 때문에 이 문제를 확정짓기는 쉽지 않아 보인다.

그러나 누가-행전에서 보이는 모세와 예수의 긴밀한 '유형론적 연관성'에 더하여, 사도행전의 오순절 기록에서 발견되는 여러 유사성을 고려

---

4 Luke T. Johnson, *The Acts of the Apostles*(Collegeville: Liturgical Press, 1992), 46. 기원후 3세기가 이르기 전 유대인들은 오순절과 율법 수여를 확실히 연관 짓게 되었다고 한다. Craig S. Keener, *Acts: An Exegetical Commentary: Introduction and 1:1-2:47*, vol. 1(Grand Rapids: Baker Academic, 2012), 785.

5 그 외에도, 1:1, 14:20 참고.

6 Philo, *On the Decalogue*, 33, 46.

7 Charles K. Barrett, *A Critical and Exegetical Commentary on the Acts of the Apostles*, vol. I(Edinburgh: T&T Clark, 1994), 111-112.

하면 시내산 '율법 수여'와 '성령 강림 기록' 사이의 연관성을 아주 일축해 버리기는 어렵다.[8] 이런 유사성들을 근거로, 마치 모세에게 율법을 주었듯이 초기 교인들에게 성령을 부어주었다는 연관성을 찾을 수 있지 않느냐는 것이다. 물론 결정적 근거가 부족하기 때문에 그 관련성을 단정하기는 어렵다. 하지만 당시의 오순절 관련 통상적 이해가 율법 수여 개념과 연관됐는지의 여부와는 상관없이, 누가 자신은 어쩌면 오순절 기록과 시내산 율법 수여 사실을 의식적으로 연관시켜 진술하고 있는 것이 아니냐는 이해를 할 수 있다.

한편, 여기 본문에 '이르렀다'라는 말로 번역한 표현('sumplērousthai')이 의미하는 바가 정확히 무엇인지에 관해 다소의 논란이 있다.[9] 이를 요약하면, 이미 이르렀다는 뜻을 가진 '오순절이 되었을 때'를 의미하는가, 아니면 미래적 뉘앙스가 있는 '오순절이 다가왔을 때'를 뜻하는가의 논의다. 현재부정사로 쓰인 이 동사 자체의 의미만으로는 두 가지 번역이 모두 가능하다. 하지만 누가가 여기서 밝히려는 점은 사도행전 2장에 묘사한 사건들이 '오순절 날에' 벌어졌다는 것임을 상기할 필요가 있다. 그렇다면 굳이 문법에 기계적으로 얽매일 이유는 없을 것이다. 따라서 누가의 정확한 속뜻을 명시하기 어려운 바에는, 그저 '오순절이 되었을 때에, 또는 오순절이 이르렀을 때'라고 새기는 것이 좋을 듯하다.

1. 오순절 모임 참석자(행 2:1)

누가가 오순절 성령 강림 상황을 묘사하며 그 모임에 참여한 사람들

---

8 이 문제에 관해서 이 장(章)의 아래, '5. 오순절 사건 현상들과 시내산 모티프' 항목 논의 참고.

9 Jacques Dupont, "La première pentecôte chrétienne(Actes 2,1–11)," 482–483에 자세히 설명되어 있고, 그 밖에, Richard I. Pervo, *Acts: A Commentary* (Minneapolis: Fortress, 2009), 60; Charles K. Barrett, *A Critical and Exegetical Commentary on the Acts of the Apostles*, vol. I, 110–111.

을 '그들 모두(pantes)'[10]라는 비교적 애매한 용어로 표현한다. 이 '모두'는 누구를 염두에 두고 기록된 것인가? 본문의 전후 맥락상 적어도 세 가지 가능성을 고려할 수 있다. 1) 가장 먼저 떠올릴 수 있는 것은 사도행전 1:15에 등장하는 '120명'이란 숫자다.[11] 2) 또 하나의 가능성은 사도행전 1:13-14에 이름이 제시된 제자들과 '여자들, 예수의 어머니 마리아, 아우들'이 포함된 사람들을 생각할 수 있다.[12] 3) 다른 하나는, 본문 묘사 바로 직전(행 1:26)에 맛디아를 충원시켜 완료된 '12제자들' 그룹을 꼽을 수도 있다.

여기서 분명히 할 것은, 오순절 모임이 그 이전 누가가 묘사하는 몇 번의 회합들과 정확히 같은 성격과 구성을 가졌다고 단정하기 어렵다는 것이다. 이를테면, 사도행전 1:14에 기록된 대로 '마음을 같이하여 기도에 힘썼던' 그 모임은, 사도행전 1:15에 모였던 '유다의 대체'를 위한 '120명'의 모임과 동일한 구성원으로 이뤄졌다고 확언하기 어렵다. 따라서 오순절에 모였던 사람들이 반드시 '120명'이었는지, '기도 모임 참석자들'이었는지, 사도행전 1:26에 새로 구성된 '12제자들'만이었는지를 확정하기가 쉽지 않다. 그나마 피할 수 있는 선택의 실마리는 사도행전 2:14("베드로가 열한 사람과 함께 서서 목소리를 높여 그들에게 말했다")에서 찾을 수 있는 듯하다. 그 구절은 오순절에 모인 이들이 '열둘'만이었다면 그들 '참가자 모두'가 일어서서 오순절 모임 주변에 있던 사람들에게 말했다는 뜻이 된다. 그럴 가능성도 있을 것이지만 그보다는 '열둘' 이상의 숫자가 참

---

10 이 구절의 '모두'를 포함해서 오순절 사건 묘사 단락에는 도합 9개('모두/모든', '각자' 또는 '온')의 포괄적 범주를 시사하는 표현들이 등장하는데, 이에 관해서는 본장(章) 아래의 결어 부분에서 재론할 것이다.

11 Robert P. Menzies, *The Development of Early Christian Pneumatology with Special Reference to Luke-Acts*(Sheffield: Sheffield Academic, 1991), 208; James D. G. Dunn, *Baptism in the Holy Spirit*(London: SCM Press, 1970), 40.

12 Jacques Dupont, "La première pentecôte chrétienne(Actes 2,1-11)," 483-484.

여했고, 그들 중 대표격인 사람들이 일어나 발언했다고 보는 것이 더 그럴듯하다.

특히, 참석자가 말했던 방언을 12개 지역(9–11절)에서 온 사람들이 각각 자기들 말로 들었다고 했는데(8절), 만약 12제자들만이 참석했다면 그들 소수만이 12지방 말을 한 것보다는 그 이상의 '많은 참석자'가 말한 다양한 방언들을 각 지방에서 올라온 사람들이 알아들은 것으로 파악하는 것이 옳을 것이다. 즉, 모임 참여자가 '열둘'만은 아니었고 그 이상이었으리라는 추정을 가능하게 한다.

또 한 가지, 오순절 모임 참석자들을 규정하는 묘사가 있다. 그것은 사도행전 2:7("그들이 놀라고 경탄하여 말하기를,[13] '보시오, (지금) 말하고 있는 이들은 모두 갈릴리 사람들이 아닙니까?'")에서 발견된다. 이 구절은 모임에 참여한 사람들을 모두 '갈릴리 사람들'로 간주하는 듯한 표현이다. 이런 근거에 의한다면, 그럴듯한 선택은 어쩌면 위의 2)번, 곧 사도행전 1:13–14에 이름이 제시된 제자들과 제자 그룹에 추가된 맛디아, 그리고 '여자들, 예수의 어머니 마리아, 아우들'이 포함된 소그룹이었을 가능성을 추측할 수 있다. 그런 무리들에 더하여, 이름이 열거되지 않은 '갈릴리에서 온'(행 2:7) 다른 사람들이 첨가되었을 법하다. 하지만 이런 주장이 일리가 있기는 하지만, 문제는 누가가 사도행전 2:17–18에서 오순절 성령 강림을 경험할 사람들을 그처럼 좁은 그룹으로 한정하지 않고 있다는 점이다. 성령 강림이 몇몇 사람에게 국한된 것이 아니라, 널리 보편적 규모로 많은 사람에게 임할 것임을 시사하는 사도행전 2:17의 요엘 2:28 이하 인용구나, 사도행전 2:39의 베드로 설교내용을 고려한다면 그 참석 범위를 제자들만이 아닌 다소 넓은 범위의 여러 사람들이 참여한 것으로 해석

---

13 '말하다' 동사의 앞, 또는 뒤에 '서로'(pros allēlous)라는 단어들이 더해진 사본들(C^3, D, E, 소문자 사본들)이 발견되지만, 이것은 정황에 맞춰 필사자가 임의로 말을 첨가한 대표적 경우로 간주된다. 브루스 M. 메츠거, 『신약 그리스어 본문 주석』 제2판, 장동수 역(서울: 대한성서공회 성경원문연구소, 2005), 244.

하는 것이 옳다는 뜻이다. 게다가, '모든 육체들에게, 남종과 여종들에게' 등으로 확대되는 시혜의 넓은 범위를 다만 손가락으로 꼽을 수 있는 몇몇 친근한 사람들에게만 국한시켜 이해한다는 것은 해석상 그리 자연스럽지 않아 보인다. 물론 '120명'이 그런 넓은 성령 경험의 대상으로 적합할 것이냐의 논의가 있을 수 있으나, 그 수효는 소수의 '근친(近親) 그룹'보다는 상대적으로, 비교적 넓은 범위를 시사한다. 누가가 언명한 성령 강림을 경험할 사람들의 포괄성을 감안한다면 '소수 친밀한 그룹'보다는 '120명'의 다수 그룹을 상정하는 것이 더 어울릴 듯하다.

그러나 이런 해석을 위해서는 사도행전 2:7의 '모두가 갈릴리 사람들'이란 묘사를 해명해야 한다.[14] 과연 위에 언급한 1)번의 '120명' 전체를 '갈릴리 사람들'로 보아야 하느냐는 물음이 따른다는 것이다. 당시의 상황, 바로 얼마 전에 예수 처형이 벌어졌던 그 상황에서, 갈릴리에서 예수를 따라왔던 사람들이 120명씩이나 되었을 것인가?[15] 그렇게 보기 어렵다고 하면, 참석자가 '120명'일 것이라는 주장은 유지되기 어렵다. 하지만, 만일 이 구절을 '주변인들'의 오해에 의한 착각으로 참석자 '모두가 갈릴리 사람들'이라고 '잘못' 이해했을 상황으로 파악하면 문제가 또 그렇게 간단히 종결되지 않는다. 대표로 활동하는 사람들의 면면이 갈릴리 사람들이고, 저자는 그들 모임 참석자들을 '갈릴리 사람들'로 규정하고 싶은 다른 이유[16]가 있다 할 때, 주위 사람들이 120명의 정체를 '갈릴리인들'로 오해하거

14 E. 헨헨, 『사도행전 I』, 이선희, 박경미 역(서울: 한국신학연구소, 1987), 270-271; Joseph A. Fitzmyer, *The Acts of the Apostles: A New Translation with Introduction and Commentary*(New York: Doubleday, 1998), 238 등 다수가 '120명' 설을 주장하지만, 이 문제에 관한 해명을 시도하는 이는 없는 듯하다.

15 위더링톤처럼, 참석자가 '120명'이란 전제 아래, 여기의 '모두'란 표현을 누가 특유의 과장법으로 이해하여 120명 모두가 아닌 그 중 일부를 저자가 과장해 묘사했다고 보는 견해도 있을 수 있다. Ben Witherington III, *The Acts of the Apostles: A Socio-Rhetorical Commentary*(Grand Rapids: Eerdmans, 1998), 131, n. 8.

16 아래의 글에서 설명하겠지만, '교회 탄생' 모임의 주축을 처음 예수 추종자들로 삼고자 하는 이유.

나, '대표값'으로 그들을 갈릴리인으로 간주할 여지가 있다는 것이다. 적어도 120명의 출신지를 일일이 확인하기 어려운 현실 상황이었다면 이런 추정엔 나름의 이유가 있는 셈이다.

따라서 위의 논의를 잠정적으로 다음과 같이 정리할 수 있다. 누가의 사도행전 1-2장 기록이 제공하는 범위 안에서 오순절 모임에 참석한 이들을 가정하면, 사도행전 1:15에서 유다 자리의 대체를 위해 모인 '120명' 그룹이 사도행전 2장의 성령 강림 모임에도 정확히 같은 규모와 정체를 갖진 않았을지라도, 같은 성격을 갖는 사람들로서 함께 모여 회동했을 것이라는 추정이다. 그리고 그 모임에서 '주도적'으로 활동했고, 모임의 핵심적 인물로 활동했던 이들은, 본문 전후에 집단적 '사도들'로서 역할이 부각되기 시작하는, 베드로를 비롯한 12인의 제자 그룹이었을 것이다. 비록 그들만이 모인 모임은 아니었다 해도, 그 소수 그룹의 기능과 위상은 참석자의 성격을 언급하면서 반드시 짚어야 할 존재들이다. 이처럼 만일 '모두'란 표현이 '120명'을 의미한다고 하면, '함께 모여' 기도로 준비한 상황은 비교적 성황을 이룬 작지 않은 모임이었음을 누가가 암시하려 했을 것이다.

한 가지 흥미 있는 점이 있다. 사도행전 1:4('예루살렘을 떠나지 말고 내게서 들은 아버지의 약속을 기다리라')에서 부활 후 승천 직전의 예수는, '약속을 기다리라'(perimenein)는 명령을 행한 것으로 묘사된다. 그렇다면 이처럼 오순절 모임 참석자들이 '기도했다'는 것은 예수의 '잠자코 약속을 기다리라'는 명령을 무시한 것이 되는가? 그들이 예수의 명령을 거역한 것이 아니라고 할 때, 약속을 기다리며 기도했을 뿐인데 성령이 임했다면 결과적으로 '기도함'은 '약속 기다림'의 행위 속에 포괄되는, 기다리는 '행위'의 일종인가? 그럴 경우, '기다림'은 다만 '행동하지 않음'이 아니라 기도라는 '행동'을 행하면서 무엇인가를 '대망(待望)한다'는 뜻을 가지게 된다. 즉, 예수는 '무위'(無爲)를 명령한 것이 아니라 간절한 대망을 요구한 것이고 그 간절함이 '기도'로 표현된 것이라고 이해할 수 있다.

2. 오순절 성령 강림 준비: 기도와 모임

오순절 성령 강림이 발생한 정황을 누가의 글을 통해 점검하면, 두 가지 '준비작업'이 사전에 이뤄진 것으로 이해된다. 사도행전 1:14의 기록에서, "열한 제자들은 여인들과, 예수의 어머니 마리아와 예수의 동생들과 다 함께 마음을 합하여 기도에만 힘썼습니다"라는 묘사가 가리키는 대로, '기도행위'를 '사전 준비'로 해석할 수 있다.

그런데 이 구절을 성령 강림에 관한 여기 본문과 비교하여 검토할 때, 의아스러운 부분이 하나 있다. 왜 저자가 예루살렘 최초의 기독교인 모임을 언급하면서, '예수의 가족들'을 굳이 밝혀 지적하고 있느냐는 문제다.[17] 잘 알려져 있다시피 예수의 '가족'에 관한 언급은 사도행전에서 이 부분이 유일하다. 누가의 나중 기록 가운데서도 예수 가족에 관한 언급이 나타날 만한 부분을 찾을 수 있다. 예컨대, 사도행전 12:17, 15:13, 21:18 등의 예수 동생 야고보 관련 기록 같은 곳 주변에 예수의 가족에 관한 설명을 행할 만했다. 그럼에도 불구하고 유일하게 이곳에서만 '가족'에 관한 언급이 등장하고 있음은 흥미로운 일이다. 이에 관하여 여러 해명이 가능할 것이다. 그 중 하나를 예로 들어 말하면, "'누구든지', 심지어 예수의 어머니나 형제들일지라도 '기도'를 통해서만이, 기도의 준비를 통해서만이 '새로운 공동체'에게 주어지는 '성령의 선물'을 받을 수 있다는 점을 저자가 여기서 강조하고 있는 것이 아니냐는 것이다. 그렇게 함으로써 저자는 초기 기독교 공동체에서 기도가 차지하는 중요성을 지적하고 있다"[18]는 이해다. 즉, 기도의 과정과 매개[19]를 통해 성령이 임했다는 점을 예수 가족을

---

17 이 부분 참고. 유상현, 『사도행전 연구』(서울: 대한기독교서회, 1996), 115-116.

18 *Ibid.*, 115-116.

19 Cf. 누가에게서 발견되는 기도 등의 독특한 '매개적 기능체'들에 관하여, François Bovon, "L'importance des médiations dans le projet théologique de Luc," in *L'oeuvre de Luc*(Paris: Cerf, 1987), 181-203.

동원하여 강조하고 있다는 뜻이다. 함께 기도하던 그들에게 '성령의 충만함'(행 2:4)과 '성령의 부어줌'(행 2:33)이 발생하여 예수 부활 이후, 말 그대로 '새로운 기독교 공동체'가 이룩될 수 있었다는 것인데, 결과를 놓고 반추하면 결국 그들의 기도는 성령 강림을 위한 '준비'의 역할, 새 기독교 운동의 태동 역할을 했던 것으로 평가할 수 있다.

또 하나의 준비행위로는, 사도행전 2:1의 서술 그대로 "그들이 모두 한 곳에 함께 모여 있었다"는 모습을 꼽을 수 있다. 이를테면 '모임'을 통해 오순절 사건을 준비한 것으로 읽을 수 있는데, 그렇다면 모임의 '목적'이 무엇이었는지를 설명해야 한다. 모임 자체를 위한 '목적 없는' 모임이었을 리는 없고, 단순히 기도를 위한 모임이었는지, 아니면 사도행전 1:4-5의 '성령 세례'를 기원하여 모였던 것인지를 분명히 해야 할 것인데, 본문에서 그 목적을 확인하기는 어렵다. 비록 '성령 세례의 약속'을 기다리는 상황이라 하더라도, 그 약속 성취가 어느 시점에 이뤄질지 모르는 상황이었다. 거기에다, 기도와 성령 세례의 인과관계를 알 수 없던 그들의 상황에서 모임의 목적을 특정하기는 어려웠을 것이다. 어쩌면 기도를 하다가 결과적으로 성령 강림을 맞게 되었던 것으로 이해하면 큰 무리는 없다. 그리하여, 굳이 말하자면 '기도와 모임'을 통해 오순절 성령 강림이 사전 준비되었다고 정리할 수 있다는 것이다.

본문의 이 구절에서 "한 곳에 함께 모여 있었다"는 표현이 '공간'을 함께 나누며 '한 장소'에 모두 '같이' 있었던 것을 의미한다는 것은 명백하다. 그런데 그와 더불어 동일 공간에 '함께'(homou) 있었다는 '공간의 공유'가 사회적 유대를 공고히 하고 마음의 일치와 연대(連帶)로 나아가는 측면, 즉 그들이 모두 '한 곳에 모여 있음으로' 정서적, 의지적, 사회적 일체감을 총체적으로 드러낼 뿐 아니라, 그것을 형성하게 되었음도 짐작하게 한다.

그런데 여기 "한 곳"으로 표현된, 오순절 모임 장소에 관한 논의는 주목할 필요가 있다. 만일 사도행전 2장 오순절 모임을 사도행전 1:15의

'120명'이 모였던 것과 동일한 모임으로 간주한다면, 그 장소를 시사하는 누가의 표현은 세 가지 형태로 나타난다. 1) 사도행전 1:13의 '다락방', 2) 사도행전 2:1의 모인 '한 곳', 3) 사도행전 2:2의 '집 안'이다. 이 세 표현 중, 2)와 3)은 같은 곳일 터이니 사도행전 2장의 오순절 모임 장소와 1)의 '다락방'은 같은 곳일 수도 있고, 다른 곳일 수도 있다. 오순절 모임 인원이 120명 이상이라면 그런 인원을 수용할 수 있는 다락방, 또는 개인가옥의 큰 방이 있었을지 궁금하다. 이에 대해 멘지스(Menzies)는, 그 시대 주택 상황에 관한 조사들을 인용하며 벽을 헐어 방을 확장시키는 경우나, 한 개의 방에 국한되지 않고 여러 방을 함께 이용하는 모임이 가능하다는 주장을 편다.[20] 그의 주장도 경청되어야겠지만, 이런 추정은 신빙성 있는 일반적 상황을 토대로 하기보다는 사도행전 본문을 정당화하기 위한 자료의 열거라는 인상을 갖게 한다.

만일 그 "한 곳"이 '다락방'을 의미한다면 거기에는 되새길 부분이 있다. '다락방'은 어떤 공간을 의미하는가? 그것은 '하늘 위'에 매달린, 지상과 격리된 공중에 떠 있는 공간은 아니다. 그렇다고 '땅 위'에 바로 맞닿아 엎드려 있는, 지상에 바로 이어져 붙은 공간이라 할 수도 없다. 그것은 지상과 천상의 중간에 위치되는 '중립적 공간'을 시사한다. 즉, 기독교회의 잉태와 탄생은 '하늘 위의 장소'도 '땅에 붙은 곳'도 아닌 '다락방'에서 비롯되었다는 것이다. 이 말은 교회의 특수한 위치와 상황을 암시하는 뜻으로 읽힌다. 마치 교회란, 하늘 위로 이미 진입해 들어간 피안(彼岸)의 실체도 아니며, 땅에 매달려 지상의 현실에 매몰된 채 고개를 박고 있는 차안(此岸) 속의 기구만도 아니라는 것이다. 천상과 지상의 두 세계에 동시적으로 간섭하고, 참여하는 존재라는 메시지를 다락방 언급이 담고 있는 듯하다. 누가의 서술감각 저변에 다락방이 갖는 공간의 특수성, 곧 하늘과

20 Robert P. Menzies, *The Development of Early Christian Pneumatology with Special Reference to Luke-Acts*, 208-209, n. 5.

땅 어느 한쪽에 배타적으로 귀속되는 것이 아니라, 그 양 공간과 차원에 동시적으로 연관되고, 접속된다는, '공간 언어'를 통한 암시와 함축이 이 서술에 있었음을 아주 부정하기는 어려울 듯하다.

성령 강림이 '기도'와 연관되고, 기도가 성령 강림에 선행되었다는 누가의 보고는 음미해야 할 부분이다.[21] 이 점에서 특히 공관복음서 중 누가만이 유일하게 예수가 '기도할 때' 성령이 강림했다는 사실을 명시하고 있음을 환기할 필요가 있다.(눅 3:21-22) 또한 사도행전 4:31('그들이 기도를 마치니 그들이 모여 있는 곳이 흔들리고, 그들은 모두 성령으로 충만해서 하나님의 말씀을 담대히 말하게 되었다.')은 이곳 본문과 같이 '무리들의 기도', '초자연적 현상', '성령 충만', '말씀 증언'(행 2:40)의 모티프들이 동시에 등장하는 유사성을 보인다는 점에서 직접 비교가 가능하고, '기도와 성령 강림'의 연관이 명시적으로 드러나는 구절임이 눈에 띈다.

특히, 이를테면 '일련의 오순절 사건들'로 묘사될 수 있는, 몇 개의 반복된 '오순절 동기들'을 상기하면 그 같은 '기도와 성령'의 결합 사례를 좀 더 주목할 수 있다.[22] 여기 예루살렘에서 유대인들이 경험했던 성령 강림, 곧 '유대인의 오순절'과 비견될 수 있는 사례들이 수차례 소개되는데, 유대인과 이방인 사이의 중간적 혼혈 집단으로 간주될 사마리아 사람들이 겪었던 소위 '사마리아 오순절'이라고 말할 수 있는 성령 강림(행 8:15-17), 그리고 흔히 '이방인의 오순절'로 일컬어지는 가이사랴의 고넬료 가족들이 경험했던 성령 강림(행 10:30-48) 등이 꼽힐 수 있다.[23] 이런 '오순

21 기도와 성령 강림의 연관에 관하여, Earl Richard, "Pentecost as a Recurrent Theme in Luke-Acts," in *New Views on Luke and Acts*, ed. by Earl Richard (Collegeville: Liturgical Press, 1990), 135; J. H. E. Hull, *The Holy Spirit in the Acts of the Apostles*(London: Lutterworth, 1967), 48.

22 참고. 유상현, 『사도행전 연구』, 117-119.

23 물론 행 19:1-7에 묘사된, 바울이 에베소에서 '어떤 제자들'에게 안수하자 성령이 강림하여 방언도 말하게 되는, 소위 '바울의 오순절' 또는 '에베소의 오순절'도 기억될 수 있다. 하지만 거기엔 명시적으로 '기도와 성령'의 결합이 제시되지

절들'은 사도행전 2장의 예루살렘의 오순절과 마찬가지로 '기도와 성령 세례'가 연관된 사건들로 각별한 관심을 불러일으킨다. 이런 기도와 성령의 '오순절들'에서 몇 가지 흥미 있는 특징들이 발견된다.[24] 특기할 것은, 이런 '오순절적' 사건들이 '인종적(人種的) 측면'에서 각기 유대인, 이방인, 그리고 그 중간 종족들이라 할 수 있는 이들에게 성령이 강림했다는 상징적 의미를 내포하고 있다는 점이다. 이 '일련의 오순절들'은, 누가가 작품 전개의 지리적 구도로 설정하여 그 전망 아래 서술을 이어가게 될, 사도행전 1:8('성령이 너희에게 임하시면 너희가 권능을 받고 예루살렘과 온 유대와 사마리아와 땅끝까지 이르러 내 증인이 될 것이다.')의 기획 속에서 일종의 눈금 역할을 한다는 사실이다. 예루살렘, 유대, 사마리아, 그리고 땅끝까지 흩어져 있는 사람들에게 약속의 성령이 강림했다는 것이다. 각 지역에서, 각각의 상징적 대표성을 띤 '오순절들'을 통해 성령이 부어졌다. 복음 선포의 지리적 확장이 예견되던 각각의 길목에서, 그 선포를 가능하게 했던 성령의 강림이 벌어졌는데, 그런 사건들의 계기마다 기도의 역할이 중요하게 강조되고 있음을 새삼 지적하게 된다.[25]

3. 오순절 성령 강림 묘사(행 2:2-3)

오순절 성령 강림을 소개하는 누가의 서술은 회화의 화폭 한 편을 꾸미는 것 같다. 마치 글로 그리는 그림을 연상시킨다. 누가의 묘사는 1절에서 오순절에 사람들이 모여 있었다는 정황을 짤막하게 기술하다가 아무런 인과관계나 사전 설명 없이 놀라운 상황을 곧바로 제시한다. 독자로서는 그 자초지종의 의미를 '4절에 가서야 알게 되는 수수께끼'[26] 같은 사건

는 않는다.

24 유상현, 『사도행전 연구』, 118.

25 *Ibid.*

26 E. 헨헨, 『사도행전 I』, 271.

이 묘사된다. 그것이 바로 성령 강림 사건이다.

1) 바람

(1) 바람 '소리'

먼저 누가가 소개하는 성령 강림에 수반된 현상은 '바람 부는 듯한 소리'다.

> 갑자기 하늘에서 거칠고 강한 바람이 부는 듯한 소리가 나더니 그들이 앉아 있던 온 집 안을 가득 채웠다.(행 2:2)

하늘에서 바람 부는 듯한 소리가 나고 그 소리가 참석자들이 앉았던 집 안을 채웠다고 한다. 이를테면 '소리가 집 안을 채운 것'이다. 소리가 집 안을 채웠다는 것은 불가시적 현상으로의 음향적 '소리'를, 보이는 공간의 '채움'이라는 표현을 통해 가시적 현상으로 바꿔놓는 묘사, 즉 '보이지 않는 것을 보도록 만드는' 서술기법이다. 읽는 이로 하여금 자신의 저작이 구축하는 서사공간을 보이게끔 그려내고, 그 공간 속에 참여하도록 만드는 '구체화, 또는 실물화'의 한 양상인 셈이다. 이런 서술은, 자칫 추상화되고, 공허한 개념의 연쇄로 전락될 수 있는 성령 강림 현상을 생생한 감각적 인식의 대상으로 만드는 데 유효한 방도가 된다.

그런데 그 소리는 '거칠고 강한 바람'이 부는 듯한 것이었다. 이런 장면 묘사는 순전한 '청각적' 현상을 다룬다. 그 소리는 '하늘에서' 비롯되었다고 한다. '하늘'을 소리의 연원으로 굳이 밝힌 것은, 그것의 초자연적 성격을 돋보이게 하고, 이것이 신적 기원을 가진 현상임을 강조하려 했음이 명백하다. 저자가 누가복음 3:22의 예수 수세(水洗) 정황에서 '하늘에서 소리가 났다'는 표현을 사용했음을 상기한다면 그때와 마찬가지로 여기서도 소리의 기원, 나아가 오순절 성령 강림 사건의 기원이 '천상적' 성격을 갖고 있음을 강조한다. 이런 모습은 사도행전 11:9의 욥바에서 베드로가 들었던 '하늘에서의 소리' 표현에서도 찾을 수 있다. 모두가 신적 현상임을 뚜렷이 하는 묘사임은 두말할 나위가 없다.

이런 '소리 현상'에 대한 주변의 반응은, 나중 사도행전 2:6에서 "그 '소리'가 나자"라고 '소리' 언급을 반복하는 묘사를 통해 다시 환기된다. 물론 6절의 '그 소리'는 1절의 '바람 소리'라기보다는, 4절의 '방언으로 말함'을 감안한 '방언 관련' 음향을 시사하는 것이겠지만, 오순절 장면을 특징적으로 성격화시킬 수 있는 몇몇 '소리 현상들'을 돋보이게 하는 묘사임이 틀림없다.

(2) 바람과 심판

누가복음서에서 세례 요한은, '예수'가 '성령과 불로' 세례를 줄 것이라(눅 3:16)고 말한 바 있다. 그렇다면 그 발언에 비춰보면 오순절 성령 강림을 초래케 한 '주체'는 적어도 누가의 인식에 의하면 승천한 예수였음을 이미 전작(前作)인 복음서에서 드러낸 것이다. 그런데 누가복음 3:16에 등장하는 '성령(즉, '거룩한' 영)과 불로'(en pneumati hagiō kai puri)란 표현은 흔히 일반적으로 채택되는 독법(讀法)이긴 하지만, '거룩한'(hagiō)이란 단어가 빠진 짧은 본문이 몇몇 그리스어 사본들(63, 64)과 주요 교부문헌들에서 발견된다.[27] 만일 '거룩한'이 빠진 '짧은 본문'을 취하게 되면 본문을 '바람과 불'로 이해할 가능성도 제기된다. 왜냐하면 두 가지 이유가 있기 때문이다. 먼저, 'pneuma'란 단어가 비롯되었을 히브리 문자적 의미와 그리스 문자의 의미에서는, 그것이 '바람'이란 뜻으로 새길 수 있다는 점을 지적하게 된다. 그리고 또 하나는, '성령과 불'이란 표현이 등장하는 누가복음 3:16의 다음 절, 곧 17절('그는 자기의 타작마당을 깨끗이 하려고, 손에 키를 들었으니, 알곡은 곳간에 모아들이고, 쭉정이는 꺼지지 않는 불

---

27 '알렉산드리아의 클레멘트, 에피파니우스, 터툴리아누스, 아우구스티누스' 등. M.- É. Boismard & A. Lamouille, *Les Actes des Deux Apôtres*, vol. 2(Paris: Librairie Lecoffre, 1990), 100, n. 1.

에 태우실 것이오')에는 타작마당에서 키를 들고 알곡과 쭉정이를 '바람'에 날려 분리하는 모습이 등장한다. '바람'의 이미지가 타작마당의 작업 상황 속에 숨어 있다는 점이 또 한 이유가 된다. 그러나 대부분의 사본들이 '성령과 불'이란 독법을 지지하는 상황에서 선뜻 본문을 '바람과 불'로 바꾸기 어렵다는 난점이 있다. 그 점을 감안한다면 이 표현이 가진 '겹말', 또는 이중의 중첩적 의미론을 고려할 필요가 있다. 즉, 겉으로 '성령과 불'이란 본문을 취하면서, 동시에 그 속뜻은 '거룩한 영'과 그 의미가 불러일으키고 환기시키는 '바람'의 이미지를 함께, 역동적으로 통합하는 읽기를 시도할 수 있다는 말이다.

다른 한편, 오순절의 '바람과 불'을 논의하면서, 같은 저자가 기록한 누가복음 3:16-17의 '성령(또는 '거룩한 바람')과 불' 개념을 연관시키는 것이 당연한 일이라면, 과연 세례 요한이 말한 17절 중 쭉정이를 골라 태운다는 '심판'의 의미와 오순절의 '바람과 불'의 이미지가 어떤 관련이 있는지를 묻지 않을 수 없다. 사도행전의 오순절 기록에 '심판'의 이미지는 명시적으로 드러나지 않는다. 비록 이곳의 '바람과 불'이 세례 요한의 '심판' 관련 언급과 직접적인 연관성을 보여주지 않지만, 구약적 시각, 적어도 에스겔 기록에 의하면 '바람'이란 종말과 부활의 이미지(겔 37:9)를 연상시키는 것도 사실이다.[28] 이 점은 바로 아래에서 살피게 될 '불'의 심판 이미지와도 관련된다.

이 구절들 묘사에서 한 가지 주의를 끄는 것은, 갑자기 하늘에서 임한 '거칠고 강한 바람이 부는 듯한 소리'의 '정체'와, 그 구체적 기원, 또는 원인 등은 저자가 이 부분에 드러내고 있지 않다는 점이다. 이때까지 오순절 현상이 신적 기원, 또는 신성한 성격을 갖는 것인가에 관해 직접적 언급을 하지 않다가, 4절에 가서야 그것이 '성령'과 관련된 것이라는 것을 부분적

---

28 Frederick F. Bruce, *Commentary on the Book of the Acts: The English Text with Introduction, Exposition and Notes*(Grand Rapids: Eerdmans, 1977), 54; Richard N. Longenecker, *Acts*(Grand Rapids: Zondervan, 1995), 66.

으로 밝힌다. 물론 여기 묘사된 현상이 무엇이고 누구에 관한 기록인지는 이어지는 베드로의 설교 후반부(행 2:33)에 이르러서야 분명한 형태로 확언된다. 다만 4절에서는 명시적 형태는 아니지만 부분적으로 그것이 성령에 관한 묘사임을 제시한다.

2) 불

(1) 불과 같은 혀

오순절 장면에 등장하는 여러 현상들, 특히 여기 본문의 '불'에 관한 표현은 구약적 배경을 갖고 있다고 봐야 할 것이다.[29] 시내산 장면의 불꽃을 연상시키는 모습인 듯하다.

> 불과 같은 혀들이 갈라져서 각 사람 위에 임하였다.(행 2:3)

이 구절에서 주목할 것은 '혀들이 임하였다'(ōphthēsan)는 표현이다. 'ōphthēsan'이란 동사를 직역하면 '보여졌다'가 될 것인데, 그렇게 이해하면 이 장면의 회화성, 또는 생생한 구상적 성격이 시각적으로 뚜렷이 부각되는 효과를 얻게 된다. 동시에 하나님의 개입과 활동이 구체적으로 분명히 드러나는 효과, 즉 오순절 현상이 '하나님께로부터' 비롯됐다는 점이 좀 더 강조되게 된다. 여기서 '불과 같은 혀들'이라고 번역한 말은 '불꽃' 또는 '불길'을 연상시키면서, '불꽃 같은 것들이 갈라져 참석한 각 사람 위에 내려앉는' 형상을 그리면 될 것이다. 불길이 혀처럼 날름거리며 사람들 위에 쏟아지는 모습을 형용하는 셈이다. 그러나 명백히 해야 할 점은, 사람들 위에 임한 것이 '불'과 '흡사한'(hōsei) 혀들이었지 '불' 자체가 아니라는 점이다. 이 표현을 통해 사실과 은유의 경계와 한계를 끄집어내기는

29 물론 이 표현의 배후에 그리스-로마의 종교적 엑스타시를 표현하는 지중해적 문화의 배경이 자리잡고 있다는 주장이 제기되기는 한다. 예컨대, John R. Levison, *Filled with the Spirit*(Grand Rapids: Eerdmans, 2009), 323.

어렵겠으나 묘사의 미묘함을 놓칠 수는 없다.

또 하나 여기서 짚어야 될 것은, 불꽃 같은 것들이 '갈라져서'(diamerizomenai) 임했다는 묘사다. 어찌 보면 별 의미 없는 불꽃의 분화현상으로 간과되기 쉬운 말이다. 하지만 이것은 차후로 살펴보게 될 성령 강림의 '보편적 성격'을 예시하는 또 다른 증거의 하나로 꼽힐 수 있는 표현이다. 참석한 사람들 모두에게 '골고루', '갈라져' 임했다는 것은 새로운 기독교인 모임이 '차별'이나 특권적 지위, 역할을 고려하지 않은, '공평하고 평등한' 공동체가 될 것임을 강력히 상징하는 묘사이기 때문이다. 이 보편적 성격은 이어지는 누가의 기록 속에서 더욱 강화된 형태로 다시 나타나게 될 것이다.

(2) 불의 상징: 심판과 새 시대의 개막

본문의 '불'이 누가복음 3:16에서 세례 요한이 상정하여 말했듯이 종말론적 심판과 파괴를 뜻하는 부정적 의미로 직접적으로 사용되거나 명시적인 심판을 가리키고 있지는 않다.[30] 하지만 저자가 자신의 복음서에서 '불'에 관한 언급을 하고 있는 부분(눅 12:49-53)에 의하면, '나(예수)는 세상에 불을 지르러 왔다'고 하면서 예수로 인한 분리, 또는 분열에 관해 말한다. 즉, 그리스도와 함께하는 이들과 그렇지 않은 이들을 구별하는 구실을 '불'이 하고 있다고 시사한 것이다. 다시 말해 불은 '구분과 선별'의 기능을 하고 있다는 뜻이다. 또한 위에서도 언급한 바 있듯, 누가복음 3:16-17에서 세례 요한이 예수를 염두에 두고 말한 쭉정이를 태우는 '불'에 관한 언급 역시 분리와 구별의 의미를 불러일으킨다. 이런 연상 작용이 가져오는 것은, 불이 불러오는 '분리, 구분'이란 소각, 태움의 이미지를 거친 '심판'의 의미를 자동적으로 뜻하고 있다는 점이다. 이 점은 누가복음

30 Cf. Marie-Émile Boismard & Arnaud Lamouille, *Les Actes des Deux Apôtres*, tome II(Paris: Librairie Lecoffre, 1990), 101.

3:9('도끼를 이미 나무뿌리에 갖다 놓으셨다. 그러므로 좋은 열매를 맺지 않는 나무는 다 찍어서 불 속에 던지신다')에서도 명백히 드러난다. 그런 뜻에서 이사야 26:11, 66:15-16, 24, 데살로니가후서 1:6-7 등에서 보이는 '불'과 '심판'과의 연관성은 오순절의 '불'과 관련하여 적잖은 시사를 준다.

거센 '바람'과 더불어 '불'로 상징화된 성령의 내림(來臨)은 새로운 시대의 시작을 알리는 '휘황(輝煌)한' 개막을 뜻하는 듯하다. 이처럼 오순절이 새로운 시대의 시작[31]을 가리킨다는 직접적 표지는 이른바 '오순절 설교'로 알려진 베드로의 발언 가운데 등장한다. 사도행전 2:17에 베드로는 요엘서를 인용하여 '마지막 날에 나는 내 영을 모든 사람에게 부어주겠다'고 말하는데, 그것은 누가가 파악한 '오순절 새 시작'의 의미를 알리는 명백한 표지로 이해될 수 있다.

특히 '바람과 불'이란 각기 다른 이미지가 서로 통합할 경우, 그것은 좀 더 현란한 모습을 상상하게 한다. 거센 '바람을 받고 타오르는' 형형(炯炯)한 화염을 그리게 만들기 때문이다. 그것은 단순히 심판의 엄정함만을 연상시키는 것이 아니다. 이제 새롭게 떠오르는 새 시대의 여명이, 불꽃과 같은 명렬(明烈)로 빛난다는 의미를 가지도록 한다. 옛 시대의 퇴조와 새 시대의 개막이란 시대구분이 좀 더 극적인 이미지, 좀 더 자극적 생생함을 통해 부각될 수도 있다는 누가의 인식이 있었다면, 사도행전에 나타난 오순절 성령 강림의 그림은 매우 적절한 묘사의 솜씨를 만난 셈이 된다. 초기 신자들이 집단적으로 성령 강림을 경험했다는 것은 단순히 개인의 사적 경험으로 축소 해석할 성질만 갖지는 않는다. 그것은 초기 교인들의 모임, 즉 '교회'가, 그리고 그것으로 시작된 '기독교 역사', '새 시대' 자체가 성령의 세례를 받고 시작됐다는 확대, 심화된 인식이 가능하다는 점을 지적해야 할 것이다.[32]

---

31 오순절이 새로운 시작을 뜻한다는 점에 관해서, James D. G. Dunn, *Baptism in the Holy Spirit*, 44-47.

32 이 점에 관해서는 본 장(章)의 마지막 결어 부분에서 더 다루게 될 것이다.

4. '성령 충만'과 방언(행 2:4)

이어서 이뤄진 상황에 관한 누가의 보고는 계속된다.

> 그러자 그들이 모두 성령으로 충만하여서, 성령이 말하게 하심에 따라 다른 방언들을 말하기 시작하였다.(행 2:4)

이 구절은 심각하게 논의해야 될 다음 요소들을 포함하고 있다. 그것들은, 1) '성령 충만' 해석, 2) '다른 방언' 논의, 3) 방언의 이해/불이해 문제, 4) 방언의 내용에 관련된 사항들이다.[33]

1) '성령 충만'

누가는 모임에 참석한 사람들이 '다른 언어들을 말하는' 상황을 '성령 충만'("그들이 모두 성령으로 충만하여서")이란 묘사를 통하여 설명한다. 사실, 사도행전에는 '성령 충만' 또는 '성령 내림(來臨)'과 연관된 표현들이 대략 7개 정도가 등장하는데, 이들 묘사들에서 의미의 본질적 차이를 찾기는 어렵다. 이와 관련된 던(Dunn)의 지적은 정당하다.[34] 즉, 던의 조사에 의하면, '성령 세례 받다, 성령이 내려오다, 성령 충만하다, 성령(내 영)을 부어주다, 성령을 받다, 성령을 주다, 성령이 내리다'라는 표현들이 사도행전에 도합 27회 등장하는데, 이 표현들은 모두 동일한 사건을 묘사하고 있고, 그 쓰임새에 본질적 차이를 두기 어렵다는 것이다. 이런 제각각의 표현들은 '성령 세례'라는, '동일한 작동과 경험의 상이한 측면들'을 나타낸다는 것이다. 누가가 '성령 강림 현상', 또는 '오순절 사건의 핵심'을 가리키면서 이런 여러 표현들을 차별 없이 사용했다는 용례에 비추어 볼

---

33 이런 논의는 그리스어 원전의 서술순이 아닌, 우리말 번역의 서술순서에 따를 것이다.

34 James D. G. Dunn, *Baptism in the Holy Spirit*, 70–72.

때, 이들 다른 묘사들 사이에서 의미의 격차를 찾기는 어려울 것이다. 저자는 이런 묘사들 중 하나를 사용하여, 모임에 참석한 사람들 '모두가' 성령으로 '충만하였다'는 보고를 남긴다. 이를테면, 본문 4절에 서술되는 '방언 사건' 묘사는 바로 '성령 충만'을 의미한다는 지칭이고, 참석자 전원이 그러한 상태를 겪게 되었다는 것이다.

이미 누가는 자신의 복음서에서도 '성령 충만'한 사례들을 누가복음 1:15(세례 요한), 누가복음 1:41, 67(엘리사벳과 사가랴), 누가복음 4:1(예수의 세례 받는 상황) 등의 묘사에서 제시한 바 있지만, 특히 사도행전에서는 이런 '성령 충만'의 사례들이 중요 인물들의 특성을 제시하는 결정적 묘사로 이해될 정도다. 그만큼 '성령 충만'은 등장인물들의 품성을 설명하는 독특한 모습을 띠고 나타난다. 이를테면, 사도행전 4:8에서 베드로의 경우가 그렇고, 바울의 경우엔 사도행전 9:17, 13:9, 스데반은 사도행전 6:5, 7:55, 바나바는 사도행전 11:24, 다른 사도들은 사도행전 4:31, 비시디아 안디옥의 제자들은 사도행전 13:52 등에서 이런 모습들을 발견하게 된다. 그렇게 보면 '성령 충만'이야말로 저자가 초기 제자들을 규정할 때 적용하는 중요한 기준이요, 자격이요, 성격 묘사라 이를 만하다.

그러면 구체적으로, '성령 충만'이란 어떤 상황을 가리키는가? 여기 나타난 '충만하다'(plēthein, fill)라는 표현은, 물에 '담그다'라는 뜻을 품고 있는 '세례 주다'(baptizein)라는 단어가 주는 이미지와 상통하는 바가 있다. 지상에서 어떤 공간이 무엇인가로 빈틈없이 가득히 채워지는, 또는 수중(水中)에서 온전히 잠기는 모습을 그리게 만드는 용어다. 따라서 '성령'이 어느 인물의 내면과, 존재의 내부에 가득 채워지도록 현존하고, 넘치듯 압도적으로 임하여 있는 상황을 상정하게 된다. 그 상황은 구체적 형태로 이미지화되기 어려운 특징이 있다. '성령이 가득 차는' 모습을 구상화하여 표현하기 어렵기 때문이다. 다만 그런 상상을 돋우는 은유적 표상, 또는 어떤 '추상화된 상황'을 가리키는 것으로 볼 수 있다. 비록 각기 다른 어휘를 사용하긴 했지만 '채워지고 잠기는' 이미지와 관련된다는 점에서 성령

'충만'이란 말은 성령 '세례'라는 표현과 겹쳐 이해되는 측면도 있다. 그런 점에서 누가복음 3:16에서 세례 요한이 행한, 예수가 '성령과 불로 세례를 주실 것이다'라는 발언이, 오순절 이 장면에서 실현되고 있음을 더욱 확인받게 된다.

다른 한편, '성령으로 충만'이란 누가의 표현은 한 번 '가득 찬' 상태가 되면 또다시 채울 필요가 없는 영속적 상황을 묘사하지 않음을 시사한다. 왜냐하면 여기서 '성령 충만'에 관한 묘사를 받은 사람들 중에 포함되었을 베드로 등이 사도행전 4:8, 31에 '성령 충만'이란 표현을 '다시' 받는 것으로 나와 있기 때문이다. 그렇다면 이런 '성령 충만'은 일회적 상황을 일컫는, 즉 '충만 상태'가 일시적으로만 지속되는 것으로 저자가 이해했음을 알게 된다.

2) '다른 방언들'

누가는 오순절 장면이 갖는 독특한 성격 하나를 제시한다. 참석자들이 '다른 방언[35]들'을 말하기 시작했다는 것이다. 본문의 '방언'(glōssa)이란 표현은 사도행전 2:3('혀'), 4, 6, 8, 11, 26,[36] 10:46, 14:11, 19:6, 21:10, 22:2, 26:14 등 여러 곳에서 발견된다. 그 중 성령 강림과 연관된 '방언'으로는 오순절 장면 속의 사도행전 2:4, 6, 8, 11과 고넬료의 회심을 묘사하는 사도행전 10:46, 19:6의 에베소 성령 강림 장면에 나타난다.

그렇다면 저자가 여기서 말하는 '다른 방언들'이란 무엇을 뜻하는가?

---

35 흔히 '방언'(glossolalia)으로 표기되는 단어는 'glōssa'란 그리스어와 'lalein'(말하다)가 결합된 말이다. 우리말 개역과 표준역이 'glōssa'를 '방언'으로 번역함으로 이 표현이 우리에게 친숙하지만, 신약에서는 '혀'(눅 16:24, 행 2:3, 26), '언어'(계 5:9), 그리고 성령 강림과 연관된 '언어 현상'(행 2장, 고전 12-14장)을 표현할 때 사용됐다. 여기서는 일단 우리 성서에 익숙한 '방언'이라는 말로 표기하지만, 때에 따라 '언어'라는 일반적 의미로도 새기고자 한다.

36 행 2:26—"그러므로 내 마음은 기쁘고, 내 '혀'는 즐거워하였다. 내 육체도 희망 속에 살 것이다."

분명한 것은 사도행전 2:11에서 '우리 모두가 우리 각자의 언어로 하나님의 큰 일에 관해 말함을 듣는다'라고 언명했듯, '방언'이 '듣고 이해할' 수 있는 언어로 받아들여졌다는 점이다. 이 사실은 사도행전 2:6("각자가 자기의 지방언어로 제자들이 말하는 것을 듣고")과 사도행전 2:8("우리가 각자 자기가 태어난 지방의 고유 언어로 듣고 있으니")에서 거듭 확인되는 바이다. 따라서 오순절의 방언은 '다른 언어' 곧, 6, 8절의 듣는 사람들이 이해 가능했던 '지상의 어느 언어', 곧 '외국어'를 뜻한다. 다시 말해, 이해할 수 없는 '신기한 언어'로 간주될 말이 아니었다는 것이다. 이것은 고린도전서 14:2-13, 특히 2절에서 바울이 말하는 대로, 이해하기 어려운 언어로서의 '방언'과 대비된다. 거기서 바울은 방언의 '통역 필요성'을 말함으로 방언이 이해하기 어려웠다는 점을 거듭 환기시킨다. 고린도의 '방언'은 때로는 '미쳤다'는 평가를 받을 수도 있을 언어 현상이었음을 고린도전서 14:23에서 바울도 지적한다.

물론 저자는 사도행전 2:13에서, 오순절 사건을 목격한 주변 사람들에 의해 그들이 '새 술에 취했다'라는 평가를 받은 바 있다는 기록을 남긴다. 어쩌면 그들의 언어가 (바울의 방언처럼) 이해하기 어려웠기 때문에 그런 평판을 들을 수 있었으리라 생각할 수도 있다. 그러나 그보다는, 저자가 6, 8, 11절에서 일관되게 그 언어의 '이해 가능성'을 되풀이 말했다면, 주변인들의 이 부정적 평가는 그들 중 그 말을 '이해하지 못하는' 여타 다른 지역 출신 사람들 가운데서 나타난, 빈정거림 섞인 악의적 평판을 누가가 염두에 두고 글을 썼으리라 보아도 큰 무리는 없을 것이다. 이런 '이해 가능한 지상언어'로서의 방언현상에 관한 설명은 누가의 경우, 오직 이곳에서만 제시되고 그 후 등장하는 방언 장면들에선 나타나지 않는다. 이것이 방언 성격의 변화에 관한 저자의 침묵 때문인지, 아니면 '이해 가능' 여부를 굳이 기록할 필요가 없다고 느낀 누가의 판단 때문인지는 명확히 알 수 없다.

하지만, 누가가 여기 본문에서 방언을 규정하는 형용사로 사용한 '다른'(heteros)이란 말은 방언을 언급하는 사도행전 10:46과 19:6의 본문에는 등장하지 않는다. 어쩌면 이미 여기 사도행전 2장에서 방언을 언급한 이상 다시 '다른'이란 말을 더 덧붙일 이유가 없다고 판단하여 나중에 그 단어를 생략했을 수는 있다. 본질적으로 이 세 종류의 본문이 같은 방언을 지칭했을 것이라 본다면 그렇다. 그러나 그렇지 않고, 이것이 다른 성격의 상이한 방언을 의미한다면 달리 이해할 수도 있다. 즉, '다른'이란 말이 등장하지 않을뿐더러, 이해 가능성 여부도 기록하지 않은 나머지 경우들에는, 혹시 그것이 '이해 불가능한 신기한 언어'를 시사하기 때문은 아니냐는 것이다. 사도행전 10장과 19장의 '방언 현상' 관련 기록 중에는 사도행전 2장의 오순절 장면과 달리, 그 언어를 듣고 이해했다는 '이해의 기적'에 관한 언급이 없음이 고려되어야 한다. 그런 뜻에서 여기 본문의 '다른 언어'라는 말이 뜻하는 것은 누가 기록의 여타 방언 현상과는 달리, 확실한 '이해 가능성'이 열려 있는 지상의 언어를 의미할 가능성이 높다. 누가의 복음서에 32회, 사도행전에 17회 나타나는 'heteros'란 말이, 비록 등장하는 문맥에 따라 다른 뉘앙스를 갖지만, 여기서 의미하는 말은 '다른(different) 언어', 즉 '외국어'를 뜻한다고 보는 것이 옳을 것이다.[37]

한편, 이와는 상이한 측면에서, '다른 언어'를 말했다는 표현 속에 제시된 '다름, 이질성'에로의 지향을 간과하기 어렵다. '갈릴리 사람들'로 제한되었던 출신의 정체성이 바야흐로 '확장되는' 면모를 이 표현 속에서도 찾을 수 있다는 것이다. 이들 모임이 이제 갈릴리, 또는 유대의 경계를 넘어, 새롭게 열린 정체성, 확장된 지평을 향해, 확대된 보편의 활동영역을 향해 나아간다는 점을 시사한다고 볼 수 있다는 것이다. 즉, 소속 구성원의 동질적, 내향적, 폐쇄적 성격이, 오순절 사건 이후 다양한 이질적 소속원들을 포함하는 '보편적 구성체'를 보이게 되리라는 점을 '다른'이라는

37 뒤뽕도 이런 견해를 갖는다. Jacques Dupont, "La première pentecôte chrétienne (Actes 2,1-11)," 494.

표현이 함축하고 있다는 뜻이다.

또한 본문에서 누가는 '성령이 말하게(apophtheggomai) 하심에 따라'라는 표현을 사용한다. 즉, 성령은 '말하게' 하신다는 것이다. '성령 세례'는 결과적으로 수세자들을 '말하게' 한다. 달리 표현해서, 성령 강림을 경험한 사람들을 '말하게' 하는 것이 성령 내림의 목적 중 하나인 것으로 이해될 측면이 있다는 것이다. 이렇게 관찰하는 것이 사도행전 2:14('베드로가 열 한 사도와 함께 일어나, 목소리를 높여, 그들에게 말하였다.')에서 베드로의 설교를 도입하면서 여기와 같은 표현(apophtheggomai, 말하다)을 사용하고 있는 저자의 의도를 파악하는 일이 될 듯하다. 베드로는 성령의 감동과 인도 아래 공중을 향한 그의 첫 설교를 '말할' 수 있었다는 것이다.

3) '자기 방언' 이해 여부

다른 또 하나의 고려사항은, 이 언어 현상이 '화자와 청자' 양자에게 어떤 관련성을 갖게 되는지의 문제다. 달리 말해, 방언을 말하는 사람이 '다른 언어'를 말했다면, 그 언어를 말하는 사람은 자신이 말하는 것을 '스스로' 이해할 수 있었는지의 여부가 불분명하다는 것이다.

이를테면 오순절 방언은 '말하는 편에서'가 아닌 '듣는 편에서'의 기적, 곧 해석학적 기적이라는 주장이 있다.[38] 예컨대 존슨 같은 이는 그 근거로, 주변에 있던 자들이 '어찌 이들이 모두 우리의 모국어를 말하고 있는가?'라고 묻지 않고, '우리가 우리 모국어를 듣게 됨이 어찌된 일인가?'라고 물었다는 점을 지적한다.[39] 하지만 이런 지적은 존슨의 주장을 뒷받침하는 결정적 근거로 간주되기는 어렵다. '말하다'란 표현이 아닌 '듣다'

---

38 이런 주장에 대한 반대 견해, Craig S. Keener, *Acts: An Exegetical Commentary: Introduction and 1:1–2:47*, vol. 1, 823에 간략히 소개됨.

39 Luke T. Johnson, *Religious Experience in Earliest Christianity: A Missing Dimension in New Testament Studies*(Minneapolis: Fortress Press, 1998), 111.

란 표현 위주로 진술했다고 해서 '듣는 편의 기적'을 입증하는 것은 아니기 때문이다. 누가의 본문은 이 문제에 관해 확실한 언질이나 해석의 실마리를 제공하지 않는다. 다만 말하는 이들이 자신들이 하고 있는 발언에 관한 아무 반응과 감상을 말하지 않는다는 점에서 이들이 혹시 스스로 말하고 있는 내용을 이해하지 못한 것이 아니냐는 짐작을 할 수는 있다.

사실 사도행전 2:4에서, 어느 누구든 방언을 '들었다'는 언급을 하기 이전에 누가는 자신의 글의 순서에서 '다른 언어들'을 '말했다'는 점을 먼저 기록하고 있다는 것은 '들은' 사실보다 '말한' 사실이 우선되었고, 이는 '발언 기적'이 '청취, 이해의 기적'보다 중시되고 있다는 점을 암시할지도 모른다. 그렇다면 가령 화자가 자기가 말하는 것을 스스로 이해하지 못한 채 말하고 있다면, 이것은 주변의 이해하지 못하는 타 지역 사람과 마찬가지로, 말하는 이에게도 경이스럽고 신비한 언어체험이 된다.

'다른 언어'의 성격이 이해 가능한 지상언어라 할 때, 이 언어를 이해하는 사람들에게는 그 말이 자연스럽고 당연한 소통의 도구가 된다. 하지만 이를 이해하지 못하는 사람들, 즉 '말하는 이'와 말하는 언어 '이외의' 지역민들에게는, 소통의 도구가 아니라 '불통과 의혹'의 장벽이 된다. 그렇게 되면 방언은 그 언어를 '말하게 한 이'의 일방적 메시지 전달이요, 전언의 종용이라 할 수 있다. 비록 방언이 작용하는 '신비의 측면'을 화자와 청자가 모두 놀랍게 느낄 수 있었더라도, 화자는 자기가 말하는 것을 이해하지 못한 상태에서 '이상한 말'을 스스로의 의사와 상관없이 발언하는 '자신의 언어현상'에 두려움과 경이를 더욱 느꼈을 수 있다. 아마도 자신이 말하는 것을 이해하는 상태에서 '외국어'로 말하는 것보다, 무슨 뜻인지도 모른 채 자기 입에서 튀어나오는 언어현상이 더 놀라울 것이다.

언어가 말해지고, 이해되는 과정을 상정해보자. 방언을 말하는 이가 지금 자신이 말하고 있는 내용의 의미를 모른 채 발화(發話) 행위를 하고 있다고 할 경우, 그것은 말하는 사람에게는 아무 쓸모도 의미도 없는 '언어로 느껴지는 소리의 쏟아짐' 이상 이하도 아니다. 말하는 이로서는 자신의 의도와 상관없이 소리를 쏟아낸다는 쾌감, 또는 불유쾌함은 있을지언정 그 내용 속에 참여할 수 없음은 물론이요, 내용이 제공하는 내면적 가치와 보람은 인식의 메커니즘 속에서 획득될 수 없게 된다. 다만 말하는 이가 의미 모를 '소리들'을 제어할 수 있는 방법은 자신의 의지로 입을 닫고 발언을 그치게 하는 방식밖에 없다. 말의 내용과 의미를 자신의 의도대로 조절하고, 할 말, 안 할 말을 의식 속에서 통제할 길이 없기 때문이다. 발언자는 자신이 말하는 언어작용에서 스스로가 배제되는 경험, 이를테면 방언의 발화를 위한 한낱 도구에 불과한 채 자신이 이용되고 있다는 느낌을 가질 수도 있다. 물론 그런 자신의 도구화를 긍정적으로 받아들일 가능성은 있다. 자신을 사용하는 주체가 초월적 존재, 곧 성령이라는 인식이 있었다면 말이다. 그렇다 해도, 방언이라는 언어현상이 갖는 소통의 영역에서 말하는 이가 소외될 수밖에 없다는 점은 무시될 수 없는 뜻을 갖는다. 방언을 이해하는 몇 사람 이외에는, 방언 자체도, 말하는 이도 모두가 언어의 존재 근거라 할 '인간성의 전인적 관여'가 결여된 도구적 수단으로 전락될 소지가 있기 때문이다. 소통 없는 언어, 그것도 외부의 강제에 의한 한갓 '의미 모를' 발언을 위한 도구화는 무의미한 기계적 소리현상으로 격하될 수 있다. 따라서 말하는 이가 뜻도 모를 언어를 토하는 것은 결국 방언 자체의 의미마저 훼손하게 될 수 있는 것이다.

그렇게 입으로 터져 나온 '방언'을 들은 '일부의 사람들'은 이를 이해했다고 한다. 사도행전 2:6, 8에 의하면 그 언어를 들은 '특정 지역 사람들'이 '놀랐다'는 것인데, 이런 '특정 지역인의 놀람'은 그 말을 '알아들었음'을 전제한다. 그렇다면 이미 위에서 언급했듯이 그 언어는 이해 가능한 지상 어느 지역의 말, 곧 '외국어'였음을 뜻하는 것이고, 그 말을 들은 사람들 중 그 지역 출신자들에게는 자신들의 모국어를 들은 것이기 때문에 그 현상은 기적도, 신비도 아닌 당연하고 자연스런 '자신의 모어(母語)' 청취 과정일 뿐이었다. 자신에게 익숙한 자기언어를 듣는 것은 이해를 위한 특별한 사유기능을 필요로 하지 않는 일상적이고 진부한 '듣기행위'에 불과하다. 그들이 '놀랐다'면 그것은 자기 모국어를 들었기 때문이 아니라, 낯선 이방 출신의, 자기들의 말을 알 리 없는 타 지역 사람들이 자신들의 언어를 말하는 '상황'에 대한 놀라움이었을 것이다. 만약 사도행전 2장의 방언 기록에 관한 설명이 위와 같으리라는 점을 승인한다면, 이것은 '방언 청취가 불러일으킨 사건'이라 말할 수는 있어도 방언 이해의 '해석학적 기적'이라고 부르기는 어려울 것이다.

누가의 글에서 적어도 방언을 '말한 사람들'이 그 말을 이해했느냐 못했느냐에 관한 저자의 언급이 명백히 제시되지 않은 것은 분명하다. 그렇다면 말하는 이에게, 자신의 말이 대략 무슨 뜻의 말인지에 관한 윤곽이, 말하는 순간 머릿속에 그려지는 '인지적 이해 정황'이 발생했다면 이것은 '화자(話者) 편'에서 벌어진 '발화와 인지'의 기적이라 일컬을 수 있다. 그렇지 않고 자신의 말하는 것이 무엇을 뜻하는지 모르는 상황이라면, 그것은 '발화'의 경이라 할 수는 있어도 '인지'의 기적이라 이를 수는 없다.

한편, 이를 듣는 사람들 편에서는 두 가지 반응이 가능하다. 하나는, 일부 이 말을 사용하는 지역민들에게는 타 지역민들로부터 자신의 모국어를 갑작스럽게 듣게 되는 기적적 현상에 참여하고 이를 목격하게 된 데 대한 놀라움, 곧 언어 바깥의 주변 상황에 관한 경이로움을 경험한 것으로 받아들일 수 있다. 또 하나는, 그 외의 사람들, 즉 그 언어를 모르는 타 지역 출신자들에게는 방언 현상이 자신의 이해 영역이 닿지 않는 그저 막연한 언어현상, 또는 기적처럼 '보이는' 어떤 놀라운 '언어적 경이'로만 파악됐을 것이다. 주변에 있던 여타 사람들에게, 급작스레 들려온 뜻 모를 인간의 '소리들'이란 기껏 기이한 놀라움의 대상이거나, 종교적 황홀경에서 비롯된 음성학적 경탄 대상에 불과했을 것이다.

4) 방언의 내용과 누가의 오순절 사건 평가

그렇게 '다른 언어'가 발언되었다는 것이다. 그렇다면 이들이 '다른 언어'로 말한 '내용'은 무엇이었는가? 이에 관해서도 아래에서 검토할 본문의 6-8절에서 보인 주변인들, 특히 그 말을 이해했을 사람들의 반응에는 아무 설명이 없다. 말하자면 그들이 토해낸 '언어'의 내용은 알 수 없는 상태로 묻혀버린 것이다. 왜 누가는 그들이 말한 방언의 의미와 내용을 전하지 않았을까?

사람들의 방언 내용이 전달되지 않은 이유를 헨헨은, "이들 120명의 그리스도인들은 처음으로 3,000명의 유다인들을 그리스도인으로 만든 저 최초의 설교를 한 목소리로 말할 수는 없었기 때문이다"[40]라고 풀이한다. 이런 해명은 다소 옹색하다. 방언 내용이 반드시 최초 설교와 같은 거창한 형식의 담론이 돼야 한다는 이유도 없거니와, 120명의 발언이 통일된 주장이었으리라는 전제도 문제시될 수 있고, 만일 다양한 발언이 폭포처럼 쏟아지는 상황이었다면 통일된 메시지를 찾는 해명 시도 자체가 무의미하기 때문이다.

물론 본문에서 이들이 방언으로 말한 '내용'이 무엇인지를 누가가 즉각, 구체적으로 밝히고 있지 않지만, 바로 뒤에 기록된 사도행전 2:11의 언급에 의하면, 그들은 방언으로 '하나님의 큰 일'(ta megaleia tou theou)을 말한 것으로 되어 있다. '하나님의 큰 일'을 말했다는 것은 일단 하나님의 '위업'에 대한 찬양을 했다는 뜻으로 이해될 만하다. 왜냐하면 이 말의 유사 표현이 구약 여러 곳(신 11:2, 시 71:19, 105:1 등)에서 발견되는데, 그 표현들이 하나님의 구원하시는 행위에 대한 찬송의 의미와 관련되고 있기 때문이다.(특히 시편) 구약의 이 표현 등장의 배경을 지적하면서, 방언 내용이 우선적으로 '선포'였을 것으로 보는 이들도 있다.[41] 하지만 누가가 기록한 첫 방언 관련 기록이 다짜고짜 선포로 시작되었다고 추측하기보다는, 오순절 사건이 갖는 의미를 높이면서 하나님의 구원업적에 대한 찬양의 뜻을 먼저 드러내는 것으로 보는 것이 더 자연스럽고 구약적 표현

40 E. 헨헨, 『사도행전 I』, 283.

41 Robert P. Menzies, *The Development of Early Christian Pneumatology with Special Reference to Luke-Acts*, 211과 그가 인용한 이 등.

을 인용한 저자의 의도를 배려하는 것이 될 듯하다. 따라서 정확히 그 내용이 무엇이었는지를 꼭 집어 말하기는 어려우나, 대개의 발언 윤곽은 하나님께 대한 찬양이었을 것으로 누가의 지적을 통해 짐작할 수 있다.

그렇다면 누가는 오순절 사건을 어떤 관점을 갖고 평가하고 이해하고 있는가? 즉, 누가는 오순절 사건의 본질을 무엇으로 보고 있느냐는 것이다. 이 문제는 사도행전에서 '오순절 사건'과 연관이 있는 누가의 다른 진술들을 분석하면서 검토될 수 있다.

우선적으로, 오순절 사건은 누가에게, 자신의 복음서인 누가복음 3:16에서 세례 요한이 예견하고, 누가복음 24:49에서 예수가 약속한 것이 실현되는 장면이라 파악했을 수 있다. 또한 그것은 예수가 사도행전 1:8에서 예고한 바가 현실화되는 모습이기도 하다. 위 두 구절, 누가복음 24:49와 사도행전 1:18에 소개되는 예수의 예고에서 '능력'에 관한 언급이 공통적으로 등장하는데, 그것으로 비추어 볼 때 오순절 사건은 '위로부터 능력을 입히우는 과정'이라는 이해가 지나치지 않다. 오순절은 성령의 능력을 받게 되는, 신적 능력의 충전 과정으로 볼 수 있는 측면이 있다는 뜻이다.

그러나 무엇보다 오순절 사건을 이해하는 데 중요한 시사점을 제공하는 사항들은 추후 기록인 사도행전 11:15-17에서 발견된다. 거기서 베드로는 예루살렘의 사도들과 교인들을 향해 가이사랴의 고넬료 일가에게 성령이 강림했던 사실을 보고하면서, 다음 내용을 전한다.

> 15절내가 말을 시작하자 성령이 처음 우리에게 하셨던 것과 같이 그들에게
> 도 임하셨습니다. 16절나는 '요한은 물로 세례를 주었지만 너희는 성령으
> 로 세례를 받을 것이다'라 하신 주의 말씀이 생각났습니다. 17절그러므로
> 하나님께서 우리가 주 예수 그리스도를 믿을 때에 (우리에게) 주신 것과 같은 선물을 그들에게도 주셨는데 내가 누구이기에 하나님을 막겠습니까.(행 11:15-17)

이 발언은 베드로가 오순절 경험을 회상하며, 그 성격과 본질을 스스로 규정하는 내용이다. 누가의 베드로는 오순절을 설명하기 위해 먼 과거의 예수 발언을 기억하고, 그 발언을 기준으로 가까운 과거인 오순절 사건을 평가한다. 어찌 보면 '베드로의 중재와 개입'에 의해 '예수 자신'이 오순절 사건의 속성을 밝히는 듯한 인상을 갖게 한다. 베드로가 오순절을 언급하며 예수의 말씀을 떠올린다는 것은, 그 말씀에 근거하여 그 사건이 '성령 세례 받은 것'이라는 것을 확인하는 하나의 방식이다. 또한 거기 덧붙여서, '성령 세례'란 하나님이 주신 '선물'이라는 해석으로 확대되는 것이다. 결국 누가가 파악하는 오순절 사건은 바로 '성령 세례'를 의미하며, 이는 하나님의 '선물'이라는 것이다. 이 점을 베드로의 입을 통해 누가가 확인하는 셈이다.

5. 오순절 사건 현상들과 시내산 모티프

누가의 오순절 서술 중 나타나는 '성령 강림'에 수반됐던 '현상들'은 다음과 같이 정리될 수 있다. 1) '바람이 부는 듯한 소리', 2) '불과 같은 혀들의 임함', 3) '다른 언어 말하기'가 그것들이다. 위 세 가지 현상을 간략히 '바람 소리, 불꽃, 방언'으로 이해해서 부른다면, 이런 요소들이 대변하는 특징은 무엇인가? 그것들은 모두가 제삼자인 다른 사람들이 '객관적으로' 확인 가능한 현실이라는 점이다. 그리고 그 내용은 '시청각적' 감각기관과 관련되는 현상이라는 점도 자명하다.

이미 위에서 다뤘던 '바람, 불, 언어'에 관한 누가의 진술은 매우 특이한 서사 전개양식으로, 각별한 흥미와 관심을 집중시킨다. 그런 내용들은 누가시대의 독자들에게 한 세대 이전 발생했을 그 과거의 현실을 다시 복원하게 할 상상력을 불러일으킨다. 그래서 과거 교회 발생 초기에 대한 역사적 상상, 또는 '그때 상황'의 재구축을 돕게 된다. 말하자면 이런 특이한 묘사가, 누가 당시의 '현재 의식' 속에 '과거의 사건들'을 복원시키고 되새기게 할 만한 충분한 자극과 동기를 갖게 만든다.

그런데 이런 세 가지 상상의 질료들을 지목하여 제시하는 문헌은 사도행전 이외에 다른 데서도 발견된다. 그것은 알렉산드리아의 필로가 '10계명'에 관한 저술에서 제시한 것인데, 그는 하나님이 '바람' 가운데서 보이지 않는 '소리'를 창조하셨으며, 그 바람을 '불'로 변하게 하셨고, 그 불이 마침내 듣는 이들의 '언어'로 변하게 되었다는 것이다.[42] '말씀'이 그토록 명료하게 형성되었기 때문에 그것들을 '듣는' 것이 아니라, '보는' 듯한 인상을 갖게 할 정도였다는 것이다.(출 20:18) 필로가 출애굽기를 거론하며 논의했듯이 그 관련성은 출애굽의 시내산 장면과 직결된다. 사실 '바람과 불'은 구약에서 하나님의 현존을 드러낼 때 수반되던 자연현상이었다. 예컨대, 출애굽기 3:2, 사무엘하 5:24, 열왕기상 19:11-12, 욥기 38:1, 시편 29:3-10, 97:2-5, 104:3, 이사야 6:4, 29:6, 30:27-28, 66:15, 에스겔 1:4 등에서 다양하게 이에 관한 묘사들을 만날 수 있다. 그러나 그 중 가장 뚜렷한 현상은 출애굽기에 나타난 기록이다. 특히 사도행전 2장과 출애굽 도중 시내산 장면을 그리는 출애굽기 19장 사이의 병행관계는 주목할 만하지만, 이에 관한 논의가 간단히 해결될 문제인 것만은 아니다.

양자 사이의 병행관계를 긍정적으로 평가하는 주장은, 사도행전과 출애굽기에 나타나는 다음과 같은 유사 사항들을 병행의 근거로 꼽는다.[43] 일단 구약의 신적 현현(顯現, theophany) 장면에서 흔히 보이는 '소리, 불, 음성, 백성들의 놀람과 당혹' 등의 이미지들을 열거할 수 있고, 그것들 중 특히 출애굽기 19:16-19(Cf. 신 4:11, 24)에 나타난 모습들이 오순절 이미지에서도 발견되고 있다는 점이 제시된다. 또한 출애굽기 19:11에서 보이는 '신현'(神顯)을 위한 '기다림'과 사도행전 2장의 오순절을 위해 기도와 모임으로 '기다림'이 흡사하며, 사도행전 2장에 나타나는 묵시적 언어

---

42 Jacques Dupont, "La première pentecôte chrétienne(Actes 2,1-11)," 485.

43 Matthias Wenk, *Community-Forming Power: The Socio-Ethical Role of the Spirit in Luke-Acts*(Sheffield: Sheffield Academic Press, 2000), 246-247.

들이 출애굽 장면으로부터 비롯됐다는 이해가 있다. 또 사도행전 2:40의 '비뚤어진 세대'라는 말과 출애굽 장면 중의 신명기 32:5('비뚤어지고 뒤틀린 세대')의 표현이 비슷하다는 것이다. 그 외에 좀 더 암묵적 해석으로 제안되는 것으로, 모세가 산에 '올라가' 하나님께로부터 말씀을 받아 백성에게 '전달'했듯이, 사도행전 기록에는 예수가 아버지께 '올라가' 성령을 받아 백성에게 '전달'했다는 이해가 유사하다고 한다. 거기다 오순절 '무리'는 시내산의 백성들이 행했던 '반응'(백성들이 떨었다/무리가 놀라고 당황했다)과 흡사한 행위를 보였다는 점이 덧붙여 지적된다. 또한 구체적 어휘 등의 표현에서도 시내산 사건 기록인 출애굽기 19-20장과 사도행전 2장 사이에서 흡사한 점들을 찾을 수 있다는 것이다. 이를테면, 사도행전 2:1과 출애굽기 19:8의 '함께', 사도행전 2:2, 6과 출애굽기 19:16의 '소리들'(ēchos, phōnē), 사도행전 2:2와 출애굽기 20:22의 '하늘에서부터'(ek tou ouranou), 사도행전 2:3과 출애굽기 19:18의 '불' 등의 묘사가 그것들이다.[44]

방금 제시한 출애굽기 기록들과 사도행전 2장 사이의 비슷한 점들을 요약하면, 1) '신적 현현'의 현상들과, 2) '모세 유형론'으로 대변될 모세와의 몇몇 관련점들에 관한 유사성이라 정리할 수 있다. 이런 유사점들이 존재한다 해도, 그것들 이외에 여타 다른 유사성들을 더 확대하여 발견하기는 어렵다는 점에서 두 기록의 병행사실을 단정적으로 주장하기란 쉽지 않다.[45] 이런 유사성들을 한마디로 줄여 말하면 '시내산 모티프'와의 연관이라 이를 수 있는데, 이 점에 대해 심각한 문제가 제기된다. 즉, 누가가

44 Fitzmyer는 그 외 다른 두 가지를 더 열거한다. Joseph A. Fitzmyer, *The Acts of the Apostles: A New Translation with Introduction and Commentary*, 234.

45 병행관계를 옹호/비판하는 견해를 예를 들면, 옹호하는 견해: Jean Potin, *La fête juive de la Pentecôte*(Paris: Cerf, 1971), 117-142; Luke T. Johnson, *The Acts of the Apostles*, 46. 이에 대해 비판적인 견해: R. F. O'Toole, "Acts 2:30 and the Davidic Covenant of Pentecost," *Journal of Biblical Literature* 102(1983), 245-258.

활동하던 당시 유대인의 오순절 절기는 순전한 수확을 감사하는 축제였지, 율법 수여와 관련된 '시내산' 동기와 결합되지 않은 상태였다는 것이다.[46] 헨헨에 따르면, 물론 기원후 2세기 이후 유대교 전승에 오순절이 시내산 이야기 중 '불길 같은 혀' 관련 언급이 나오지만 그것은 오순절이 율법수여와 연관된 축제로 인식이 된 이후 발생된 것이라고 본다.[47] 게다가 헨헨은, 누가의 오순절 기록에는 시내산과 연관된 '새 율법'에 관련된 언급이 전혀 없다는 점,[48] 시내산에서 율법이 이스라엘 백성 '집단'에게 주어진 반면에 사도행전에는 성령이 기독교인들 '각자'에게 개별적으로 주어진다는 점이 뚜렷이 구별된다고 지적한다.

그렇지만 이런 상이점들에 대한 적절한 환기가 있음에도 불구하고 시내산 관련 구약 기록과 사도행전 기록 사이에 형식적 표현들, 유사개념들이 공존한다는 점도 분명한 사실이다. 따라서 이를 두루 감안한다면 누가가 출애굽 관련 기록을 자신의 독자적 이해와 관점 아래 새롭게 조명하고, 다시 해석, 진술했으리라는 가능성을 배제하기 어렵다. 저자가 출애굽 기록 속에서 오순절 사건에 관한 서술의 얼개와 실마리를 발견하여, 자신의 시선에 입각하여 자기만의 서술내용으로 구성, 제시할 수 있었으리라는 것이다. 이를 달리 말한다면, 이미 위에서 언급했듯이, 당시의 오순절과 관련된 일반인의 통상적 이해 속에 '율법 수여'의 개념이 연관됐는지의 여부와는 상관없이, 어쩌면 저자 자신이 오순절 사건과 시내산 율법 수여 사실을 의식적으로 긴밀히 관련시켜 기록하고 있는 것은 아닌지 추정할 수 있다는 것이다.

---

46 Robert P. Menzies, *The Development of Early Christian Pneumatology with Special Reference to Luke-Acts*, 235. 위의 지적에 덧붙여, Menzies는, 비록 기원후 1세기 유대교에서 오순절이 몇몇 분파에서는 계약갱신 축제로 지켜졌지만 일반적으로는 단순히 수확 축제로만 지켜졌음을 주장한다. *Ibid*.

47 E. 헨헨, 『사도행전 I』, 282.

48 바레트의 지적도 참고. Charles K. Barrett, *A Critical and Exegetical Commentary on the Acts of the Apostles*, vol. I, 111-112.

6. 성령 강림에 대한 주변 반응(행 2:5-8)

1) 오순절 사건의 목격자

누가는 성령 강림 장면을 진술한 다음에, 이에 관한 자신의 기록을 확증하고 그 진실성을 입증하게 되는 상황을 설정한다. 이 사건의 목격자들을 내세우기 위해 그들의 성격과 정체를 먼저 밝힌 다음, 그들의 증언을 담아내는 방식으로 오순절 사건묘사의 진술을 펼쳐나간다. 이런 의도를 이루기 위해 사건 발생 시 주변에 있던 사람들의 성분을 먼저 소개한다.

> (그때) 예루살렘에는 경건한 유대 사람들이 하늘 아래 모든 나라에서 와서 살고 있었다.(행 2:5)

저자의 이 표현은 오순절 모임에 '참석했던 사람들'을 가리킨다고 보기보다는 예루살렘 주민의 '일반적 구성 성분' 중 일부를 설명하는 것으로 이해된다.[49] 오순절 사건의 반응을 설명하기 위해 예루살렘 주민의 성분을 분석하는 셈이다. 즉, 예루살렘에는 일반 '원주민 유대인들'을 포함하여, '다른 여러 나라'에 흩어져 살던 소위 '디아스포라 유대인들'도 예루살렘에 돌아와 정주(定住)하고 있었다는 것이다. 이들은 예루살렘의 축제와 종교행사에 일시적으로 참여했던 '방문 순례자들'[50]이 아니라, 타지 출신으로서 예루살렘에 장기 체재하는 거류 주민들을 가리킬 것이다. 그렇게 보는 이유는, 사도행전 2:10에 '나그네로 머무는 로마 사람'이라는 표현이 나타나는데, 이들 '나그네'는 장기 체류민인 '정주 주민'과 비교되는 인

---

49 헨헨은 이 장면이 집 내부로부터 집 외부로 바뀌는 국면을 시사한다고 보고, 예루살렘 정착 유대인들을 감안한 묘사로 파악한다. E. 헨헨, 『사도행전 I』, 272-273, n. 17.

50 요세푸스의 글 가운데 이런 일시방문 순례객들이 축제 시 다수 있었음이 보고된다. *Antiquities of the Jews* 14:337, 17:254, *Jewish War* 1:253, 2:42-43 등.

물들로 이해함이 옳을 것이고, 그들 '나그네'는 이 구절의 '예루살렘 주민'과 비교하기 위해 등장시키는 표현이 될 것이다. 또 사도행전 6:9에도 '구레네, 알렉산드리아, 길리기아, 아시아 출신'의 예루살렘 '거류민', 즉 정주민에 관한 언급이 나타나는데, 이들 역시 일시적으로 머물던 순례자, 또는 방문자들과는 비교되는 인물들로 이해함이 마땅하다. 이런 일시 방문자들이 제시된다는 것은, 그와 다른 성격의 타지 출신의 '장기 체류 상주(常住)인'들을 염두에 두었다는 점을 시사한다. 따라서 예루살렘에는 토착 원주민, 외지 출신의 장기 체류자, 단기 방문자 등으로 구성된 주민들이 있었을 것으로 추정된다. 그들 주민들의 다양한 출신 지역은 9절 이하에서 열거된다. 이런 주민 분포에 관해서는 사도행전 2:14에서 베드로의 소위 '오순절 설교'를 시작하는 모두(冒頭) 발언에서 "유대인들, 그리고 예루살렘에 살고 있는 모든 여러분"이라고 부르면서 다시 언급될 것이다.

본문의 5절은 잘 알려진 사본상의 문제점들을 제기한다. 그 문제들 중 전치사(en, eis)가 바뀌어 나타난다든지, 단어의 순서가 다르게 나타나는 등의 문제는 별로 중요하지 않다. 하지만 이 구절에서 '유대 사람들'이란 단어가 시내사본(א) 등 몇몇 사본(vg^{ms}, sy^{p})에 생략되어 있다는 점은 주목할 사항이다. 만일 일반적으로 채택되는 본문형태 그대로, '유대 사람들'이란 말이 원래 삽입되어 있던 것으로 볼 경우 약간의 어려움이 야기될 수 있다. 메츠거는 이 문제들을 다음과 같이 요약한다.[51] 즉, 굳이 '유대인'이 예루살렘에 살고 있었다는 당연한 말을 여기 넣어야 할 이유가 있는가? 그들이 '경건한' 사람들이란 점을 왜 꼭 말해야 했는가? 유대인이란 사실로 마땅히 그 점이 전제되지 않는가? 하늘 아래 모든(각) '지역'으로부터 왔다면 이해 가능할 수 있지만 유대인들이 하늘 아래 모든 '나라'로부터 왔다는 점은 용어의 모순을 야기하지 않는가? 유대인은 이미 하나의

---

51 브루스 M. 메츠거, 『신약 그리스어 본문 주석』, 242-243. Cf. Charles K. Barrett, *A Critical and Exegetical Commentary on the Acts of the Apostles*, vol. I, 117-118.

'ethnos-국가, 민족'을 이룬 상태였는데, 또다시 '하늘 아래 모든 나라'로부터 왔다는 것은 이상하다는 것이다. 하지만 이런 문제들은 여기 등장하는 '유대인들'을 '하늘 아래 모든 나라'에서 온 디아스포라 출신자들로 이해하면 큰 문제는 없게 된다. 다른 나라에서 살다 온 '외지 출신 유대인'이 있을 수 있는 것이다. 이런 이해는 8절("우리가 각자 자기가 태어난 지방의 고유 언어로 듣고 있으니")의 내용이 뒷받침한다.

또 유대인들이 경건하다는 것이 당연시될 수도 있지만, 그렇지 않은 '불경건 유대인'의 존재를 인정한다면 다르게 이해될 가능성도 있다. 특히 그들의 경건성을 유독 강조할 필요가 있을 경우 '경건한'이란 용어를 특별히 사용하는 것이 이상하지 않다. 만일 타 지역에서 예루살렘으로 종교적 목적으로 이주하거나, 일시 방문 후 머물게 된 사람이 있다면 그들은 '좀 더 경건한' 부류로 지칭될 이유가 될 것이다. '하늘 아래 각지'에서 성전 예배와 제사 참석을 위한 의도로 예루살렘으로 오게 된 사람들을 '경건한' 유대인으로 따로 별칭하는 것이 이상스럽지 않다는 뜻이다.

'ethnos'란 말과 관련해서는 위의 지적이 일리가 있다. 하지만 누가가 별 큰 뜻 없이 그런 표현을 사용했을 수도 있기 때문에 크게 문제시하기는 어려울 듯하다. 따라서 '유대 사람들'이란 용어 배후의 사본 문제는, 일부 필사자들이 이 단어가 들어갔을 때 제기될 수 있는 어색한 난점들을 미리 감안하고 이를 해소하기 위해 이 말을 빼버린 것으로 보는 것이 무난하다.

다른 한편, 사도행전 2:5의 "apo pantos ethnos"을 이해하는 데 다소의 사정이 고려되어야 한다. 여기서 '판토스'(pantos)란 말을 어떻게 해석해야 할 것인가? 두 가지 선택이 있다. '각개'(every)라는 이해와, '모든'(all)이란 이해가 모두 가능하다. 그렇다면 '각국'(every nation)으로 번역해야 할 것인가? 이럴 경우 이 표현은 그 자리에 '참석해' 있던 사람들의 출신 지역을 일일이 열거한 것이 된다. 만일 이것이 '모든 나라'(all nations)를 뜻하는 것으로 본다면, 이 경우엔 9-11절의 지역 리스트가 대표, 또는 상징성을 갖게 된다. 왜냐하면 문자 그대로 '모든 나라' 출신 사람들이 오순절 사건에 참여한 것은 아닐 것이기 때문이다. 이 둘 중 어느 것이 확실하게 옳은 해석이라고 단정하기는 어렵다. 다만 이 표현이 '많은' 나라를 뜻하는 일반적인 의미로 쓰인 것이라면 둘 중 어느 하나를 선택해도 큰 무리는 없을 것이다. 하지만 여기서는 상징성을 우선 고려한 것으로 받아들여 '모든'이란 이해를 택하기로 한다.

이처럼 '하늘 아래 모든 나라'라는 말로 예루살렘 사람들의 '다양한', '많은' 출신지를 표현한 것은 오순절 성령 강림 기록 속에 숨어 있는 저자의 '보편성에의 관심'을 되새기게 한다. 이 같은 관심은 본 단락의 여러 곳에서 확인할 수 있다.[52]

누가는 오순절 사건의 경이로움을 확증하기 위한 목격자 집단을 본격적으로 제시한다.

> 그런데 그 소리가 나자 무리가 모여들어서, 각 사람이 자기의 지방언어로 제자들이 말하는 것을 듣고 혼란스러워하였다.(행 2:6)

저자는 "무리"[53]로 묘사된 불특정 다수를 도입하여 사건 경위에 대한 증언자들로 삼는다. 이런 표현을 제시하는 데는 두 가지 숨은 뜻이 있을 것이다. 하나는, 사건의 실체가 엄청나서 믿기 어려운 부문이 있다고 전제했다면, 그 진실성을 신뢰하게 하기 위해 제삼자인 '무리들'을 끌어들인 측면이 있을 수 있다. 즉 사건의 역사적 사실성을 높이기 위한 '객관적 증언자'로서 사람들 '무리'가 동원될 수 있었다는 것이다.

---

52 이에 관한 언급은 이 글의 결어 부분에서 재론하게 될 것이다.

53 여기 등장하는 '무리'를 순전히 문학적 관점에서 조망하면, 마치 그리스 희곡에서 '합창단'이 맡았던 역할을 수행하는 존재로 보는 던의 주장이 상기될 만하다. James D. G. Dunn, *The Acts of the Apostles*(Valley Forge: Trinity Press International, 1996), 26. 즉, 여러 나라들을 '대표하는 기능'을 이들이 보인다는 것이다.

또 하나는, 사건의 경이로움이 뛰어나다는 점을 부각시키기 위한 조력자들을 내세우고, 주변 사람들을 불러낸 측면을 고려할 수 있다. 여러 다른 언어들이 발언된 기적적 사건들을 확인하고, 그 이적의 '놀라움을 강조'하기 위해서는 사람들 무리가 필요했을 것이다.

저자는 오순절 사건을 목격했던 사람들이 '자기 지방어'로 제자들이 말하는 것을 듣고 당혹해 했다("혼란스러워했다, sugcheō")는 표현을 남긴다. 이들 목격자들이 '자기의 지방 방언'을 제자들이 말하는 것을 듣고 당황했다는 묘사는, 일단 그들이 제자들의 하는 말을 '이해했다'는 것이 전제된다. 또 그들이 '이해했다'면, 두 가지 다른 각도에서 이 말을 검토할 수 있다. 하나는, 방언을 들은 무리들이 '자기들 언어로 말하는' 오순절 모임 참가자들의 말을 이해했다는 뜻일 수 있다. 또 하나는, 제자들의 방언이 어떤 언어였든 상관없이 사람들이 그 '어떤 말'을 자기들의 언어 인지능력의 기제 속에서 '자기 언어'로 납득하였다는 뜻으로 읽힐 수도 있다. 즉, 방언으로 말한 이들이 자기들 언어로 '말했느냐', 아니면 그 말을 '들은 자들'이 자기들 언어로 '이해했느냐'의 차이로 나눌 수 있다는 말이다.

하지만 본문은 무리들이 '자기들 지방언어로 말하는 것'을 들었다고 밝힌다. 물론 '이해과정의 기적'을 전제로 할 경우, 그들은 제자들이 이상한 언어로 말했다 해도 자신들의 판단에는 그들이 '자기 지방어'로 말했다고 표현할 여지는 있다. 그러나 그것은 본문의 표현을 지나치게 구부려 읽을 때만 가능하다. 따라서 방언을 한 사람들은 지상의 특정 '지방언어'를 말했다고 보아야 할 것이다.

자기들의 지방말을 예기치 않은 장소에서, 예기치 않은 사람들로부터 들은 사람들의 반응이 '당혹감'이었음은 당연하다. 다시 한 번 더 방언 현상에 대한 경이가 '당혹'의 형태로 강조된 것이다. 이런 경이감은 다음 구절에서 또 다른 형식으로 반복하여 부각된다.

7절그들이 놀라고 경탄하여 말하기를, '보시오, (지금) 말하고 있는 이들은 모두 갈릴리 사람들이 아닙니까? 8절그런데 우리가 각자 자기가 태어난 지방의 고유 언어로 듣고 있으니 어떻게 된 일입니까?(행 2:7-8)

누가는 '그들'('existanto, 놀라다' 동사의 숨은 주어), 곧 6절에서 '무리'로 표현된 사람들이 '놀라고 경탄하여 말했다'고 하면서 방언의 경이를 반복 강조한다. 그런데 그들이 지적하기를, 방언을 말하고 있는 사람들 모두는 '갈릴리 사람들'이라고 했다는 것이다. 그렇다면 이런 말을 하는 사람들은 그들이 갈릴리 사람들임을 어떻게 알 수 있었을까? 쉽게 짐작되는 것은, 그들의 사용하는 어투, 또는 음조나 악센트 등으로 판별이 가능하였으리라는 추정이다. 당시 갈릴리 사람들의 발음 가운데서 발견되던 불분명한 후두음(gutturals)을 랍비 자료들에서 빈정거렸다고 했는데,[54] 그런 어조가 그들의 출신지 식별을 용이하게 했을 수도 있다.

2) 갈릴리 사람들: '새 모임, 새 정체'의 주체

누가는 여기서 방언을 말하는 사람들, 즉 오순절 사건에 일차적으로 관여하고, 직접 참예한 사람들을 '갈릴리 사람들'로 규정한다. 그들은 예수의 활동과 역사에 맨 처음 몸담고 여기까지 함께 왔던 사람들이다. 저자는 이제 새롭게 형성되는 새로운 집단, 곧 추후 '교회'로 불리게 될 새 모임, 그 모임 역사의 초석이 될 사건을, 갈릴리로부터 올라온 '예수를 따랐던 그때 그곳의 사람들'로 시작하게 한다. 예수의 활동에 가담했고, 그의 상경에 동행했으며, 그의 죽음과 부활을 겪었던 이들을 교회 역사의 첫머리에 올리며 부각시키려는 뜻은 다른 데 있지 않다. 이제 펼쳐질 교회의

54 Kuecker가 갈릴리인들의 어조에 관한 조사결과를 소개한다. Aaron Kuecker, *The Spirit and the 'other': Social Identity, Ethnicity and Intergroup Reconciliation in Luke-Acts*(London: T&T Clark International, 2011), 112; Géza Vermes, *Jesus the Jew: A historian's reading of the Gospels*(London: Collins, 1973), 42-57.

활동, 진전, 전개는 예수 활동의 온전한 연장이며, 그의 생애과업을 잇는 것이라는 '예수로부터의 계속성'에 대한 적극적 집착의 결과가 이런 묘사를 낳았다는 것이다. 그렇기 때문에 그들의 정체를 알림과 동시에, 그들이 오순절 기적경험의 주체, 곧 교회 시작의 주체라는 점을 내세우는 모양새를 갖춘다. 그런 의도로, 위에서 이미 언급했듯, 사건의 관망자들인 제삼자적 주변 '무리'들을 동원하여 '이들이 모두 갈릴리 사람들이 아니냐'는 객관적 증언을 토로하게 한다. 이런 타인 동원은 저자가 갈릴리 사람들을 부각시키려는 또 다른 의도의 묘사방식으로 이해될 수 있다. 그래서 누가가 기록하는 '기독교의 첫 구성원'은 갈릴리 사람들로 각인되게 만든다. 달리 말해, 기독교가 처음으로 겪는 '외부세계와의 만남'에서 갈릴리인들은, 유대인, 이방인, 이교도, 개종자 등의 많은 정체성 표지들 외에, '새로운 정체'의 탄생을 보게 될 '기독교인'이라는 새 신분의 시작을 이루는 사람들로 최초 발생 그룹을 이루게 된 것이다. 새로운 집단으로서의 기독교는 이후 타 집단과 '구별'을 통한 자기정체 형성을 이뤄나가는 장구한 역사의 과정을 겪게 된다. 이런 긴 역사의 흐름 속에서 이제 처음으로 정체획득을 위한 대명사로 '갈릴리 사람들'이 변별적 호칭, 구별케 하는 지칭으로 사용되었다는 것이다. 이는 예수의 최초 추종자들인 그들을 확실하게 부각시키는 것이요, 그들을 위한 일종의 헌사이며 경의의 표현이라고 봐도 무방하다. 왜냐하면 누가의 서술 속에서 '갈릴리 사람들'은, 이를테면, '기독교인들'의 원조요, 원류라는 영예로 이해될 수 있기 때문이다.

누가의 글 속에서 갈릴리인들로부터 비롯된 기독교 운동은 이제 저자의 붓끝이 계속되는 내내 여러 집단들과의 만남과 선포, 대화와 대결의 '선교적 전개'를 보게 될 것이다. 그리고 그것은 사도행전 2:9-11에서 다양하게 제시된 인종적, 문화적, 정치적 이질 집단과의 '보편적 조우'를 겪게 될 것을 암시한다. '지리적'으로는, 갈릴리에서 시작된 예수의 활동과 제자들의 계승이 예루살렘을 거쳐 땅 끝으로 확대될 것이지만(행 1:8), 그 만남의 '대상들'은 사회/문화/인종적 다양성을 가진 보편적 다중 인물들임을 9절 이하의 각 지역민들에 관한 언급이 시사한다.

3) 언어의 장벽과 경계 극복

6-8절에서 누가는 주변에 모인 사람들은 각각 '자기 지방의 언어로 제자들이 말하는 것'을 '듣고 혼란스러워하며 놀라고 경탄하였다'고 설명한다. 사실, '다른 언어로 말했다'는 것은, 그 자체가 이미, 사도행전 1:8에서 천명된 누가의 신학적 지리학이 펼친 영토들 사이에 놓인 각종 경계들을 극복한다는 의미를 함축하고 있다. 물론 각 지역 사이에 놓인 '언어적 경계'를 넘어선다는 뜻이 일차적으로 고려될 것이다. 하지만 각 지역의 '언어'란 그 민족이 축적시킨 역사, 문화, 종교, 사유의 양식과 체계 등의 사회-문화적 가치들이 내장된 집단적 삶의 총체라는 점을 상기해야 한다. 이 점에서 언어의 장벽을 허문다는 것은 단순히 '다른 말을 이해했다'는 '기계적 번역' 이상의 드넓은 뜻을 갖게 된다. 그것은 복음 선포에 방해가 될 만한 '모든' 불가시(不可視)적 장애와 장벽, 곧 '물리적 장애' 이외의 '온갖 장벽들'이 극복되었다는 의미를 함축한다. 왜냐하면 언어란 인간의 삶과 이지(理智)가 쌓아올린 모든 무형재의 총합과 같은 뜻이기 때문이다. 따라서 '다른 언어'로 말했다는 것은 인간 사이에 가로놓인 소통의 '장벽'으로의 '말의 벽'만이 극복되었다는 것이 아니다. 그것은 인간 사이에 놓인 '장벽 전부'가 총체적으로 허물어졌다는 것을 시사한다. 언어의 장벽은 사람 사이에 놓인 불통과 차별, 곧 사상과 관조안(觀照眼), 가치체계와 온갖 편견, 그리고 오해와 단절의 벽을 상징한다.

그 모든 언어의 장벽이 마술적으로 일순간 파괴되어 허물어진 것은 물론 아니다. 다만 특정 지역에서 유입됐던 사람들과의 단절의 벽이 그 지방어를 말함으로 부분적으로, 어느 '일정 시간 동안'에만 사라지는(왜냐하면 방언을 말한 사람들이 이 사건 이후로도 그 지역 언어를 '지속적으로', '방언으로' 말하며 이해의 교감을 나눴다는 저자의 보고는 나타나지 않았기 때문에) '이상 현상'을 목격했을 뿐이다. 그러나 그것은 대단한 상징과 시사점들을 드러내는 사건이다. 누가가 제시하는 '방언사건' 속에는 새로운 시대의 시작, 그 시대와 그 시작이 지향하는 어느 이상적 모습이 숨어 있다. 즉, 교회의 초석 사건에서 보였던 방언의 기적은, 지상계의 온갖 '언어로 이뤄진 신념의 장벽들'이 극복, 해체되는 경이를 강력하게 상징하고 있다는 뜻이다. 이 점에서 오순절 방언과 구약의 '바벨탑 이미지'의 연관성을 생각하게 됨은 자연스런 일이다.[55]

7. 17개 명칭 리스트(행 2:9-11)

오순절 방언 사건에 대한 놀라움을 목격자들로 하여금 여러 차례 표현하게 한 저자는, 이제 그들 증언자들의 출신지를 자세히 열거한다.

> [9절]우리는 파르티아 사람, 메디아 사람, 엘람 사람, 그리고 메소포타미아 사람과, 유대와 카파도키아와 폰토스와 아시아와 [10절]프리기아와 팜필리아와 이집트와 키레네 근처 리비아의 여러 지역에 사는 사람들, 또 로마로부터 온 나그네들, 유대인들과 유대교에 개종한 사람들, [11절]크레타 사람과 아라비아 사람인데, 우리는 저들이 하나님의 위대한 일들을 우리 각자의 언어로 말하는 것을 듣고 있습니다.(행 2:9-11)

모두 17개의 명칭이 거론된다. 그런데 누가는 증언자들의 성분을 드러내면서 단순히 '지역명'으로만 그들의 출신지를 밝히지 않는다. 형태상으로 이 명칭들은 몇 가지 다른 범주로 구성된다. 마르그라(Marguerat)가

---

55 James D. G. Dunn, *The Acts of the Apostles*, 24; Ben Witherington III, *The Acts of the Apostles: A Socio-Rhetorical Commentary*, 131; Craig S. Keener, *Acts: An Exegetical Commentary: Introduction and 1:1-2:47*, vol. 1, 842-844; Aaron Kuecker, *The Spirit and the 'other': Social Identity, Ethnicity and Intergroup Reconciliation in Luke-Acts*, 115-118.

분석했듯이,[56] 4개의 민족명('파르티아, 메디아, 엘람, 그리고 메소포타미아 사람')과, 4개의 로마 행정구역명('유대와 카파도키아와 폰토스와 아시아'), 4개의 지방 명칭('프리기아와 팜필리아와 이집트와 키레네 근처 리비아의 여러 지역'), 독립된 호칭 하나('로마로부터 온 나그네들'), 2개의 종교적 지칭으로 이해될 이름들('유대인, 개종자')과 2개의 종족명으로 분류될 이름들('크레타 사람과 아라비아 사람')이 골고루 포함되어 있다. 이런 지칭들이 대체로 그들의 출신지를 가리키고 있다는 점은 분명하다. 또 그 표현양식이 이처럼 다양하다는 것도 흥미롭다. 하지만 문제는 그렇게 다양한 형태와 범주들로 표현하게 된 이유를 밝히기가 어렵다는 데 있다. 도대체 이런 명칭들이 어떤 연유로 여기 수록되게 되었는지, 누가의 의도와 그 '리스트 설정의 이유'에 대한 의문을 갖는 것은 당연하다. 그런데 그 답변은 기껏 각양각색의 가설들로만 나타날 뿐이다.

어쩌면 이 리스트가 누가 본인의 의중에서 나타난 것이 아니라 당시에 이미 존재하던 어떤 '자료들'로부터 비롯되었을 수 있다는 제안이 가능하다.[57] 또는 이제 새롭게 형성되는 '이스라엘'의 구성원들이 앞으로 등장

---

56 Daniel Marguerat, *Les Actes des apôtres(1–12)*(Genève: Labor et Fides, 2007), 76–77.

57 예컨대, 그 자료가 당시 점성술 지도에서 비롯됐을 것이라는 논의들이 있다. S. Weinstock, "The Geographical Catalogue in Acts 2,9–11," *Journal of Roman Studies* 38(1948), 43–46과 이를 발전시킨 John A. Brinkman, "The Literary Background of the 'Catalogue of the Nations'(Acts 2,9–11)," *Catholic Biblical Quarterly* 25(1963), 418–427. 이런 주장에 반론을 제기하는 메츠거의 주장이 있다. 그는 위 두 논자들이 거론하는 근거자료(Paulus Alexandrinus)와 행 2:9–11의 기록 사이의 공통점들은 결정적이지 않다는 점을 지적한다. Bruce M. Metzger, "Ancient Astrological Geography and Acts 2,9–11," in *Apostolic History and the Gospel. Festschrift for Frederick F. Bruce*(Exeter: Paternoster, 1970), 123–133. 이 두 기록들 사이에는 '카파도키아, 아시아, 리비아, 이집트, 크레타'와 같은 공통점들이 있다. 하지만 그런 점들이 양자의 직접적 영향관계를 확인할 정도로 결정적이지는 않다. Cf. Craig S. Keener, *Acts: An Exegetical Commentary: Introduction and 1:1–2:47*, vol. 1, 837–840.

하게 될 지역들을 열거한 것이 아니냐는 제안도 불가능한 것은 아닐 터이고,[58] 미래 복음이 전파될 비(非)이스라엘 사람들을 예견하여 그 지역들을 미리 가리키고 있을 것이라는 생각도 있을 수 있다. 아니면, 그 지역 출신들이 복음을 듣고, 다시 출신지역으로 되돌아가서 복음을 전파하게 될 것이라는 전제 아래, 이미 그 출신지역들을 미리, 앞서서 보여줌으로 '여러 나라 사람들'을 통해 '모든 민족'에게 복음 전함을 예시한다는 의미를 가질 수도 있을 것이다.[59] 그도 아니면, 이와 유사한 로마의 기존 리스트를 의식하여, 로마제국의 통치영역을 시사하는 이런 목록을 제시하는 것이 로마의 세계 지배 권력에 대응하려는 의도, 곧 진정한 제국은 카이사가 아닌 예수에게 속해 있음을 보여주려는 누가의 목적이 작용하여 이런 리스트가 나타난 것으로 보는 이해도 제시된다.[60]

이들 중 적어도 '자료'와 관련해서는, 사도행전 본문의 리스트와 정확히 맞아떨어지는 카탈로그나 리스트를 고대문헌에서 발견하기 어렵다는 점이 지적되어야 한다. 그렇다면 이런 다양한 추측과 제안들은 어느 것 하나도 압도적 설득력으로, 여기 목록이 왜 그런 형태로, 그런 순서로, 그런 지역들을 포함한 채 등장하고 있는지를 설명하지는 못한다. 특히 누가가 사도행전에서 언급하고 있는 여타 지역들, 예컨대 시리아, 구브로, 갈라디아, 아가야나 마케도니아 등의 그리스 지역 이름들은 생략되어 있는데, 그

---

58 Richard Bauckham, "James and Jerusalem Church," in *The Book of Acts in It's Palestinian Setting*, ed. by Richard Bauckham(Grand Rapids: Eerdmans, 1995), 419-422. Bauckham은 Strabo의 지리학에 나타난 지도를 토대로 사도행전의 지명들의 특징을 말한다. 그래서 예루살렘을 중심으로 놓고, 동서남북 네 방향을 향해 그 지역들이 배치되어 있음을 지적한다.(*Ibid.*, 419-420) 그 중 북쪽 방향을 바울의 선교가 커버하고, 나머지 지역들에서 전개될 선교를 고려하여 리스트가 제시됐다는 것이다.

59 Jacques Dupont, "Le salut des gentils et la signification théologique du Livre des Actes," in *Etudes sur les Actes des Apôtres*(Paris: Cerf, 1967), 407.

60 Gary Gilbert, "The List of Nations in Acts 2: Roman Propaganda and the Lukan Response," *Journal of Biblical Literature* 121(2002), 497-529.

이유들을 알기도 어렵다. 다만 사도행전 2:9-11의 지명들은 로마의 지리학적 정보와 세계관이 반영되어 있을 것이며, 아마도 예루살렘을 중심에 두고 당시 유대인 디아스포라들이 중점적으로 거주하던 주요 거주지들을 거론한 것이 아니냐[61]는 짐작 정도가 추측 이상의 가능성이 있을 뿐이다. 본문을 통해서도, 저자가 위의 5절("예루살렘에는 경건한 유대 사람들이 하늘 아래 모든 나라에서 와서 살고 있었다.")에서 언급했던 바를 감안한다면, 여기 9-11절에 표기된 여러 지역들은 예루살렘에 살던 디아스포라 출신 유대인들의 원래 출신지역을 가리키는 것으로 보는 것이 옳다. 물론 예루살렘에 살던 유대인들이 '하늘 아래 각지'로부터 와서 살고 있음을 웅변적으로 보여주기 위해, 예시적 목적으로 이런 리스트가 준비된 것임은 당연하다.

비록 이 목록의 기원에 관해 확실한 정보를 알기 어렵지만, 이처럼 '각지'를 열거함으로 보여주려는 누가의 의도는 비교적 뚜렷하다. 여기서 거명된 장소들 각개의 의미와 상징이 어떠하든, 전체 목록이 지시하는 것은, 당시 사람들의 의식 속에 있는 '온 세상'의 '총체성'을 환기시키려 했다는 점이다. 복음이 펼쳐지게 될 세상은 '하늘 아래 모든 나라'가 될 것이라는 점, 선교자들이 활동하게 될 곳은 그들이 상상할 수 있었던 '모든 세계'의 넓은 무대일 것이라는 점 등을 나타내려 했다는 뜻이다. 이제 복음은 전체 '보편세계'를 향하게 될 것이고, 복음의 선포자들이 가야 할 곳은 여기 제시된 나라들을 포함한 '땅 끝'이 될 것이라는 점을 열거된 목록들을 통해 확실하게 보여준다.

이 리스트가 갖고 있는 또 하나의 난제는, 9절에 포함된 '유대'란 어느 곳을 지칭하느냐의 문제다. 왜냐하면 예루살렘에 살던 '다른 지역' 사람들을 열거하는 자리에 팔레스타인의 '유대'라는 지역명이 등장한다는 것은

---

61 Richard Bauckham, "James and Jerusalem Church," 421, n. 16에 이에 관한 상세한 문헌이 소개되어 있다.

매우 부자연스럽게 보이기 때문이다. 그래서 '유대'라는 단어 대신에 다른 지역명으로 대체된 사본들이 소개되기도 했다. 즉, 아르메니아(테르툴리아누스, 아우구스티누스), 시리아(히에로니무스), 인도(크리소스토무스) 등이 '유대' 대신에 교부들에 의해 소개된 바 있다. 그 외, 광역 시리아(Greater Syria),[62] 이두메아, 이오니아, 비투니아, 길리기아 등지가 제안되기도 했다. 그러나 이런 모든 제안은 '유대'에 대한 확실한 대안이나 설명으로 간주되기는 어렵다. 이 문제는 해결되지 않은 채 여전히 애매한 형국으로 남을 수밖에 없다.

8. 오순절 사건의 목격자 평가와 결말(행 2:12-13)

저자는 오순절 사건에 관한 보고 단락을 아래와 같은 묘사로 마무리 짓는다.

> [12절]모두가 놀라고 당황하여, '이것이 도대체 어찌 된 일입니까?' 하고 서로 말하였다. [13절]그러나 다른 이들은 조롱하며, '그들이 새 술에 취하였다'라고 말하였다.(행 2:12-13)

오순절 사건을 정리하는 누가의 이 묘사에는, 사도행전에 전형적으로 등장하는 '반응의 분리' 현상이 나타난다. 즉, 저자의 글에서 복음 선포나 기독교 활동에 대해 우호적으로 호응하는 사람들과 그런 활동에 부정적으로 반응하는 적대적 그룹 사이의 명확한 이분법이 여기에 처음 등장하는 것이다. 그 같은 긍정, 부정의 상반되는 반응에 관한 누가의 언급은, 이 구절들 외에, 사도행전 13:45-51, 14:1-6, 17:12-14, 19:9, 28:24 등에

62 Martin Hengel, "'Ιουδαία in the Geographical List of Acts 2.9-11 and Syria as 'Greater Judea,'" *Bulletin for Biblical Research* 10(2000), no 2, 161-180.

서도 찾아볼 수 있다. 이런 반복적인 언급들을 통해 저자가 가리키는 시사점이 있다. 그것은 초기 기독교 선교가 빛나는 성공으로 점철된 승리의 행진만도 아니었으며, 그렇다고 언제나 좌절과 박해만을 겪어왔던 실패의 연속만도 아니었다는 것이다. 성공과 실패의 교차와 누적 속에서도 선교는 지속되었고, 그 고난과 승리의 기록이 이처럼 남아 전달될 수 있었다. 이 성패(成敗) 교차의 사실 자체는, 종국적으로 기독교 발전의 역사가 그 본질에서는 패배가 아니라는 점을 시사한다. 결국 살아남아 이 이야기를 전할 수 있었다는 것은 승리를 의미하기 때문이다.

누가는 이 구절에서도 역시 성령 강림 사건의 엄청남을 주변의 놀람과 당혹을 소개하며 강조한다. 모두들 놀라고 당황해서, 서로 '이것이 도대체 어찌 된 일이냐?'고 물었다는 것이다. 사건 목격자 '모두'를 동원하여 그 사건의 경이로움을 표현한 데 그치지 않고, 그 현상과 의미에 관한 물음을 '서로' 나눴다고 소개함으로 놀라움을 좀 더 확대시킨다. 마치 연극의 대본처럼 극적 행동을 회화(繪畵)적으로 그려낸다. 여기서 저자가 소개하는 목격자 반응은 단순히 경악에 찬 호의적인 것만은 아닌데, 거기에는 다소의 미묘한 뉘앙스가 스며 있다. 본문이 또 다른 반응을 '다른 이들은 조롱했다'고 표현하고 있기 때문이다. 그런 '조롱'을 말하며 부정적 서술을 하고 있지만, 그럼에도 불구하고 그 함축된 의미는 여기 제시된 '다른 이들' 말고, '그 외의 또 다른 이들'은 긍정적인 반응을 보였다는 점이 전제되었음을 뜻한다. 말하자면 오순절 사건의 경이로움은 주변인들에게 상당한 감탄과 놀라움을 불러일으켰고, 그것은 일단 그들로부터의 긍정적 평가를 시사한다. 그렇다면 그들이 보인 긍정적 반응이 왜 좀 더 적극적으로 자세히 진술되지 않았을까라는 물음을 갖게 한다. 앞서 언급한 대로 헨헨의, 집단적 회심은 나중 베드로의 설교를 통해 이룩되도록 하려는 배려가 거기 작용했으리라는 평가[63]도 그럴듯하지만, 그런 3,000명이라는

63 E. 헨헨, 『사도행전 I』, 284.

대규모적 회심이 아니더라도 '적잖은 수'의 전향과 회심이 정작 오순절의 이 장면에서 발생한 것으로 전한다면 그 사건의 의의와 놀라움이 더 크게 부각됐을 수도 있었을 것이다. 그런데도 그 같은 묘사의 복잡성을 누가는 회피한 듯하다.

'성령 강림'에 관한 놀라움 섞인 긍정적 반응에 덧붙여서, 그리고 '조롱' 언급에 이어서, 주변 반응의 '부정적' 성격을 좀 더 노골적으로 드러내는 것은 '그들이 새 술[64]에 취하였다'라는 묘사다. 이런 부정적 표현의 이유는 무엇이었을까? 아마도 오순절 모임 참여자들의 흥분된 모습과 상기된 분위기, 고조된 감정적 상황 등을 감안하여 누가가 그들을 '술 취한' 이들과 견줘서 이야기하게 했을 것이라 짐작할 만하다. 아니면, 이 모임에서 나타난 언어현상에 주목하여 그들의 '방언' 말하기를 빗대어 한 말로 볼 수도 있다. 즉, 이런 말을 했던 사람들이 오순절 모임 참가자들의 방언을 듣고, 그것이 마치 술 취한 이들의 횡설수설 같은 것으로 여겨졌기 때문에 그런 묘사를 남겼을 수 있다는 뜻이다. 그렇게 보면 주변인들이, 방언으로 말하는 그들의 발언 내용을 알아들을 수 없었기 때문에 이런 말을 할 수 있었으리라는 추정이 이어진다. 그 경우, 사도행전 2:8의 '자기네 지방말로 제자들이 했던 말을 들었다'는 이해 가능성에 관한 언급과, 여기 13절이 상충될 여지도 있지만 그렇게 보기는 어려울 것이다. 왜냐하면 '술 취

64 '새 술'로 묘사된 'gleukos'란 말은 포도주 담그는 과정의 처음 단계에 있는 액체를 일컫는다. 아직 완성되지 않은 술이라서, 그저 '단 술'(sweet wine), '싸구려 술'로 이해된다. 그래서 이 말을 '값싼(cheap) 포도주'로 번역한 이도 있다. Richard I. Pervo, *Acts: A Commentary*(Minneapolis: Fortress Press, 2009), 58. 그런데 담근 지 얼마 안 되는 '새 술'이 포도 수확 직전인 '오순절'에 어떻게 언급될 수 있는지 의문을 제기하기도 하는데[K. Lake & H. J. Cadbury, *The Acts of the Apostles: English Translation and Commentary*, in *The Beginnings of Christianity: Part I*, ed. by F. J. Foakes Jackson & Kirsopp Lake, vol. IV(London: Macmillan & Co., 1933), 20], 본문은 이들이 '새 술'에 문자 그대로 취한 것이 아니라, '새 술에 취한 듯하다'고 조롱한 기록이기 때문에 문제는 없다.

함을 이해 불능 탓'으로 본문을 읽는다 해도, 참석자들이 말했던 방언 '이외의 지역'에서 왔던 사람들이 또 다른 지역 방언으로 말하는 소리를 들었다면 그것은 이해할 수 없는 이상한 말들이었을 것이고,[65] 그런 말하는 모습을 '술 취함'에 비교할 수도 있었을 것이기 때문이다.

주변인들이 오순절 방언현상이나 종교경험을 '술 취함'으로 오해했다는 것은 당시의 상황에서 종교적 황홀경이나 신(神) 체험과 같은 것들과 '술 취함' 사이에 유사한 측면이 있다는 이해[66]가 전제된다. 종교체험 속에 술 취했을 때 등장할 법한 일탈적 행위가 포함됐다고 보는 통념이 이런 표현의 배후에 남아 있었을 것이다.

저자는 오순절 성령 강림이라는 중대한 사건의 묘사 단락을, 주변인들이 '술 취함'으로 오해하여 조롱하는 모습을 제시함으로 마무리짓는다. 기독교회의 출발을 이루는 '거룩한 영의 강림 사건'은 벽두부터 '취객들의 주정(酒酊) 사건'으로 전면적 오해를 받고 그 의미가 유린된다. 거기 참여한 사람들은 '새 술'에 취한 이들로 '조롱'의 대상이 된다. 이 '조롱'은 방언 말한 사람들, 곧 다락방 모임의 참석자 모두에게 향해진 것임이 명백하다. 그렇다 해도, 이 조롱이 결국 그런 현상을 허락한 '성령'에게마저도 향해지고 있다는 점을 부정하긴 어렵다. 여기 문제되는 것이 '새 술에 취함'에 대한 조롱이라면, 그런 현상을 발생시킨 주체와 대상, 곧 '성령과 참여자' 모두는 그 모욕으로부터 벗어나기 어려울 것이기 때문이다.

이리하여 초기 기독교는 그 발생의 첫 사건, 곧 '휘황한 불길' 속에 펼쳐진 듯한 성령 강림 사건이, 주변인들의 '오해와 조롱'을 받으며 시작하게 되었다는 누가의 언급으로 처음 사건 묘사를 종결한다. 이것은 어쩌면

---

65 이런 식으로 이해하는 사람은 I. Howard Marshall, "The Significance of Pentecost," *Scottish Journal of Theology* 30(1977), 361.

66 참고. 이에 관한 문헌, Richard I. Pervo, *Acts: A Commentary*, 69–70, n. 90; Pieter W. van der Horst, "Hellenistic Parallels To the Acts of the Apostles (2.1–47)," *Journal for the Study of the New Testament* 25(1985), 55.

저자가 앞으로 펼치게 될 '새로운 모임'의 확대 과정 서술이 언제나 밝은 채광 아래 이뤄지지는 않을 것임을 예견하게 하는 시사일 수 있다. 이제 그 '조롱'을 불러일으킨 '주취(酒醉) 오해'에 대한 해명은 새 시대의 지도자로 부상되는 베드로의 입을 통해 진술될 것이다.(행 2:14-36)

III. 결어

누가가 '예수 이후' 새로운 모임 이야기의 처음 부분에 소개하는 오순절 성령 강림 기록은 내용의 독특함과 서술 위치의 특이성에 비춰볼 때 몇 가지 되짚어 새겨야 할 사항들이 있다.

1. 기독교 탄생: '교회'의 성령 세례, '새 시대'의 성령 세례

누가는 자신의 두 번째 작품을 전개하면서 예수의 승천, 맛디아 선출을 기술한 다음 오순절 성령 강림 사건을 다룬다. 이것은 그가 사도행전에서 그리게 될 '기독교회'의 생성 과정을 설명하는 도입부로 간주될 부분이다. 이후 그의 기록은 새로 형성된 '기독교인과 지도자들'의 모임이 이루고, 겪게 되는 각종 성취와 박해, 행적들의 촘촘한 보고물, 어쩌면 의도된 '신학적 역사'로 간주될 내용으로 이어지게 된다. 그렇다면 이렇게 시작된 누가판(版) '기독교 형성 역사'의 기록은, 1) 처음 주인공으로 어떤 인물들이 등장하며, 2) 그 역사적 출현은 어떤 방식과 과정을 겪어서 시작되고, 3) 그렇게 개시된 모임의 정체는 결국 무엇으로 나타나느냐는 질문이 따를 텐데, 아래에서 이를 고찰해보자.

1) 역사 형성의 주역

저자가 오순절 기록을 통해 의도적으로 제시하는 '기독교 모임'의 첫 구성원은 '갈릴리 사람들'이다. 이 장(章)의 위에서 6절을 해석하면서 언급했듯이, 누가는 예수의 부활, 승천 이후 새로 이뤄진 모임, 곧 '교회' 역사의 초석이 될 오순절 사건의 최초 가담자들을 '갈릴리 사람들'로 구성하게 한다. 처음 예수의 활동에 참여하여 그와 함께 움직이며 그를 따랐던, '그때 그곳의 사람들'로 교회가 시작하게 한다. 이런 갈릴리의 예수 추종자들을 '교회 역사'의 첫머리에 올리며 강조하려는 의도는 분명하다. 장차 펼쳐질 교회의 활동, 진전, 전개가 예수 활동의 직접적인 연장이며, 예수 필생의 과업을 이어가는 것이라는 '구속사'의 연계와 그 '계속성'에 대한 집요한 추구의 표현이라는 것이다. 이렇게 '교회'가 전승받은 권위와 정체의 계속성은 예수와 예언자들을 포함한 유대역사로 소급되어 유대민족의 시원으로까지 거슬러 올라가는 것이라는 이해가 반영된 것이다. '갈릴리 사람들' 그룹으로부터 시작한 예루살렘의 기독교 모임은 9-11절의 지방민들을 포함한 넓은 지역의 다양한 인종/문화/정치적 정체의식을 가진 사람들로 확대된다. 장차 이뤄질 기독교의 이 같은 확산, 만남, 대결을 오순절 사건은 미리 보여주고 있는 것이다.

2) 처음 기독교 형성의 방식: 오순절의 기적

이 모임이 형성되는 방식과 과정은 본문 단락에 저자가 상세히 묘사한 대로 성령의 내림과 방언 현상 등으로 대변될 기적적 현현 양상을 통해서다. 오순절 사건 내용(행 2:1-13) 중 1-4절까지의 기적현상은, '시각적 현란함'과 '청각적 독특성'이 뚜렷이 결합, 부각되는 묘사다.[67] 초기 기독교의 '창설 멤버'라 할 수 있는 참석자들 모두가 '한 곳에 모인' 상황, '바람 같은 소리가 온 집 안을 채우는' 모습, '모인 각 사람에게 불의 혀가 갈라져 임하게 되고', '사람들이 다른 방언으로 말하기를 시작하는' 이 회화적 장면들 하나하나는, 그 모두가 완결된 형상을 이룬다. 이것들은 독자들

67 아래는, 유상현, 『사도행전 연구』, 102-103에서.

이 저자가 전하려는 상황을 상상의 그림판 속에 이미지로 그리기에 족할 만큼, 극적 요소들로 이루어져 있다. 그것은 '바람 같은 소리, 다른 방언'으로 표상되는 청각적 언어들이, 현란한 시각적 이미지들 속에 가세하는 형국이다. 특히 '불의 혀'로 대표되는 여러 시각적 언어들이, 청각적 소리 현상 속에 교묘하게 배열되고 통합되어, 결국 '감각적 이미지'의 총체적 강화와 고양을 불러일으키게 만드는 장면은 누가의 서술 능력을 새삼 돌아보게 만든다. 이러한 시각/청각적 이미지 언어의 배합과 상호연관이 오순절 사건 장면을 좀 더 다채롭고 생생하게 만들며, 읽는 이의 심상(心象) 속에 지울 수 없는 기억으로 각인되게 한다.

누가가 이와 같이 '교회의 탄생 상황'을 그림 그리듯 묘사하며 전달하려는 메시지는 분명하다. 그것은 이미 예고된(눅 24:49, 행 1:5) 성령의 강림이 명백한 '가시적/객관적' 현상으로, 그것도 대단히 극적인 감각적 장면을 통해 실현되었음을 '과시하는' 것이었다. 성령 강림이 '보이는 현실'로, 실제로, '벌어졌다'는 점을, 언어를 질료로 하는 '이야기 그림'으로 명시적으로 확인시켰다는 뜻이다. 그리하여 독자들의 의식 속에 잊히지 않는 영상으로 그 모습을 각인시킬 뿐 아니라, 그 이미지로 거듭, 반복적으로, '재현'될 수 있게 만들었다는 것이다. 이것은 오순절 사건의 '사실적' 성격을 돋보이게 만들려는 의지와, '교회 탄생'의 장면을 성화(聖化)시키며 기적의 '아우라'로 두르게 만들려는 의지의 표현이다. 누가에게는, 예수에게 동정녀를 통한 '기적의 탄생'이 있었듯이, 교회에게는 오순절 성령 강림을 통한 '기적의 탄생'이 있었다.

3) '기독교'의 성령 세례, '새 시대'의 성령 세례

'바람과 불'이라는 두 다른 이미지가 서로 통합을 이룰 경우, 그것은 전혀 다른 차원의 의미를 불러일으키게 된다. 거센 바람을 받고 타오르는 화염은 어떤 '시작'의 장엄한 출발 모습을 비추는 듯하다. 그것은 이제 새롭게 탄생한 기독교의 '새 시대'[68] 새로운 역사의 여명이, 불꽃과 같은 명광(明光)으로 빛난다는 의미를 가질 수 있게 한다. 옛 시대의 퇴조와 '새 시대'의 개막이란 시대구분이 좀 더 극적인 이미지, 좀 더 자극적 생생함을 통해 부각된다는 것이다. 이를테면 훨훨 타오르는 불길로 '초기 교인들'이 집단으로 성령의 세례를 받았다는 것은, 단순히 각자 개인의 세례에 국한되는 '사적 경험'으로 축소될 성질이 아니라는 점이다. 그것은 초기 교인들의 '모임 자체'가, 그리고 그들로 시작된 '새로운 역사'와 '새 시대 자체'가 불길과 같은 성령의 세례를 받았다는, 심화된 신학적 인식이 이런 묘사의 배후에 자리 잡았으리라는 뜻이다. 다시 말해, 성령은 오순절 사건을 겪은 '사람들'에게만 강림한 것이 아니라 새로 시작한 기독교의 회동, 즉 추후 '교회'로 불리게 될 '새 공동체'와, 그 공동체가 기록하게 될 '새로운 역사', 새로운 구속사가, 타오르는 불길과 같은 섬광의 세례를 받았다는 인식이 누가의 사유 저변에 깔렸으리라는 뜻이다.

불길이 새로운 시대의 개막을 비추는 횃불의 의미를 가질 수 있다는 것은 오순절 사건 직후 베드로가 행한 설교 가운데서도 암시된다. 사도행전 2:20에 '주님의 크고 영화로운 날이 오기 전에 해는 변해서 어두움이 되고, 달은 변해서 피가 될 것이다'라는 묘사 중 나타난 '어두움'은 새 시대 직전 상황을 묘사하는 표현일 수 있다. 옛 시대의 '어두움'을 밀어내는 장쾌한 불빛이 오순절에 임했다는 누가의 의식이 베드로 설교 속에 반영되었다는 말이다. 이런 뜻에서, 누가복음 23:44("시간이 여섯시[=정오]쯤 되어 태양이 빛을 잃고 어둠이 온 땅을 덮기를 아홉시[=오후 3시]까지 계속되었다.")에서 예수 죽음 이후 임했던 '암흑'을 오순절의 '불길', 곧 성령의 세례로 밝힌다는 의미도 여기의 '불' 언급 가운데서 찾게 된다.

68 위에서 간략히 언급했듯이, 제임스 던의 경우, 오순절 성령 강림, 성령 부여는 제자들이 새로운 시대로 진입해 들어감과, 새로운 계약의 축복을 경험하는 수단으로 이해된다. James D. G. Dunn, *Baptism in the Holy Spirit*, 38–54.

4) 기독교 발전의 준비

성령 강림은 '교회'의 잉태와 탄생에 결정적 역할을 수행했다. 그러나 오순절 성령 강림 사건은 '교회'의 기적적 탄생 모습만을 담고, 거기 간여하고 있는 것만은 아니다. 오순절 사건 현장은 기독교의 '탄생 장면'인 동시에 '준비 장면'이라는 뜻을 동시에 갖는다. 누가에게는 예수의 잉태와 탄생에 성령이 개입하듯, 교회의 탄생에 성령이 강림한다. 또한 예수의 수세(水洗) 시에 성령이 임하여 지상 사역 준비를 갖추게 되듯, 교회의 탄생 시에 성령이 강림하여 '성령 세례'를 통한 선교의 준비를 갖추게 된다.

이렇듯 제자들의 성령 세례 장면을 묘사하는 누가의 오순절 기록은, 그가 이미 기록했던 예수의 성령 세례 묘사에서 보여줬던 여러 측면을 환기시킬 만큼 적지 않은 부분에서 비슷한 점들을 보여준다.[69] 두 기록물은 모두가, 1) 사전에 기도하는 장면이 등장하고, 2) 기도 장면 이후에 성령 강림의 모습을 그려주며, 3) 성령이 '물리적'으로 현현하는 양상을 나타내며, 4) 성령 강림 이후 예수와 제자가 각기 설교하는 장면이 배치되어 있다는 점 등을 가장 특징적인 공통점으로 꼽을 수 있다. 이와 같은 유사점들은 결국 저자가 두 성령 세례 사건을 동일한 의미, 동일한 본질 파악으로 잇대 놓지 않았느냐는 평가를 낳게 한다. 두 성령 세례가 실제로 동일한 핵심적 의미를 담고 있다는 것이다. 이를테면 오순절 사건의 본질은 요단강 성령 세례 사건이 담고 있는 핵심적 메시지의 윤곽 안에서 이해할 수 있다는 뜻이다. 그렇다면 예수의 성령 세례 사건이 품고 있던 뜻은 무엇이었던가? 그것은 예수의 메시아적 과업수행을 위해 그를 '준비'시키는 '사전 정비', 또는 '무장'의 뜻으로 새길 수 있다는 것이다. 마치 예수가 요단강에서 성령 세례를 받고 장차 행할 지상 활동을 준비했던 것과 같은 의미를, 제자들의 오순절 성령 강림 사건에서 찾게 된다고 보는 것은 지극히 당연하

---

69 Charles H. Talbert, *Literary Patterns, Theological Themes, and the Genre of Luke-Acts*(Missoula: Scholars Press, 1974), 116.

다. 제자들은 성령 세례를 받고 선교활동을 전개할 수 있는 준비를 갖추고, 예수의 선포능력과 흡사한 자격을 획득한 것으로 이해할 수 있다.[70]

특히 사도행전 10:38에 나타난 누가의 이해에 의하면, 예수에게 성령이 부어진 것은, 그가 다른 일들을 먼저 행하고, 다른 사역을 이루는 와중이나, 또는 그런 사역 이후에 발생한 것이 아니었다. 예수에게는 다른 여타 행동들 '이전에' 성령이 부어지고, 그 '다음에' '선한 일들을 행하시고 귀신에게 눌린 모든 사람들을 고치시는' 활동을 계속한 것으로 이해했다. (참고. 눅 4:18) 달리 말해, 예수 활동 이전에 '준비'로 성령 부음이 이뤄졌음을 암시하고 있다는 뜻이다.

그렇다면 오순절의 성령 세례도 새로운 모임으로서 '교회'가 장차 이루게 될 지상과업을 위한 '사전 정비', 또는 '무장'과 '준비'의 의미를 가질 수 있음을 지적할 수 있다.[71] 이제 새로운 집단이 형성되어, 그 싹이 트고 자라는 발생의 초창기에 제자들을 준비시키고 무장시키기 위해 성령이 내림하였다는 저자의 파악이다. 그 제자들, '새로운 신도들'은 성령 세례를 받고 선교활동을 전개할 수 있는 준비를 갖추고, 예수가 가졌던 선포의 능력과 비슷한 위상, 또는 자격을 갖추게 된 것으로 이해할 수 있다는 뜻이다. 이런 뜻에서 성령 강림은 선포를 위한 '예언자적' 능력 부여의 의미가 있다고 보는 견해는 정당하다.[72] 그것은 기독교의 새 임무 수행을 위한

---

70 Cf. Robert P. Menzies, *The Development of Early Christian Pneumatology with Special Reference to Luke-Acts*, 212.

71 오순절 성령 세례를, 우선적으로 제자들의 선교를 위한 준비로서 '능력 부여'의 의미를 찾을 수 있을 것인지, 아니면 그들이 이룰 '구원의 완성을 위한 전조'로 이해될 수 있을 것인지의 논의가 있을 수 있지만, 우리로서는 '준비, 능력 부여'라는 관점에서 파악하는 것이 낫다고 본다. 어떤 관점이 사도행전 독법에서 좀 더 일관성 있는 이해의 도구가 될 수 있느냐의 측면에서 전자가 유리한 듯하기 때문이다. 이에 관해, Robert P. Menzies, *The Development of Early Christian Pneumatology*, 205-206.

72 Craig S. Keener, *Acts: An Exegetical Commentary: Introduction and 1:1-2:47*, 780-782.

준비의 의미가 있기 때문이다. 그 '새 신자 집단'이 이루게 될 예수의 잔존 과제 수행, 예수 활동의 '연장과 확대'의 과업을 위해 그들을 든든히 준비하게 하는 장면으로 오순절 성령 강림 사건은 이해될 수 있다. 그리하여 이 모임의 첫 구성원들, '갈릴리 사람들'을 준비하게 했던 성령이, 그 구성원들을 이끌고 뒤 밀며, '새 운동'의 추동자(推動者)로서 '그들의 역사' 속에 뛰어들었다는 이해이다.

이러한 발생 과정을 거쳐 이룩된 새로운 모임, 새로운 공동체가 당도하게 되는 자연스런 귀결은, 시간의 경과와 선교활동의 축적을 통해 종국적으로 등장하게 될 기독교인들의 모임, 곧 '교회'의 성립이다. 그 모임의 모습이 어떤 형태로 이뤄질 것인지는 누가가 품고 있던 '보편주의적' 전망 아래서 검토될 수 있다.

2. 오순절 사건과 '보편성'

사도행전의 전체 서술은, 예수 승천 이후 발생한 복음 선포의 확산, 선교 지평의 지리적 확대라는 관점에서 파악될 수 있는 측면이 있다. 예루살렘에서 시작된 새로운 신앙의 움직임이 이방인 지역으로의 점진적 확대라는 구도를 형성하고 있다는 것이다. 이러한 사도행전 내용과 서술의 구도는 이방인 지역에의 복음 선포, 곧 구원 소식이 넓은 지역으로 퍼져나가는 '보편적 확대'의 양상을 보이고 있음을 의심하기 어렵다. 사도행전 전편에 복음의 보편적 확대를 상징하는 표현과 개념, 서술의 방식과 얼개 등이 산재해 있음은 쉽게 인정된다.[73] 저자가 가졌던 이런 '보편'에의 관심은 '교회' 성립의 최초 사건으로 간주될 오순절 성령 강림 기록에서부터 뚜렷이 나타난다. 이것은 저자가 오순절 사건에 부여했던 의미를 환기시키는 베드로의 설교를 통해 입증된다. 오순절 사건의 핵심 메시지는 성령

73 참고. 유상현, 『바울의 제1차 선교여행』(서울: 대한기독교서회, 2002), 279-298.

강림 직후 누가가 베드로의 입을 통해 토로하게 만든다. 그것은, 구원의 약속이 '특별한 사람들'에게만 '선별적'으로 해당되는 것이 아니라, "이 약속은 너희와 너희 자녀와 모든 먼 데 사람 곧 주 우리 하나님이 얼마든지 부르시는 자들에게 하신 것"(행 2:39)이라는 데 있다. 이러한 구원과 선교의 보편화에 대한 뚜렷한 의식이 저자의 오순절 성령 강림 묘사를 통해서, 나아가서는 사도행전 내용 전반을 통해서 특별한 강조의 형태로 드러난다.

오순절 묘사 단락을 살펴보면 이러한 관심을 금세 확인할 수 있다. 먼저 사도행전 2:5의 "(그때) 예루살렘에는 경건한 유대 사람들이 하늘 아래(천하) 모든 나라에서 와서 살고 있었다"는 구절 중, '하늘 아래 모든 나라'라는 표현에는 오순절 사건의 증인으로 등장하는 디아스포라 유대인들의 출신지의 다양성이 부각된다. '하늘 아래', '모든 나라'라는 표현 속에 누가는 지리적, 인종적, 문화적 보편성에 관한 관심을 숨겨놓은 듯하다. '하늘 아래'(天下, hupo ton ouranon)라는 표현은 공간적 개방성을 직접적으로 드러내는 말이다. 그래서 저자가 고려했을 '복음을 향해 열린 빈 공간'의 개방적 성격과 보편적 의식을 드러내는 상징어로 이 말을 꼽는 데 부족함이 없다.[74]

사실 저자가 '하늘'이란 말을 아무 의식 없이 사용한 것이 아니라, '보편적 하늘'을 염두에 두고 표현하였으리라는 점은 사도행전에 등장하는 이 말의 용례들을 통해서도 쉽게 확인된다. 예수의 승천 장면을 묘사하는 사도행전 1:10-11에 한꺼번에 네 번 '하늘'이라는 표현이 나타난 것이 대표적인 예라 할 수 있다. 이에 덧붙여서, '하늘'이라는 개념 자체도 개방적인 열린 빈 공간을 직설적으로 의미하지만, 그 개방성을 좀 더 직접적으로 지시하는, '하늘이 열리다'라는 표현을 통해 저자의 이런 의도와 관심이 더욱 명확히 드러난다. 사도행전 7:56, 10:11이 그런 표현이 나타나는 구

74 이 부분, 유상현, 『바울의 제1차 선교여행』, 286-287을 참고.

절들인데, 그 중 사도행전 10:11("'하늘이 열리며' 한 그릇이 내려오는 것을 보니, 큰 보자기 같았고 네 귀퉁이를 매어 땅에 드리웠다")의 고넬료 관련 기록, 곧 베드로의 환상 장면에 이 말이 등장한다. 이방인 선교가 시작되고, 그 가능성이 처음 시사되는 이 묘사에서 복음이 이방인을 향해 나아감을 상징적으로, 극명하게 드러내는 표현이 나타난 것이다. 이방인 선교에 관한 베드로의 환상이 갖는 개방적, 보편적 성격을 '열린 하늘' 표상에서 명시적으로 발견할 수 있다. 이런 '하늘', '열린 하늘' 묘사는 누가가 내면화하여 품고 있던 지리적, 사회적, 문화적 열림과 보편적 지향을 특징적으로 표현한다.

'모든 나라'라는 표현 역시 '일부와 부분'에 치우친 '특수성'에의 지향이 아닌 '전체'를 포함하는 넓은 지평, '온통'으로의 총체를 가리키는 '보편성'을 겨냥하고 있음이 자명하다. 더구나 누가의 오순절 사건 묘사 단락에는 '모든'이란 표현을 포함하여 '포괄성'을 시사하거나 개별성의 강조를 통한 '다양성'을 지시하는 단어들이 도합 9개 등장한다. 즉, 앞서의 본문 연구에서 제시했던 우리의 사역(私譯)을 따른다면, '모두' 또는 '모든'(행 2:1, 4, 5, 7), '각 사람' 또는 '각자'(행 2:3, 6, 8, 11), '온'(whole, 행 2:2) 등의 포괄적 성격의 어휘가 적잖게 나타난다. 이 같은 말들이 짧은 본문에 집중적으로 등장하고 있음을 우연으로 치부하기는 어려울 것이다. 저자가 품었던 보편적 포용성이나, 넓어지는 시야, 확대되는 인식의 지평이 이런 표현들을 통해 은연중 드러나는 것으로 평가함이 합당하다.

이 같은 이해가 단순한 과장이나 침소봉대가 아니라는 것은 이어지는 다른 표현에서 확인된다. 방금 지적한 그런 것들 외에도, 오순절 사건 묘사 단락에는 '넓음'을 포용하는 보편성의 색조가 입힌 표현을 더 찾을 수 있다는 것이다. 즉, 사도행전 2:6, 8, 9-11에 담긴 묘사에서 볼 수 있는 것들이다. 이 구절들에 세 번 등장하는 '각자의 자기 지방언어'라는 표현은 지역과 언어의 다양성을 드러내는 것들이고, 9-11절에 열거된 지역들이 그 다양성을 구체적으로 드러내 가리킨다. 곧, 오순절에 다양한 사람들이 다양한 지역으로부터 유입되어 다양한 지역언어를 들었다는 요지의 설명을 하면서, 5절에서 이들의 '출신지'의 다양성이 강조되고 있고, 6, 8, 11절에서 그들 '모국어'의 다양성이 제시되며, 9-11a절에는 이들 '출신지역'의 다양성이 긴 리스트를 통해 열거된다.[75] 이들 모두가 드러내는 '다양성'들은 저자의 보편적 의식의 발로요 반영이라 이르기에 모자람이 없다.

이미 위에서 본문 3절을 해석하면서 언급했듯이, "불꽃 같은 것들이 '갈라져서'(diamerizomenai) 임했다"는 누가의 설명 역시 '보편'의 관점에서 기억되어야 할 표현이다. 이 말은 달리 크게 의미 부여할 여지가 없는, '각 사람 위에 불길이 내려앉는' 단순한 상황 묘사일 수 있다. 하지만, 모임에 참석한 사람들 각기 '모두'에게 예외 없이 '골고루' 따로 '갈라져서' 임했다는 표현은 다양성의 각도에서 암시하는 바가 적지 않다. 즉, 저자로서는 이제 새롭게 형성되는 '새로운 모임'에 관한 묘사를 시작하면서, 이 모임이 여하한 구분, 기득권, 타고난 지위와 사회적 차별, 특권적 역할을 배제한, '공평하고 동등한' 공동체가 될 것임을 강력하게 상징하는 묘사로 이 표현을 사용하고 있다는 것이다. 그리고 그러한 동등성의 개념은 명백하게 보편주의적 지평 아래서, 공정성, 평등성의 의미를 획득하게 된다.

바로 위에서, 성령의 강림이 '불꽃이 갈라져 임하듯, 보이게 나타났다'는 회화적 표현에 관해 논의하던 중, 그 묘사는 오순절 사건이 실제로 일어났다는 사실적 성격을 돋보이게 만들려는 저자의 의지가 구현된 것이라 언급했다. 그렇다면 이처럼 성령 강림이 모두에게 확인될 정도의 객관

---

75 행 2:6의 "각자가 자기의 지방언어로 제자들이 말하는 것을 듣고", 행 2:8의 "우리가 각자 자기가 태어난 지방의 고유 언어로 듣고 있으니", 행 2:9-11의 "우리는 파르티아 사람, 메디아 사람, 엘람 사람, 그리고 메소포타미아와 유대와 카파도키아와 폰토스와 아시아와 프리기아와 팜필리아와 이집트와 키레네 근처 리비아의 여러 지역에 사는 사람들, 또 로마로부터 온 나그네들, 유대인들과 유대교에 개종한 사람들, 크레타 사람과 아라비아 사람인데, 우리는 저들이 하나님의 위대한 일들을 우리 각자의 언어로 말하는 것을 듣고 있습니다."

적 현상으로 나타난 것을 강조하는 누가의 이유를 어떻게 설명해야 할 것인가? 그것은 성령이 '주관적 의식' 가운데서, 밀폐된 사유의 암막(暗幕) 속에 밀교(密教)적으로 은밀하고 비밀스럽게 강림하는 것이 아니라, 열린 세계 안에서, 즉 '보편적' 세계 현상으로, 목격자가 누구이든 관찰과 확인이 가능한 객관적 현상으로 임했다는 보편주의적, 개방적 성격을 드러낸 것이라 말할 수 있다.[76]

이런 보편적 시각에서 거듭 음미되어야 할 것이 바로 오순절의 방언 사건이다.[77] 오순절 방언 사건은, 모든 나라, 모든 민족(행 2:5) 사이에 놓인 실제적 장벽으로서의 이질 언어가 성령의 강림을 경험한 구속사의 새 시대 사람들에게는 본질적, 치명적 장애가 될 수 없다는 점을 당연히 환기시킨다. 초기 교인들의 선교활동에 근본적 장애일 수 있는 문제가 그 본질에서 성령의 강림을 통해 해결될 수 있다는 점을 상징적, 시사적으로 저자가 보였다는 것이다. 이러한 상징성을 간접적으로 강조하는 것이, 오순절 사건의 비교적 짧은 기록 가운데, '말소리, 언어'에 관한 낱말 12개가 집중적으로 등장하고 있다는 사실이다. 누가는 기독교적 선포의 근본적 장애일 수 있는 언어의 장벽이 극복되는 모습을 '방언 이해'의 장면을 통해 보여준다. 이것은 기독교가 '특수세계'의 언어적 경계와 폐쇄를 넘어 서서, '보편세계'로의 지향과 진입을 암시하는 열린 언어의 공간을 제시한다. 방언이 '이해'된 경우, 그 언어는 더 이상 게토적 닫힌 사유의 회로가 아니라 '열린' 의식과 존재의 도구요 집이 되며, 그 '열림'은 단순히 의식 속 '관념의 열림'만이 아니라, 마침내 현실세계의 폐쇄와 닫힘을 종결짓는 '세계의 열림'이라는 보편주의적 승화로 연결된다.[78]

---

76 유상현, 『바울의 제1차 선교여행』, 284.

77 *Ibid.*, 286.

78 *Ibid.*

3. 성령 강림 기록의 역사성 문제

누가가 보고하는 오순절 사건이 실제 역사적으로 벌어진 일이었는지에 관한 물음이 제기되는 기본적인 이유가 있다. 이에 관한 보고가 사도행전을 제외한 신약의 다른 문서에는 발견되지 않기 때문이다. 바울도 요한도, 다른 신약 저자들도 오순절 사건, 또는 성령 강림에 관해 아무런 언급을 하지 않는다. 바울의 경우, 성령의 선물에 관한 기록(갈 3:2, 롬 8:4-11)은 남겼지만 오순절 관련 어떤 언급이나 암시도 없다. 요한복음서도 예수가 부활한 후 성령을 부여하는 장면(요 20:21-23)은 소개하지만 오순절 관련 언급은 없다. 물론 바울이나 요한을 비롯한 다른 신약 저자들이 남긴 기록들은 그 속성상, 오순절 사건을 취급할 이유도 여지도 없었으리라 짐작할 수는 있다. 그럼에도 오순절 성령 강림 사건의 기록이 과연 역사적 정확성을 갖는 보고인지를 묻게 되는 것이 단순한 호기심의 발로만은 아니다.

사도행전에 기록된 개별 사건들의 역사성 논구에서 흔히 그러하듯, 이 문제에 관해서도 역사성 옹호론자와 비관론자의 토론이 완전히 무시되기는 어렵다. 그렇지만 사도행전 2:1-13의 단락이 저자가 이룩한 온전한 '허구적 구성의 결과물'로 간주하는 이들은 그렇게 많지 않은 듯하다. 오히려 적지 않은 학자들은, 비록 이 기록의 배후에 숨어 있을 다양한 자료들의 존재를 감안한다 하더라도, 사도행전의 오순절 이야기가 '완전 허구'라기보다는 초기 교인들의 '일정 경험들이' 적게든지 혹은 많게든지 반영된 형태로 누가에 의해 기록되었을 것이라고 본다.[79] 물론 역사성에 관

79 예컨대 사도행전 기록 전반에 관한 대표적인 회의론자일 수 있는, Hans Conzelmann, *Acts of the Apostles*, tr. by J. Limburg, A. Th. Kraabel & D. H. Juel (Philadelphia: Fortress Press, 1987), 15-16을 비롯, E. 헨헨, 『사도행전 I』, 278-284; Gerd Lüdemann, *The Acts of the Apostles*(New York: Prometheus Books, 2005), 50; Richard I. Pervo, *Acts: A Commentary*, 71.

해 좀 더 호의적인 견해를 견지하는 사람들도 적잖다.[80] 과연 이 기록이 완전한 누가의 허구인지, 아니면 실제 벌어진 역사의 충실한 반영인지, 또는 일정한 집단경험에 관한 저자의 숙고와 현실의 종교체험을 반영한 결과물인지를 결정적으로 확정할 수는 없다. 다만 일반적인 추정을 한다면, 누가가 이 부분 기록을 '무(無)에서 유(有)'를 만들어내는 완전한 소설적 창작을 이뤘다고 보기는 어렵지 않을까 짐작된다. 왜냐하면 실제 오순절 사건이 벌어졌을 시기를 기억하던 이들이 혹시 40여 년의 세월이 지난 후, 누가의 기록 당시(기원후 80년대)에도 생존해 있을 가능성을 아주 배제할 수는 없을 텐데, 그런 사람들, 또는 그들의 전언을 들었을 사람들 앞에서 저자가 완벽히 날조된 허구를 드러내는 만용을 부렸으리라 짐작하기는 어려울 것이기 때문이다. 그보다는 실제 벌어진 어떤 '구체적 사건들'에 관한 전승들과 구전 '자료들'을 토대로, 그것들 위에 자신이 가진 역사적 상상력, 신학적 기획의도, '그랬을 것이고 그러해야만 됐을 것'이라는 개연에의 의존과 필연에의 요청이 결합된 저술의 의지가 이런 글줄로 '성문'(成文)됐을 것이라고 이해할 수밖에 없다.

어쩌면 오순절 관련 기록의 역사성을 논의하기 위해선 이 기록을 위해 활용된 '자료'의 사실성, 신뢰성을 먼저 물어야 될지 모른다. 누가의 오순절 기록 배후에 어떤 형태든 여러 자료들이 일정 역할을 했을 것이 분명하기 때문이다. 그러나 자료의 성격과 내용, 형성 상황 등에 관해서는 정확한 정보를 알기가 대단히 어렵다. 그것들이 얼마만큼, 어느 정도 이 글 속에 반영되었는지가 문제이긴 하나, 적어도 누가가 당시의 기존자료를 활용했을 가능성은 매우 높다. 예컨대 사도행전 2:1–4와 2:5–13 사이에 어떤 낯선 단절이 느껴지는 것은 그 징후의 하나로 보인다.

누가의 이런 서술 전개에는 아마도 구약의 예언서 기록들(특히 요엘서

80 이를테면, James D. G. Dunn, *Jesus and the Spirit*, 135–156; I. Howard Marshall, "The Significance of Pentecost," 360–365 등.

와 같은)이 중요한 참조와 각성의 자료로 적극적 역할을 했을 것이다. 또한 오순절 성령 강림 기록에는 누가와 동시대를 살았던 필로와 같은 사람의 기록[81]이 영향을 끼쳤을 가능성도 배제하기 어려울 듯하다. 그래서 '출애굽, 유월절, 오순절', 즉 시내산, 율법 수여, 계약 등의 동기가 결합되었을 가능성이 있고, 특히 구약의 '시내산' 관련 문헌들이 누가의 오순절 사건 묘사에 영향을 끼쳤으리라는 점을 인정할 수 있을 것이다.[82] 그 외에도 여타 다른 자료와 동기가 작용하고 영향을 주었을 수 있다. 혹시 그런 동기들을 누가가 자신의 '해석과 적용' 속에 받아들여 그의 묘사 세부에 스며들게 했을 가능성은 있다. 동시대의 문화적 교류와 교섭이 그런 영향의 수수관계를 낳을 수 있다는 것이다.

그러나 그러한 '기록 작성에서의 문헌적 영향'과는 별개로, 전혀 아무런 현실적 근거도 없이 기독교 공동체의 '집단 종교체험'을 허구와 가공에 기반한 작문을 통해 본문처럼 제시했으리라 보기는 어렵다. 그러한 모임의 세밀한 상황을 정확히 재현하거나 추정해내기는 힘들다. 하지만, 적어도 초기 기독교 발전의 어떤 단계에서 신자들의 모임과 활동 가운데 특별한 형태의 종교적 체험들을 겪었을 수 있고, 그런 독특한 경험들이 누가 서술의 질료로 녹여져 그의 저술의 전략과 목적, 구성에 이바지하고 개인적 진술의 개성과 능력에 걸맞는 형태로 변용되어 문장화되었다고 보는 것은 지나친 추론이 아니다. 그런 서술상황에 구약적 동기들과 여타 자료들이 활용되었을 것임은 당연하다.

하지만 사도행전의 다른 기록들과 마찬가지로 이 부분의 '자료들'을

---

81 시내산 꼭대기에서 천사가 하나님이 모세에게 내리시는 말씀을 받아, 아래 평지에서 기다리는 백성에게 (방언으로, on tongues) 전달했다는 필로의 묘사. Philo, *Decal.* 33, *Spec. Leg.*20.12, *Jub.* 1:1, 5, 6:17-22, 14:20, 15:1, 4, 19 등등.

82 James D. G. Dunn, *The Acts of the Apostles*, 1996; Max Turner, *The Holy Spirit and Spiritual Gifts: Then and Now*(Carlisle: Paternoster Press, 1996), 285-289; Matthias Wenk, *Community-Forming Power: The Socio-Ethical Role of the Spirit in Luke-Acts*, 246-251 등.

구분하고,[83] 그 기원과 배경을 분류하는 것은 매우 어려운 과제임이 사실이다.[84] 다만 분명한 것은 저자가 각종 자료, 정보, 소문과 전언들 등의 기록을 위한 '원재료'를 정리, 소화하여 동화된 상태로 자신만의 저술방식을 통해 자기의 의도를 위해 그것들을 활용하여 진술했으리라는 것이다. 거기에 누가 특유의 역사적 상상력, 사건진행에 관한 감각과 창의성, 실제상황의 독자적 재구성을 통한 인과론적 전개 능력, 교회공동체의 세계관과 이해관계, 목표의식 등이 적극적으로 개입, 작용했으리라는 것은 불문가지다. 따라서 이 글 속에 저자가 활용했을 자료의 편린과 그림자가 엿보이고 그 기미가 감지된다 해도, 이 기록은 전체적으로 누가의 서사전개 방식과 서술의 터치를 통해 온전한 누가의 글로서 제시되고 있음이 뚜렷하다. 그런 점에서 자료의 기원과 속성, 그 세부를 밝힌다는 것은 무모하거나 거의 불가능한 과제일 듯하다. 이런 모든 논의에도 불구하고 남는 문제는, 누가의 글이 '어느 정도'로 실제 벌어진 일들을 담고 있느냐를 판별하는 일일 텐데, 그것을 확정하는 일은 결코 쉽지 않다. 어쩌면 궁극적으로는 불가능한 과제로 남게 될지도 모른다.

83 오순절 사건 기록의 배후 자료에 관한 논의, 참고. A. J. M. Wedderburn, "Tradition and Redaction in Acts 2:1–13," *Journal for the Study of the New Testament* 55(1994), 27–54; Charles K. Barrett, *A Critical and Exegetical Commentary on the Acts of the Apostles*, vol. I, 109–110.

84 Cf. William H. Shepherd, Jr., *The Narrative Function of the Holy Spirit as a Character in Luke-Acts*(Atlanta: Scholar Press, 1993), 159, n. 19.

제3장

베드로의 오순절 설교와 그 반응

(행 2:14-41)

I. 서언

오순절 사건 직후의 모든 사건 전개는 베드로를 핵심으로 이뤄진다. 그가 이제 성령 강림 이후 새롭게 형성되는 신자공동체의 선두에 선 인물로, 상황을 제어하고, 사태를 수습하며, 발언하고, 가르치며, 지도하는 주인공의 역할을 본격적으로 수행한다. 이제 누가의 글 속에서 '베드로의 국면'이 펼쳐지는 것이다. 당분간 베드로가 서술의 중심을 장악할 것이다. 그런 베드로의 최초 행동은 사람들 앞에 서서 설교하는 모습으로 제시된다. 베드로가 행한 발언은 사도행전에 등장하는 모든 설교 중, 일반 대중을 상대로 공개석상에서 행한 최초의 복음 선포요 설교라는 특징을 갖는다. 이 설교는 사도행전 2:14-36에 제시되는데, 다음과 같은 구조로 분해될 수 있다.

1. 베드로 설교의 시작: 행 2:14
2. 방언 현상 설명과 성령: 행 2:15-21
   1) 조롱에 대한 반박: 행 2:15

2) 요엘서 인용: 행 2:16-21

3. 그리스도의 죽음과 부활 논증: 행 2:22-32

(참고. 22-36절은 본격적 기독교의 케리그마)

4. 예수로부터 비롯된 성령: 행 2:33-35

5. 마지막 선포: 행 2:36

6. 설교의 결과: 청중의 반응과 베드로의 권고(행 2:38-41)

이 구조 속에 제시된 전언의 흐름을 개괄하면, 먼저 설교를 시작하는 머리말을 언급한 다음, 오순절 사건을 주취(酒醉)의 결과로 파악하는 이들에 대한 반박을 제시한다. 아침 시간이기 때문에 '방언 사건' 등이 술 취함 때문일 리 없으며, 이 현상은 요엘이 예언한 대로 성령이 강림한 결과로 발생한 것이라는 점을 밝힌다. 그러면서 성령과 예수의 연관관계를 설정하여 '예수 해명', 곧 기독론적 설명의 빌미로 삼는다. 즉, 요엘서 인용 내용 중 예수를 암시하는 부분을 기독론적 논의를 위한 실마리로 활용하는 것이다. 그러면서 누가는 오순절 사건의 본질이 '성령 강림'에 있음을 규정하고, 그것은 예수로부터 비롯되었음을 언명함으로 성령 언급에서 예수 해명으로 자연스럽게 주제를 연결해 나간다. 이를테면, 오순절 사건에 관한 보고는 '예수 해석'을 위한 장치로 기능한다. 성령 강림을 묘사하여 알린다는 한 가지 테마를 완결하는 데 그치지 않고, 그것이 기독론적 논증으로 발전될 수 있도록 배려하고 있다는 것이다. 요컨대 성령론과 기독론이 사도행전 본문의 벽두에 동시에 제기되면서, 오순절 사건의 경이가 성령으로부터 비롯되었음을 강조하는 한편, 그것이 기독론적 설명을 위한 단서로 기능하도록 한다. '성령 강림'이란 사건 자체도 특별한 관심과 사유의 대상이 되지만, 그것을 기독론 전개를 위한 강력한 증빙 역할이란 관점에서 파악한 누가의 통찰이 주목된다. 즉 경이적 사건으로 강림한 성령, 그 '강림의 경이' 자체가, 예수가 그리스도이심을 더욱 분명하게 강조하고 강화시킨다는 저자의 인식인 것이다.

오순절 사건을 설명하기 위해 베드로가 발언하는 장면에서 초점은 오순절 → 성령 → 예수로 옮아가는 형태를 보인다. 이것은 이 설교를 순전한 기독론적 설교로만 읽을 수는 없고, 성령론과 기독론이 동시적으로 상호작용하며 양자의 의의를 돋보이는 상황으로 전개되고 있음을 보여주는 것이다. 그런 다음 설교의 최종 정리는, 베드로 발언의 결과로서 '회개와 세례'를 촉구하는 등의, 실천적 성격을 갖는 결어로 끝나고 있음을 사도행전 2:38-39의 마무리를 통해 보여준다.

II. 베드로의 설교

1. 베드로 설교의 시작과 '기독교'의 발언 시작(행 2:14)

이미 앞 장에서 고찰한 대로, 누가는 오순절의 놀라운 사건에 관해 묘사한 다음, 이를 목격한 주변인들의 반응을 이어서 서술한다.

> 12절모두가 놀라고 당황하여, '이것이 도대체 어찌 된 일입니까?' 하고 서로 말하였다. 13절그러나 다른 이들은 조롱하며, '그들이 새 술에 취하였다'라고 말하였다.(행 2:12-13)

이런 보고를 한 다음, 오순절 사건을 겪은 '갈릴리 사람들'을 향해 '새 술에 취했다'고 했던 조롱에 대한 해명을 하도록 만든다. 그 역할을 베드로가 맡으면서 그의 '오순절 설교'가 설파될 기회를 갖게 된다. 이 설교는 오순절 사건에 바로 이어져 행해진 것으로 제시됨으로, 사도행전 2:1의 맥락이 계속 연장되는 것으로 보인다. 하지만 저자는 좀 더 구체적인 설교의 정황, 즉 장소, 참석자, 전반적 분위기 등에 관한 상세한 묘사를 제공하지는 않는다. 다만 누가는 앞 단락의 오순절 장면 마무리와 동시에 베드로의 설교를 연결 짓는데, '베드로, 열한 사도'를 함께 나란히 등장시킨다.

> 베드로가 열한 사람과 함께 일어나 목소리를 높여 그들에게 말했다. 유대사람들과 예루살렘에 사는 모든 분들, 이것을 아시고 내 말에 귀를 기울여 주십시오.(행 2:14)

실제로는 베드로만이 설교하게 되는 상황인데, 그런 묘사를 하면서 '베드로와 열한 사람'을 구태여 함께 등장시킬 필요는 없었다. 그런데도 저자는 의도적으로 베드로와 동시에 '열한 사람', 본문에는 '사도'라는 언급이 없지만 '열두 사도'를 가리키는 것이 분명한, 그들 '열하나'를 출현시킨다. 이것은 초기 교회 탄생의 첫머리를 장식하는 장면에, 베드로와 함께 그들을 내세우고자 했던 누가의 명백한 의도를 엿보게 한다. 이제 성립되는 모임, 추후 '교회'로 불리게 될 그 모임은, 베드로가 중요한 역할과 위치를 점하여 남달리 뛰어난 활동을 하는 것이 사실이다. 이 점은 의심의 여지가 없다. 하지만 그것은 베드로만 활동하는 모임도 아니고, 베드로만이 배타적 주도권과 지도력을 행사하는, '베드로만의 모임'이 아니라는 점을 알린다. 즉, '공동체의 교회', 집단 지도력과 그룹 역동성이 작동하는 신자들 모두의 집합이요, 운동이라는 인식이 바탕에 깔려 있음을 이 같은 기록이 나타낸다.

이에 덧붙여, 열한 사람이 베드로 곁에 함께 섰다는 묘사가 시사하는 점이 또 하나 있다. 그것은 베드로의 선포와 설교가 베드로 '한 사람만'의 설교가 아닌 열두 사도 모두의 설교요, 베드로의 설교는 모두의 목소리를 대변하고, 열한 사도 역시 베드로의 발언에 참여하고 가담한다는 점을 보여준다는 것이다. 단순히 '조직의 동일성'만을 보이는 것이 아니라, '선포'에 함께 참여한다는, '전언의 동질성'과 공동체적 연대의 '단일성'을 보여주고 있다는 것이다. 이 점은 베드로 설교의 말미에 등장하는, "이 예수를 하나님께서 살리신 것입니다. 이 일에 관해 '우리 모두가' 증인입니다"(행

2:32)라는 표현에서도 확인할 수 있다.

이처럼 '베드로와 열한 사람'은 누가에 의한 초기 교회 탄생 묘사에서 가장 뚜렷한 인물들로 내세워진다. 그리고 마치 베드로의 설교에 '열한 사도'의 목소리가 실리기나 한 듯이 '함께 일어나서', 이들을 대표한 듯 베드로가 '목소리를 높여' 그들에게 '말했다'는 것이다. '함께'를 강조하고, 지도자가 공동으로 등장하며 활동하는 모습을 그리는 것은 누가의 글 속에서 드물지 않게 발견된다.(행 2:37, 3:4, 4:7, 4:24, 5:2, 5:29, 6:2, 8:14-17, 25 등) 이것은 교회의 선교가 집체적 노력에 의한 집단 활동의 결과이며, 분열과 이견 없이 연합된 모습으로 그것들이 이룩됐음을 보인다. 그렇게 하여 교회, 또는 지도자의 일체성과 연합의 힘을 드러내는 효과를 갖는다. 물론 거꾸로 해석해서, 이런 동일성을 드러내는 묘사 자체가 '일체성을 드러내야만 하는', 즉 누가 시대의 어떤 불일치성이나 지도그룹의 비단일성을 반증하는 증좌일 수도 있으나, 그러한 순환론적 해석에 몰두할 이유는 없다. '열하나'의 공동적 연대활동이 강조된다 해도, 여기 본문에서는, 베드로의 우뚝 섬이나 그의 활동의 두드러짐이 눈에 띄게 부각되고 있음을 간과하기 어렵다.

'일어나, 목소리를 높였다'는 말은 그리스 연설가를 묘사할 때 상투적으로 사용되던 표현이다.[1] 연설을 앉아서 한다는 것이 아주 낯설지는 않을 것이고, 청자나 화자 모두를 위해 일어나 서서 하는 것이 시청각적 효과를 높이기 위해 낫겠지만, 누가가 굳이 '서서' 말했다[2]는 표현을 덧붙였다는 점은, '사도 그룹'을 대표하여 발언한다는 '대표성'을 시사하고, 청중의 수효가 적지 않음을 간접적으로 암시하려 할 뿐 아니라, 그리스 연설가의 연설 양태 묘사를 염두에 두었음을 짐작하게 한다. 게다가 사도행전 2:2에, 오순절 사건에 참여했던 사람들이 '앉아서' 그 일을 겪었음을 감안

---

1 Joseph A. Fitzmyer, *The Acts of the Apostles: A New Translation with Introduction and Commentary*(New York: Doubleday, 1998), 251.

2 행 5:20, 11:13, 17:22, 25:18, 27:21 등.

한다면,[3] 여기 베드로가 '서서' 설교했다는 것은 일반 신자들과 대비되는 베드로의 지도력과 위상을 드러내고 있는 것이라 이해해도 무방하다.

이렇게 '말하는'[4] 베드로의 발언은 다소 과장하여 해석하면, 새롭게 닻을 올린 '기독교'의 선포가 시작되는 모습을 보이는 것이다. 그래서 베드로의 '말함'을 통해 '이제 기독교는 발언하기 시작했다'고 이해해도 무방할 장면을 보여준 것이다. 누가의 서술에서 '새로운 종교'인 기독교는 베드로의 이 발언을 기점으로 외부세계와 만나게 되고, 외부인들과의 접촉과 대화를 시작한 셈이 된다. 이를테면 기독교와 외부세계의 첫 만남이 베드로의 설교, 곧 이 '말함'으로 이뤄진 것이다. 그렇기 때문에 어쩌면 이 장면을 이해하면서, 여기 누가는 '기독교의 엄숙한 출범식' 앞에 직면해 있는 초기 신자들의 상황을 언급하고 있다고 보아도 지나치지 않을 듯하다.

누가의 베드로는 자신의 설교를 듣게 될 대상을 좀 더 넓은 범주에서 특정한다. 즉, 베드로는 자신의 청중을 '유대사람들과 예루살렘에 사는 모든 분들'[5]로 부른다. 이 표현은 예루살렘 '주민 전체'를 통칭하는 지칭으로 이해할 수 있다. 단순히 자신을 둘러싼 사람들이나, 아니면 유대인들만을

---

3 Cf. Alfred Loisy, *Les Actes des Apôtres*(Paris: Emile Nourry, 1920), 196.

4 '말하다'를 뜻하는 'apophtheggomai'란 표현은, '방언으로 인한 열광적 연설이 아닌', 열심히 또는 격식을 차려서 행하는 연설을 뜻한다고 헨헨은 해석한다. E. 헨헨, 『사도행전 I』, 이선희, 박경미 역(서울: 한국신학연구소, 1987), 286, n. 3. 게다가 이 표현은 칠십인역에서 영감 받은 예언자들의 발언을 묘사할 때 사용된다(미 5:11, 겔 13:9, 19, 왕상 25:1 등)는 점을 감안하면 베드로의 발언 자체가 갖는 무게와 비중에 쏟은 누가의 관심을 엿볼 수 있다.

5 '유대사람들'은 직역하면 '유대인 남자들'을 일컫지만 그 대상에 여성들이 제외되었으리라 보기는 어렵다. 곧 여기 '남자'(anēr)는 남녀를 포함한 '포괄적 인간'을 통칭하는 명사로 이해된다. 또 '예루살렘에 사는 모든 이들'이라는 표현은, 그 인종이나 출신지, 성별이 어떻든지 간에, 원래부터 그곳에 살던 '주민들, 순례자, 일시 그리고 장기 체류자' 등을 모두 망라하는 '예루살렘 현재 거주민'이라는 뜻을 갖는다.

염두에 두지 않고, 유대인과 이방인, 원주민과 방문자 모두를 포괄하는, '유대인 일반, 예루살렘 주민 모두'를 발언 상대로 삼고 있음을 주목할 필요가 있다. 이 설교가 사도행전 주인공들의 설교 가운데 처음 소개되는 선교적 선포라는 점에서 그에 따르는 '청중 성격'이 갖는 의의를 꼽게 된다. 즉, 베드로의 설교, 곧 기독교의 발언은 눈에 보이는 몇몇 청중이 아닌 넓은 세계의 포괄적 대상을 향해 선포되리라는 점을 암시한다. 이 표현은, 지금 베드로가 행하는 첫 선교 설교가 그렇듯이 앞으로 전개될 설교들도 광범위한 사람들을 대상으로 보편적 공명을 일으키게 되리라는 점을 예시하는 것이며, 이제 기독교적 선포는 선교자가 방문하는 그 어느 지역이든 그곳에 '사는 모든 이들'에게 전달되리라는 점을 시사한다.

2. 방언 현상 설명과 성령(행 2:15-21)

1) 조롱에 대한 반박

베드로는 마치 그리스의 연설자들과 같은 모습으로 자신의 말을 경청해 줄 것을 요청한다. "이것을 아시고 내 말에 귀를 기울여 주십시오." 그런 다음, 오순절 사건에 대한 부정적 반응, 즉 성령 받은 사람들의 모습이 '술 취한 이들' 같다는 비판에 대응한다.

> 여러분이 생각하는 것처럼 이 사람들은 술 취한 것이 아닙니다. 왜냐하면 지금 시간이 아침 9시밖에 안 되었기 때문입니다.[6](행 2:15)

누가는 오순절에 모인 사람들이 술 취하지 않았음을 입증하는 근거로 그때가 아침 시간이었음을 지적한다. 이 말을 뒤집어 보면, 술 마시고 취하는 시간은 저녁때라는 일반적 이해가 있다는 전제가 작용했음을 알 수

6 직역하면, '왜냐하면 시간이 낮 3시이기 때문입니다.'

있다. 따라서 아침 시간엔 술 취했을 리 없다는 것이다. 이런 주장은, 가령 아침이나 대낮에 술 취하는 예외적 경우나,[7] 저녁에 취하여 아침까지 어제의 취기가 깨지 않았던 소위 '작취미성'(昨醉未醒) 상태, 또는 밤새워 잔치하며 아침까지 술 마시는 등의 예외 상황들을 배제할 때만 적용될 수 있다. 이 구절의 원문에 등장하는 시간은 '낮 3시'다. 이것은 유대의 시간 계산법에 따른 것으로, 오늘날 시간으로 환산하면 '오전 9시'가 된다.

2) 요엘서 인용(행 2:16-21)

오순절 사건을 목격한 사람들의 조롱 대상은 '이상한 말'을 하는 언어 행위였다. 이것이 술 취함으로 오해되고, 주정(酒酊)으로 조롱받는 데 대하여 베드로가 해명하면서 거론하는 것이 요엘서(3:1-5)의 내용이다. 그 해명의 요지는, 술 취함의 결과로 간주된 '언어행위'는 야훼의 영("내 영")이 부어진 이후 나타난 '결과'라는 것이다. 이것이 17-18절에서 설명된 것이다. 따라서 오순절 사건은 '성령'의 내림(來臨)을 뜻하는 것이지 술주정이 아니라는 말이다. 이런 해명을 하고 있다는 것은, 누가가 오순절 모임에 나타난 현상들을 요엘서에 기록된 '예언적 선물들'로 이해했음을 보여주는 셈이다.

이것은 예언자 요엘을 통해 말해진 것입니다.(행 2:16)

본문 15절에서 16절로의 전환은 그 이동에 관한 이유 설명이 생략되었기 때문에 급작스럽다거나, 자연스럽지 못하다는 인상을 주는 게 사실이다. 하지만 그런 미세한 설명까지 짧은 글 속에서 기대할 순 없을 것이다. 또 만일 이 구절의 "이것"을 15절의 '술 취함'이나 술 취함과 연관된

---

7 Cf. 벧후 2:13("그들은 대낮에 흥청대면서 먹고 마시는 것을 낙으로 생각합니다.")의 부정적 평가.

것으로 보이는 '언어 사건', 또는 '성령 강림' 등의 제반 현상과 관계 있는 것으로 보면, 15–16절의 연결은 별로 문제 될 게 없다. 즉 베드로가, '당신들이 목도하는 이 현상들은 요엘서에 예언된 것들이 실현되는 것이다'라고 앞 단락의 사건을 해명하고 있다는 뜻이다. 사도행전 2:12에서 사람들이 "이것이 도대체 어찌 된 일입니까?"라고 말했다는데, 거기 나온 '이것'(touto)과 16절의 '이것'(touto)을 연관지어 본다면 위의 이해가 지나치다 하기 어려울 것이다.

이처럼 누가가 베드로로 하여금 예언서를 끌어내어 인용하게 만든 것은 '오늘의 현실'을 해석하고 평가하는 규범적 기준을 구약에서 찾을 수 있다는 동시대의 이해가 반영된 것이다. 과거가 현재를 설명하고, 현재는 과거에서 의미와 존재 이유를 찾는다는 '시간의 연쇄'를 통한 해석이 여기 등장하는 셈이다. 물론 이러한 해석법은 기원후 1세기 전후 유대교의 성서해석 방법으로 활용되던 방식인데, 쿰란의 사해문서를 통해 알려진 '페쉐르(פשר, pesher)[8] 해석'에서 특징적으로 드러난다.[9] 즉, 예언서의 표층적 의미 밑에 숨긴 또 다른 의미를 공동체 구성원의 '의(義)의 스승'이 명백히 드러내어 그 뜻을 해석한다는 것이다. 이러한 해석은 쿰란공동체 특유의 종말론적 시각을 반영하여, 그때 기록된 '이것'이 바로 종말시의 '저것'으로 성취된다는 것을 가리킨다. 이런 이해가 바로 16절의 "이것은 예언자 요엘을 통해 말해진 것입니다"란 표현에 반영된 듯하다. 즉, '오늘 이 사건은 그때 그 기록이 의미하는 것'이라는 해석인 것이다. 따라서 누가에게 오순절 사건은 기원전 4세기 예언자 요엘의 예언이 성취된 것으로 파악된다.

그러면서 요엘 3:1–5가 인용된다.[10] "하나님께서 말씀하십니다."(행

8 '해결'의 의미가 담긴 '해석'이란 뜻.

9 Cf. Daniel Marguerat, *Les Actes des apôtres(1–12)*(Genève: Labor et Fides, 2007), 87; Craig S. Keener, *Acts: An Exegetical Commentary: Introduction and 1:1–2:47*, vol. 1(Grand Rapids: Baker Academic, 2012), 873–874.

10 이것은 마소라 텍스트의 장절 구분이고, 칠십인역 구분에 의하면, 욜 2:28–32.

2:17)라고 인용을 시작하는데, 이것은 누가가 활용했던 칠십인역의 구약적 어투[11]를 모방한 것으로 보인다. 원래 요엘서에는 이 말로부터 본문이 시작되지 않는다. 누가가 베드로 발언의 권위를 높이고, 인용된 본문에 위엄을 더하기 위해 이 말을 덧붙였음이 자명하다.

> 17절'마지막 날에 내가 나의 영을[12] 모든 육체 위에 부어줄 것이다. 너희
> 의 아들들과 너희의 딸들은 예언할 것이요, 너희의 젊은이들은 환상을
> 보고 너희의 늙은 사람들은 꿈을 꿀 것이다. 18절또 그 날에 내가 나의 영
> 을 나의[13] 남종들과 나의 여종들 위에 부어줄 것이니 그들이 예언할 것이
> 다. 19절또 내가 위로 하늘에서는 이적을, 아래로 땅 위에서는 표적들을 보
> 여줄 것이니, 곧 피와 불과 연기 같은 안개다. 20절주님의 크고 영광스러운
> 날이 오기 전에, 해는 변하여 암흑이 되고, 달은 변하여 피가 될 것이다.
> 21절그러나 누구든지 주님의 이름을 부르는 모든(pas) 사람은 구원을 받을
> 것이다.'(행 2:17-21)

누가는 이 글을 쓰면서 칠십인역 본문을 저본(底本)으로 인용한다.[14] 사도행전 본문과 비교하기 위해 해당 요엘서 본문을 칠십인역의 그리스어에서 번역하면 아래와 같다. 사도행전과 차이가 나는 부분은 밑줄을 쳤다.

---

11 예컨대, 사 40:1, 41:14, 44:6 등등.

12 직역하면, '내 영으로'(분배전치사 'apo'를 사용).

13 요엘서에는 성령이 부어질 대상을 그저 '남녀종들'이라 표현한다. 그저 일반적인 '유대인 종들'의 뜻이다. 그런데 이를 누가는 '나의' 남녀종들이라 표현함으로써 그들의 소유관계를 분명히 하고, 하나님이 종들에게 보이는 친밀성, 그들과의 연관성 그리고 그들의 소속감을 확실하게 보여준다.

14 칠십인역 그리스어 본문은 마소라 본문과 단 두 군데를 제외하면 정확하게 일치한다. Daniel Marguerat, *Les Actes des apôtres(1-12)*, 88, n. 17. 칠십인역에는 행 2:17b에 보이는 것과 같은 전치사 'apo(-으로부터)'와 행 2:20c의 '주님의'란 표현을 첨가했다.

> 28절그 후에 내가 나의 영을 모든 육체들 위에 부어줄 것이다. 너희의 아들
> 들과 너희의 딸들은 예언할 것이요, 너희의 늙은 사람들은 꿈을 꾸고, 너
> 희의 젊은 사람들은 환상을 볼 것이다. 29절그 날에 내가 나의 영을 남종들
> 과 여종들에게 부어줄 것이다. 30절내가 이적을 하늘과 땅에 허락할 것이
> 니, 곧 피와 불과 연기 기둥(smoky vapor)이다. 31절주님의 크고 확실한 날
> 이 오기 전에 해는 변하여 암흑이 되고, 달은 변하여 피가 될 것이다. 32절
> 누구든지 주님의 이름을 부르는 사람은 구원을 받을 것이다.(욜 2:28–32)

요엘서와 이를 인용한 사도행전 사이의 중요 차이점들[15]을 다음 몇 가지로 요약, 정리할 수 있다.

1) 먼저, 요엘서가 '그 후에'라고 표현한 부분을 사도행전은 '마지막 날에'(17절)라는 말로 대체함으로 종말론적 성격을 한층 뚜렷하게 드러낸다. 물론 요엘 2:31에도 종말적 언급이 나타나지만 행전은 이를 더욱 확실히 명시한다.

여기 사본 해석과 관련된 문제가 있기는 하다. "마지막 날에"라는 말이 생략된 사본이 존재한다는 것과, 성령을 부어주는 것으로 누가에게서 '마지막 때'가 시작되는 것이 아니라는 해석에 비추어서 헨헨은 이것이 비본래적인 표현이고, '이(그)후에'(meta tauta)가 원래의 본문이라고 추정한다.[16] 그럴 가능성이 있는 게 사실이지만, 확정적으로 단언하기는 어렵다. 누가가 성령 강림을 시발점으로 종말이 시작되었다고 보지 않았을 것이

---

15 참고. 이 차이에 관한 설명, Aaron Kuecker, *The Spirit and the 'other': Social Identity, Ethnicity and Intergroup Reconciliation in Luke-Acts*(London: T&T Clark International, 2011), 120–122.

16 E. 헨헨, 『사도행전 I』, 287. 이 표현에 관한 사본문제 논의: '이(그) 후에'(meta tauta)로 기술된 누가 본문이 나타나는 사본: B 076 cop^{sa}. Cyrille de Jérusalem 등등. '마지막 날에'라는 표기가 원래의 누가 것이라는 주장은 예컨대, 브루스 M. 메츠거, 『신약 그리스어 본문 주석』 제2판, 장동수 역(서울: 대한성서공회 성경원문연구소, 2005), 247.

라는 점에는 동의할 수 있다. 그러나 누가가 '엄밀하고 정확하게' 바로 '이 시점'이 종말의 시작이라 지시한 것이 아니라, 자신이 살고 있던 이 시기, 아니면 예수 탄생과 활동 시기를 포함한 포괄적 '현시대'가 '마지막 시대'라고 인식했다면 이런 표현이 원래 누가의 표현이 아니었다고 단정할 수는 없다. 오순절 성령 강림한 바로 그날이 곧 종말이 시작된 날이라고 보는 시각에 대한 비판이라는 점은 수긍할 부분이 있다. 하지만 성령 강림이 종말시기가 도래했음을 밝히는 일종의 표지가 되고 있다는 것으로 이해할 수 있다는 뜻이다. 성령 강림이야말로 종말 시기에 관한 넓은 의미의 표시가 될 수 있다는 것이다.

그렇게 본다면, 누가가 요엘서를 의도적으로 바꿔놓음으로 그의 시대인식, 즉 예수 전후의 상황이나 교회 태동의 전후 상황이 '마지막 날'에 속한다는 종말론적 시간 해석에 투철했음을 이해할 수 있다. 저자가 요엘서의 예언이 '성취'되는 것으로 오순절 사건을 파악한다는 것은, 자신이 새롭게 기록하는 '교회'의 역사가 이스라엘의 역사와 연결된다는 이해를 가졌다는 것을 뜻한다. 그런 '연결'의 이해는 구약 역사와 기독교 역사의 연속성에 관한 집중, 곧 교회가 유대교의 유산을 계승한 정당하고 적법한 존재라는 인식을 표시하는 것이다. 이렇게 누가의 종말인식은 유대역사의 '연장'과 그 '끝'이라는 이해와 맞닿게 된다. '종말'은 어떤 '지속과 연장'이 중단되거나 끝장난다는 뜻을 갖고 있기 때문이다. 요컨대, 요엘서의 인용을 통해 누가는 유대역사와의 '계속성'을 추구하며, 인용의 '마지막 날'이라는 표현을 통해 그 '계속'의 어느 한 '끝 시간'을 지칭하고 있는 셈이다.

2) 사도행전과 요엘서의 또 하나의 차이, 즉, 요엘서의 내용과 그것을 인용하는 누가의 서술상의 차이 중 두드러진 것은, 사도행전 2:18에 저자가 삽입하고 있는 '예언하다'란 동사다. 이 차이가 아마도 누가의 요엘서 인용의 이유를 밝히는 열쇠가 될 수 있을 것이다.[17] 곧, 요엘서에는 '예언

17 Robert P. Menzies, *The Development of Early Christian Pneumatology with*

하다'는 언급이 한 번(욜 2:28) 나타나는 데 반해, 사도행전은 이 언급을 한 번 더 반복하여 두 번 등장시킨다.(17, 18절) 이것은 사도행전이 오순절 사건이 갖는 '예언적 성격'을 강조하여 부각시켰음을 뜻한다. 특히 누가가 요엘서에 "그들이 예언할 것이다"(행 2:18)란 말을 삽입하여 첨가했다는 점은 각별한 관심을 끈다.[18] 이것은 '성령'과 '예언' 그리고 '선포', 곧 성령과 '말씀'의 관계를 좀 더 환기시키는 표현이요 관심이라 할 만하다.

이 구절에서 분명히 드러나듯, 사도행전에서 성령은 우선적으로 '예언의 영'으로 이해된다. 이 문제에 관해 큰 이견은 없다. 다만 '예언의 영'이란 개념을 어떻게 파악하느냐의 차이가 있을 뿐이다.[19] 이를테면, 이 개념을 일반적 의미와 특수한 의미의 두 가지로 나눠서 고려할 수 있다.[20] 즉, 단순히 요엘서에만 국한된 것이 아니라 구약 전체에 나타나는 '성령' 관련 약속과 관련된 것으로서, '영감 받은 말씀'과 같은 일반적 의미의 '예언'과 연결된 '성령'으로 이해하는 가능성이 있을 수 있다. 아니면, 좀 더 좁은 의미의, 특수한 은사로서의 '예언'을 하는 '성령'으로 이해할 수도 있을 것이다. 아마도 여기 본문이 말하는 '예언'은, 좀 더 일반적 의미를 갖는 영감의 주체로서의 '성령'이 말씀하게 했던 것으로 보아야 할 듯하다. 즉, 은사로서의 미래에 대한 예언이 아닌 '감화받은 말씀'을 뜻하는 일종의 선포로 보아야 한다는 것이다. 누가에게 성령은 '말씀 선포'와 관련이 있으며,[21] 그런 뜻에서 본질적으로 '예언의 영'이라 부를 수 있다. 또 성령

Special Reference to Luke-Acts(Sheffield: Sheffield Academic, 1991), 224-227.

18 *Ibid.*, 221, 224.

19 유상현, 『바울의 제3차 선교여행』(서울: 대한기독교서회, 2011), 79-80.

20 Max Turner, "The Spirit and the Salvation in Luke-Acts," in *The Holy Spirit and Christian Origins*, Festschrift for J. D. G. Dunn, ed. by G. N. Stanton, B. W. Longenecker & S. C. Barton(Grand Rapids: Eerdmans, 2004), 111-112.

21 François Bovon, *Luke the Theologian*, 2nd rev. ed.(Waco: Baylor Univ. Press, 2006), 247, 270-271; Eduard Schweizer, "πνευμα," in *Theological Dic-*

이 활동하고 있음을 입증하는 일종의 표지로서 누가는 어떤 다른 놀라운 이적이나 치료, 또는 자연기적과 같은 사건을 제시하지 않고, '방언과 예언' 같은 언어와 관련된 이적을 드러내고 있다는 점은 이런 뜻에서 의미가 깊다. 그렇다고 해서 성령이 일반적인 기적현상과 전혀 무관하다거나, 능력의 주체로서의 그 위상을 간과하는 것이 아니다. 기적은 성령이 활동한 결과이고, 그로부터 기적적인 능력이 비롯된다는 점을 부정하기는 어렵다.[22] 그렇지만 가장 뚜렷한 성령의 활동은, 설교와 예언, 말씀의 선포, 선포의 능력 부여 등, '말씀'과 긴밀히 연관되고 있다는 점을 강조할 필요가 있다.[23] 누가가 성령과 말씀의 증언이나 소통을 연결짓는 여러 표현들(행 2:18, 4:8, 6:10, 10:46, 11:24 등)은 이 점을 확인시켜준다.

이와 같이 본문에서 구약의 인용을 마친 다음 누가가 덧붙인 말, '그들이 예언할 것'이라는 첨언은 성령이 말씀의 소통으로서의 선포로 사람을 이끌고 있다는 점을 다시 환기시킨다. 이미 마르그라가 적절히 지적했듯이, "성령은 황홀경으로 사람을 이끌지 않으며, 그보다는 말씀의 소통으로 이끈다"[24]는 것이다. 이런 모습은 앞으로 고넬료 가정을 묘사할 경우에나(행 10:46), 에베소 성령 강림의 경우(행 19:6) 등에도 마찬가지로 나타나게 될 것이다. 과연, "성령의 선물은 소통 가능한 말씀이다."[25] 이렇듯 성령의 활동은 본질적으로 말씀의 활동이다. 그래서 오순절 성령 강림은, '예언'을 하게 되는 사람들인 기독교인들을, 이제 예언자의 전통 선상에 위치시키게 된다. 따라서 오순절 성령 세례를 통해 모든 기독교인들은 '예

---

tionary of the New Testament, vol. IV, ed. by G. Kittel & G. Friedrich(Grand Rapids: Eerdmans, 1968), 406.

22 François Bovon, *Luke the Theologian*, 242–243.

23 유상현, 『바울의 제3차 선교여행』, 81.

24 Daniel Marguerat, *The First Christian Historian: Writing the 'Acts of the Apostles,'* tr. by Ken McKinney et al.(Cambridge: Cambridge Univ. Press, 2004), 119.

25 *Ibid.*

언자들'이 되는 것이다. 이를테면 예언운동의 기독교화, 또는 예언운동의 보편적 확대로 해석될 수 있는 측면을 보인 셈이다.

3) 사도행전이 요엘서 내용에 덧붙인 것은, 사도행전 2:19에서도 발견된다. 누가가 '위로(anō), 아래로(katō), 표적들을(sēmeia)'이란 단어들을 첨가했음을 알 수 있다. 특히 '표적'이란 말을 덧붙임으로, 베드로가 22절에서 "하나님께서 그(예수)를 통하여 능력과 이적과 표적을 여러분들 가운데서 행하셨습니다."라고 한 발언 속의 '표적'과 상응하게 만든다. 그렇게 하여 '오순절 사건 → 표적 → 예수'로 이어지는 기독론적 논의의 전후를 이어가게 만드는 누가의 배려가 드러난다. 즉, 베드로는 오순절 사건을 설명하면서 요엘서를 인용하는데, 이것은 이 사건이 요엘이 말하는 종말적 '이적'(욜 2:30)으로 파악할 수 있다는 점을 보여주기 위해 거론했다는 것이다. 이러한 요엘서의 '이적' 언급을 베드로는 자기 설교 가운데 '예수가 행한 능력, 이적, 표적'이라는 표현 속에서 이어받는다. 그래서 예수의 행적이 요엘서의 종말적 이적과 동질적 연관성을 갖고 있다는 것을 나타낸다. 그렇게 표현된 예수의 '능력, 이적, 표적'을 좀 더 확실히 강화시키고, 구약과의 연관에 입각한 그의 정당성을 공고히 하기 위해 저자는 요엘서를 인용하면서 '표적'이란 용어를 삽입시킨다. 이것은 오순절 사건에 대한 설명을 요엘서를 통해 달성하는 동시에, 예수의 역할, 또는 위상을 '표적'이 첨가된 요엘서 인용을 통해 강화시키는 작용을 하는 것이다.

이처럼 누가가 요엘서를 인용하며 변화시킨 내용들을 검토하고, 그의 서술이 갖는 의미를 짚어보았는데, 한 가지 덧붙이면, 여기 언급된 것들 이외에 흥미로운 사항이 하나 더 있다. 즉, 누가가 요엘을 그대로 인용한 부분들 중, 19절의 '피와 불과 연기'에 관한 묘사나 20절의 '해가 어둠으로 바뀌고 달이 피로 변한다'는 표현은 관심이 쏠리는 구절들이다. 이 말이 종말에 발생할 우주적 격변을 묘사하는 문장임이 사실이지만, 그것이 문자 그대로 현실화되어 나타나거나 실현된 것은 아니라는 점에서 '해석'의 개입을 요청하게 된다. 요엘서에 기록된 '성령의 부어짐'은 문자 그대로 오순절에 실현된 것으로 볼 수 있다. 하지만 같은 요엘서 인용구 중에서 19-20절의 이런 종말 관련 묘사들은 '문자적'으로 현실화되지는 않았다. 그렇다면 그 말은 예언의 '오류나 미(未)발생'으로 파악하기보다는 '다른 방식'의 '해석'을 필요로 하는 구절로 남게 된다. 이를테면, '피와 불과 연기' 관련 이미지와 '해, 달'이 '어둠, 피'로 변하는 모습들은, 비록 그것들이 정확하게 같은 방식으로 나타나지 않았지만, 초현실적 현상으로 이해될 수 있다는 측면에서 오순절 성령 강림 시에 나타난 사도행전 2:2-4의 '바람, 소리, 불, 언어' 등의 기적적 현상들을 불러올 것이란 점을 은유적으로 가리키고, 시청각적으로 환기시키는 것으로 '해석'할 수 있을 것이다.

3) 요엘서 인용의 목적과 효과

(1) 인용 목적

누가는 베드로의 설교 속에 요엘서를 인용함으로 베드로 발언의 내용을 풍부히 하고, 그 깊이를 더하는 결과를 낳는다. 그렇다면 여기서 누가가 베드로를 통해 요엘서를 인용한 목적은 무엇인가? 헨헨이 지적한 대로,[26] 인용된 요엘서에는 방언에 관해 아무 언급도 하고 있지 않다는 점에 비추어 볼 때, 그 인용 목적을 방언의 기적을 설명하기 위한 것으로 국한하여 보기는 어렵다. 여기 나타난 요엘서 표현에 의하면, 이 인용이 '방언'이란 특정 현상을 설명하기 위한 목적으로 제시된 것이라 할 수 없다. 물론 방언을 '성령의 감동을 받은 종들의 종말 시 예언'으로 확대시킬 경우, 이 인용이 방언에 관한 해명도 될 수 있다고 주장할 수는 있다. 하지만 요엘 인용구를 엄밀하게 살피게 되면 그렇게 보는 데 다소의 무리가 따른다. 그보다는 '오순절 사건'의 일반 상황, 즉 방언과 기적과 사람들의 경이적

---

26 그는 베드로 설교가 '언어 이적'이 아닌, '군중의 비방'과 결부되었다고 본다. E. 헨헨, 『사도행전 I』, 298. 그러나 그도 요엘서 인용을 통해 누가는 예언 현상과 방언 현상을 동일한 것으로 간주하여, 오순절 사건을 이미 이뤄진 예언이 달성된 것으로 정당화하고 있다고 본다. *Ibid.*, 299-300.

반응 등을 포함한 '전체 모습들'을 요엘서를 근거로 설명하고 있다는 점을 지적할 수 있다. 다시 말해, 베드로의 관점에서, '지금 벌어진 일련의 이 현상들'은 야훼의 영이 부어지는 상황을 뜻하는 것이며, 따라서 오순절에 목격된 사건들은 요엘서 예언들을 통해 이미 예언된 것들이 나타나는 것이라는 '사건 해석'을 하고 있는 것이라 이해될 수 있다. 그렇게 '오순절 사건'을 구약을 동원하여 설명하고 있으며, 그 요점은 이 현상이 바로 성령 강림에 수반되는 기적의 현현이라는 '해석'인 것이다.

(2) 인용의 효과와 시사점: 포괄성, 만인 예언자

위와 같은 목적으로 요엘서가 인용되었다면, 구체적으로 이 인용에 담긴 의미는 무엇인가? 그것은 요엘서 내용이 갖는 특징 중에서 찾을 수 있다. 그중 가장 두드러진 특색은 이 인용구들 가운데 반복적으로 등장하는 '포괄적 보편성'에 관한 언급이다. 이런 측면에서 주목할 표현들이 몇 개 있다. 이는 "내가 나의 영을 '모든 육체 위에' 부어줄 것이다."라는 말에서 찾을 수 있다. 이 구절에서 '모든 육체'란 표현을 누가가 과연 어떤 의미로 사용했는지에 관한 논의가 있을 수 있다. 이 말을 좁은 뜻의 '이스라엘의 자녀들', 곧 '유대인들'만을 지칭한 것인지, 아니면 좀 더 넓은 의미의 '보편적 인간들'을 염두에 두고 기술한 것인지를 단정적으로 말하기는 쉽지 않다.[27] 하지만 누가의 오순절 사건 묘사 본문이나, 베드로 설교 속에 산재한 다양성, 보편적 의미의 표현들을 두루 감안하면 이 뜻을 유대인들에게만 제한하기는 어렵다.[28] 특히 여기 이 '모든'이란 개념을 설명하면서

---

27 이에 관한 논의, Albert Kaumba Mufwata, *Jusqu'aux extrémités de la terre* (Paris: Gabalda, 2006), 52-54.

28 앞서도 언급했듯이, 이곳에서 보편적 '모든 인간'을 미리 얘기하면 고넬료 일화 중 베드로가 행 10:35에서 터뜨리게 될 보편적 인간을 향한 구원의 개방성 관련 발언의 극적 효과가 감소될 것이라는 점에서 '모든 육체'가 '유대인'만을 뜻한다고 보는 헨헨의 지적(E. 헨헨, 『사도행전 I』, 288)은 온당해 보이지 않는다. 물론 행 10장도 '보편'을 향한 중요한 변환점이 되는 게 사실이다. 하지만 여기 오순절

요엘서는, "너희의 아들들과 너희의 딸들은 예언할 것이요, 너희의 젊은 이들은 환상을 보고 너희의 늙은 사람들은 꿈을 꿀 것이다."라고 부연한다. '아들들, 딸들, 젊은이들, 늙은 사람들'이란 표현은 성별, 연령별 차별을 배제하는 '보편성', 곧 문자 그대로 '모든 사람들 전체'를 포함하는 인간에 관한 포괄적, 보편적 표현 자체를 뜻한다. 이런 포괄성은 "나의 영을 나의[29] 남종들과 나의 여종들 위에 부어줄 것이니 그들이 예언할 것이다"(18절)라는 구절에서도 '남종들, 여종들'에 적용된다. 성령의 강림을 겪고, 예언하게 될 '종들', 곧 예언자의 대상이 '모든' 사람들에게 확대되는 상황을 그리고 있는 것이다. 여기 인용된 요엘서의 보편적 성격은 21절의, "누구든지[30] 주님의 이름을 부르는 사람은 구원을 받을 것이다."라는 표현에서 그 정점을 보여준다.

이 구절을 정리하면 하나님의 영을 '모든 육체' 위에 부어준다 하면서, 그들이 '예언, 환상, 꿈꾸기'를 경험할 것이라 한다. 그러고는, '남녀종들' 위에 '그의 영을 부어준다'는 말도 덧붙인다. 그렇다면 그의 영이 부어진 모든 사람은 결국 남녀종들이 된 것이고, 그들이 예언할 것이라 했으니, 결국 '모든 육체'는 하나님의 '남녀종들'이요, 모두가 '예언자들'이라는 등식이 성립되는 것이다. 이를테면, 앞의 항목에서 언급한 대로, '모든 자'의 '예언자화'(化)를 표현하고 있는 것이며, 이리하여 구약적 예언자 전통의 특수함이 보편의 길로 넘어서고, 예언자로 불려 뽑힌 선별의 독특함이 일반적 '모든 육체'에 적용됨으로 특수에서 보편으로의 획기적 전환을 보게

설교도 새 시대를 향한 '마당 열기'라는, '첫 무대'의 중요한 뜻이 담겨 있음을 감안하면 극적 효과가 고넬료 경우에만 집중될 이유는 없다.

29 요엘서에는 성령이 부어질 대상을 그저 '남녀종들'이라 표현한다. 그런데 이를 누가는 '나의' 남종들, '나의' 여종들이라 표현함으로 하나님이 자신의 종들에게 보여주는 친밀성과 그들의 소속감, 또 하나님과 그들과의 연대 그리고 직접적 관련성을 확실하게 보인다.

30 이것을 달리 번역하면 '주님의 이름을 부르는 모든 사람(pas)은 구원을 받을 것이다'로 할 수 있다.

된다는 것이다. 게다가 주의 이름을 부르는 '모든 자의 구원'이라는, 구원의 보편적 적용에까지 지평이 확대되는 마당에 이르러서는 그 포용성의 구도가 놀랍도록 커지게 됨을 발견한다. 이것은 누가-행전이 지향하는 '특수-보편'의 변환 도식이 매우 극적으로, 그리고 엄청난 의미의 하중(荷重)으로 표현되는 것이라 평가할 만하다.

그러나 누가의 핵심이 이러한 '구원의 보편적 확대'에 모아진 것은 아니다. 물론 구원이 '택한 백성에 속한 자, 이스라엘의 계약에 머문 자'들이란 특수의 영역을 벗어나 '모든 자'에게 확대된다는 점에 저자의 강조점이 실려 있는 것도 사실이다. 그러나 그 보편적 확대는 어떤 전제와 한계 안에서 이뤄진다. 바로 '주의 이름을 부르는 자들'에게 적용된다는 전제다. 이런 전제가 기독교적 메시지의 핵심이고, 그 핵심은 요엘서의 이 구절 묘사를 의도적으로 물려받아 설명된다. 그래서 베드로의 예수에 관한 설교인 사도행전 2:23 이하의 메시지는 요엘서의 내용을 이어가게 되는 것이다. 그리하여 '주의 이름', 곧 '예수의 이름'을 부르는 자들이 구원받는다는 기독교적 메시지가 명확하게 제시되는 것이다.[31] 이후로 사도행전의 등장인물들은 이 '이름으로' 구원을 받고(행 4:12, 10:43, 22:16), 이 '이름으로' 세례를 받으며(행 2:38, 8:16, 10:48, 19:5), 이 '이름으로' 치료를 행하고, 받게 된다.(행 3:6, 16, 4:10, 30, 16:18, 19:13)

그런데 누가가 계승하는 구약적 '주의 이름' 관련 언급들은 이스라엘 전통에서 매우 특수한 의미를 지닌다. 유대적 전통에서 '이름'이란 어떤 특정 인물을 지시하거나 인격의 실체를 대표할 때 사용되는데, 특히 하나님과 관련하여 이름이 거론될 경우, '그의 이름을 영화롭게 한다'는 표현을 쓴다면, 그것은 '그분 자신을 영화롭게 한다'는 말과 같은 의미를 갖는

31 여기 '주님'이 예수를 의미한다는 것은 의문의 여지가 없다. 베드로의 오순절 설교 말미에, "여러분들이 십자가에 못 박은 이 예수를 하나님께서 주님과 그리스도로 만드셨습니다"(36절)라고 단정할 뿐 아니라, 누가의 다른 글들을 통해서도 명백히 드러난다. 눅 1:43, 2:11, 5:12, 6:46, 행 1:6, 4:29, 9:14, 22:16.

다고 한다.[32] 그런 뜻에서 '이름'은 어떤 인물의 실체, 권위와 인품, 그가 가진 인격 전체를 지시하는 것으로 이해될 수 있다.[33] 이렇게 누가는 '주의 이름'을 언급하는 데서부터 벌써 예수의 신적 역할과 위치, 기독론적 집중을 노골화하고 있는 셈이다.[34]

주의 이름을 '부르는 자'라 할 때 이 '부르다'는 말은 그의 이름을 되뇌고, 그의 존재를 명목상으로 인정하여 호명한다는 뜻이 포함될 것이다. 하지만 거기에 더하여 사도행전 9:14, 21, 22:16에서 보듯, 예수를 향한 적극적 '추구와 간청'이 담겨 있는, 어찌 보면 '절박한 구조요청'과 같은 실존적 '예수 찾기'의 부름이 그 말에 덧붙여져 있다고도 볼 수 있다.

3. 그리스도의 죽음과 부활 논증(행 2:22-32)

이미 지적했지만, 누가는, "그러나 누구든지 주님의 이름을 부르는 모든 사람은 구원을 받을 것이다"(행 2:21)라는 인용구를 통해 예수를 소개하는 도입의 실마리로 삼고, 22-36절에 이어지는 기독교 복음을 언급하게 된다. 이를테면, 요엘서를 인용해서 오순절 사건에 관한 '설명의 근거'를 삼음과 동시에, 기독교 '복음 선포의 근거'로 삼기도 하는 이중적 의도를 달성하는 것이다.

누가가 전하는 기독교적 메시지의 본질은 21절의 그 '주님', 곧 예수라는 인물에 관한 해명이다. 그 해명의 요지는 이렇다. 즉, '하나님께서 예수를 증언하셨고, 그를 통해 기적을 베풀었으나, 무법자들이 그를 못 박아

---

32 John A. Ziesler, "The Name of Jesus in the Acts of the Apostles," *Journal for the Study of the New Testament* 4(1979), 28.

33 유상현, 『바울의 제3차 선교여행』, 112.

34 Cf. David G. Peterson, "The Worship of the New Community," in *Witness to the Gospel: The Theology of Acts*, ed. by I. H. Marshall and D. G. Peterson (Grand Rapids: Eerdmans, 1998), 373-396, 특히 381.

죽였다. 그런 그를 하나님께서 살리셨는데, 이에 관해 다윗이 예언했으며, 우리가 이 일에 증인이다'라는 것이다. 이 설명은 예수의 지상 삶에 관한 소개, 곧 그의 활동이나 인격에 관한 다채로운 일화, 얘깃거리를 말하지 않는다. 오직 그의 '죽음과 부활'에 관한 것만을 언급할 뿐이다. 예수를 해명하는 유일의 접근방식, 그의 존재 이유와 본질을 바라보는 단 하나의 창구는 '죽음-부활'이란 관점밖에 없다는 사실을 저자는 베드로 설교를 통해 드러낸다. 그만큼 누가만이 아닌 초기 교인들에게 예수의 부활이란, '결정적' 의미를 지닌, 그의 정체를 규명하는 고갱이요 정수(精髓)라 할 수 있다. 이 점은 이 설교가 사도행전 중 처음 등장하는 '첫 선교 설교'라는 점에서, 누가의 복음 중 핵심을 드러내며, 동시에 초기 기독교 케리그마의 본질을 보여주는 증거라 말할 수 있다.

이렇게 볼 수 있다면, 누가는 예수의 '죽음과 부활'이란 관점을 통해, 요엘서의 예언을 '재해석'하고 '현실화'시키고 있는 것이라고 말할 수 있다.[35]

누가는 베드로의 본격적 복음 선포, 곧 예수의 수난, 죽음에 관한 초기 교회의 핵심적 선포(22-24절)를 시작하게 한다. 그것은 달리 말해 설교가 갖는 '예수에로의 집중'을 의미한다. 베드로의 오순절 설교에서 이 같은 '예수 집중'이 나타난다는 것은 '예수'에 관한 지칭, 또는 언급의 다양성이 되풀이 등장한다는 점(행 2:22, 23, 32, 36 등)에서 입증된다. 베드로의 선포 대상은 실제의 청중을 상정하여 '이스라엘 사람들'로 지칭한다. 설교 대상을 흔히 '민족적 정체성'으로 규정되는 '유대인'이란 일반적 호칭으로 부르지 않고, 소위 '종교적 정체성' 규정의 방식으로 이해되는 '이스라엘인'이란 명칭으로 부르는 것이다. 사실 '유대인'과 '이스라엘인'의 의미에 관한 논의는 분분하다. 제임스 던이 이 문제를 잘 정리하고 있다.[36]

---

35 Marcel Dumais, *Le language de l'évangélisation: l'annonce missionaire en milieu juif(Ac 13:16-41)*(Tournai: Desclée & Cie, 1976), 121.

36 제임스 던, 『예수와 기독교의 기원』(*Jesus Remembered: Christianity in the Making*, vol. 1) 상권, 차정식 역(서울: 새물결플러스, 2012), 367-369.

그에 의하면, 'Ioudaios'란 말은 원래 '유대지역(Ioudaia) 출신 사람들(Judean)'이란 뜻으로 시작되었다고 본다. 그러다가 기원전 2세기 마카비 시대 이후 그 뜻이 '유대지역민'에게만 국한되지 않고 '비유대지역민'들도 이 호칭을 얻어 결국 '유대인'(Jew)이란 의미로 활용되었다고 한다. 그렇게 널리 쓰이게 된 '유대인'이란 말은, 유대인이 여러 '다른 백성들 사이'에서 지칭되는 '일반적 민족들 중 하나의 민족'이란 뜻으로 통용되는 자칭, 타칭의 말이 되었다. 이에 비해 '이스라엘인'이란 말은 '자기들 사이에서' 스스로를 긍정적으로 표현하는 자신들의 지칭이라는 것이다. 복음서에서 예수를 '유대인의 왕'이라고 빌라도가 표현하지만 대제사장들은 '이스라엘의 왕'이라 칭하고, 바울이 '유대인과 헬라인'이라고 전 인류를 범주화하여 규칙적으로 언급하나, 자기 자신은 '이스라엘 사람'이라 말하기를 선호한다는 점이 이를 예시한다는 것이다.(행 21:39, 22:3에서, 바울의 '유대인' 자칭은 누가의 서술) 요컨대, '유대인'은 관중의 관점이지만 '이스라엘인'은 참여자의 관점이라는 것이다. 이런 이해에 걸맞게 누가의 베드로는 자신의 청중을 '이스라엘 사람들'이라 부른다.

> 이스라엘 사람들이시여 이 말을 들으십시오. 여러분들도 아시는 바와 같이, 하나님께서 한 사람, 나사렛 예수를 증언하셨습니다.[37] 하나님께서 그를 통하여 능력과 이적과 표적을 여러분들 가운데서 행하셨습니다.(행 2:22)

위의 선포에서 예수를 소개하면서 '나사렛 예수'[38]라는 지칭을 한다. 이런 표현에서 '지상적 기독론'이나, '고저(高低) 기독론적 대비'와 같은 과

37 만일 본문을 능력, 이적, 표적 등을 수단으로 하여 하나님이 예수를 너희에게 증언하셨다고 이해한다면, "하나님께서 한 사람, 나사렛 예수를 능력과 이적과 표적을 행하심으로 그를 증언하셨다"고 이해될 수 있다.

38 이것은 '나사렛이라는 지역 출신의 예수'를 일컫는다.

도한 신학적 해석을 끄집어 낼 이유는 없다. 하지만, 그럼에도 '주님, 그리스도 예수'라는 이른바 '고등 기독론'적 호칭으로 예수 관련 발언을 시작하지 않았다는 점은 지적할 필요가 있다. 이를테면 '나사렛'이란 세계의 한 구체적 공간에서, '육체'를 지니고, 지상적 존재로 인간과 관계 맺고, 인간 속에서 살다간 예수의 어느 차원을 '나사렛 예수'라는 표현이 상기시키고 있다는 정도의 이해는 가능하다. 게다가 '나사렛 예수'라는 지칭 옆에 "한 사람"(anēr)이란 표현을 덧붙이고 있다는 점은 그러한 이해를 뒷받침하는 한 가지 사례다.[39]

마침 베드로가 설교를 마무리짓는 끝부분 36절에서 "여러분들이 십자가에 못 박은 이 예수를 하나님께서 주님과 그리스도로 만드셨습니다"라고 말하며 예수를 '주, 그리스도'란 개념으로 묶어 정리하는데,[40] 이 점에서 설교 시작 부분의 '나사렛 예수'란 표현을 주목하는 것은 의미가 있다. 누가의 베드로는 '나사렛 예수'로 그를 소개하기 시작하여 '주님, 그리스도 예수'로 설교를 마치고 있다는 것이다. 이것은 우연히 나타난 표현이라기보다는 의도가 작용한 일종의 배치로 보아야 할 것이다.

인간으로 지상의 특정 공간 '나사렛'에서 태어나신 그 예수를 하나님이 '증언하셨다'는 것이다. 우리가 22절 본문을 "하나님께서 한 사람, 나사렛 예수를 증언하셨습니다.[41] 하나님께서 그를 통하여 능력과 이적과 표적을 여러분들 가운데서 행하셨습니다."라고 번역했는데, 만일 이 구절을 '예수의' 능력, 이적, 표적 등을 수단으로 하여 '하나님이 그를 저희에게

39 바레트는 여기서 '선재론'이나 '성육신론' 등의 소위 발전된 '고등 기독론적' 이해를 갖지 않았던, 누가 기독론의 '출발점'으로 이 구절을 이해한다. Charles K. Barrett, *A Critical and Exegetical Commentary on the Acts of the Apostles*, vol. I(Edinburgh: T&T Clark, 1994), 140–141.

40 여기서 우리가 단락의 단위를 32절까지 끊었지만, 본격적 기독교의 케리그마는 행 2:22에서 시작하여 행 2:36까지 이어진다.

41 'apodedeigmenon'(증명하다, 입증하다, 정당화하다, approved, displayed, attested, accredited).

증언하셨다'고 본다면, '하나님께서 한 사람, 나사렛 예수가 능력과 이적과 표적을 행하게 하셨다. 그렇게 하게 하심으로 그를 증언하셨다'라는 말이 된다. 그리하여 '나사렛 예수'는 '주님 그리스도'가 되신 것이고, 그렇게 되도록 하나님이 만드신 것이다.(36절) 요컨대 예수가 하나님의 인정, 보증을 받고, 그로부터 그의 존재의 의미를 승인받음으로 예수의 정당성이 확보되고, 그의 본래적 가치가 증명되었다는 점을 말하고 있다.

본문은 예수의 능력("능력과 이적과 표적"), 곧 기적을 행하는 그의 권세를 인정하고 전제한다. 그리고 그런 능력이 하나님께로부터 비롯됐다는 점을 말한다. 그래서 예수의 권위와 더불어, 그의 신적 기원에 관한 진술을 복합적으로 펼치고 있는 셈이다. 그런데 이런 묘사에서 두드러지는 것은 '능력과 이적과 표적'이 직접 성령과 연관되어 제시되지 않고 있다는 점이다. 오순절 성령 강림의 설교 국면에서 이적을 성령과 결부시키지 않고 있는 것이다. 성령이 이적을 일으키는 주체로 나타나지 않고 있다는 점은 누가 성령론의 중요한 특징 중 하나임은 알려진 바다.[42] 그보다 누가의 성령은, 위에서 이미 지적됐듯이, 말씀을 전하게 하고, 말씀과의 관련 아래 그 활동의 본질이 드러난다.

결국 이 구절에서 중요한 포인트는, 예수가 기적을 이루신 분이라는 주장이다. 비록 그것이 하나님의 배후 작용에 근거하지만, 예수는 기적의 주체다. 이 점은 누가가 극히 관심을 갖고 있었던 것인데, 기독교 태동 초기부터 지중해 연안 각지 사람들을 놀라게 했던 지도자들의 '이적과 기사'가 어떤 종교적 영웅이나 위대한 영감자들이 이룩한 업적이 아니라는 것이다. 모든 기독교적 기적은 바로 그리스도가 이룩하신 활동 결과이며, 또한 그것들이 부활하신 분의 임재의 표시였음을 입증한다는 것이다. 이와 같은 예수의 기적 행위를 유대인들이 이미 알고 있다는 점("여러분들도 아

42 E. 슈바이처의 결론은 누가는 성령의 활동이 기적과는 관련 없고, 배타적으로 예언자적 설교에 한정하고 있다고 봄. Eduard Schweizer, "Πνευμα," in *Theological Dictionary of the New Testament*, vol. VI, 407.

시는 바와 같이")을 환기시킴으로 그의 신적 권위에 관한 '인정'이 '하나님, 유대인들' 모두가 나누고 있는 인식임을 확인한다.

그런 예수가 못 박혀 죽었다는 것이다.

> 그는 하나님께서 정하신 뜻과 미리 아신 대로 넘겨진 것이었습니다만, (졌습니다.) 여러분들은 무법자들의 손을 통해 그를 못 박아 죽인 것입니다.(행 2:23)

누가는 예수의 죽음이 하나님의 '정하신 뜻과 미리 아신 그대로' 이뤄진 것이라고 인식한다. 예수의 죽음과 나아가 그의 부활이, 하나님의 '섭리와 예지'에 의해 집행됐다는 것이다. 그리스 세계에서 '운명'[43]이 작동된 것으로 이해될 그런 '사건, 움직임'은 누가에게 '하나님의 뜻'에 의해 집행된 것으로 해석된다. 그러면서 그의 죽음에 관해, 베드로는 '여러분들'(이스라엘인들)이 그를 못 박아 죽였다고 말한다. 그것이 '무법자(無法者)들의 손'을 통해서였긴 했지만 예수를 죽인 주체는 '여러분들'이다. 여기 '무법자'는 당연히 '율법 없이 사는 이방인', 그 중에도 '로마 군인들'을 가리킨다. 이런 서술은 누가가 앞서 기록한 자신의 복음서 기록(눅 23:23 이하)과는 미세한 차이가 있다. 거기에는 예수 죽음에 관해 '일차적' 책임을 지고, '직접' 관여한 것은 유대인이다. 로마인 병사들은 좀 더 뒤쪽의 누가복음 23:36에서야 등장한다. 누가복음서 기록을 통해서도 여기 본문의 '로마인들의 손을 빌려 예수를 죽였다'는 말이 크게 보아 오류로 간주되기는 어렵다. 하지만 그렇다고 누가-행전이 '정확하게' 일치되는 표현을 하고 있다 말하기도 어렵다.

여하튼, 궁극적인 예수 죽음의 책임은 유대인들에게 돌려진다. 어쩌

---

43 그리스 문화와 종교에서의 '운명'(tuchē)에 관한 매우 복잡하고 다양한 이해에 대하여, Craig S. Keener, *Acts: An Exegetical Commentary: Introduction and 1:1-2:47*, vol. 1, 927-932를 참고.

면 '반유대적'인 날카로운 책망, 또는 책임추궁으로 들릴 수 있는 표현이다. 그러나 누가의 베드로는 여기서 '선교 설교'의 대상으로 마주보고 말하고 있는 유대인들을 향해, 직접적으로 그들을 탄핵하거나 공격하는 어조를 보이지 않는다. 같은 '선교 설교'지만 비시디아 안디옥의 회당에서 행해진 사도행전 13장의 바울 설교는, 그 청중들인 디아스포라 유대인들에게 예수 죽음의 책임을 직접 묻지 않는다. 다만 일반적인 '죄'에 관해 말하고(행 13:38-39), 현지인 아닌 '예루살렘의 주민들과 지도자들'(행 13:27)에 관해 말한다. 이에 비해 여기 베드로는, 예수 죽음의 현장인 예루살렘에서 행한, 예루살렘의 유대인을 향한 설교이기 때문에 그들의 책임에 관한 직접적 언급을 하지 않을 수 없었을 터이다. 그러나 다만 직접적이 아닌, 에두른 방식의 언급을 하고 있는 것이다.

사도행전 13장의 바울이 말한 예수 죽음의 책임 관련 논의에서 고려할 내용 하나는, 사도행전 13:27에서 바울이 전한 내용이다. 거기서 바울은 "예루살렘에 사는 사람들과 그들의 지도자들"(행 13:27)을 예수 죽음의 책임자들로 지목한다. 즉, 온 세상의 전체 유대인이 아니라 '예루살렘 주민과 지도자들'을 가리키는 것이다.[44] 이것은 예수 죽음에 관한 진술이 펼쳐지는 누가복음 23:13 이하의 기록과도 일치한다. 따라서 본문이 말하는 '여러분들'이란, 전체 유대인들, 남녀노유(男女老幼) 하나도 예외나 빠짐이 없는 '모든' 유대인 하나하나를 포함하는 '전체'를 지칭한다고 보기는 어려울 것이다. 그것은 그저 '일반적' 유대인, 통칭명사, 대표명사로서의 유대인을 가리킬 뿐임을 저자의 다른 글들을 통해서 확인할 수 있다. 다만 예수 죽음의 장소, 그의 죽음과 직, 간접적 관련을 가진 사람들이 살고 있는 '바로 그곳', 그리고 시간적으로 불과 얼마 지나지 않은 가까운 과거에 벌어진 그 사건에서, '예루살렘의 그들' 책임에 대한 지적을 피하기

44 Jon A. Weatherly, *Jewish Responsibility for the Death of Jesus in Luke-Acts* (Sheffield: Sheffield Academic Press, 1994), 83-84.

는 어려웠을 것이다. 그러므로 저자는, '예수 죽음의 책임은 유대인에게 있다. 그러나 모든 유대인에게 있는 것은 아니다'—라는 명백한 메시지를 주고 있는 것이다. 그렇지만 그 책임으로부터도 벗어날 길은 있다. 바로 회개의 기회가 남아 있다는 것이다. 본문의 강조점은 유대인의 책임에 대한 비난에 있지 않다. 다만 이런 인간들의 살해 행위를 극복하신 하나님의 부활 행위의 우월성을 증언하는 데 있다.[45] 게다가 유대인들에 대한 책망보다는 그들에 대한 용서(행 2:38)가 설교의 절정으로 제시되고 있음을 상기할 필요가 있다.

한편, 위와 같은 베드로의 발언은 이해하기 어려운 측면을 담고 있기도 하다. 즉, 예수의 죽음은 하나님의 '정하신 뜻과 미리 아신 대로' 이뤄진 것인데, 그것은 또한 '여러분이 그를 죽인 것'이기도 하다. 그렇다면 유대인들이 예수를 죽인 것은 이미 정해진 뜻대로, 예지된 그대로 집행되었다는 뜻이고, 그것은 예수 죽음과 유대인 책임의 결정론적 필연성에 관한 논의로 번질 수 있는 여지가 있다. 또한 '하나님의 정하신 뜻'과 '여러분이 그를 죽인', 그 '여러분의 뜻'과는 어떻게 조화될 수 있는가?[46] 예수 살해는 '하나님의 뜻'을 '여러분의 뜻'이 집행한 셈이 되는가? 만일 그렇다면 '여러분'은 '하나님의 뜻'을 이루게 만든 그의 '사역자들'로 이해해도 되는가? 이런 질문들은 미시적 단답(單答)의 형태로 제시될 수 없다. 인간의 자유의지와 하나님의 뜻은 어떤 방식으로 관계 맺을 수 있고 설명될 수 있느냐는 물음은 복잡한 논의가 필요하다. 인간의 임의(任意)와 자유에 의한 판단, 또는 그 집행도 결국 하나님의 거대한 섭리와 '허락' 안에서 이뤄질 뿐이라는 등의 사변적 신학논의로 확대 발전될 주제들이기 때문이다. 하

45 Daniel Marguerat, *Les Actes des apôtres(1-12)*, 90.

46 '하나님 뜻'과 '여러분의 예수 죽임', 이 두 사실의 관계 해명이 어렵다. 이 사실을 그저 옮겨 적고, 그것을 단지 일종의 '병치'(倂置)로 부를 수밖에 없는 측면이 있지만[예컨대, Ben Witherington III, *The Acts of the Apostles: A Socio-Rhetorical Commentary*(Grand Rapids: Eerdmans, 1998), 144-145], 그것은 '해명'이라기보다는 '동어반복'일 뿐이다.

지만 누가가 이런 논의들을 염두에 두고 이 글을 서술하지는 않았을 것이다. 저자는 다만 예수의 죽음이 하나님의 뜻 안에서 집행되었다는 사실과, 유대인들이 십자가에 못 박음으로 그를 처형시켰다는 사실, 이 두 사실들을 양자 사이의 논리적 관계에 대한 심각한 고려 없이 따로 말하고 있을 뿐이다.

이렇게 '못 박혀' 피살된 예수를 하나님께서 살리셨다는 것이다.

> (그러나) 하나님께서는 그를 죽음의 고통에서 풀어 살리셨습니다. 왜냐하면 그는 죽음에 잡혀 있을 수 없었기 때문입니다.(행 2:24)

'하나님이 예수를 살리셨다(일으키셨다, anestēsen)'는 선언은 초기 교회 선포의 중심을 형성한다. 베드로가 이 말을 토로함으로, 예수 부활 이후 기독교인들이 고백했던 신앙의 핵심을 지적한다. 저자는 이 점에 역점을 두어 사도행전 선교 설교 처음부터 높이 흔들 듯 선양한다. 사실 여기이 언급은 사도행전에서 '처음으로' 나타나는 '공개적 발언'을 통한 부활 선포다. 이미 앞에서 부활한 예수에 관한 언급들(행 1:3), 부활한 예수의 현현과 말씀(행 1:4-9) 등에 대한 서술이 있었지만 '설교'를 통해 예수 부활 사실을 공적으로 알리는 것은 이 구절이 처음이고, 따라서 예수 부활을 처음으로 선포하는 역할을 맡은 이는 베드로가 되는 셈이다. 이 구절에서도 언급되듯이 누가에게서 '못 박히심, 십자가 죽음' 등, 예수의 수난을 강조하여 상술하는 이른바 '십자가 신학'이 '부활 신학'보다는 덜 부각되고 있음이 사실이다. 그러나 이것은 그가 '예수 고난'을 무시하고자 함이 아니라 '부활'을 강조하려는 의도가 앞섰기 때문이다. 물론 누가에게서 예수의 죽음과 고난에 관한 언급 역시 적게 나타나는 것도 아니다.

예수의 부활이 예수 스스로가 자의, 또는 자력에 의해 이룩된 것이 아니라, 하나님이 이를 이루셨다는 점이 강조된다. 이런 '하나님 중심적' 부활논의는 누가에게 흔히 나타나긴 하지만, 그에게만 고유한 것은 아니다.

바울이 빌립보서 2:11, 갈라디아서 1:1, 로마서 10:9 등에서 이런 개념을 표현하는 것으로 보아, 이미 누가 이전 초기 기독교에 존재했던 이해를 그가 받아들인 것으로 볼 수 있다. 또 누가에게 이런 '하나님 주체'의 부활 이해만 있는 것은 아니다. 사도행전 10:41, 17:3에는 '예수 주체'의 부활 이해가 제시되기도 한다. 그렇다면 부활 주체는 하나님일 수도 있고, 예수일 수도 있다는, 즉 예수 스스로가 부활을 이룰 신적 능력을 가졌을뿐더러, 하나님과의 동등한 위격, 곧 예수의 신격에 관한 이해 역시 존재하고 있었음을 시사한다.

'죽음의 고통'이라고 말하는 누가에게서 죽음은 단순한 추상적 개념이 아니다. '통증'을 수반하는 아픔의 과정이다. 이 비슷한 개념이 구약에서 발견되고,[47] 특히 '죽음의 고통에서 풀다'라는 표현은 사무엘하 22:6(칠십인역, '지옥의 줄이 나를 두르고, 죽음의 올무가 내게 이르렀다')을 연상시키기는 한다. 하지만 그 개념을 수용하는 누가에게는 자신이 앞서 기록했던 복음서 서술 중에 절감했을 예수의 십자가 '고통'을 상기하며 이런 기록을 남겼을 가능성이 높다. 그렇다면 이 '죽음의 고통'은 구체적으로 무엇을 뜻하는가? 1) '죽음 자체'가 주는 고통을 의미하는가? 즉, 죽음과 고통은 동격으로 이해해야 하는가? 아니면 2) 죽음에 따르는, 죽음에 수반되는 고통을 말하는가? 아마도 이 둘을 분리하기는 어려울 것이다. 그 둘을 포함하는 고통, 죽음 주변에서 발생할 수 있는 '모든 고통'을 염두에 둬야 할 듯하고, 그것은 예수 고통의 극렬성을 돋보이게 하는 표현이 될 것이다. 여기서 '죽음의 고통에서 풀다'라든가, '죽음에 잡혀 있다'라는 등의 묘사가 등장하는데, 이것은 어느 의미에서 '죽음' 자체를 의인화하여 그 가공(可恐)스러움을 돋보이게 하는 표현이 될 것이다.

저자는 예수의 죽음에 관한 언급을 한 다음, 다윗을 거론하며 시편

---

47 시 18:5('지옥의 줄, 죽음의 올무'), '죽음의 줄, 지옥의 고통' 같은 표현(시 116:3). 또는 던이 지적했듯 시 16편과 같은 것 등. James D. G. Dunn, *The Acts of the Apostles*(Valley Forge, Pa.: Trinity Press International, 1996), 30.

16:8-11(칠십인역)을 인용한다.

> 25절다윗이 그를 가리켜 말했습니다. '나는 언제나 내 앞에 계신 주님을 보았습니다.[48] 이는 나를 흔들리지 않게 하시려고 주님이 내 오른쪽에 계셨기 때문입니다.[49] 26절그러므로 내 마음이 기뻐했고, 내 혀도 즐거워했으며, 더욱이 내 육체도 희망 가운데 머물게 될 것입니다. 27절이는 당신께서 내 영혼을 지옥[50]에 버리지 아니 하시며, 주님의 거룩한 분이 썩지 않게 하실 것이기 때문입니다.[51] 28절당신께서 내게 생명의 길들을 알게 하셨습니다. 당신은, 당신 앞에서 나를 기쁨으로 가득 채워 주실 것입니다.'

이 인용문은 칠십인역으로부터 비롯된 것인데, 시편 기자가 죽음 앞에서 하나님께 대한 신뢰를 표현하는 내용으로 되어 있다. 물론 여기 등장하는 시편 기자인 '나'는 다윗을 가리킨다. 즉, 하나님께서 다윗인 '나'를 지옥 가운데 버리지 않으실뿐더러, '생명의 길'을 알게 하실 것이라는 확신을 토로한다. 누가는 예수에 관한 진술을 해나가기 위해 이 시편을 활용

48 이 인용된 시편의 마소라 텍스트와 칠십인역 사이에는 두 군데의 차이가 있다. 1) '내가 야훼를 내 앞에 모시리라(두리라).' → '내가 내 앞에 계신 주님을 보았다.' (시 16:8) 2) '내 영광' → '내 혀'(시 16:9).

49 시 16:8-11(칠십인역).

50 여기 '지옥'은 '하데스'를 번역한 것이다. '하데스'는 본래 죽은 자들이 거하는 곳으로 간주된다. 그리스 종교사상에서 '하데스'는 지하세계의 신을 가리키지만 일반적으로는 그 신의 영역, 지하세계를 뜻한다. 이 말을 유대인 저술가들이 채용하게 되어, 고대 히브리 개념에서 죽은 자들이 거하는 곳인 '쉬올'(Sheol)이란 말과 같은 의미를 갖는 것으로 사용된다. 그러나 위 개념들이 일관성 있게 동질적 개념을 갖는 것은 아니었고, 다양한 의미 획득 과정을 거쳐, 죽은 자들 중 악인들이 가는 곳, 곧 지옥 개념을 뜻하는 단계(눅 16:19-31)까지 이르게 된다. Richard Bauckham, "Hades, Hell," in *Anchor Bible Dictionary*, vol. 3, ed. by D. N. Freedman et al.(New York: Doubleday, 1992), 14-15.

51 직역하면, '주님의 거룩한 분이 썩음(마소라 텍스트엔 '구덩이')을 보지 않게 하실 것이기 때문입니다.'

하여, '육체의 희망', '거룩한 분이 부패를 보지 않음', '생명의 길', '기쁨의 충만' 등, 그의 부활과 밀접한 관련이 있는 표현들을 담아낸다. 특히 '주님의 거룩한 분이 썩지 않게 하실 것'이라 말한 부분은 예수의 부활을 거의 노골적으로 드러낸 부분으로 이해된다. '생명의 길들'[52] 역시 그의 부활을 직접적으로 가리키는 것으로 읽을 수 있다. 그의 부활은 '마음을 기쁘게 하고, 혀도 즐거워하며, 육체가 희망 가운데 머물게 될'(26절) 최상의 환희를 안겨주는 사건이 된다. 이런 이유로 시편 16편은 '부활한 그리스도의 찬가'[53]로 불리는 것이다. 또 그런 이유로 누가는 사도행전 13:35-37에서 비시디아 안디옥에서 바울의 설교 가운데 이 시편을 다시 인용하여 그리스도의 부활을 위한 설명의 기초로 삼게 된다.

누가는 베드로의 설교를 제시하면서 '다윗'을 내세우고, 그의 시편을 인용하며 '예수의 부활'을 거론한다. 저자가 다윗을 언급하는 것은 이곳에만 국한되지 않는다. 가장 주목되는 곳은 비시디아 안디옥의 바울 설교 부분(행 13:22-23, 34-37)이고, 그 외에도 스데반 설교(행 7:45-46), 야고보의 발언(행 15:16) 등에서 다윗의 이름이 거명된다. 그렇게 보면 여기 베드로의 오순절 설교를 포함하여,[54] 사도행전의 중요 주인공들 모두가 다윗을 거명하거나 인용한다는 점을 발견할 수 있다. 특히 베드로의 첫 번째 선교 설교인 이곳처럼, 바울에게 첫 번째 이방인 상대의 선교 설교라 할 수 있는 비시디아 안디옥 설교(행 13:22, 33-36)에서, 다윗을 인용하며 예수의 부활에 관한 논의를 이어가고 있다는 점은 눈길을 끈다. 이런 사실들에서 누가가 다윗에게 부여한 관심과 중요성을 엿볼 수 있다.

저자가 다윗을 이처럼 인용, 언급하는 이유는 무엇인가?[55] 누가는 아

---

52 어쩌면 누가가 이해하는 '생명의 길들'은, 그가 다른 곳에서 언급하는 '주님의 길들'(눅 1:76, 3:5, 행 13:10)과 동일한 의미를 가질 것이다.

53 Daniel Marguerat, *Les Actes des apôtres(1-12)*, 92.

54 베드로는 행 1:16에서도 다윗을 언급하고 있다.

55 유상현, 『바울의 제1차 선교여행』(서울: 대한기독교서회, 2002), 70, 82-84.

마도 다윗을 거론하여 예수와 연관 지음으로, 예수가 다윗의 후예라는 사실, 기독교의 가르침이 다윗 계보를 잇는 이스라엘 역사의 주류 선상에 이어져 있다는 사실 등을 보여주기 위해서였을 것이다. 사도행전 2:30에서 말하는 "그의 자손 중에서 한 사람을 그의 왕좌에 앉게 하시리라"는 표현은 이를 극명히 표현한다. 그래서 교회가 이스라엘 민족의 정통성을 계승하고 있다는 점을 확인하려 했을 것이다. 그와 더불어, 다윗과 관련된 하나님의 약속이 성취된 것이 바로 예수를 통해서였음을 말하여 구속사의 연속성을 이어간다는 의미를 찾으려 했을 것이다. 즉, 기독교가 갖는 정통성과, 구속사 계승의 의미를 강조하기 위해 다윗을 자주 언급하게 했을 것이라는 뜻이다.

이스라엘 역사의 영광을 상징하는 다윗을 거론하면서도 동시에 누가는 그의 '죽음과 무덤'을 말한다.

> 형제들이여, 나는 다윗 조상에 관해서는 확신을 갖고 여러분에게 말할 수 있습니다. 그는 죽어서 묻혔습니다. 그리고 그의 무덤은 이 날까지 우리 가운데 남아 있습니다.(행 2:29)

이 구절에서 눈에 띄는 것은 베드로가 청중들을 부르는 호칭의 변화다. 위에서 14절의 베드로는 '유대인들과 모든 예루살렘 거주자들'이란 말을 사용했다. 22절에서는 '이스라엘 사람들'이란 말이 사용되었다. 그리고 이제 29절에서는 '형제들'이란 말로 청중을 호명한다. 이러한 변화는, 베드로가 점진적으로 청중을 자기편으로 끌어들이고 있음을 보여주는 누가의 의도적 장치라고 볼 만하다.[56] 14절에서는 다만 '유대인, 예루살렘 주민들'이라는 평이한 지칭을 쓰다가, 그것이 22절의 '이스라엘 사람들'이라는

---

56 Ben Witherington III, *The Acts of the Apostles: A Socio-Rhetorical Commentary*, 138-139.

말로, 좀 더 종교적 호칭으로 변환된다. 그것이 여기 본문의 '형제들'이라는 말로 바뀌면서 더욱 친근한 표현으로 드러나게 된다. 같은 관계를 뜻하는, '유대인, 이스라엘인, 형제들'이지만 그 평가와 친숙의 정도는 점차 호전된다. 이제 베드로는 청중들을 '형제들'로 표현한다. 이 지칭이 친밀감을 뜻하는 말이긴 하지만, 베드로와 정체의 동질성을 뜻하는 '기독교인 형제들'로 이해되지는 않는다.[57] 그렇다 해도 베드로가 청중들을 향해 사용할 수 있는 최상의 친근한 표현으로 이 이상의 지칭은 있을 수 없다.

이런 베드로의 발언은 두 가지 사항을 동시에 지적한다. 하나는, 비록 다윗의 위대함에 기대어 예수의 의미와 정통성을 드높이는 계기를 찾고, 예언과 성취의 달성이 완료된다 해도, 예수는 다윗과는 절대로 견줄 수 없는 탁월한 우월성이 있다는 확신이다. 요컨대, '다윗은 죽었고, 그 죽음의 증거인 무덤[58]이 여기 있다.' 그러나 예수는 '죽었다가, 살았다.' 즉 '죽음과 생명'의 본질적 차이와 우월성이 예수를 다윗과 비교하는 결정적 설명이 된다. 죽음과 생명 사이의 존재론적 차이의 거리만큼, 예수는 다윗보다 뛰어난 존재라는 점을 드러낸다. 따라서 다윗을 언급한다고 해서, 그의 위대함에 비추어 예수를 제 2의 다윗으로 간주하려 한 것이 아니냐고 이해할 수는 없다.

또 하나는, 다윗을 거론하고, 그를 인용함으로 위의 사항들을 감안하게 만들지만, 그와 동시에 다윗을 통해 '예수 부활론'의 실마리를 끌어내는 기능적 역할을 다윗 관련 언급이 하게 만든다는 점이다. 이 점을, 다윗에 관한 계속적 언급을 통해 부각시킨다.

---

57 '형제들'이란 표현이 사도행전에서 기독교 신자들(행 1:16, 15:7, 13)과 유대인들(행 2:29, 7:2, 13:15, 22:1, 23:6, 28:17 등) 모두에게 공통적으로 적용되기 때문에 결정적 '동질성'을 시사하지는 않는다.

58 여기 등장하는 '다윗의 무덤'은 1세기에 예루살렘 남쪽에 있었던 듯한데, 오늘날엔 1세기 당시의 정확한 위치를 찾기 어렵다고 한다. Craig S. Keener, *Acts: An Exegetical Commentary: Introduction and 1:1-2:47*, vol. 1, 952.

> 30절그는 예언자였으므로, 그의 자손 중에서 한 사람(직역—엉구리의 열
> 매)을 그의 왕좌에 앉게 하시리라고 하나님께서 스스로 맹세로 서약하신
> 것을 알았습니다. 31절이것을 미리 보았으므로, 그리스도의 부활에 관해
> 말하기를, '그가 지옥(하데스)에 버려지지 않았고, 그의 육체가 썩지 않았
> 다'라고 하였습니다. 32절이 예수를 하나님께서 살리신 것입니다. 이 일에
> 관해 우리 모두가 증인입니다.(행 2:30-32)

다윗이 예언자였기 때문에 '그리스도의 부활'에 관해 '미리 볼 수 있었음'을 말한다. 이것은 그의 부활이, 딴 인물 아닌 다윗에 의해 '미리' 보일 수 있었다는 점에서 다윗에게 '보인' 예수의 위상이 높아지고, 그 예수를 미리 '볼' 수 있었다는 점에서 다윗의 위상 역시 높아지는 효과를 낳는다.[59] 그리고 "그의 자손 중에서 한 사람을 그의 왕좌에 앉게 하시리라"는 발언을 통해 부활한 예수는 다윗의 후손, 그의 계보에 속한 인물일뿐더러, '그의 왕좌에 앉을' 위치로 그 탁월함이 높여진다.

그 예언자 다윗이 '그가 지옥에 버려지지 않았고, 그의 육체가 썩지 않았다'라고 말했다는 것이다. 여기에서 누가의 베드로가 구약 본문을 '자유롭게', 자신의 필요와 선택에 따라 임의로 인용, 해석하는 전형적 모습을 발견한다. 앞서 자신이 인용한 부분에서, '지옥에 버려지지 않을 대상'(27절)은 다윗으로 제시된다. 그런데 이를 해석하는 베드로는 그것이 '그리스도'(31절)라고 말한다. 이런 해석을 빌미로, 그렇다면 다윗이 그리스도가 되는 셈이냐—라는 식의 질문은 지나치게 단선적이고 거칠다. 여기에 작용한 것이 시대착오나 무감각한 이해방식, 또는 누가 당시의 일반적 '자유독법(讀法)'이나 자의(恣意)의 분방함 정도 등으로 폄하하여 볼 수만도 없을 듯하다. 거기엔 다윗의 후손인 예수와 조상인 다윗 사이에 혈통적 동질

59 과연 다윗이 본 것이 무엇이냐? 부활인가, 왕위 앉게 함인가, 아니면 예수의 생애와 관련된 진실의 총체인가? 아마도 누가는 예수 삶의 본질과 실체의 전부를 염두에 두었을 듯하다.

성이 있다고 전제하고, 양자를 관찰하는 눈에 '은유적 동일시'의 시선이 개입된 것이라고 이해하는 것이 옳을 것이다.

그런 예수를 '하나님이 살리셨다'(32절)라고 선언한다. 그렇게 함으로, 24절의 "하나님께서는 그를 죽음의 고통에서 풀어 살리셨습니다"라는 언급을 받아, 되풀이 강조하여 표현하는 것이다. 이렇게 예수의 부활을 부각시키는 비교의 대상으로 다윗의 죽음을 거론하는데, 그것은 3중으로 강조된다. 즉 29절 표현대로, 그는 '죽었다', '묻혔다', '무덤이 우리 가운데 남아 있다'라고 세 번의 죽음과 관련된 묘사를 통해 반복적으로 다윗의 죽음이 강조된다. 이런 반복은 당연히 예수의 부활을 더욱 돋보이게 한다.

누가는 예수의 부활을 확언하면서 '증인'이란 개념을 가져온다. "이 예수를 하나님께서 살리신 것입니다. 이 일에 관해 우리 모두가 증인입니다."(행 2:32) 여기서 보여주는 것처럼, 저자에게 '증인' 개념이란, 무엇보다 예수의 부활과 관련하여 사용되고 있다는 점은 잘 알려진 사실이다. 따라서 예수에 관한 증언은 특히, 우선적으로, 그의 부활에 관한 증언임이 두드러진다.[60] 흔히 지적되듯, 누가-행전에서 자주 발견되는 '증인, 또는 증언'[61] 주제는 누가에게 매우 중요한 신학적 논제다. 여기서 '증인'은, 문제가 되는 예수 부활에 관해 가장 강력한 형태로 사건의 진실성을 입증하는 존재로 나타난다. 단순히 그 사건의 목격자로 나서는 것이 아니라, 자신의 전존재와 인격의 총체를 걸고 그가 부활했다는 점을 확언한다는 것이다. 그래서 그 사건은, 객체로서 '우리 모두'(32절)와 상관없는 제 3의 현실로 남는 것이 아니라, 증인이 '증언'이라는 사법적 행위를 통해 사건에 가담하는 가운데, 부활이 '우리의' 사건으로 전환된다.[62] 그래서 '증인'은

60 예컨대, 행 1:22, 3:15, 4:33, 5:32, 13:31 등.

61 '증언하다'(diamarturomai) 동사(행전에 9회 출현)를 비롯, '증언'(martus)과 관련된 6개의 파생어가 사도행전에 모두 39회 등장. Allison A. Trites, *The New Testament Concept of Witness*(Cambridge: Cambridge Univ. Press, 1977), 128.

62 '증인'의 의미에 관하여, 참고. 쟈끄 엘륄, 『요한계시록 해석』, 유상현 역(서울: 한들출판사, 2000), 196-198.

문제의 예수 사건에 전인적으로 투신함으로, 부활 사건 속에 참여하고 마침내 그것을 '주체화'하게 된다는 점을 이 용어의 채용이 일깨운다.[63]

4. 예수로부터 비롯된 성령(행 2:33-35)

하나님께서 예수를 죽음에서 일으켜 다시 살리셨다는 주장을 펼치던 베드로는 오순절 사건의 주체인 성령에 관한 논의로 주제를 변화시킨다. 부활한 예수와 성령의 관계를 해명하려는 것이다. 누가의 이해에 따르면 성령은 예수로부터 비롯된다.

> 그러므로 하나님의 오른쪽으로 높이 올려지시고, 아버지로부터 성령의 약속을 받았던[64] 그가, 여러분들이 보고 들은 이를(성령을) 우리에게 부어 주셨습니다.(행 2:33)

오순절 성령 강림 사건을 '술 취함'에 기인한 것으로 오해하는 사람들에게 베드로가 해명하기 위해 일어서 말한 것이 이 구절이다. 베드로는 문제의 그 상황이 성령이 부어지던 것이었다고 설명한 것이다. 그런 맥락에서 보면, 이 구절이 베드로 설교의 정점을 이루는 것으로 볼 수도 있다. 이를테면 오해에 관한 해명의 정점인 것이다. 그러면서 동시에 누가 성령론의 실마리도 여기에서 찾을 수 있다.[65] 이 구절에서 결정적인 것은, 성령을

---

63 유상현, 『바울의 제3차 선교여행』, 287.

64 '받다'(labōn) 분사의 목적어는 '성령'이 아니라 '약속'이다. 우리말 개역개정판, 새번역 성서는 모두 이 부분 번역을 '약속하신 성령'으로 옮겨 놨다. 물론 '성령의'(pneumatos)를 '목적격적 소유격'으로 볼 수 있기 때문에 실질적으로는 '성령을(주신다는) 약속'으로 이해하여 '약속의 성령(약속하신 성령)'으로 새길 수는 있다. 그러나 그것은 엄밀히 말하면 '번역'의 단계를 넘어선 '해석'이다. '해석'을 거부한다는 것이 아니라, 원문의 뉘앙스에 충실하려는 뜻으로 그렇게 옮겼다.

65 그래서 이 구절이 '누가의 성령론 해석을 위한 열쇠' 구실을 하는 것으로 보는 이

부어준 주체가 예수라는 것이다. 성령의 강림은 '예수 수난 이후의 사건'(a post-paschal reality), 즉 '지상적 예수'가 이룬 업적이 아니라, '부활한 그리스도'가 이룬 업적이라는 초기 교인들의 신념(요 15:26, 16:7, 20:22, 갈 4:6, 고후 3:17. Cf. 마 28:19-20)을 여기서 누가가 나눠가졌음을 확인하게 된다.[66] 예수가 성령을 '부어줬다'는 것이다. 앞서 요엘서 인용구 중에서(행 2:17-18) 이 '부어주다'라는 표현이 등장하긴 했지만, 누가 자신의 글에도 이곳 33절 외에 사도행전 10:45에 같은 표현이 나타난다. 본서의 앞 장(章)에서도 지적했지만, 특이한 것은 '성령이 임한다'는 다양한 표현들[67] 중에서 오순절 사건 전개의 맥락인 사도행전 2장에 모두 네 개의 다른 표현들이 등장한다는 점이다. 사도행전 2:4에 '성령 충만', 사도행전 2:33에 '성령 부음'(행 2:17-18의 요엘 인용부분 제외), 사도행전 2:44에 '성령 선물', 사도행전 2:41에 '성령 세례'라는 표현이 그것들이다. 이런 표현들은 어찌 보면 '성령'을 물화(物化)시킨 정황을 연상시킨다. 본문의 '부어주다'의 표현에서 감지되듯, 마치 성령이 어떤 액체인 양 물을 붓듯 부어준다는 이미지를 떠올리는가 하면, '충만, 선물, 세례' 역시 그와 비슷하게 성령의 '물질적' 모습을 그리게 만든다. 아마도 연상 작용에 의해 이해를 돕기 위한 일종의 은유적 표현으로 받아들여야 될 것이다.

도 있다. O. Mainville, *L'Esprit dans l'oeuvre de Luc*(Montréal: Fides, 1991), 15.

66 Daniel Marguerat, *The First Christian Historian: Writing the 'Acts of the Apostles,'* 114.

67 던에 따르면, 사도행전에 '성령을 부어주다' 또는 '성령 충만'이나 '성령이 임하다'와 관련 있는 표현들이 7개 종류가 나타난다고 한다. James D. G. Dunn, *Baptism in the Holy Spirit*(London: SCM Press, 1970), 70-72. 그에 의하면, 사도행전에서 '성령 세례를 받다, 성령이 내려오다, 성령 충만하다, 성령(내 영)을 부어주다, 성령을 받다, 성령을 주다, 성령이 내리다'라는 표현들이 도합 27회 등장한다고 한다. 이 표현들은 모두가 동일한 사건을 묘사하며, 그 쓰임새에 본질적 차이를 찾기는 어렵다고 던은 해석한다. 이들 표현들은 '성령 세례'라는 동일한 상황, 경험의 '상이한 측면들'을 나타낸다고 보는 것이다.

성령이 임하는 상황을 묘사하면서 여기 언급된 것들 외에도, 행전에는 '성령이 임하다'(epipiptein–덮치다, 임하다, 행 11:15), '성령을 받다'(행 19:2), '그들 위에 임하다'(erchomai epi, 행 19:6, 또 1:8) 등의 다른 표현들이 등장한다. 이처럼 누가에게는 성령이 강림하는 모습이나 상태를 서술하는 방식이 매우 다양하다. 이런 다양한 서술이 나타나는 이유는 무엇일까? 어쩌면 여기에는 저자인 누가 자신이나, 또는 당시 교회의 신학사상 발전의 정도가, 아직 암중모색의 상황이고, 성령의 정체나 성령의 경험, 성령 임함을 명확히 설명할 서술과 개념이 정립되지 않았던 이유가 있었을 수 있다.

이와 같이 신학사상의 발전 단계에 입각하여 해석할 측면이 있겠지만, 그보다도 이와 같은 다양한 묘사가 등장하는 좀 더 직접적인 이유는, 저자로서 겪는 표현의 한계나 난감함에 그 원인이 있을 듯하다.[68] 가령 성령이 내림하는 상황을 표현한다고 할 때, 어떤 방식의 묘사가 가능할 것인지 상상한다고 하자. 아마도 성령이 주체가 되어 스스로 '사람에게 임한다'라고 말할 수 있을 것이다. 그렇게 되면 '성령'은 독립적 주체로서 스스로의 독자적 판단에 의해 '인간에게 임하게' 된다. 그럴 경우 성령과 하나님의 관계, 또는 예수와의 관계가 모호하게 되는 문제가 제기될 수 있다. 그래서 누가는 다른 곳(행 5:32, 15:8)에서 성령과 하나님의 관계를 상정하여, 성령은 '하나님이 주신다'고 묘사했을 수 있다. 그 이유로 성령은 스스로 '임하기도 하고', 하나님이 '주시기도 한다'는 표현이 병행해서 등장하게 되었을 수 있다. "이 두 표현이 상호 모순되는 것이 아니라, 표현하기 어려운 바를 전달하고자 할 때의 난감함이 그런 식으로 표출된 것으로 보는 것이 정당하다는 것이다."[69] 우리의 본문(행 2:33)에서 성령을 '예수로부터' 비롯된 것으로 제시한 것도 역시 마찬가지의 경우일 것이다.

---

68 이 부분, 유상현, 『바울의 제3차 선교여행』, 69.

69 *Ibid.*

베드로의 오순절 설교 말미(행 2:38)에 성령을 '선물'(행 8:18, 10:45에도 같은 표현)로 '받을 것'이라고 말한 이유도 유사한 관점에서 검토될 수 있다. 즉, 그 같은 묘사의 방식이 마치 성령을 주고받을 수 있는 '유형(有形)의 사물'로 이해했기 때문에 그런 방식의 표현이 나타난 것으로 보는 것은 불충분한 추정이라는 것이다. 이를테면, '하나님이 주시는 성령'이라는 개념을 '인간의 언어'가 갖는 한계와 속성 속에서 전달한다고 하자. 그렇다면 그때 떠오르는 가장 적합한 개념은 '선물로서의 성령'이라는 표현일 수밖에 없다. 이런 표현을 사용한다고 해서, 성령이 하나님에게 예속되는 존재라거나 종속적 하위개념으로 이해될 수는 없다. 또한 성령이 '주고받음'의 대상이 되는 물상(物象)이라는 뜻도 아니다. 다만, '하나님과의 관계' 속에 있는 성령 개념, '주시는 하나님'을 설명하는 술어(述語)부의 표현으로 나타날 수 있는 가능한 최적의 용어는 '선물'이라는 표현일 수밖에 없다는 것이다.[70] 이런 설명하기 어렵고, 이해시키기 힘든 개념을 전달하려 할 때 느낄 수 있는 당혹이나 난감함 때문에, '성령 강림'을 묘사하는 누가의 표현이 좀 더 다양하게 나타난 것이 아니냐는 추정을 하게 된다.

수차례 말했듯이 누가의 베드로는, "하나님의 오른쪽으로 높이 올려지시고, 아버지로부터 성령의 약속을 받았던" 예수가 자신들에게 성령을 '부어주셨다'고 표현한다. 예수의 승천을 시사하는, '하나님의 오른쪽으로 높이 올려지심'이란 표현이 나타나고, '그가, 여러분들이 보고 들은 이(성령)'를 부어주셨다는 표현을 제시한다. 즉 사람들이 오순절 모임에서 나타났던 여러 경이로운 현상들, 시청각적 기적들을 '보고 들었다'는 점을 환기시키면서, 그 현상들이 '성령'의 현현(顯現) 양상임을 시사한다. 다른 말로 하면, '여러분이 보고 들은 이 모습들은 바로 성령이 강림하는 상황'이라는 점을 의미하고 있는 것이다. 이것은 오순절 사건을 두고 '새 술에 취

70 *Ibid.*

한 것'으로 조롱하는 이들을 향해 베드로가 해명하기 위해 발언하는, 베드로 설교의 본래 목적을 염두에 둔 설명으로 볼 수 있다. 이런 일들이 벌어진 것은 '술 취함'의 결과가 아니라, 참석자들이 '성령 강림'을 몸소 경험한 것이었음을 주장하는 것이다.

그러면서 누가는 예수의 '부활 승천'과 '성령 강림'을 밀접하게 연결시켜 놓는다. 예수, 곧 "하나님의 오른쪽으로 높이 올려지시고, 아버지로부터 성령의 약속을 받았던 그가, 여러분들이 보고 들은 이를 우리에게 부어주셨습니다."(33절) 누가에게는 예수의 부활이 성령 강림을 야기시킨 조건이라는 이해가 이 구절의 표현 속에 녹아 있다. 실제로 예수의 부활은 기독교 신앙의 존립 근거와 바탕이 되는, 엄청난 의미가 있는 사건이다. 이것은 부활과 관련된 바울의 수많은 언급과 주장들이 뜻하는 그대로 기독교 신앙의 핵심이다.(특히 고전 15:14에 기록했듯, '부활이 없다면 선포도 믿음도 모두 헛것'이라는 신념 등) 부활은 그것 자체로 스스로 자기 완결적 의미를 갖는 게 사실이다. 그런데 그 예수의 부활이, 베드로의 설교에서는 성령의 강림이라는 절정의 사건과 나란히, 동등한 위상과 가치로 제시된다. 그런 동등성이 아니라면 부활은 성령을 부어주기 위한 전 단계, 또는 성령 강림을 위한 부차적 목적으로 발생된 듯한, 하위의 자리로 물러서는 듯 보일 수 있다. 적어도 성령의 관점에서 보면 예수 부활은 성령 부어줌을 위해 있는 듯하다. 이를테면, 예수가 부활하여 천상적 지위에 올라간 것은 성령 부어줌을 위함으로 볼 수도 있다는 것이다. 그렇다고 '성령 강림'과 '예수 부활'을 의미의 경중(輕重) 차이로 구분하거나, 무엇이 더 중요하다고 말할 수는 없다. 다만 강조해야 할 것은, '성령 강림'이 '예수의 부활' 못지않게, 적어도 부활만큼이나 중요하고 의미 있는 사건으로 누가에 의해 이해되었고, 그런 이해가 여기 본문에서 표출되고 있다는 사실이다.

또 하나 흥미 있는 사실은, 이 구절에서 성령의 강림 상황이 '액체', 그 중 특히 '물'의 이미지를 연상시키는 방식으로 표현되었다는 점이다. 여기 '부어주셨다'라는 말은 물론이고, 사도행전 2:4에 나오는 '충만하다'(plēthein, fill)라는 말, 사도행전 2:41의 '성령 세례'라는 말 등은 모두가 물이 가득 차고, 물이 흐르며, 물에 잠기는 이미지들을 상기하게 한다. 이 표현들은 위에서 지적했듯이 성령을 '물질'과 연관시키는 은유적 연상 작용을 불러일으킬 뿐만 아니라, 물이라는 액체가 가진 특질인 '절대적 생명성'을 필연적으로 환기시킨다. 물이 상징하는 만유의 근원, 또는 만유의 지속 조건으로의 생명력이, 성령이 가지게 되는 일정 이미지로 환치될 수 있음을 시사하는 대목일 것이다.

누가는 베드로 설교의 마지막 선포를 앞두고 다시 한 번 더 시편을 인용한다.

> 34-35절다윗은 하늘에 올라가지 못하였습니다만, 이 말을 하였습니다. '주님께서 나의 주님께 말씀하시기를, 〈내가 네 원수를 네 발의 발판으로 삼을 때까지 너는 나의 오른쪽에 앉아 있어라〉라고 하셨다.'(행 2:34-35)

여기 인용된 것은 시편 110:1로서,[71] 신약에 소개된 구약 내용 중에서 가장 많이 활용된 구절로 잘 알려져 있다.[72] 또다시 다윗을 거론하는 저자의 심중엔 위에서 이미 언급했던 대로, 다윗을 통해 예수의 위상을 드높이고자 하는 의도가 명백히 자리 잡고 있다. 예수의 '높이우심'을 내세우는 누가의 표현은 이미 33절("하나님의 오른쪽으로 높이 올려지시고")에서도 드러났지만, 이곳에서 여러 방식으로 강조된다. 1) '다윗은 하늘에 올라가

---

71 이 구절은 칠십인역을 '주님'(kurios) 앞에 붙은 정관사(ho)만을 제외하곤 한곳도 변화 없이 그대로 가져왔다.

72 마 22:44, 막 12:36, 눅 20:43, 히 1:11 등의 명백한 인용을 비롯해서, 시 110:1을 연상케 하거나 암시하는 구절들이 신약성서 중에 19개 나타난다. Jacques Dupont, "'Assis à la droite de Dieu': l'interprétation du Ps 110, 1 dans le Nouveau Testament," in *Nouvelles études sur les Actes des Apôtres*(Paris: Cerf, 1984), 210, n. 2.

지 못하였지만'[73]이라고 말함으로, '올리우지 못한' 다윗과 '올려진 예수'가 비교되게 하여 예수를 대비적으로 부각시켰고, 2) 다윗이 '주님께서 나의 주님께 말씀하셨음'을 언급함으로 다윗이 예수를 '주님'으로 부름으로 예수의 메시아적 통치권을 인정하고,[74] 예수의 위치를 더욱 높게 드러낸다. 거기에다, 3) "내가 네 원수를 네 발의 발판으로 삼을 때까지"라는 시편의 인용구는, '원수를 발판으로 만듦'으로 상대적으로 발판으로 격하된 원수와 비교된 예수의 자리가 높아지는 효과를 낳게 되고, 4) "너는 나의 오른쪽에 앉아 있어라"라는 표현에서, '하나님의 오른쪽에 앉는 이'를 '예수'로 해석함으로 좀 더 직설적으로 명확하게 예수의 위상을 끌어올린다. 5) 또 예수를 하나님의 옆에 '앉는 이'로 표현하는 것은 예수를 '왕좌', 곧 왕의 보좌(寶座)에 좌정함을 뜻하는 것이고, 그것은 앉은 이의 권력과 위엄, 높은 지위를 상징하는 것이니 예수의 위치는 더할 수 없이 고양(高揚)되게 된다.

5. 마지막 선포(행 2:36)

이제 베드로는 자기 설교를 다음과 같은 발언으로 마무리짓는다.

> 그러므로 이스라엘의 온 집안은 확실히 알아두십시오. 여러분들이 십자가에 못 박은 이 예수를 하나님께서 주님과 그리스도로 만드셨습니다. (행 2:36)

---

73 '다윗이 하늘에 올라가지 못했다'면 그가 무덤 속에 머문다는 뜻인데, 그렇다면 그의 '영혼' 또는 '그의 부활'은 어떻게 이해해야 할 것인가 — 라는 난감한 질문을 누가에게 던지는 것은 온당하지 않다.

74 Jacques Dupont, "L'interprétation des Psaumes dans les Actes des Apôtres," in *Etudes sur les Actes des Apôtres*(Paris: Cerf, 1967), 292-293.

누가는 지금껏 베드로가 말한 설교를 강조하며, 그 내용의 진실성과 중요성을 환기시키려는 듯이, "이스라엘의 온 집안은 확실히 알아두십시오."라는 다짐과도 같은 언급을 하게 한다. 그리고 또 하나 확실히 알아야 할 것, 거듭 확인하여 강조해야 할 사항 하나를 덧붙인다. "여러분들이 십자가에 못 박은 이 예수를 하나님께서 주님과 그리스도로 만드셨다."는 것이다. 이것은 앞서 베드로가 23절에서 "여러분들은 무법자들의 손을 통해 그를 못 박아 죽인 것입니다."라고 했던 언급을 반복하여 말한 것이다.

설교의 마지막 종결 부분에서 베드로는, 예수를 '주님'과 '그리스도'로 지칭한다. '주님과 그리스도'가 각각 예수를 가리키는 대명사로 이중적으로 기능하고 있다. 이런 호칭들은 오순절 이 시점에 갑자기 예수에게 부여된 지칭일 리는 없을 것이다. 아마도 예수의 죽음과 부활 이후, 누가 당시에 이르는 상당한 시간의 축적을 거쳐, 어느 시점부터인가 '주님', '그리스도'라는 호칭이 '예수'를 뜻하는 것으로 통용되는 과정이 있었을 것이다. 그러한 상황이 거두절미된 채 베드로의 이 설교 속에 용해되어 떠오르게 된 것이다.

예수는 '주님'이 된다. 예수의 정체 속에 깃든 자격, 의미를 모두 감안한, 진정한 그의 타이틀이 되는 것이다. 그리고 유대 전통 속에서 숭앙되던 '메시아', 곧 '그리스도'라는 지칭 역시 그를 가리키는 대명사요 타이틀로 적용받게 된다. 이 두 타이틀은 모두가, 점진적으로 그 호칭 속에 '신적 의미론'이 충전되는 과정을 거쳐, 예수가 하나님의 지위에까지 이르는 여정을 지시하는 상징으로 불리게 된 것이다. 이렇게 예수가 '주님'이 됨으로써, 앞서 사도행전 2:25-28에 인용된 시편 16:8-11과, 사도행전 2:34에 인용된 시편 110:1의 내용이 현실화되는 모습을 갖추게 된다. 또한 예수가 '그리스도'가 되는 것은 시편 132:11("네 몸에서 난 자손 가운데 하나를 너의 왕좌에 앉히리니")이 실질적으로 구현되는 것임을 누가는 의식했을 것이다.

마지막 발언을 하는 이 마당에 베드로가 청중들의 잘못을 꼬집고 비난하려는 목적으로 '여러분들이 못 박은 예수'라는 표현을 하는 것은 아니다. 물론 유대인들의 잘못을 지적하고, 그 책임이 전제되고 있음이 사실이다. 그래서 37절에 있는 대로, '그들이 이 말을 듣고 마음이 찔려서, 무엇을 해야 할 것인가'라고 물었을 수 있다. 그 점이 승인된다 해도, 이 부분의 핵심 포인트는 '유대인 비판'에 있는 것이 아니라, '죽은 예수'를 '하나님께서 살리셨다'는, '예수 부활'의 사실에 모아져 있음을 지적해야 한다.

6. 설교 결과: 청중 반응과 베드로의 권고(행 2:37-41)

1) 가책(呵責) 의식

사도행전 2:38 이하에서 묘사하듯이, 베드로의 설교는 상당한 반향을 불러일으킨다. 저자는 흔히 사도행전에서 베드로, 바울 등 초기 지도자들의 설교를 들은 청중들이 긍정적 반응만 있었던 것이 아니라, 부정적 반응을 보인 사람들이 존재했고, 또 그들의 부정적 동향을 기술한다. 행전에 제시된 여러 설교에 대한 긍정/부정적 반응들은 각각의 선교 맥락에서 발견되는데, 예컨대, 사도행전 13:45-51, 17:12-14, 19:9, 28:24 등이 흔히 열거된다. 그런데 여기 베드로의 설교에서는 청중의 부정적 반응에 관한 기록은 보고되지 않는다. 어쩌면 베드로의 '성공적인 데뷔'로 인상지울 수 있는 오순절 설교의 결과를 누가는 37-41절에서 서술한다. 저자는 예루살렘 주민들로 이뤄진 청중들이 베드로의 설교를 듣고 나타낸 처음 반응을 '가책'으로 소개한다.

> 그들이 이 말을 듣고 마음이 찔려서 베드로와 다른 사도들에게 말했다. '형제들이여, 우리가 무엇을 하여야 하겠습니까?'(행 2:37)

주민들은 베드로의 설교를 듣고, '마음이 뜨거워지거나', 순수한 감동을 받거나, 말씀을 깊이 명상하게 되거나, 경탄하고 경이로워하거나, 설교자를 찬양하는 등의 일반적 호의의 반응을 보이지 않는다. 설교를 듣고 '마음이 찔렸다'(katenugēsan tēn kardian)는 것이다. 이 독특한 표현은 신약 중 이곳에만 등장한다. 또 '찌르다'로 번역한 'katanussomai'(찌르다, 자르다) 동사도 여기에만 나타난다. 이 동사는 '찌를 듯, 에는 듯' 날카롭게 가해지는 고통을 표현한 말일 것이다.[75] 이런 '감정적' 반응 역시 설교의 감동으로 인한 결과이긴 하겠지만, 단순히 감동이라 보기보다는 후회와 자기 책망 쪽에 더 비중이 실린 묘사일 것이다. 그리고는 질문의 형태로 베드로의 답변을 유도한다.

이러한 설교 마무리에는 누가가 자신의 글줄을 이끌어 가고, 끝맺고, 이어나가는 데 동원한 '행필(行筆)의 테크닉'이 작용했음을 부정하기 어렵다. 다른 곳 아닌 바로 여기 이 대목에서 설교를 마치도록 했던 것, 베드로의 말을 듣고 청중의 내면 속에 작동했던 심리적 움직임을 어떻게 알았는지 그것을 '마음이 찔렸다'라는 말로 들추어냈다는 것, 설교 끝에 제기될 수 있을 허다하게 다양한 반응들 중에서 유독 '질문'의 형태로 베드로 발언을 중간에 끊게 했던 것, 하필이면 질문들 중에서도 '우리가 뭘 해야겠느냐'라는 물음을 묻게 했다는 것 등, 이 모든 서술진행과 관련된 논의에서 두드러지는 것은 저자의 글 전개의 솜씨, 또는 방식이다. 따라서 이런 사항들에 관해 건드릴 수 없는 한 영역은, 누가가 자신의 의도와 목적에 맞게 서술을 이어갈 수 있었던 그의 독자성의 권리다. 그렇게 해서 37절 내용, 그 중 특히 '우리가 무엇을 해야 할까'라는 실천적 행동론에 관한 질문이 이끌어 낸 다음의 구절은, '회개와 세례, 죄 용서, 그리고 성령 선물'이다. 이어지는 38절의 내용을 답변으로 끌어내기 위해, 그 내용을 마지막에 제시하기 위해, 누가는 바로 여기서, 바로 그 질문으로 베드로의 설교를 마무리짓게 만들었던 것이다.

75 Polhill에 의하면, 이 동사는 호머의 글에서 말이 발굽으로 땅을 짓밟는 상황에 사용됐다고 한다. John B. Polhill, *Acts: The New American Commentary*, vol. 26(Nashville: Broadman Press, 1992), 116.

2) 베드로의 권고: 회개, 세례, 사죄와 성령 세례

저자는 이미 누가복음 3:10, 12, 14에서도 이곳 본문과 동일한 '우리가 무엇을 해야 할까'라는 질문이 나타나는 상황을 묘사한 바 있다. 그 세 번의 질문 모두가 세례 요한에게 행해진 것들이다. '무리들, 세리들, 군인들'이 차례로 요한에게 물었던 것들이고, 거기에 대한 답변이 구체적 실천을 가르치는 교훈으로 이어지게 만든 질문들이었다. 그러나 여기서는 누가가 복음서에서 제시했던 '사회적 윤리'의 구체성을 띤 가르침 대신에 얼핏 '신학적 교훈'의 모습으로 제시되는 설교가 전달된다.

> 베드로가 말했다. '회개하십시오. 그리고는 여러분 각자가 예수 그리스도의 이름으로 세례를 받고 죄 용서를 받으십시오. 그리하면 성령을 선물로 받을 것입니다.'(행 2:38)

'무엇을 할 것인가?'라는 질문에 대한 베드로의 답변은 간결하다. '회개, 세례, 죄 용서'를 받으라는 것이다. 그러면 그 '결과'로 '성령 선물'을 받을 것이라는 발언이다.

누가는 자신의 복음서에서 두 차례에 걸쳐 비슷한 내용을 언급한다. 누가복음 3:3에서는 세례 요한이 요단강 각 곳에서 '죄 용서, 회개, 세례'에 관한 내용을 전파했다는 기록이 남아 있다. 베드로 설교에는 거기에 '성령 선물'이 더해진다. 또한 누가복음 24:47-49에서는 부활한 예수에 의해서 '죄 용서, 회개'가 언급되고, '성령 관련 암시'(49절)가 제시된다. 이처럼 베드로 설교 속의 네 개 요소들, 그 중 세 개가 한 묶음으로 두 번 등장하는 것은 이들이 상호 '연관된 개념들'로 이해되었으리라는 짐작을 가능하게 한다. 더구나 사도행전 19:4-6에 제시되는 '회개, 세례, 성령 강림'이라는 개념들에서는 여기 베드로의 설교 요소들이 그대로 반복된다.

누가는 '회개, 세례, 죄 용서'가 한 덩이로, 그리고 '성령 선물'이 거기에 따라서 부여되는 것으로 제시한다. "누가는 이 세 개, 또는 네 개의 개념들이 서로 밀접한 관계가 있는 것으로 파악한다. 성령 세례를 위해서는 '회개와 세례, 죄 사함'이 전제되어야 하고, '회개'는 '세례'와 관련되어야 하며, '세례'는 '회개와 성령 강림'과 병행되어야 한다는 인식이 있었다는 것이다."[76] 그렇듯 '세례와 성령 강림'이 함께 나타나는 사례들도 찾을 수 있고(행 8:15-16, 10:44-48, 19:3-6), '회개'와 '죄 용서'가 연관되어 나타나기도 한다.(눅 24:47, 행 2:38, 3:19, 5:31, 8:22, 26:18. Cf. 행 11:18) 즉, 누가는 이 네 가지 요소가 '함께 가는 것'으로 인식했다는 것이다. 따라서 어쩌면 저자는 이들 사이에 유기적 연관성을 갖는 '느슨한' 관계, 견고한 인과율적 관계가 아닌, 밀접하지만 필연적이진 않은 그런 상호관계가 설정된 것으로 파악하고 있는 듯하다. '느슨한' 관계로 보는 것은, 이들 네 개의 요소가 언제나 함께 등장하는 것은 아니기 때문이다. 요컨대, 저자는 각 개념이 서로가 긴밀한 상호관련 아래 얽혀 있는 것으로 이해했다는 것이다.

또한 베드로가 언급하는 네 개의 요소들 중 두 개가 '예수의 이름'과 결부되어 나타난다는 점이 주목된다. 즉, '그의 이름으로' 세례와 사죄가 베풀어진다는 것이다. 여기 본문에서 보이듯 '예수 그리스도의 이름으로 세례를 받고', '그 이름을 힘입어 죄 사함을 받는다.'(눅 24:47, 행 10:43) 특히 '예수 그리스도의 이름으로' 세례를 받는다는 개념은 사도행전 중 최초로 여기서 제시된다.

3) 회개: 세례 요한과 베드로

누가에게 '회개'는, 그 등장 어휘의 빈도수 많음이 시사하는 것 이상으로 훨씬 더 중요한 위치를 차지한다.[77] 저자인 누가가 생각하는 회개의 의미는 사도행전 3:19와, 특히 사도행전 26:20에서 제시하는 대로, '하나님

76 유상현, 『바울의 제3차 선교여행』, 75.

77 누가-행전에서 'metanoia, metanoein'는 20회 이상 등장한다.

께로 돌아서는 것'(epistrephein epi ton theon)이다.[78] 즉 하나님을 향해 삶의 태도를 바꾸고, 그를 향해 삶의 내용과 향방을 결정하는, 구체적이고 실천적 성격을 띠는 것이다. 누가에게는 '회개'가 사변이나 내성(內省)보다는 실천적 행동과 나란히 간다. 이 점은 '회개'와 '회개에 합당한 일을 행함'을 연관시키는 누가복음 3:8, 사도행전 26:20 등에서 확인할 수 있다.[79] 단순히 '마음을 바꾸는 것'[80]과 같은 의식의 변화나, 심리의 기울어짐을 내포하는 내면의 움직임만을 말하지는 않는다. 여기 본문의 문맥에서 본다면, 베드로가 언급하는 '그 예수'와 관련된 '삶의 태도'를 바꾸는 것을 함축하고 있는 것이다. 예수에 관한 인식의 '틀'을 바꾸고, 그의 인격과 관련지어 '삶의 태도'가 바뀌는, '전인적 변화'의 모습을 저자가 염두에 뒀을 수 있다는 것이다.

한편, 베드로의 '회개'를 요청하는 발언은 세례 요한이 행했던 선포(눅 3:3, 8)를 필연적으로 상기하게 한다. 이런 기억이 불러일으키는 것은, 복음서에서 그와 동일한 요구를 설파했던 세례 요한과 베드로의 관계에 대한 질문이다. 어쩌면 누가는 베드로가 세례 요한을 실질적으로 계승하는 역할을 하는 것으로 이해한 것이 아닌지를 자문하게 한다. 이 점은 누가복음 3:16에서 성령 세례에 관한 예고를 했던 요한의 선포가 사도행전 2장의 오순절 장면으로 성취되고, 오순절에 벌어진 사건의 본질이 '성령 부음'이라고 베드로에 의해 설명되는 사도행전 2:33의 기록을 통해서도 방증되는 듯하다. 즉, 베드로는 요한의 '성령 세례 예고'가 오순절에 실

78 '하나님께로 돌아서다'는 개념은 구약 예언자에게서 흔히 발견되는 개념이다. 예를 들어, 사 55:7, 렘 3:12, 14, 22, 4:1, 25:5, 26:3, 겔 14:6, 18:21, 30, 호 14:1 등등.

79 유상현, 『사도행전 연구』(서울: 대한기독교서회, 1996), 408-409.

80 이 말의 그리스어 원래 뜻과 그리스 철학자들의 활용이 그런 뜻으로 쓰여졌으며, 이것이 칠십인역 번역에 차용되어 죄책감과 같은 종교적 의식과 결부되어 사용되었다. Joseph A. Fitzmyer, *The Acts of the Apostles: A New Translation with Introduction and Commentary*, 265.

현되었음을 설명하는 해석자로 요한 역할을 이어간다고 볼 수 있다는 것이다.

이런 모습은 요한의 발언과 베드로의 발언 속에서 발견되는 유사점들을 비교함으로 더욱 강화된다.[81] 이를테면 요한은 '죄 용서를 얻게 하는 세례'를 전파했다(눅 3:3)고 했는데, 베드로는 여기 본문(행 2:38)에서 '회개하라'고 말하면서 '예수 그리스도의 이름으로 세례를 받고 죄 용서'를 받으라는 선포를 한다. 또, 위에서 언급했듯이, 요한의 선포에 대해 사람들이 '우리가 무엇을 하여야 하겠습니까'(눅 3:10, 12, 14)라는 질문으로 반응을 하는데, 베드로의 설교에 대해서도 사람들은 같은 내용의 질문(행 2:37, "우리가 무엇을 하여야 하겠습니까?")을 던지며 반응한다. 누가복음 3:5에서 요한이 이사야서를 인용하며 '굽은 것들'(ta skolia, crooked)이란 표현을 쓰는데, 그와 동일한 어휘는 신약 중 유일하게 베드로의 발언(행 2:40) 가운데서만 발견된다.(우리는 아래 40절 번역에서 이 말을 '비뚤어진, skolios'으로 옮김)[82] 혹시 사도행전 2:44-45의 '재산 공유'와 '유무상통'(有無相通)하는 초기 교인들의 공동생활이, 누가복음 3:11에서 요한이 말한 요구('옷을 두 벌 가진 사람은 없는 사람에게 나누어 주고, 먹을 것을 가진 사람도 그렇게 하시오.')를 이룬 것으로 간주할 수 있다면, 초기 신자들의 지도자로서 공유공동체를 이끌던 베드로가 세례 요한의 요구를 현실화하는 것으로 두 사람의 관계를 연결 짓는 것도 불가능한 일은 아닐 것이다.

물론 누가가 베드로를 세례 요한의 계승자로 분명히 인식하면서 자신의 글을 서술했다고 확신하기는 어렵다. 그러나 위와 같은 몇몇 고려사항들은 비록 베드로를 세례 요한의 공식적 계승자로 확정하기는 어렵지만,

81 Robert C. Tannehill, *The Narrative Unity of Luke-Acts*, vol. 2(Minneapolis: Fortress Press, 1990), 40-41.

82 과거 우리에게 익숙했던 개역성경은 'skolios'란 말을 '패역(悖逆)한'으로 새겼지만, 새번역은 '비뚤어진'으로 바꿔놓았다.

양자 사이에 상호 관련성이 있음을 누가가 부지불식간에 보여주고 있다는 점을 시사한다. 그 말은 두 사람들의 역사적 역할, 또는 서사 속의 기능상, 유사한 활동을 했다는 것을 가리킨다. 즉, 그것은 요한이 예수 활동의 전조요, 선구자의 역할을 했듯이, 베드로 역시 기독교 전개의 선구, 또는 전위(前衛)로서 그 발전의 향로를 보여주는 역할을 하고 있다는 점에서 의외의 유사점을 찾을 수 있다는 것이다.

4) 보편주의적 관심

누가는 본문 38절 외에도 사도행전의 2:38, 3:19, 5:31, 10:43, 13:38, 22:16, 26:18 등에서 '죄 용서'에 관한 언급을 하고 있다. 어쩌면 이런 관심은, 누가복음 17:3-4에서 죄의 용서를 가르치던 예수와 "그의 이름으로" 사죄를 모든 민족에게 전파할 것을 가르친 예수의 교훈(눅 24:47)을 후대의 교인들이 실천하고 있음을 보이는 것일 수 있다. 이와 동시에, 예수의 활동과 교훈을 기독교인들이 계승하고 있다는, '예수와 교회' 사이에 선포의 연속성이 유지되고 있음을 보이는 것일 수 있다.

누가의 관점에 의하면 '회개, 세례, 죄 사함'은 '성령의 선물'로 귀결된다. 여기서 제기되는 난해한 문제가 있다. 그것은, 누군가가 회개 등의 3요소를 갖출 경우, 그것이 '성령 선물'을 '반드시' 보장하는가, 또는 '성령 선물'은 위 세 가지 요소를 '반드시' 전제해야 하는가의 물음이다. 그런데 이 질문을 얼핏 보면, 여기 베드로가 매우 무겁고, 어려운 요구를 짐 지우는 듯 보인다. 하지만 그 세 가지 요소의 내용을 따져보면, 그것은 '범상한' 교인들 모두에게 기독교 신앙을 갖게 될 때 요구되는 '기본 사항들'이란 점을 인식하게 된다. 이 말은, 베드로의 권고가 도덕적 엘리트, 종교적 천재 등에게 적용되는 고차원의 요구를 담고 있지 않다는 점을 뜻한다. 그 말을 달리 표현하면, '성령 선물'은 보통의 평범한 교인들, 즉 '보편적 신앙인들 누구나'에게 두루 허락될 '보편적 선물'이 된다는 것이다. 이 대목에서 다시 저자의 오순절 사건 묘사에 깊이 침윤된 '보편성'에의 관심을 확인하게 된다.

이 '보편적 관심'은 다음 묘사를 통해서도 다시 확인된다.

> 이 약속은 여러분과, 여러분의 자녀와, 멀리 떨어져 있는 사람들, 곧 주 우리 하나님께서 부르시는 모든 사람들에게 주신 것입니다.(행 2:39)

과연 여기 기록된, '멀리 떨어져 있는 사람들', 곧 하나님께서 부르시는 '모든 사람들'은 누구를 가리키는가? '온 세상의 모든 인간들'을 가리키는가?[83] 아니면 '유대인들'을 가리키는가?[84] 즉, '먼 지역에서 온 유대인들'[85] 성지순례나 단순 방문 목적으로 예루살렘을 찾은, 문자 그대로 '멀리서 내왕한 유대인들'이나, 아니면 '멀리 떨어진 곳에서 사는 유대인들'을

---

83 대표적으로, Jacques Dupont, "Le salut des gentils et la signification théologique du Livre des Actes," in *Etudes sur les Actes des Apôtres*(Paris: Cerf, 1967), 408. 뒤뽕은 '여러분과, 여러분의 자녀'와 '멀리 떨어져 있는 사람들'이 대구(對句, antithèse)를 이루어 '유대인'에 대칭되는 '이방인'으로 비교된다고 본다. 그 외, Charles K. Barrett, *A Critical and Exegetical Commentary on the Acts of the Apostles*, vol. I, 155; James D. G. Dunn, *The Acts of the Apostles*, 33; Luke T. Johnson, *The Acts of the Apostles*(Collegeville: Liturgical Press, 1992), 58 등도 '먼 곳 사람들'을 '이방인'으로 본다.

84 Daniel Marguerat, *Les Actes des apôtres(1-12)*, 96. 그는 '먼 곳'을 지향하는 '보편성'이 여기 나타나지만, 그것은 이스라엘에게만 관련되는 보편성이라고 본다. 아니면, '멀리 떨어진(makros)'을 시간 개념으로 봐서 '가까운 후손'과 '먼 훗날 후손'으로 대비하여 '모든 유대인들'로 이해하는 경우도 있을 수 있겠지만, 바레트의 지적처럼, 누가는 가까운 '한 세대'의 후손이란 시간적 차원과 더불어, '공간적 거리'의 차원을 고려한 보편적 집단을 염두에 뒀을 가능성이 더 높다. Charles K. Barrett, *A Critical and Exegetical Commentary on the Acts of the Apostles*, vol. I, 155-156.

85 Fitzmyer는 이들을 '디아스포라 출신 유대인들'로 해석하지만, 하나님의 백성으로서의 이스라엘은 이방인들이 포함되어 이룩된다는 누가의 이해가 이미 암시되고 있다고 본다. Joseph A. Fitzmyer, *The Acts of the Apostles: A New Translation with Introduction and Commentary*, 266-267.

지칭하는가?

일단 본문의 '모든 사람들'은 일차적으로 이 설교를 듣는 청중들, 곧 '유대인들'을 상정한 채 제시됐다고 보아야 할 것이다. 이것을 이해하려면, 먼저 베드로가 '여러분과 여러분의 자녀들'을 언급하며 설교를 이어갔다는 점, 곧 명백히 유대인들을 가리키는 사람들을 대상으로 하여 발언한 것이라는 점을 고려해야 한다. 또 그 '여러분'의 연장에서, '여러분'과 동일한 성격을 가진 사람들 중, '멀리 떨어져 있는 이들'을 이어서 거론한 것으로 보아야 한다. 그렇다면 이들은 유대인들 중 먼 지역으로부터 방문 목적으로 예루살렘을 찾아온 사람들을 가리키거나, '멀리 떨어진 곳에서 살고 있는' 유대인들을 일컫는 것으로 읽는 것이 온당할 것이다. 즉, 저자가 구성한 베드로 설교의 맥락과 미시적 서사공간 안에서의 '모든 사람들'은 유대인들을 의미한다는 것이다.

하지만 누가가 설정한 저술의 세계, 저자가 상정하는 작품세계의 전체 거시적 맥락에서는 그 의미가 달라질 수 있다. 저자가 '모든 사람들'을 언급하면서, 단순히 '유대인들'만을 배타적 고려 대상으로 놓고 베드로의 설교를 정리하고 있다고 볼 수만은 없기 때문이다. 그러기에는 오순절 성령 강림 사건에 관한 묘사나,[86] 베드로의 설교 속에 숨어 있는 많은 '보편적 요소들'[87] 또는 이후의 묘사에서 드러나는 의식과 관점의 열림, 선교의 점진적 전개와 지리적 확장 등 제반 '지평'의 확대 양상들을 감안할 때 '유대 민족'만을 향한 집중으로 이 구절을 해석하기는 어려울 것이다. 이를테면, 사도행전 속 '베드로의 세계'와 1세기 후반기 중 '누가의 세계'는 같은 문장을 말하지만 다른 뜻으로 읽어야 할 이유가 있다는 것이다.

물론 이런 구절들은 저자가 누가-행전에서 '반유대적' 묘사를 일삼는 것으로 이해한다거나, 그의 사유 속에 교묘히 숨은 유대 전통에 대한 거부

---

86 이 책의 앞 장(章) 참고.

87 이것들은 아래, 이 장의 결어 부분, '보편성의 지평' 항목에서 정리할 것임.

감을 찾는 노력이 온당치 않다는 점을 입증하기는 한다. 하지만 그것은 소극적 독법이고, 여기서 저자는 '유대인들'을 일차적 대상으로 베드로 발언을 전개하지만 그것은 유대인의 범주와 한계를 넘어서, 말 그대로, '여러분과, 여러분의 자녀'인 모든 유대인들, 그리고 '멀리 떨어져 사는 유대인들'은 물론이요, 또한 '멀리 떨어져 사는 유대인 아닌 모든 사람들', "곧 주 우리 하나님께서 부르시는 모든 사람들"에게 '구원'과 '성령 선물의 약속'을 공평하고 광범위하게, 즉 '보편적 모든 인간'에게 골고루 허용했음을 뜻하고 있다는 것이다.

저자가 "멀리 떨어져 있는"이란 표현을 사용한다는 것 자체가 '예루살렘, 유대 땅'에 집중돼 있던 '공간의 구심력화(求心力化)'를 벗어나는, 아니면 유대지역에 집착하는 '지리적 폐쇄성'의 사유를 벗어나는 것으로 이해할 필요가 있다. '멀리 떨어진' 곳에 대한 관심은 단순히 '멀고 넓은' 공간에 대한 감각과 의식의 확대만을 뜻하는 것이 아니다. 그것은 '먼 곳', '떨어진 곳'을 상상하고, 그곳에 살고 있는 '사람들'을 용납하고 받아들이는, 포용적 세계관, 개방적 가치관을 반증한다고 볼 수 있다. 즉, 지리적 공간의식이 확대되고, '먼 곳' 주민들을 수용한다는 것은 신학적 인식과 지평의 확대를 반영한다. 적어도 팔레스타인 땅에 집중돼 왔던 유대인의 공간 개념에서, '지리적 의식'이 '유대 너머'로 확장된다는 것은 '신학적 관념'이 '이스라엘 너머'로 확대되는 것과 동시에, 동궤(同軌)로 이룩되는 것이다. 유대인이 택함 받았다는 '선민의식'은 유대 '민족'이 택함 받았다는 것과, 유대 토라를 포함하는 '언어'가 선택 받았다는 것과, 유대의 '땅'이 피택(被擇)되었다는 것을 동시에 의미하기 때문이다. 이러한 신학적 사고의 확대가 누가에게서만 독립적으로 발생된 것은 물론 아니다. 이전에 존재했던 구약전통에서의 '보편주의적' 사유가 누가에게 전승되고, 그것을 발전적으로 계승하여 '보편적 사상의 지평'을 저자가 열고 있다고 보아야 할 것이다.

한편, 본문 39절의 언급은 자연스레 베드로가 요엘서를 인용하면서 말한 21절('주의 이름을 부르는 모든[누구든지, pas] 사람들은 구원을 받을 것이다')을 연상시킨다.[88] 21절에서는 '주의 이름을 부르는 모든 사람들'이라고 말했지만, 여기서는 '하나님이 부르시는 모든 사람들'로 '부르는' 주체가 바뀐다. 즉, '모든 사람들이 주의 이름을 부르고', '하나님이 모든 사람들을 부른다.' 하나님과 모든 사람들 사이에 '부름'의 교환, 서로가 서로를 부르며 찾는 양상이 벌어진다. 어쩌면 구원 소식의 전면적, 포괄적 확대를, 이 같은 '하나님과 인간' 사이의 상호 부름 표현을 통한 사랑의 확인으로 입증하고 있는지 모른다. 또 여기서 '성령 선물'의 약속이 '모든 사람들'에게 부여되나, 21절에서는 '주의 이름을 부르는 모든 사람들'이 받을 '구원'에 관해 말한다. '성령 선물'과 '구원'이 상호 관련된다. 이 두 구절이 내포하는 의미의 본질은 큰 차이가 없는 것으로 보인다. '주의 이름을 부르는 사람들'과 '하나님이 부르시는 모든 사람들'은 내용상 동일한 사람들일 듯하고, '성령 약속'의 대상은 '구원'의 대상이 될 사람들을 뜻하는 것으로 보이기 때문이다. 이런 두 다른 방식의 묘사가 표현하는 것은 구원 대상의 보편적 확대라고 지적해야 할 것이다.

5) 설교 마무리와 경이적 반응

(1) 마무리

이제 베드로의 설교는 마무리 단계에 들어선다.

> 베드로가 많을 말을 증언하고, 이 비뚤어진 세대로부터 구원을 받으라고 그들에게 권고하였다.(행 2:40)

이런 언급을 끝으로 누가는 베드로 설교의 매듭을 짓는다. 베드로가

---

88 사실, 행 2:39는 욜 3:5(마소라) 본문을 반영하면서, 또한 이를 확대시킨 것으로 이해하기도 한다. Craig S. Keener, *Acts: An Exegetical Commentary: Introduction and 1:1-2:47*, vol. 1, 875-876.

'많은 말을 증언했다'는 말은 다른 그리스 저술가들이 남겼던 유사한 표현들(예. Polybius, 21.14.4: '그는 다른 많은 것들을 얘기했다'는 등의 표현)을 상기시키지만,[89] 그런 관용적 표현들이 존재했다 해서 베드로가 얘기를 적게 했느냐, 많이 했느냐를 판단할 이유는 되지 않는다. 다만 누가에 의하면 베드로가 여기 기록되지 않은 '많은 말을 증언했다'는 것이다. 그렇게 저자는 베드로의 선포가 열정과 성의를 다하여 이뤄졌으며, '많은 말'을 더하는 최선의 노력을 선포에 기울였다는 일종의 '헌사'를 덧붙이며 그의 첫 번째 설교의 '성공'(41절)을 축하하는 것이다. 다시 말해, 이 구절은 누가 방식으로 절제된, 베드로의 처음 설교에 대한 칭송과 헌정의 발언으로 이해할 수 있으리라는 것이다.

그러면서 베드로는 그들을 향해, '이 비뚤어진 세대[90]로부터 구원을 받으라'는 메시지를 전했다고 한다. 누가의 복음서에는 '이 세대'에 대한 부정적 언급들이 예수의 발언을 통해 자주 나타난다.(눅 7:31, 11:29-32, 50-51, 17:25, 21:32 등) 또 '세대'라는 어휘가 갖는 시간 개념을 고려한다면,[91] 본문의 이 표현은 어쩔 수 없이 '종말론적' 의미를 갖는 것으로 이해할 수밖에 없다. 따라서 누가가 이 표현을 베드로의 입술에 의탁하는 것은 자신이 갖는 종말적 시대인식을 토로하는 한편, 예수의 부활 이후 펼쳐진

---

89 디벨리우스는 행 2:40의 표현과 매우 흡사한 구절들을 누가 훨씬 이전 시기의 Xenophon과 Polybius, 그리고 누가 이후 시대의 Appian의 글에서 뽑아 보여준다. Martin Dibelius, *The Book of Acts: Form, Style, and Theology*. ed. by K. C. Hanson(Minneapolis: Fortress, 2004), 179, n. 72.

90 이것은 저자가 신 32:5, 시 77:8(칠십인역) 등에서 발견되는 구약적 표현을 빌려 온 듯하다. 앞서 언급했듯이, 우리는 'skolios'란 단어를 '비뚤어진'으로 옮겼는데, 이것은 '뒤틀린, 음흉한, 부패한' 등의 의미를 가진 부정적 형용어다.

91 '세대'로 번역한 'genea'란 말은 시간적 의미를 우선 감안하여, '동시대를 사는 인간 집단' 정도의 뜻으로 새길 수 있을 것이다. 그것이 은유적으로 '종족'(race)의 의미를 가질 수 있을지는 몰라도 여기서는 그런 뜻으로 새길 수 없다. 그렇게 되면 '비뚤어진 유대민족으로부터 구원 받으라'는 말이 되기 때문에 문맥상 어울리지 않는다.

'마지막 때의 구원'에 관한 나름의 위기의식을 표출한 것으로 봐야 할 것이다. 이 표현을 베드로 설교의 마지막 최종 전언으로 삼은 누가의 배려 역시 그 점을 확인하게 한다.

(2) 반응

베드로 설교를 들은 후 나타냈던 청중들의 반응을 누가는 이렇게 묘사한다.

> 그의 말을 받아들인 사람들이 세례를 받았다. 이날에 신자의 수가 거의 삼천 명이 늘어났다.(행 2:41)

누가는 베드로가 행한 '비신자'를 향한 첫 선교 설교의 결과가 '경이적'이었음을 알리고자 한다. '이날 신자의 수가 거의 삼천 명이 늘어났다'는 표현은 이런 경이감을 웅변적으로 보여준다. 비록 그것이 고대 서술의 관행이라 할 '과장의 습벽(習癖)'을 여지없이 보여주는 정황이긴 해도 메시지는 분명하다. 처음 행한 선교 설교의 '대성공', 이것이 누가가 전하고자 한 베드로 발언에 대한 반응 묘사의 핵심이다.

누가는 청중의 반응을 둘로 나눠 설명한다. 첫 번째는 그의 말을 '받아들인 사람들'의 존재를 알리면서, 베드로 메시지의 수용에 관한 긍정적 평가를 제시한다. 이를테면, 누가가 펼치는 기독교 전개 역사상 '최초로' 전도에 의해 기독교적 메시지를 '받아들인 사람들'이 발생했다는 것이다. 어쩌면 '역사적'이란 수식이 어울릴 '새 신자의 탄생' 장면이다. 결국 오순절 사건은, 기존 예수 추종자들에게 '성령 세례'를 받게 만들었고, 그것이 베드로의 설교로 연장되어, 오순절의 '기독교적 설교'를 통해 새 신자들을 얻게 되었음을 저자는 보여주고 있다. 이를테면, 진정한 의미에서의 '기독교의 확대', 그 첫 국면을 그리고 있는 것이다.

두 번째는 그들이 '세례를 받았다'는 것이다. 위와 같이 베드로의 메시지를 '받아들인' 사람들은 '세례', 곧 기독교적 통과의례로 새로운 의미를 주입받게 될 독특한 입문 과정을 겪게 되었다는 것이다. 물론 이런 방식의 사도행전 서술에는 여러 가지의 생략과 비약이 숨어 있는 게 사실이다. 본문의 묘사에 의하면, 설교를 막 끝낸 사람이, 그 설교를 방금 듣고 난 사람들에게, 아무 사전 설명이나 준비, 안내도 없이 마치 서로가 기다렸다는 듯이 갑자기 세례를 주고받은 듯이 나타난다. 이러한 기록이 불러일으키는 의아스러움 하나하나에는, 묘사 속의 '줄이고, 빼고, 건너뛴' 흔적이 분명하다. 또한 '세례'를 어떤 목적과 의미를 담아서 베풀었고, 기독교 선교의 가장 처음, 맨 첫 단계로부터 그것이 일종의 의식(儀式)적 절차로 시행된 것인지의 여부도 상술하지 않은 채, 그저 '그들이 세례를 받았다'라는 한 마디 말로 정리하고 있다. 그러니 '비약'의 정도가 지나치다는 인상을 피하기 어렵다. 더구나, 비록 예수 활동 당시로부터 '세례' 활동이 있었을 것으로 본다 해도, 기독교 발전과정 중 일정 시기 이후에나 세례에 특별한 의미를 부여하여 '기독교적 의례(儀禮)'로 자리 잡혔을 상황을 감안하면 비약의 정도는 더해진다.

이처럼 저자는 청중들의 반응을 두 가지로 보고한다. 그런데 저자는 정작 38절에서 베드로가 권고했던 내용에 관한 청중들의 구체적 반응에 관해서는 자세히 언급하지 않는다. 베드로는 사도행전 2:38에서, "회개하십시오. 그리고는 여러분 각자가 예수 그리스도의 이름으로 세례를 받고 죄 용서를 받으십시오. 그리하면 성령을 선물로 받을 것입니다."라고 말한 바 있다. 41절에서 그들이 '말씀을 받고, 세례를 받았다'고 했으니, 베드로의 권유대로 '회개'를 한 것으로, 또 '죄 용서'를 받은 것으로 이해해야 할 것인가? 아마 그런 해석이 가능할 것이다. 그렇다면 저자는 왜 '성령 선물'을 받을 것이라고 한 언급의 결과는 말하지 않는가? 회개하고, 세례와 죄 용서를 받았다고 인정될 수 있음에도 오순절 설교의 '청중들'은 '성령 선물'을 받지 못했다는 말인가? 그렇게 보기는 어려울 듯하다. 다만 여기에 또 다른 '생략과 비약'이 작용했다고 보는 것이 옳을 것이다.

그 이유는 두 가지로 설명될 수 있다. 1) 아래에서 논의할 3,000명 '신자 수 증가'라는 언급으로 미루어 봐서, 거기 표기된 '신자들' 역시 '성령 선물'을 받은 것으로 이해해야 무방하다. 성령의 임재 없이 '말씀을 받고', '세례를 받아', '신자가 되어', '수효가 많아지는 것'을 생각할 수 없기 때문이다. 2) 이런 이해를 뒷받침하는 것이 다음 단락인 사도행전 2:42-47의 '신자의 공동생활'에 관한 저자의 진술이다. 거기서 그들이 '유무상통'(有無相通)하는 모습을 보이는 것은, 그들 모두 위에서 역사(役事)했던 성령의 활동 결과라고 볼 수 있다. 그렇다면 그들 위에 활동했던 성령의 역할 자체는 그들이 모두 '성령을 선물로 받았기 때문'이라는 이해가 가능하다는 것이다. 물론 공유 공동체에 참여한 사람들이 3,000명 모두일 리는 없을 것이다. 그러나 거기 참여한 사람들은, 적어도 누가 기록의 문맥상, 베드로 설교에 감화받고 새로 '신자'가 된 사람들을 배제하는 상황을 고려하기는 어렵다. 비록 재물 공유 공동체에 참여한 '새 신자' 숫자를 계량하고, 그들의 성격을 자세히 알기는 어렵다 하더라도, 오순절 성령 사건 경험자와 오순절 베드로 설교 감화에서 비롯된 '새 신자들'이 거기 함께 참여했으리라는 점은 누가 기록의 자연스런 전제로 보아야 할 것이다.

(3) 새 신자 3,000명 증가

위와 같이 청중의 반응을 보고한 다음, 누가는 좀 더 전체적 상황을 기술하며 오순절 사건과 관련된 단락의 마무리를 짓는다. 기독교 발전에 관한 전반적 진술을 신자 증가의 숫자를 언급하며 밝히는 것이다. "이날에 신자의 수가 거의 삼천 명이 늘어났다"는 것이다. 이것은 일단 베드로 설교의 설득력, 감화력에 기인한 성공으로 이해할 수 있다. 그러나 문맥으로 보아, 이것이 단순히 베드로의 활동 결과로만 파악할 수는 없다. 앞서 있었던 오순절의 기적적 사건, 그 놀라움이 전제되고 그 경이감에 뒤따랐던 베드로 설교가 이러한 '신자 수의 놀라운 증가'라는 결말로 이어졌다고 보아야 할 것이다. 즉, 오순절 사건과 베드로 설교의 감화력이 동시에 작용한 결과가 그런 신자 수 증가로 놀랍게 나타났으리라는 것이다. 이런 놀라움에 대한 강조는, '이날'에 '삼천 명'이 증가했다는, 시간적 지시어와 숫자 지시어가 결합되어 '한 날'에 그런 일이 벌어졌다는 묘사를 통해 극화된다.

위에서 서술의 비약에 관해 말했지만, '이날 신자가 삼천 명이 늘었다'는 묘사에 이르러서는 비약을 넘어 과장의 논란이 일어날 수밖에 없다. 얼핏 봐도 120여 명의 신도가 갑자기 3,000명이 된 셈이니, 이 현상을 오순절 사건 중에 벌어진 기적의 연장으로 보는 것도 무리는 아니다. 기원후 1세기 초 중반 당시의 예루살렘 총 인구를 산정하기는 거의 불가능하다. 그러나 아무리 넉넉잡아도 그 숫자를 6만-10만 명[92] 이상으로 산정하기는 어려울 것이다. 그런데 그 중 3,000명의 군중이 일거에 기독교 신앙을 갖는 신자가 되었다는 것이다. 물론 대규모의 대중 집회에서 집단적 회심과 변화의 가능성을 완전히 배제할 수는 없겠지만,[93] 고대 예루살렘 같은 종교 도시에서 그럴 가능성은 크지 않을 것으로 보아야 한다. 아무리 오순절 사건이 경이롭고, 베드로의 설득과 웅변이 놀라운 것이었다 해도 단 한 번의 설교로 그러한 결실을 맺었다고 보기는 어렵다. 결국 이런 표현들은 이 글을 기록하는 중에 작용하고 개입했을, 저자의 유연한 서술 능력, 서사전개의 독창성과 그의 전반적인 저작 솜씨에 기인한 것으로 이해할 수밖에 없다. 그리고 그런 과장은 기만, 또는 악의에 의한 숫자 조작의 의도가 있어서라기보다는, 초기 교인수의 성장이 얼마나 놀라웠느냐는 것, 그리고 그걸 가능하게 하신 하나님의 임재와 활동이 얼마나 컸느냐는 것 등을 드

92 Reinhardt는 기원후 30년대 인구를 6-12만으로 추산한다. Wolfgang Reinhardt, "The Population Size of Jerusalem and Numerical Growth of the Jerusalem Church," in *The Book of Acts in Its Palestinian Setting*, vol. 4, ed. by R. J. Bauckham(Grand Rapids: Eerdmans, 1995), 237-265.

93 예컨대 Keener 같은 이(Craig S. Keener, *Acts: An Exegetical Commentary: Introduction and 1:1-2:47*, vol. 1, 997-998)는 이런 개연성이 불가능하지는 않다고 보지만, 그러한 판단이 균형감각을 갖췄다고 보기는 어렵다.

러내기 위한 목적에서였을 것이다. 수효가 많을수록 교회 성장과 하나님의 복주심이 크다는 이해를 가졌기 때문에 이런 묘사가 나왔겠지만, 그런 '많은 수'에 대한 저자의 관심과 쏠림은 사도행전 2:47, 5:14, 6:7, 9:31, 11:21, 26, 16:4–5, 17:4 등에서도 익히 발견된다.[94]

특히 저자가 묘사하는 사도행전 1–7장의 교인의 숫자 성장 추세는 흥미롭다. 처음 사도행전 1:15에서 12사도 주변의 120명의 신자들이 언급된 후, 이곳 본문(행 2:41)의 오순절 베드로 설교 후 3,000명으로 늘어나고, 사도행전 4:4에서 베드로, 요한이 체포되었을 당시 5,000명의 숫자로 확대되는 증가속도는 놀라울 정도다.[95] 이런 '많은 숫자'에 관한 관심과 의미 부여(특히 행 2:47, 16:4–5에 신자들의 '숫자가 늘어났다'는 표현)는, 어쩌면 기독교 발생기에 교인수가 '증가했던'(물론 3,000, 5,000 정도의 실수[實數] 증가가 아니었더라도) 실제의 역사적 현실을 반영하는 것일 수도 있지만, 후기의 누가 저작 시대에 있었던 교인수 증가에 관한 열망과 교회의 가시적 확장에 대한 선교적 희망이 이상화(理想化)된 표현으로 이런 묘사 속에 투사된 것일 수 있다. 즉, 교회의 양적 성장을 기대하는 문제의식이 이 같은 표현에 반영되었을 수 있다는 것이다. 저자는 기독교가 시간이 지나감과 더불어 선교의 확대, 발전을 겪었을 것이고, 그와 동시에 교인들의 숫자가 점차 늘어나는 상황을 경험했을 것이다. 비록 그 성장의 속도와 규모를 알 수 없고, 그것이 '비약적 성장'이었다고 단언할 수는 없지만 어떤 형태든 신도수의 증가가 있었으리라는 점은 상상이 가능하다. 그와 같이 성장과 확대, 또는 발전, 진보를 겪는 와중에 기독교의 전개를 '신도수의 증가'라는 시각에서 파악했을 수 있고, 그 '수효 증가'가 성장을 판별하

94 그 외 수많은 숫자의 다수를 의미하는 언급들, 곧 '무리, 많은, 수가 늘었다, 더하다(add), 큰(big), 32회의 pas, hapas 언급들(행 1–7장에만)' 등을 발견할 수 있다. Daniel Marguerat, *The First Christian Historian: Writing the 'Acts of the Apostles,'* 122.

95 결국 행 21:20에서는 '10,000'명으로 증가된 상황을 말한다.

는 가치요, 기준으로 작용했을 수 있다.[96] 그런 가치관이 분명히 드러난 것이 바로 이런 종류의 성장에 관한 요약적 진술이었을 것이다.

6) 베드로 모습과 사도행전의 윤곽

누가는 오순절 사건이 야기한 주변인의 놀라움과, 그 사건 자체의 경이로움을 근거로 베드로의 오순절 선교 설교를 시작하여, 3,000명 '신자 수'의 증가를 알리면서 오순절 관련 모든 이야기를 마친다. 누가의 이 언급으로 베드로는 첫 선교 설교 장면을 대성공으로 마친, 초기 선교의 중요 주역 중 하나가 된다. 이런 주역이 누가가 펼쳐놓는 선교 역사의 공간에서 시종일관 주인공 역할을 맡고, 마침내 선교의 영웅, 또는 순교의 영웅으로 장렬한 최후를 맞기를 기대할 수도 있을 터이다. 하지만 저자의 붓끝은 그런 장정(長程)을 그리지 않는다. 누가는 한 영웅의 몇몇 빛나는 승전 장면들이 아닌, '여러 선교자들'의 개별적 승전보들을 이어붙인 선교의 거대한 벽화를 그려나간다. 그 승전보 중 첫 장면의 주인공으로 누가는 베드로를 앞세웠고, 그의 성공을 기록했으며, 그의 지도자적 어른의 품새를 드높이 보여주었다. 그렇게 함으로 베드로는 첫 선교 설교자로서, 누가판(版) 교회사(史)상 선교의 첫 성공적 수행자의 모습으로 오래 남게 된 것이다.

베드로의 이 설교는 누가복음서의 예수 '취임설교'가 수행했던 역할을 맡는다는 견해들이 있다.[97] 마치 누가복음 4:18-19의 이사야서 인용을 포함한 예수의 소위 '취임설교'가 누가복음서에서 전체 내용의 계획, 윤곽을 제시하듯이, 이 설교가 사도행전 나머지 내용의 계획, 윤곽을 제시하고 있다는 것이다. 누가복음서에서 예수의 첫 설교가 기능했던 '계획적' 역할에 관해서는 크게 이의를 제기하기 어렵다. 그러나 베드로의 설교가 행전

---

96 이 같은 점들은 본서의 앞 장에서, 행 1:15의 '120명' 숫자를 논의하며 이미 언급한 바 있다.

97 Keener(Craig S. Keener, *Acts: An Exegetical Commentary: Introduction and 1:1-2:47*, vol. 1, 872-873, n. 117)가 인용하는 여러 학자들.

전체에서 그러한 '윤곽제시'의 기능을 행하고 있다고 단정하려면 사도행전 내용에 관한 일정한 이해가 전제되고, 일종의 유보가 선행되어야 한다. 즉, 성령 강림에 관한 것이나, 성령의 활동과 역사(役事), 성령의 역할과 존재에 관한 내용에 관해서는 그런 '계획적' 측면을 인정할 수 있다. 또한 '예수의 그리스도이심, 그에 관한 복음'에 관한 선포 자체에 관해서는 확실하게 이 설교가 전범(典範), 또는 계획/윤곽의 기능을 수행하고 있다고 말할 수 있다. 그러나 복음의 지리적 확대에 관한 암시나 복음 선교자들이 겪을 박해에 관한 암시가 없다든가, 베드로가 말한 종말적 상황이 도래하지 않았다는 점에 관해서는 유보가 필요하다고 말할 수 있다. 그러나 그런 유보를 제외한다면, 이 설교는 가장 중요한 두 가지 측면에서 사도행전 전체 내용을 관통하고 윤곽 짓고 있다고 말할 수 있다. 그것은 '성령의 역사'와 '복음 선포'라는 결정적 두 차원이다.

III. 결어

지금까지 연구한 바대로, 베드로의 오순절 설교는 상당한 분량의, 적지 않은 뜻들이 실려 있는 내용으로 이뤄진다. 이미 위에서 누가의 글이 어느 정도 분석되었기 때문에, 아래에서는 베드로의 설교가 담고 있는 특성과 의미들을 요약, 정리하고자 한다.

1. 구약 인용

베드로의 오순절 설교에서 주목되는 것은 구약의 인용들이다. 베드로의 설교 내용에 정당성을 부여하고, 그것들이 옳다는 것을 인증하는 도구로서 누가는 구약 구절들을 사용한다. 오순절 사건의 의미를 강조하기 위해, 예수의 부활 사실을 입증하기 위해 전거로 동원되는 구약의 여러 구절들은 그 인용 자체가 의미 있기도 하거니와, 그것을 해석하는 누가의 활용은 저자의 관점과 이해, 신학적 지향을 밝히는 데 지침 구실을 한다. 이처럼 동원되고 해석되는 구약 구절들의 배후에, 누가 이전에 존재했던 기독교인들의 '그리스도 사건' 이해를 위해 기울였던 집단적 몰두가 있었으리라는 점, 그리고 그들이 구약 텍스트를 당시의 현실과 연관 짓기 위한 해석학적 노력들이 선행됐으리라는 것은 짐작 가능하다. 누가가 그러한 전승들을 활용했고, 그 전승에 기대어 자신의 서술을 이어갔으리라는 점 역시 분명하다. 그러나 그것들의 선택, 해석이 어느 부분까지 누가에게 영향을 끼쳤고, 누가가 그것들을 어디까지 활용했으며, 그런 전승의 범위는 어디까지 이르렀는가를 밝혀내기는 매우 어렵다.

2. 베드로 설교의 의미들

1) 오순절 사건의 본질: 성령 강림

예루살렘의 주민들, 주변인들은 오순절 사건을 술 취함의 결과로 평가했다. 그렇다면 예루살렘 주민들이 행했던 이런 오순절 사건 평가의 본질은 무엇인가? 그것은 이 사건이 인간들 사이에서 벌어진, 인간들에게서 비롯된, 인간들의 삶, 행동의 결과로 빚어진, 곧 '인간들'이 사건의 주체요 기원이라는 평가를 뜻한다. 그들에 의하면, 이 사건은 전적으로 인간들끼리 만들어낸 행동의 결과일 뿐이라는 것이다. 그것이 좀 더 부정적인 인식으로 나아가서, 인간들 사이에서 발생한 사건 중에서도 조롱받아 마땅할 '아침 시간 술 취함'의 결과라는 비난이다. 따라서 오순절 사건 이해에는, '술 취함'에 포인트가 놓인 것이 아니라, '인간들 작위(作爲)'의 결과라는 인식에 방점이 놓인 것이다.

이에 대하여 누가는 베드로를 내세워 그 이해를 교정한다. 이것은 인간들에게서 비롯된, '인간의 일', 그 중에서도 수치스런 '술 취함'의 결과가 아니다. 그것은 '성령이 부어진 사건'이었다는 것, 그리고 그것은 '성령 강림' 현상이었다는 것, 따라서 이 사건의 기원과 주체는 '인간 아닌, 성령'이었다는 설명이다. 이렇게 '성령이 강림함'을 통해서 이제 새로운 시대, 곧 '성령의 시대'가 시작되었다. 그리하여 앞으로 이어가게 될 자신의 '기독교 전개의 기록' 가운데서, 혹시 '놀랍고, 경이롭고, 장엄한 활동들'이 나타나게 된다면, 그것은 그들이 가졌던 인간적 '광기'나 '내재적 힘'에 기인된 것이 아니다. 그것은 바로 오순절에 강림했던 그 '성령'이 이루신 것이며, 그에게서 그 모든 경이적 활동들이 기원된 것이라는 점을 역설하려 했다는 것이다. 따라서 장차 이뤄질 기독교의 발전과 확장은 전적으로 신적 기원을 가진, 성령의 역사(役事)임을 알리는 것이다.

2) 예수를 선포

누가의 베드로는 요엘서 예언을 인용하여 오순절 사건이 다름 아닌 성령 강림을 뜻한다는 점을 설명하다가, 예수를 등장시킨다. 이를테면, 오순절 사건 해명을 빌미로 설교를 시작한 베드로가, 다윗을 언급하며 예수의 수난을 말하고, 그의 부활을 강조하는 기독교적 케리그마의 선포로 발언을 자연스레 확대시킨다는 것이다. 따라서 오순절 사건은 누가의 서술 공간에서 첫 번째 예수를 선포하는 '선교적 설교'를 제시하도록 만든 계기가 되었고, 근거를 제공하는 구실을 한다. 이 선교 설교에서 성령 강림에 관한 설명이 중요 내용으로 구성되지만, 결정적인 것은 '예수 관련' 메시지다. 예수가 성령을 부어주신 분(33절)이며, 이 예수가 바로 '주님과 그리스도'(36절)라는 베드로의 선포는 그의 설교의 핵심을 구성한다.

3) 보편성의 지평

누가의 오순절 관련 기록에 의하면, 이제 이후로는 성령이 이스라엘 사람들, 특정 제자들, 지도자들, 사제들에게만 임하지 않는다. 새로 시작되는 '성령의 시대'엔, '모든 사람에게' 성령이 임한다는 보편주의적 문제의식이 특히 베드로의 설교 가운데 명백히 드러난다. 그렇게 됨으로 이제는 '모든 사람들'이 '예언자'가 되는 시대가 열린 것이다. 이 점이 오순절 관련 누가의 중요 메시지다.

본문 사도행전 2:38의 내용에 의하면 '회개, 세례, 죄 사함'을 통해 '성령의 선물'이 주어진다. 이 세 가지 요소를 전제로 하면, 그 결과 누구에게든지 성령이 선물로 임하게 된다. 이것은 성령이 특별한 예언자들과 같은 어떤 '종교적 천재'에게만 임하는 것이 아니라, 보통의 평범한 신자들, 즉 '보편적 신앙인들 모두'에게 두루 허락되는 '보편적 선물'이라는 점을 환기시킨다. 여기서 오순절 사건 묘사 자체에 깃들어 있던 '보편적 성격'이 베드로 설교에서도 역시 발견된다는 점을 간파할 수 있다. 이 '보편성에의 관심'은 39절 기록을 통해 명시적으로 드러난다. "이 약속은 여러분과, 여러분의 자녀와, 멀리 떨어져 있는 사람들, 곧 주 우리 하나님께서 부르시는 모든 사람들에게 주신 것입니다."(행 2:39) 이 구절은 일단 '유대인들'을 일차적 대상으로 삼아 제시되지만, 그것은 유대인의 범주와 한계를 넘어서, '여러분과, 여러분의 자녀'인 모든 유대인들, 그리고 '멀리 떨어져 사는 유대인들'은 물론이요, 또한 '멀리 떨어져 사는 유대인 아닌 모든 사람들', 다시 말해 이방적 배경을 가진 모든 자, "곧 주 우리 하나님께서 부르시는 모든 사람들"에게 '성령 선물의 약속'이 광범위하게 허락됐음을 가리킨다. 즉 '보편적 모든 인간 모두'에게 구원이 골고루 허용됐음을 뜻한다. 또 "멀리 떨어져 있는" 사람들을 하나님의 부르심 대상으로 선정한 것은, 유대민족이 지녔던 '예루살렘, 유대 땅'에의 공간적 집중, 그 '구심적'(求心的) 회귀와 환원을 벗어나는 상징성을 가진다. 즉, 유다 지역에 집착했던 그들의 '지리적 폐쇄성'의 사유를 벗어남을 시사하고 있다는 것이다. '멀리 떨어진' 곳에 대한 관심은 단순히 '멀고 넓은' 공간에 대한 개안(開眼)과 의식의 확대만을 뜻하는 것이 아니다. 그것은 '먼 곳', '떨어진 곳'을 상상하고, 그곳에 살고 있는 '사람들'을 용납하고 받아들이는, 포용적 세계관, 개방적 가치관을 반증한다. 즉, 지리적 공간의식이 확대되고, '먼 곳' 주민들을 수용한다는 것은 신학적 인식과 지평의 보편적 확대를 반영한다. 팔레스타인 땅에 집중돼 왔던 유대인의 공간 개념에서, '지리적 의식'이 '유대 너머'로 확장된다는 것은 '신학적 관념'이 '이스라엘 너머'로 확대되는 것과 같은 의미를 갖는다. 이러한 신학적 사고의 확대가 바로 누가가 베드로 설교에 포함시킨 '보편적 사유 지평'의 확대를 뜻하는 것이다.

4) 설교자 베드로

오순절에 벌어진 사건은 '술 취함'으로 오해되고 비난 받는 왜곡을 낳는다. 이런 오해는 해명을 필요로 하고, 그 해명은 기독교적 선포를 펼칠 수 있는 계기를 가져다준다. 그런데 이런 해명과 선포를 담당하는 주인공을 베드로가 맡는다. 왜 베드로가 나섰는지 그 이유를 밝히거나, 그의 위상과 역할에 관한 배경 설명은 없다. 다만 성령 강림을 알려주는 설명자로, 예수의 수난과 부활, 그의 주님과 그리스도됨을 선포하는 맨 처음의 선포자로, 베드로가 전면에 나서고 있다. 이것은 누가와 동시대 기독교인의 인식 속에 베드로가 차지하고 있던 위상을 대변한다. 비록 그가 나중 선교의 역사에서 자랑스럽게 퇴장하는 빛나는 모습을 보여주지 못한다 할지라도, 베드로는 누가가 펼쳐놓은 선교의 처음 마당을 장식하는 최초 설교자가 된다. 선교적 설득의 첫 번째 대표주자로 나선 것이다. 그는 당당한 지도자의 위세로 오순절, 성령 강림, '주님 예수 그리스도'의 부활에 관해 증언하고 설명하는 위인의 이미지를 간직한다. 누가가 의도했든 안 했든, 그가 기록한 최초의 기독교 역사 속에서 베드로는 '제1선교자'로서 그 자신 또 하나의 '역사'가 된 것이다.

적어도 누가의 진술 속에서는, 베드로의 설교를 통해 기독교는 선교적 발언을 시작했고, 선교의 출정식이 이뤄졌다고 이해해도 무방하다. 새롭게 일어선 종교로서의 기독교는 베드로의 설교를 시작으로 비기독교적 바깥 세계와 '대화하며 대결하는' 도전적 만남을 이뤄나가게 된다. 베드로가 대변인이 되어 기독교와 외부세계의 첫 접촉이 이뤄졌음을 서술하는 누가는, 그런 뜻에서 결국 이 베드로의 설교를 '역사적 사건'으로 만들고, 베드로란 사람을 '역사적 인물'로 만든 것이다.

3. 누가의 베드로와 그의 '역사 속 설교'

저자인 누가에 의하면, 갈릴리의 어부 출신으로 복음서에 소개되는(눅 5:3–11) 베드로가 예루살렘 사람들 앞에 서서 설교를 하고, 그들을 감화시켜 '3,000명'의 새 신자를 얻게 되었다고 한다. 베드로의 직업적 배경과, 어쩌면 대중적 연설과 접촉에 익숙하지 않았을 개인적 상황 등을 고려한다면 이 보고의 진실성에 관해 의문을 갖는 것이 이상하지 않다. 그러나 의문을 갖는다 해도 누가가 전하는 베드로 설교의 이 기록이 갖는 역사적 성격과 진위를 단정하기는 어렵다. 비록 개연적으로 가능성이 낮다 뿐이지, 어부라 해서 사람들을 감동시킬 웅변과 설득을 하지 못한다는 법도 없고, 저자의 서술에 과장이 있을 뿐 역사적 실체는 어떤 형태든 베드로가 감연히 나서서, 대상의 많고 적음을 떠나 '성공적' 설득을 이룬 적이 있다고 볼 수도 있다. 그리고 그러한 역사적 사실의 흔적, 또는 파편이 용해된 모습으로 설교 속에 숨어 있을 수 있다. 적어도 베드로를 선두 주자로 누가가 내세울 수 있을 정도의 위치와 역할을 역사적 베드로가 수행한 것이 사실이라면, 그의 역사적 활동의 편린 역시 유지, 전승될 수 있었을 가능성을 무시할 수 없다. 따라서 그런 전승이 누가의 글 속에 확인할 수 없는 모습으로 박혀 있으리라는 것은 무모한 억측이 아닐 수 있다. 그렇게 이해한다면, 이 기록을 온전한 누가의 허구적 구성물로 보는, '순수 창작설'을 기정사실로 받아들이기는 어려울 것이다. 따라서 대개의 행전 기록이 갖는 역사성의 특징이 그러하지만, 여기서도 역사적 사실의 순도(純度) 따지기에 급급하기보다는, 누가의 자유로운 역사적 상상력을 인정하고 그의 글이 제시하는 서사 세계의 영역 안에서 논의와 추론의 가능성을 따라갈 수밖에 없게 된다.

물론 이 설교를 베드로가 행한 그대로의 발언을 '받아쓰기 하듯' 옮겨 적은 것으로 보는 견해는 존재하지도 않을 뿐 아니라 인정할 수도 없다. 그렇게 주장하기에는 설교의 분량이 지나치게 적고, 내용 속에 담긴 신학적 성숙도와 이해의 깊이가 일정 시간의 경과를 필요로 한 결과이기 때문이다. 하지만 실제 행한 베드로의 설교가 '축약된 형태'로 여기 반영되어 있다는 견해,[98] 베드로와 연관된 내용들이 자료의 형태로 이 설교 속에 녹아 있다는 추정, 그래서 설교의 사실성은 역사적 베드로의 발언과 밀접하게 연관되어 있다고 보는 주장은 심각하게 숙고되어야 한다. 그러나 분명한 것은, 역사적 베드로의 숨결이 이 설교 속에 살아 있을 수 있지만, 그 '정도'를, 그 내용의 '함량'을, 정확하고 엄밀하게 계측하기란 여전히 불가능하다는 점이다.

98 예컨대, Frederick F. Bruce, "The Speeches in Acts: Thirty Years After," in *Reconciliation and Hope*, ed. by Robert Banks(Grand Rapids: Eerdmans, 1974), 53-68, 특히 53.

제4장

신자의 공동생활

(행 2:42-47)

I. 서언

1. 오순절 사건들의 연쇄

누가는 예루살렘에서 벌어진 '오순절 사건'을 서술(행 2:1-13)한 후 곧이어, 베드로의 설교를 길게 보고하면서 또 다른 '오순절 사건'이라 할 그의 '말씀 선포'를 제시한 바 있다.(행 2:14-36) 그런 다음 저자는, 어쩌면 일련의 '오순절 사건들'의 종결 부분일 수 있는 '재물 공유의 공동체적 삶'이라는 글로 '오순절 사이클'의 말미를 보여준다. 이렇게 해서 오순절 사건의 파급 영향이 '개인적 내면'의 변화와 결단, '교회적 말씀'의 선포와 회개, 그리고 신자의 '사회적 삶'의 변화를 이루게 되는 모습들을 저자는 순차적으로 보여주는 듯하다. 이런 사건들의 전개와 변화 양상은 베드로를 비롯한 초기 기독교 지도자들의 지도력에 힘입은 바가 컸고, 그렇기 때문에 베드로의 역할을 주목하며 우리의 논의가 진행될 수밖에 없다. 하지만 이 단락을 보고하는 누가의 붓끝은 그들 지도자들만을 내세우지는 않는다. 그 대신 신자들의 연합된 모습, 단일체로서의 교인들 '집단의 삶' 모습을 집중하여 보고한다. 달리 말해, 베드로는 이 단락 기록 가운데 전면에 등장하지 않지만 신자들의 삶을 이끌었던 지도자의 모습으로 기록 배후에 잠시 숨어 있게 된다는 말이다. 이를테면, 누가는 베드로 등 지도자들이 전했던 가르침을 전해 받은 초기 교인들이 보여주는 다양한 삶의 모습들을 그려주고 있는 것이다. 그런 뜻에서 비록 베드로가 기록 표면에 나타나지 않지만 초기 신자들의 독특한 삶의 양식을 연구할 이유가 있는 것이다.

2. 본문의 성격: 요약구절

본문은 초기 기독교인들의 삶, 활동들을 간략히 줄여 보고하는 성격을 가진다. 그래서 이른바 '요약구절'로 통칭된다. 디벨리우스의 제안 이후로, 사도행전 2:42–47을 소위 '요약구절'로 이해하는 견해가 일반화되었다.[1] 이와 비슷한 단락들로, 본문 외에도 사도행전 4:32–37, 5:12–16이 주요 요약구로 함께 거론된다.[2] 이 세 문단이 모두 신자들의 일상 삶을 간결하게 정리하는 구실을 하는 것이 사실이어서 '요약'이라는 묘사로 지칭되는 데 이의를 제기하긴 어렵다.

그런데 사도행전 2장 요약구의 '시작 절'을 어디로 잡느냐에 따라 약간의 논의가 있다. 이를테면, '요약구절'이 41절부터 시작된다고 보는 설이 있다.[3] 이렇게 보는 이유는, 40절에서 베드로의 설교를 마무리짓고, 다

1 본래 디벨리우스가 1923년 발표한 글("Style Criticism of the Acts of the Apostles")에서 제시한 견해다. Martin Dibelius, *The Book of Acts: Form, Style, and Theology*, ed. by K. C. Hanson(Minneapolis: Fortress, 2004), 37–38.

2 위의 중요 3요약구 외에, 행 1:12–14, 6:7, 9:31 역시 '요약적' 성격을 가진 것으로 보기도 한다. Eckhard J. Schnabel, *Acts*, Zondervan Exegetical Commentary on the New Testament(Grand Rapids: Zondervan, 2012), 174.

3 예컨대, Frederick F. Bruce, *The Acts of the Apostles: The Greek Text with Introduction and Commentary*, 3rd and enlarged ed.(Grand Rapids: Eerdmans,

른 국면을 전개하기 시작하는 41절 내용("이날에 신자의 수가 거의 삼천 명이 늘어났다")에서 말한 신자들 3,000명이 42절의 '배움, 사귐, 빵 뗌, 기도'에 몰두했다는 것으로 이해한다는 것이다. 41절의 정보를 토대로 42절을 바로 이어 읽을 여지가 있다[4]는 뜻이다.[5]

하지만 대부분의 논자들은 사도행전 2장의 요약이 42절부터 시작된다는 주장에 동의한다.[6] 가장 큰 이유는 누가의 서술내용이 41절과 42절 사이에 단절을 전제할 때 더 분명히 이해된다는 데 있다.[7] 즉, 14절부터 이어진 베드로의 오순절 설교의 영향이 41절의 3,000명 결신(決信) 장면까지 계속되고 있는데다, 무엇보다 중요한 것은, 42절부터 초기 교인들의 '유무상통'(有無相通) 공동체 생활 묘사가 시작되고 있다는 사실이다. 일종의 '이야기 단위'로서 42-47절이 완결된 모습을 보인다는 점이다.

1990), 131; Charles K. Barrett, *A Critical and Exegetical Commentary on the Acts of the Apostles*, vol. 1(Edinburgh: T&T Clark, 1998), 158.

4 물론 그 외에도 행전에서 새 단락이 시작될 때 많이 쓰이는 말('hoi men oun'—이 말을 그대로 옮기기 어려운데, 'those indeed then' 정도로 바꿀 수 있다.)로 41절이 시작하고 있다는 점, 41b절과 47절이 대구를 이룬다는 점 등을 꼽을 수 있다. Gregory E. Sterling, "'Athletes of Virtue': An Analysis of the Summaries in Acts(2:41-47; 4:32-35; 5:12-16)," *Journal of Biblical Literature* 113 (1994), 680-681. 그러나 'hoi men oun'이란 표현법 여부로 새 단락 여부를 기계적으로 판별할 수는 없을뿐더러, 다른 두 개의 '요약구절'에서도 그런 용법은 사용되지 않는다.

5 41절부터 시작된다고 보는 설도 있고, 43절부터 시작된다는 설도 있는데, 이런 논의들이 Co의 글(Maria Anica Co, "The Major Summaries in Acts: Acts 2,42-47; 4,32-35; 5,12-16 Linguistic and Literary Relationship," *Ephemerides Theologie Lovanienses* 68(1992), 58에 소개되어 있다.

6 이에 관한 논의, *ibid*., 58-61.

7 다른 두 중요 '요약구절'에서 보이는 '미완료시제'가 42절에서 시작된다는 점도 고려될 수 있다.

II. 초기 신자들의 공동체적 삶과 나눔

사도행전 2:42-47은 초기 기독교인들의 '공동체적 삶'에 관한 매우 인상적인 삽화를 그려준다. 그것은 교인들이, 각자 소유했던 재산을 공동으로 소유하고, 필요에 따라 그것들을 나눴던 '물질 공유'의 삶, 그리고 날마다 성전과 집에서 모이며 종교적 활동을 함께 했던 '공동생활' 등에 관한 그림이다.

이 부분은 누가의 서술 맥락에서 보면, 오순절 성령 강림 묘사와 베드로의 오순절 설교 제시 이후에 등장하면서 오순절 사건의 광역(廣域) 콘텍스트 속에 자리 잡고 있는 것으로 이해된다. 그렇게 파악할 경우, 이 단락은 일련의 오순절 관련 사건들의 마지막 정점에 위치하는 셈이다. 그리하여 오순절에 성령을 부어주심은, 신자들의 '유무상통'적 공유의 공동체를 이룸으로써 그 클라이맥스에 이르게 된다는 이해가 가능해진다.[8] 이를테면 성령 세례 받은 신자들은 '재물의 공유'를 실천함으로 '성령에 사로잡힌 자'들이 이뤄야 할 '올바른 삶'을 살았다는 것을 보여주었으며, 또한 동시에 '소유의 나눔'을 통해 '성령 충만'한 사실을 거꾸로 입증해 보였다는 의미를 갖게 된다.[9]

1. 신자들 삶의 풍경(행 2:42-43)

이런 누가의 주요 관심을 보여주는 공동체 삶의 묘사 단락은 다음과 같은 기록으로 시작된다.

---

8 Daniel Marguerat, *The First Christian Historian: Writing the 'Acts of the Apostles,'* tr. by Ken McKinney et al.(Cambridge: Cambridge Univ. Press, 2004), 122-123.

9 본 장(章)의 결어 부분 참고.

그들은 사도들의 가르침과 사귀는 일과 빵 떼는 일과 기도에 몰두하였다.(행 2:42)

여기 '그들'로 번역된 주어가 누구인지는 명시되지 않았다. 하지만 '그들은' 41절에서 새롭게 신자로 더해졌던 인물들이 1차적으로 포함될 것이다. 그렇다고 이미 오순절 사건에 참여했던 '기존 제자 그리고 추종자들'이 배제된다고 보기는 어렵다. 따라서 소위 '신, 구 신자들' 모두를 망라하는 교인들이 42절 이하 묘사의 대상으로 제시된다. 이렇게 합류하게 된 새로운 모임의 구성원들이 행한 일들이 네 가지 모습으로 언급된다. 그 의미 있는 행동들은 바로, "사도들의 가르침과 사귀는 일과 빵 떼는 일과 기도에 몰두"하는 일이었다. 즉, 1) 가르침, 2) 사귀는 일, 3) 빵 떼는 일, 4) 기도, 이 네 가지를 신자들이 열중한 일로 꼽는다.

누가가 전하는 초기 교인들의 집단행동들이 위와 같았다면, 그것들이 뜻하는 바가 무엇인지를 짚을 필요가 있다. 이런 행동들은, 무의미하게 이뤄졌던 교인들의 일상적 일과를 생각 없이 나열한 것으로 볼 수는 없다. 그들의 나날에서 반복적으로 되풀이됐던 행위들 중에, 초기 교인들에 의해 소중한 경험으로 여겨졌거나, 특히 기억될 가치가 있는 것들을 누가는 주목했을 것이다. 그중에서도 전형적인 것들, 새겨야 할 의미가 있는 것들 네 가지를 저자가 여기 소개하고 있다고 봐야 한다. 바꿔 말하면, 이것들은 초기 교인들만이 가졌던 독특한 종교적 삶의 성격을 묘사하는 그림이 된다는 것이다. 그들의 행동이 그려내는 공동체의 초상을 이 요소들이 보여주고 있으며, 그런 뜻에서 이들 집단의 내면적 풍경을 살필 중요한 의미를 담고 있는 묘사라 할 수 있다.

이런 인식을 하게 되는 이유는, 이 묘사를 낳게 한 배경이 무엇인지를 찾게 될 때 떠올리는 인상이 그렇기 때문이다. 비록 미쉬나에 이와 유사한 세 가지 표현이 등장하고 있고,[10] 그런 세 가지 요소를 일찍이 누가가 의식했는지를 묻게 되는데, 그 영향 여부와는 상관없이 초기 기독교의 내부

상황을 네 가지의 행동으로 정리한 것은 저자 고유의 파악이다. 미쉬나에 의하면, 세계의 세 기둥이 있는데, 그것은 '토라, 예배, 그리고 사랑의 행위들'이라는 것이다.[11] 하지만 이 세 개의 소위 '기둥들'과 예루살렘 교회의 행동들 사이에 직접적 연관을 찾기는 힘들다. 그저 비슷한 종교적 요소들을 유대인들이 중요시했다는 정도의 관련성을 말할 수 있을 텐데, 그 정도 연관만으로는 유대교적 배경이 누가의 본문 묘사에 영향을 끼쳤던 배후였다 하기는 어려울 것이다.

1) 네 개의 그림들

(1) 사도들의 가르침

이 구절에 기록된 '사도들의 가르침'은 앞에서 베드로가 일어나 대중을 향해 말했던 '설교'와 구분되는 것으로 저자는 이해한다. 그것은 대중을 상대로 한 격식을 갖춘 교훈 형식이라기보다는, 다양한 상황에서 다양한 방식으로 교인들과 소통하며 가르쳤던 사도들의 행동을 통칭해서 이르는 말일 것이다. 베드로가 설교했듯이 사도들은 '가르치는' 존재로서 일반 교인들로부터 권위를 인정받았음을 이 표현은 시사한다. '가르침'은 가르치는 자의 권위를 전제하기 때문이다. 게다가 그 가르침에 '몰두했다'는 것은 사도들에 대한 사람들의 '경의의 정도'를 엿보게 할뿐 아니라, 그들의 권위가 통상적인 수준 이상으로 '남다르게' 존중되고 있음도 알게 한다. 그 '가르침'의 내용을 정확히 알 수는 없다. 하지만 그것은 초기 교인들의 신앙 중 예수의 정체와 역할, 그의 구속사적 의의와 구약과의 관련 등 그들이 품었을 기독교의 특수성에 관한 일반적 궁금증과 관련 있는 사

---

10 마르그라가 이에 관한 문헌들을 소개한다. Daniel Marguerat, *Les Actes des apôtres(1-12)*(Genève: Labor et Fides, 2007), 103.

11 *Ibid.*, 103. 기원전 2세기경 '의인 시메온'의 말이 이렇다는 것이다. "세상은 다음 세 개 위에 세워져 있다: 토라, 예배, 그리고 사랑에 의해 영감 받은 행위들." (traité *Avot* 1.2)

항들이었을 것이다. 이것들은, 이를테면 기독교 운동의 태동기에 신앙 관련 교훈을 주고받는 '초기 상황'을 떠올리게 한다. 그런데 여기서는 신앙 '형성 과정'을 묘사하기 위해 사용된 용어로 '가르치다'(didaskō)라는 말이 제시됐지만, 이와 비교될 수 있는 다른 유사한 표현들이 있다. 그것은 '선포하다'(kērussō, 행 8:5, 9:20, 10:37, 42, 19:13 등), '전도하다'(euaggelizō)라는 단어들이다. 이 표현들 사이의 차이를 확정적으로 가늠하기는 쉽지 않다. 어쩌면 '선포함, 전도함'은 예수에 관한 진실, 곧 그의 그리스도이심을 믿지 않는 이들에게 깨우치는, 말 그대로의 '선포'라 이른다면, '가르침'은 그 사실을 믿는 사람들에게 좀 더 '진전된' 각성과 이해를 교훈하는 경우를 일컫는 것으로 추정될 수 있을 듯한데, 사정이 그렇게 간단치 않은 데 문제가 있다. '가르치기'와 '전도하기'를 구분하여 사용하는 사도행전 5:42, 28:31, 누가복음 20:1과 같은 경우엔 위의 분류가 어느 정도 들어맞는다. 그렇지만 '가르치기'가 '전도하기'란 뜻으로 이해되는 사도행전 4:2, 18, 5:21, 25, 28 등의 경우엔 그런 분류가 적용되지 않는다. 따라서 세 개념 사이에 기계적 의미 차이를 설정하기는 어려울 것 같다. 아마도 '가르치다, 선포하다, 전도하다'의 세 동사는 큰 의미 편차 없이 통용된 듯하다. 다만 상황과 문맥에 따라 '선포와 전도', '가르침' 사이에 뜻을 구별하여 이해할 수 있을 것이다. 그런 의미에서 본 절의 '가르침'은 신앙을 가진 이들이 가졌던 기독교적 '신념의 심화'를 위한 학습과 관련이 있을 것이다.

(2) 코이노니아

'사귀는 일'이라 번역한 'koinōnia'라는 말은 매우 다양하게 사용되고 있고, 그런 용례의 다양성만큼 의미도 다양하게 이해된다. 이 용어에 관해 제안된 대표적 견해들을 살펴보면, 레이크와 캐드베리 같은 경우, 이 단어의 의미로 다음 네 가지를 거론한다.[12] a) 신자와 사도들 사이의 연합으로의 교제(갈 2:9), b) 44절에 보이는 공유공동체의 실천이란 의미로의 '공산

주의', c) '빵 뗌'과 동의어로 볼 수 있는, '성만찬'의 의미, d) 실제적인 구제(롬 15:26)의 의미가 꼽힌다. 다른 학자들 역시 이와 유사한 용어의 의미들을 열거하는데, 예를 들어 므누(Menoud) 같은 이는,[13] a) 신자와 사도들 사이의 영적 교제, b) 공동 소유로 실천되는 물질적 교제, c) 성례를 통해 그리스도와 신자들 사이를 연합케 하는 성만찬적 교제, d) 집단을 통해 드러나는 신자들의 연합으로의 교회론적 교제 등을 제시한다. 이런 다양한 의미 제시 자체가 중요한 것은 아니다. 문제는 누가의 본문에서 그 의미를 어떻게 설정하느냐가 관건이다.

이 용어와 관련하여 눈에 띄는 것은 바울문서에 다수 나타나는 '영적 교제'라는 독특한 의미,[14] 그리고 후기의 성례전적 의미가 투사된 것으로 이해되는 성만찬적, 교회론적 의미 등인데, 이런 것들을 누가의 본문에 그대로 적용하기는 어려울 것이다. 설혹 누가가 'koinōnia'라는 말을 사용하면서 '영적 교제', 또는 교회론적, 성례전적 의미를 의식했다 하더라도, 사도행전 2장이 제시하는 뜻은 다를 것이다. 그 구체적인 의미는 본문이 속한 물질 공유의 맥락을 전제로 파악해야 한다.[15] 그렇다면 그것은 재물의 공동 소유로 드러나는 '물질과 관련된 교류/교제'[16] 그리고 그것의 연장으로 나타나는 신자와 신자, 신자와 사도 사이, 즉 교인들 간의 '육적인, 또는 영적인 모든 교제'를 통괄하는 것으로 이해하는 것이 온당할 것이

---

12 Kirsopp Lake & Henry J. Cadbury, *The Acts of the Apostles: English Translation and Commentary*, in *The Beginnings of Christianity: Part I*, ed. by F. J. Foakes Jackson & Kirsopp Lake, vol. IV(London: Macmillan & Co., 1933), 27.

13 Phillipe H. Menoud, *La vie de l'Eglise naissante*(Genève: Labor et fides, 1952), 22–34.

14 이를테면, 고전 1:9, 10:16, 갈 2:9, 빌 3:10 등등.

15 Cf. Marie-Emile Boismard & Arnaud Lamouille, *Les Actes des deux Apôtres: Le sens des récits*, tome II(Paris: Librairie Lecoffre, 1990), 151–152.

16 특히 44절의 "모든 물건들을 공유하였다"(eichon hapana koina)의 'koina'라는 말은 본절의 'koinōnia'라는 단어와 동일한 어근을 가진 말로 같은 문맥 속에서 서로를 연상하게 한다.

다.[17] '영적인 교제'를 언급하는 것은 물질 공유의 상황을 다시 묘사하게 되는 사도행전 4장의 기록 중, 32절의 "믿는 무리가 한 마음과 한 영혼이 되어, 누구 하나도 자기 소유물을 자기 것이라 하지 않고, 모든 것들을 공동으로 사용하였다"라는 기록을 상기하기 때문이다. 이 구절에서 '한 마음과 한 영혼이 되어'(ēn kardia kai psuchē mia)라는 표현은 이들 공동체가 나눴던 교제가 물질적, 사회적 사귐에만 국한되지 않았음을 보여준다. 그것은 이들이 물질의 공유를 통한 '육적인 사귐'으로부터, 내면적 각성과 신앙의 정체성 교류와 같은 '영적인 교제'에 이르기까지, 서로의 나눔이 넓고 깊은 차원을 포괄하는 것이었음을 짐작하게 한다. 물론 '영적' 교제와 '육적' 교제는 어느 것이 우선된다거나 더 중요하다 말할 수는 없을 것이다. 그것들은 피차 상호 관련되었으며, 서로가 서로를 불러일으키고 관계를 돈독히 하는 형태로 밀접히 연관되었다고 보아야 한다.

이처럼 'koinōnia'라는 말 자체가 명시적으로 드러내듯이 42–47절 단락에는 신자들의 연합과 단일성, 공동체적 동질성과 사귐을 표현하는 모습들이 여럿 등장한다. 이를 열거하면, 44절의 "모든 믿는 사람들이 '함께 있으면서' 모든 물건들을 '공유하였다'", 45절의 "재산과 소유물을 팔아 필요한 대로 그것들을 모두가 '나눠가졌다'", 46절의 "날마다 '한마음으로' 성전에 열심히 모이고, 집에서 빵을 떼며, 기쁨과 순수한 마음으로 음식을 먹고" 등에서 '공동체적 연합, 신자들 사이의 교제, 집단의 단일성' 등이 되풀이 표현되고 있음을 알 수 있다. 이 같이 반복적으로 '연합, 동질성, 합일'의 개념들이 제시되고 있는 것은, 본래 초기 교회의 모습이 그처럼 단결된 동지적 결속과 일체의식으로 시작됐고, 유지, 발전되었음을 묘사하는, '사실 그대로의' 과거 모습을 제시하려는 의도가 있었음이 당연하다. 어느 운동이든 맨 처음 출발부터 분열과 다툼으로 시작되었다면 그것

17 Cf. Jacques Dupont, "La communauté des biens aux premiers jours de l'Eglise (Actes 2,42. 44–45; 4,32. 34–35)," in *Etudes sur les Actes des Apôtres*(Paris: Cerf, 1967), 505–519.

은 소멸될 수밖에 없었을 것이기 때문이다. 그런 사실 묘사 이외에, 어쩌면 1세기 말엽 누가시대의 교회 상황에서 연합과 일치, 동질성이 강조될 필요가 있는 상황이 배경에 있었을 가능성도 배제하기 어렵다. 분열의 조짐이 보이고, 다툼의 진행이 감지되는 현실이 있었다면, 앞 세대 초기 교인들의 '이상적 결속과 유대'를 그려 보여줌으로 화해와 일치를 모색하는 것은 저자로서 당연히 갖게 될 저작 의도 중 하나였을 것이다. 물론 그 분열과 다툼의 상세 내용을 짐작하기는 어렵다. 모든 다툼이 그러하듯, 신념, 이해(利害), 감정 등 개인적, 집단적 역학들이 복합적으로 얽혀 빚어지게 된 '인간현상'으로의 갈등들이 그 이면에 자리 잡고 있었으리라는 점만을 말할 수 있을 것이다.

(3) '빵 떼는 일'

여기서 관심을 갖고 살펴야 될 것은 '빵 뗌' 관련 표현이다.[18] 이 독특한 표현은 유대인의 언어습관에서 기인한 것으로 보인다. 히브리, 아람어에서 'פרש, פרס'(부수다, to break)라는 말은 '빵'이라는 단어를 굳이 덧붙이지 않아도 식사 시작을 표현하는 말이라고 한다.[19] 유대 전통에 의하면 식사는 '오 주 하나님, 축복을 받으소서. 당신께서 이 땅 위에 빵을 허락하셨나이다.'라는 기도로 시작하여 의례에 따라 빵을 '떼어'(부수어, breaking) 나누어주는 것으로 진행된다는 것이다.[20] 따라서 이런 유대 상황을 감안할 때, '빵 뗌(부숨)'은 일반적인 보통의 식사를 뜻하다가, 그것이 기독교적인 예전(禮典)적 의미를 부여받아 '성만찬' 또는 '애찬'(愛餐)의 의미를 띠게 된 것으로 이해할 수 있다.

---

18 이곳과 눅 24:35의 'klasis tou artou' 또는 'klan arton'-'빵 뗌, 빵 부숨', breaking the bread.

19 Kirsopp Lake & Henry J. Cadbury, *The Acts of the Apostles: English Translation and Commentary*, 28.

20 *Ibid.*

따라서 '빵 떼는 일'이 예전적 의미를 갖게 되는 것은 적어도 누가가 묘사하는 대상 시기인 예수 부활 '직후'의 일이라고 보기는 어려울 것이다. 그것은 성만찬의 관행과 전통, 그 의미 부여가 어느 정도 이뤄졌던 '나중' 시기에 형성된 예식(禮式)적 개념이라 할 수 있다. 이 '나중 시기'가 언제인지를 추측할 도리는 없다. 다소 이른 시기일 수도 있고, 좀 더 늦은 시기일 수도 있지만 그 분명한 시기를 짐작하기란 어렵다. 적어도 부활 '바로 직후'가 아니라면, 누가의 본문 묘사에 '성만찬'의 예전적 의미를 부여하기는 힘들 것이다. 따라서 이 구절의 '빵 뗌'에 관한 저자의 묘사는 대상 시기의 상황을 역사적 정확성을 갖고 기술한 것이 아니라, 후기의 성만찬적 이해를 갖고 앞선 시대에 투사하여 서술하는 것으로 볼 수 있다. 그렇다면 이 묘사는 그저 일상적인 공동의 식사를 묘사하는 장면인데, 다만 그 사용 용어가 후기의 개념이 담긴 표현을 사용했다고 추정할 수 있다. 46절의 "기쁨과 순수한 마음으로 음식을 먹고"란 표현도 '빵 뗌'이 이뤄졌던 1세기 초반의 대상 시기의 행위가 실제로는 성만찬적 의미보다는 일상적 공동식사를 했던 것을 보여주는 예라 할 수 있다.

그러나 정작 중요한 것은 '빵 뗌'의 역사적 실체가 일상의 식사냐 성만찬이냐의 문제가 아니다. 누가가 '성만찬'적 의미를 연상시키는 용어와 묘사를 구사했고, 그것을 읽는 누가 시대의 사람들이 그것을 '성례전'적 의미와 연상(聯想)으로 이해했다면, 그러한 전제 아래 본문을 읽을 필요가 있다. 요컨대 누가는, '오순절 사건 직후부터 처음 기독교인들이 성만찬을 시행했다'고 이해될 수 있게 서술했다는 것이다. 다만 그 의미가 명백하게 성만찬으로만 해석될 수 없는 이유는, 그 묘사가 좀 더 명백하게 성례전적 용어로 제한되거나 규정되지 않았기 때문이다. 따라서 누가의 '빵 뗌'의 의미를 누가 시대의 독자들도 공동식사와 성만찬이 통합된 넓은 의미의 '뜻 깊은' 식사로 해석했을 가능성이 있다.

교인들이 '빵 떼는 일'을 행함에 진력했다는 것은 신도의 사귐과 교제가 빈번했고, 그 친밀도와 연합의 정도가 매우 컸다는 점을 시사한다. 또

식사가 교인들의 친화와 연대감 증진에 결정적 구실을 한다는 것과, 그것이 공동체 의식을 공고히 하는 데 중요한 기여를 했으리라는 점을 굳이 강조할 필요는 없다. 일체감이 있었기에 공동식사를 했을 것이고, 공동식사를 하면서 일체감이 더욱 강화되었을 것이라는 얘기다. 만약 46절의 "날마다 한마음으로 성전에 열심히 모이고, 집에서 빵을 떼며, 기쁨과 순수한 마음으로 음식을 먹고"란 표현을 이 구절의 '빵 뗌'과 연관 있는 것으로 이해한다면, 그 모임은 매일 공동식사를 하면서 교제와 공동체적 사귐을 나눈 것으로 볼 수 있고, 그런 행동들이 연대의식, 친화감 강화의 역할을 확실히 했으리라는 것은 분명하다.

(4) 기도

'기도'에 매진했다는 것은 초기 교인들의 신앙생활 중에서 매우 특징적 사항을 가리키는 것이다. 누가에게 '기도'가 각별히 중요한 의미를 지닌다는 점은 이미 널리 알려진 일이기에 군말이 필요 없을 정도다.[21] 누가는 복음서, 사도행전 두 작품 곳곳에서 기도 장면들을 보여주며, 그 중요성을 이야기로 강조한다. 그의 복음서 중, 그리스도의 탄생(눅 1:30-35, 46-55), 세례 요한으로부터 세례 받음(눅 3:21-22), 변화산 사건(눅 9:28-36), 그리고 승천(눅 24:44-51)과 같은 주요 사건 장면에서 기도 모습들이 제시된다. 사도행전에서도 여기 본문 이외에, 열두 사도의 충원 과정(행 1:14), 일곱 지도자의 선출(6:3-6), 사마리아 지역 선교(8:14-25), 그리고 베드로의 고넬료 집안 전도(10:30-48) 등등 많은 장면에서 기도하는 기독교인들의 인상적 모습들이 나타난다. 초기 기독교 전개에서 결정적 전기가 될 수 있는 사건들은 바로 기도 속에서 이루어졌음을 묘사하고 있는 것이다. 따라서 누가에게 기도는 구속사의 결정적 순간과 계기에 그것을 준비하고, 가능하게 하는 매개, 또는 도구적 역할을 하는 행위로 인식된다.

21 유상현, 『사도행전 연구』(서울: 대한기독교서회, 1996), 117-119.

초기 교인들의 '공동생활'을 묘사하는 이 단락 역시, 기독교의 출발 모습과 기독교인의 구체적 삶의 모습을 처음 전하는 중차대한 진술 속에 '기도의 장면'을 담아 '저자의 서사적 그림'으로 다시 윤색하고 있다는 평가를 받을 만하다. 누가는 초기 교인의 공동체적 삶의 양태가 기도하는 모습으로 정형화되고, 그런 모습으로 기억될 수 있기를 바라는 뜻이 있었던 듯하다. 그래서 그들의 모습을 그리는 특징적 장면 넷 중에서 기도하는 그림이 그 하나를 차지할 수 있도록 만든 것이다. 이런 '기도에의 매진' 모습은 본문을 복수(proseuchais, '기도들')로 표기하고 있는 것과 무관하지 않다. 아마도 잦은 기도, 어쩌면 하루에도 몇 차례 행했던 기도행위를 복수 형태로 표현하고 있는지 모른다. 기도에 매진하는 지속적, 꾸준한 기도란 한시도 쉬지 않고 계속되는 기도를 뜻하지는 않을 것이다. 그런 기도란 현실적으로 실현될 수 없기 때문이다. 아마도 이것은 지속되는 '기도의 태도' 아니면 가능한 최대의 시간을 할애하여 이뤄지는 '기도 진력(盡力)'의 행위를 의미할 것이다.

이처럼 누가에 의해 "가르침과 사귀는 일과 빵 떼는 일과 기도"로 제시된 일련의 묘사는, 초기 교인들의 일상적 삶의 모습 중 어느 단면을 보여주고 있음이 분명하다. 그러나 그 행위들은 아무 의미 없는 일상의 진부함을 서술하는 것이 아니라, 초기 교인들이 행했던 교회공동체의 중요한, 또는 대표적 종교적 움직임들을 묘사하고 있다고 볼 수 있다. 이런 행동들이, 서술대상 시기인 저자보다 한 세대 앞선 시대, 곧 1세기 초반의 현실에서, 이미 '성례전적, 신학적' 의미를 풍부하게 갖춘 것은 아니었을 것이다. 그런 온전한 의미 축적은 세월의 경과와 더불어 이뤄졌을 것이기 때문이다. 그렇다 해도, 초기 교인들은 기독교의 '태동' 시점에도 이미 '남다른' 의미들을 이 네 개의 공동행동에 어느 정도는 부여했을 것으로 짐작된다. 그리고 그러한 '의미의 부여와 확대 과정'이 결국 누가 시대를 비롯한 후기의 신학적 성숙에까지 연장되고 있음도 간과하기 어렵다. 이런 과정은 시간이 지나면서 점차 교회의 예배 속에 정착하여 뿌리 내리게 되었을 것이고, 그 착근(着根)의 흔적이, 이를테면 순교자 유스티누스(Justin Martyr)가 언급하는 주일예배 순서[22] 등에서 발견될 수 있는 것이다.

2) 두려움

오순절 사건 이후에 벌어진 일들을 묘사하는 저자는 사도행전 2:42에서 초기 교인들의 공동체적 삶의 모습들을 네 개 요소로 스케치한 다음, 성격이 전혀 다른 기록을 이어간다.

> 모든 사람들에게 두려움이 생겼다. 사도들을 통해 많은 기적과 표징이 일어났다.(행 2:43)

43절은 두 개의 문장으로 이뤄지지만, 그 두 문장이 인과관계로 연결되어 있지 않다. 그렇다고 앞의 42절과 연결이 자연스러운 것도 아니다. 아마도 앞 절과의 연관성보다는 이 구절 내부에서 내용의 상호관계를 짚어봐야 할 듯하다. 이 절을 '기적과 표징'이 일어났기 '때문에' 사람들에게 두려움이 생겼다고 해석할 수 있다면 자연스런 독법이 된다. 그런데 두 문장을 그런 식으로 연결하는 것은 '그렇게 해석하려는' 의도로 읽는 것이지, 원문이 스스로 드러내는 뜻을 존중하는 것은 아니다.

그렇다면 여기서 '두려움'이 생기게 된 이유가 분명치 않다. 42절에 바로 이어서 읽게 되면, '교훈, 사귐, 빵 뗌, 기도'에 열중한 것이 '그날'이라면 이날은 두려움을 불러일으킬 만한 별다른 사건이나 일들이 벌어진 것으로 보고되고 있지 않기 때문이다. 따라서 엄밀하게 문자에 집착하지 않고 이 묘사를 읽어 이해할 수밖에 없는데, 그럴 경우 두려움의 이유는

---

22 *1 Apol.* 67. Craig S. Keener, *Acts: An Exegetical Commentary: Introduction and 1:1-2:47*, vol. 1(Grand Rapids: Baker Academic, 2012), 1000-1001에 그 순서가 소개되어 있다.

복합적이었던 것으로 보아야 한다. 앞서 일어난 일련의 오순절 기적들의 기억이 전반적으로 사람들을 두려움에 사로잡히게 만들었다는 것이다. 사람들이 오순절에 벌어진 일들과 그에 관한 기억들을 반추하며 헤아려 보는 가운데 두려움을 느꼈다는 얘기가 된다. 또한 43b절의, "사도들을 통해 많은 기적과 표징이 일어났다"는 기록이 어느 특정 날짜에 벌어진 일이 아니라, 그 즈음에 발생했던 여러 일에 관한 것이고, 그간 벌어졌던 이런 경이적인 상황과 일들을 통해서 두려움이 사람들 속에 생겨났다는 뜻으로 이해될 수도 있다. 사실 '두려움이 생겼다'라고 번역한 그리스 원문은 미완료로 기록되어 있다. 미완료가 가진 연속성의 성격('두려움이 생기곤 하였다')을 문법적으로 각별히 유의해 이해한다면, 두려움이 단발(單發)성으로 생겼다가 사라진 것이 아니라, 두려운 상태로 지속되었다는 뜻으로 읽힌다는 점[23]도 그러한 이해를 뒷받침한다. 그렇게 되면 이 묘사는 오순절 사건 이후 어떤 일정 기간 중에 벌어졌던 일들에 관한 '일반적 보고', 즉, 사건의 요약적 묘사라고 이해하게 된다.

그래도 의문 하나는 남는다. 왜 사람들은 그런 '가르침 받기 등의 공동체 생활, 기적, 표징'과 같은 일들을 보고 겪으면서 '두려움'을 느끼게 되었는가? 두려움의 근본적 원인은 무엇인가? 어쩌면 신적 현현(顯現)의 양상과 기적현상에 대한 '종교적 공포'를 그 원인으로 꼽을 수 있다. 이를테면 초월적 현상과 존재에 관한 근원적 두려움, 설명되거나 납득되기 어려운 종교현상으로의 이해 불가한 공포를 의미할지 모른다는 것이다. 이 점은 누가가 기적들을 서술하는 여러 장면들 가운데서 흔히 발견된다. 누가복음 1:65, 5:26, 7:16, 8:37, 사도행전 5:5, 11, 19:17 등에서 볼 수 있는 '두려움'은 모두 기적 발생 이후에 발생한 것들이고,[24] 그런 뜻에서 누가에

---

23 Frederick F. Bruce, *The Acts of the Apostles: The Greek Text with Introduction and Commentary*, 132; Craig S. Keener, *Acts: An Exegetical Commentary: Introduction and 1:1-2:47*, vol. 1, 1011.

24 눅 21:26에는 예수가 말하는 묵시적 기적에 관한 '두려움'이 소개되고 있다.

게는, 초월이 불러일으키는 불가해(不可解)한 현실은 공포를 야기한다는 인식이 있었을 것이다.

2. 물질 공유(행 2:44-45)

1) 공유의 배경

누가가 묘사하는 초기 교인들의 삶 중에서 가장 괄목할 만한 것은 그들의 물질생활에 관련된 서술이다. 저자에 의하면, "모든 믿는 사람들이 함께 있으면서 모든 물건들을 공유하였다"(행 2:44)는 것이다. 누가는 이런 묘사를 남김으로 초기 교인들의 역사를 고려하는 데 중요한 주제, 또는 논란거리를 제공했다. '물질 공유'(共有)의 시도 자체는 당시 유대 상황에서 아주 낯선 것은 아니었다. 쿰란공동체의 공유 시행의 사례가 이미 있었던 만큼 그러한 행동이 '전대미문'(前代未聞)의 획기적인 것으로 받아들였을 리 없고, 그러한 실행이 제안되거나 요청되는 단계에서도 '새로운 것'이기 때문에 배척되지는 않았을 것이다. 그러나 비록 그 실천에 관해 알고 있었다 해서 정작 그것을 자신들의 모임 가운데서 직접 실현시킨다는 것은 쉽지 않을뿐더러, 전혀 차원이 다른 문제였다.

이런 재물 공유의 모델이 무엇이었는지, 어떤 전례(前例)나 이상을 본보기로 그 실천이 이뤄졌는지에 관해 다양한 논의가 있어왔다. 이를테면, 그리스의 각종 유토피아니즘적 이상, 우정 관념의 실천, 특히 플라톤의 이상국가 모델, 고대 이스라엘의 소유 평등(출 16:17-18), 구약의 신명기적 이상(신 15:4), 쿰란공동체의 모델, 예수의 교훈("그러므로 이와 같이 너희 중에 누구라도 자기 소유를 모두 버리지 않으면 내 제자가 될 수 없다." 눅 14:33, 또한 눅 12:33)을 실천한 것[25]이라는 등의, 누가 기록 배후에 관한

25 Capper 같은 이는 사도행전의 '재물 공유' 의식이 누가복음서로부터 연장되는 개념이라는 점을, 여기 본문과 유사한 공유 장면을 보여주는 행 4장 묘사와 눅

많은 제안이 끊임없이 제시되었다.[26] 이 같은 여러 모델들 또는 이상들과, 사도행전의 재물 공유 기록 사이에 유사성, 중복점, 동일성들이 부분적으로 존재한다는 점을 부인할 수 없다.[27] 하지만 누가의 서술이 결정적으로 영향 받았다는 증거나, 모델들과의 전체적 동일성 근거를 찾기 힘든 것도 사실이다. 따라서 예루살렘 교인들의 공유 실천에 관한 서술이 어떤 이전 모델로부터 직접적 영향을 받아 기록되거나 실천된 것인지를 확정하여 밝히기는 매우 어렵다.

오히려 예루살렘 교인들의 공유 실행은 당시 교인들이 처한 빈한한 환경과 경제적 곤궁[28]의 와중에서, 현실적 대처 방안을 모색하던 끝에 찾아낸 '실천적' 방안으로 이해될 가능성이 있다. 이상적 공동체를 조성하고자 하는 선제 의도나, 여타 철학적, 종교적 이념을 구현시키고자 하는 고상한 의지가 우선적으로 발동되어 그러한 공유 공동체가 발생되었다기보다는, 가난한 교인들이 겪는 경제상황의 어려움을 타개하려는 궁리와 노력이 물질을 함께 나누는 구체적 결과를 낳았으리라는 것이다. 요컨대, 재물 공유 공동체의 성립은, '현실적 필요'가 그런 방안을 더듬어 찾게 만들

18:22를 비교하며 제시한다. 이를 위해, 행 4장과 눅 18장에서 비슷한 용어들('모두, 팔다, 나눠주다', panta, pōlēson, diados)이 사용되고 있는 점, 마가(막 10:21), 마태(마 19:21)와는 확연히 구별되는 누가의 복음서 표현들 등이 거론된다. Brian Capper, "사도행전의 상호성 및 윤리", 『복음의 증거: 사도행전 신학』, 하워드 마샬(편), 류근상 역(서울: 크리스챤출판사, 2004), 625.

26 이에 관한 다양한 고대 문헌과 현대의 연구물들이, Craig S. Keener, *Acts: An Exegetical Commentary: Introduction and 1:1-2:47*, vol. 1, 1013-1023에 소개됨.

27 특히 '모든 물건 서로 통용(hapanta koina)'이라는 말은 그리스 문헌 가운데서 광범위하게 발견된다. 뒤뽕의 글에 이에 관한 다양한 문헌들이 소개되어 있다. Jacques Dupont, "La communautē des biens aux premiers jours de l'Eglise (Actes 2,42. 44-45; 4,32. 34-35)," 505-509.

28 처음 예루살렘 기독교 공동체를 이룬 갈릴리 출신들과 거기 가세한 일부 예루살렘 원주민들은 거의 모두가 빈궁한 삶을 살던 사람들이었을 가능성이 높다. E. 헨헨, 『사도행전 I』, 이선희, 박경미 역(서울: 한국신학연구소, 1987), 367.

었고, 그 결과를 누가가 서술하였으리라는 것이다. 즉, '이상적 동기' 우선론이 아닌, '실천적 결과론'에 입각하여 이 기록이 설명되어야 한다는 것이다.

그러한 현실적 이유로 초기 교인들이 '물질 공유'의 경험을 나눴다는 점을 '기록하는' 누가는, 어쩌면 또 다른 인식의 세계를 가졌을 수 있다. 그가 재물의 공유에 관한 그리스적, 구약적, 쿰란적, 예수 생애 속 기억과 이해를 나름대로 가졌으리라는 것은 그의 교양과 지성을 감안할 때 충분히 추측 가능하다. 그러나 그것은 '공유 실천 그 자체'의 기원과는 구분되는 '저술자의 인식 배경'에 관한 논의일 뿐이다. 만약 예루살렘 공동체에서 전혀 재산 공유의 역사가 없었는데 저자가 이를 창안 서술했다면, 어쩌면 그 모든 '공유'에 관한 전사(前史)와 전기(前記)가 두루 감안되고 참조되었으리라 말할 수 있겠으나, 그렇게 보기는 어려울 것이다.[29]

이 구절 이해에서 핵심적인 것은 이 같은 물질의 공동소유를 이룩한 주체가 "모든 믿는 사람들"로 전제되어 있다는 점이다. 이것은 '친구들은 모든 물건을 서로 나눈다'[30]는 그리스적 우정(友情)의 이상이 '기독교판'(版)으로 표시된 것으로 파악할 여지가 있다. 이것은 두 가지 관점에서 읽힌다. 하나는, '신자들'이 진정한 '친구들'로 이해될 수 있다는 시각으로, '교인들의 상호관계'를 그리스적 인간 이해의 범주에서 '우정관계'로 번역시킬 수 있다는 측면이 있다. 또 하나는, '교인들 사이의 인간관계'를 누가 작품 어디에도 '우정관계'로 규정하거나 암시하지 않았다는 점에서 기독교인들의 '상호관계'는 그리스적 우정 관계를 '극복하고 넘어섰다'는, 기

29 본 장(章)의 결어 부분 참고.

30 이 말은 특정 인물, 철학자 등에 귀속된 말이 아닌 광범위하게 널리 퍼져 있던 일반적 격언으로 이해된다. 한편, 그리스적 '우정'의 의미도 매우 다양하게 이해된다. 이에 관해, Alan C. Mitchell, "The Social Function of Friendship in Acts 2:44-47 and 4:32-37," 257에 문헌 소개. 미첼에 의하면 누가는 '우정'에 관한한 '대중적' 개념에 의존했고, 절충주의적 이해를 가졌다고 본다. 다만 누가의 관심은 우정 관계 자체에 있었다기보다는 그 개념의 활용에 있었다는 것이다. *Ibid.*

독교인 사귐의 '우월성'에 관한 시사로 보게 되는 측면이다. 기독교인들의 상호 인간관계를 굳이 표현한다면 '우정관계'가 아닌 '형제관계'라고 말할 수 있을 것이고, 그 점에서 그리스적 인간관계의 친밀성을 훨씬 뛰어넘는 모습을 보여준다. 일반적 인간 사이의 관계를 우정이 아닌 형제애로 파악한다는 것은, '인간관계의 본질'에 관한 파격적 이해가 있었다는 측면과 더불어, '인간의 본질'에 관한 근본적으로 변화된 각성이 있었다는 점을 뜻한다. 기독교인들은 친구 사이 우정의 대상이 아닌, 혈족관계의 '형제'로 상호 변화된다는 것이다. 이것은 우정의 대상으로서 '나' 외의 다른 사람, 타자로서의 '남'이, '형제'라는 혈연적 동일자아, 또는 '나'의 확대된 '혈연적 자아'인 '형제'로 변환된다는 것을 의미한다. 거기에 기독교 '형제' 이해의 역동적 혁신성이 자리한다.

그런 뜻에서 누가의 이 구절은 플라톤의 이상세계 묘사를 기초로 하지 않았다는 점을 보여준다. 플라톤의 이상세계에서는 '모든 사람들'이 아닌, '관리자 계급'에 해당되는 사람들이 모든 재산을 공유하도록 관리한다.[31] 만약 누가가 플라톤의 기록을 따랐다면, 사도들은 다른 시민들에 의해 재정적 원조를 받는 '관리자 계급'에 해당돼야 한다. 이것은 사도행전 2:44-45와 3:32가 보여주는 예루살렘 공동체의 모습과는 부합되지 않는다. 누가의 묘사에서는 '모든 믿는 자들이 모든 것을 공유'하고, 자신의 재산을 모든 사람을 위해 내놓는다. 거기에 플라톤적 '관리인들'은 존재하지 않는다.

2) 필요에 따른 분배: 나눔의 방법론

재산의 공유는 필연적으로 공유된 재산의 활용과 배분의 방식에 관한 진술을 낳게 된다.

---

31 *Ibid.*, 260에 그와 관련된 플라톤 문헌들이 열거됨.

(또한), 재산과 소유물을 팔아 필요한 대로 그것들을 모두가 나눠가졌다.
(행 2:45)

여기 묘사된 "재산(ktēmata)과 소유물(huparkseis)"이란 표현이 무엇을 뜻하는지 검토되어야 한다. 흔히 'ktēmata'(재산)를 고정자산이나 부동산으로 이해하고, 'huparkseis'(소유물)를 개인 소유물로 이해하는 것이 일반적 구분이기는 하나,[32] 그 반대의 뜻을 취하는 예도 있다.[33] 그 분명한 뜻을 명시하기가 쉽지 않다. 어쩌면 '부동산, 동산' 개념으로 각각 해석하는 것이 무난할 듯하지만, 이 두 단어를 합해 그저 '재물, 재산'으로 통칭하면 될 것이다. 그 같은 재산들을 '팔았다'고 했는데, 여기 사용된 시제가 미완료(epipraskon)임을 감안할 필요가 있다. 그럴 경우, 미완료 시제를 살려 '소유물을 팔곤 하면서'라고 번역하면, 물건의 매도가 '지속적으로' 이뤄졌음을 짐작하게 한다. 본문이 말하듯이 "필요한 대로" 재물을 팔게 되는 상황을 가정한다면, 그러한 매도가 단속(斷續)적으로 꾸준히 계속되는 형국을 상상하게 된다는 것이다.

'재물을 필요에 따라 나눴다'는 것은 지상 삶이 요구하는 인간의 생존 조건, 인간 실존의 기본적 욕구의 '필요'를 인정했다는 점을 되새기게 한다. 이것은 당연한 말이지만 지상 삶의 욕구를 부정하거나 거기 따른 가치를 거부하는 금욕적 성격과는 거리가 멀다. 인간 삶의 가치와 생존을 존중하고, 이 땅에 남아 이어가야 할 삶의 유지를 긍정한다는 점이 암시된다. 다시 말해 종말적 긴박함이나, 재림 기대의 시급함이 후퇴된 상황을 반영

32 Joseph A. Fitzmyer, *The Acts of the Apostles: A New Translation with Introduction and Commentary*(New York: Doubleday, 1998), 272; Craig S. Keener, *Acts: An Exegetical Commentary: Introduction and 1:1-2:47*, vol. 1, 1026 등과 대부분의 영어 번역본들.

33 예컨대, Kirsopp Lake & Henry J. Cadbury, *The Acts of the Apostles: English Translation and Commentary*, 29.

한다는 것이다. 여기서 말하는 '필요'는 다른 불요불급한 부차적인 데 소용되는 것이 아니라, 지상 생명의 연장을 위해 필수적인 기본 요청과 관련된다. 사치와 허영, 낭비를 전제로 한 필요일 리가 없다면, 그것은 삶의 존립을 위한 최소의 물질적 소용을 일컫는 말이다. 물론 아래에서 언급하겠지만, '필요'에 관한 개인별, 상황별 이해가 다를 가능성이 여전히 존재한다. 하지만 분명한 것은, 예루살렘 교인들이 지상생활을 위한 물질적 '필요'를 긍정했으며, 따라서 그것은 피안적 삶에의 몰두보다는 '물질적 필요'가 필연적으로 존재하는 '지상의 삶' 자체를 긍정하고, 그 삶의 '진부한 일상성'이 갖는 의미를 긍정했음을 알게 된다는 점이다.

그런데 '모두가 공유'한 물질, 그리고 그것을 '필요한 대로' 나눠가졌다는 묘사는 요컨대 부자와 가난한 자의 관계에서 가난한 자가 소유의 양을 늘리는 쪽, 곧 빈자에게 혜택이 더 가는 쪽으로 물질 관계가 형성됐음을 의미한다. 따라서 이런 '공유, 나눔'의 행태는 '부자의 양브'와 거기 따른 '빈자의 유익'으로 귀결되는 것이 핵심이다. 그렇다면 그것은 '주는 것이 받는 것보다 복됨'을 현실화시키는 것이 된다. 그런 뜻에서 사도행전 20:35는 이 구절의 이해를 위한 조명 역할을 한다. 누가는 사도행전 20:35에서 '받는 것보다 주는 것이 복되다'라는 언명을 하고 있는데, 그 말이 여기 45절에 대한 일종의 해명이 될 수 있다. 결국 물질 공유와 나눔의 본질은 가진 자의 '양보와 물질 포기'에 있는 것이고, 이것을 다른 형태의 설명과 에두른 표현으로 나타낸 데 불과한 것이 아니냐는 짐작이 가능하게 된다.

한편, "필요한 대로"(kathoti an tis chreian eichen, as any had need) 나눠가졌다는 것은 나눔 실현의 '방법론'을 제시한 셈이다. 여기 '필요'를 측정하는 데는 두 가지 요소가 작용한다. 첫째는, 재물 수요자의 '물질적 필요'를 상정할 수 있고, 둘째는, 그러한 물질적 수요가 발생하는 '시점', 곧 그 필요의 때와 관련한 고려를 할 수 있다는 것이다.

먼저, '물질적 필요' 그 자체를 살펴봐야 한다. 이것은 모든 재물을 공동 소유의 '풀'(pool) 아래 두고, 그것을 각자의 소용(所用)에 닿는 대로, 필요에 따라 물건을 가져갔다는 얘기다. 여기에는 소비의 질과 양에 '차이'가 존재한다는 인식이 전제된다. 이 실천의 배후에는 매우 민감하고 어려운 문제가 내재되어 있다. 그것은, '필요 이상'의 물건을 취하지 않는다는, 물욕에 대한 자제와 필요의 '적정성'에 대한 양식 있는 판단이 전제로 작용하고 있다는 점이다. 즉, 그 '필요'를 누군가가 측정하고, 통제하지 않았다고 한다면 거기에는 자발적 측정, 자발적 통제 등의 '양식'이 전제된다는 뜻이다. 사실 물질에 대한 '필요'는 매우 주관적인 산술이 개입된다. 물욕이 작동되지 않았다고 해도, 누군가가 필요로 하는 물질의 양은 다른 누구의 필요량 기준에 의하면 과하거나 덜할 수 있기 때문이다. 이때 필요량 과다라는 판정이 나오게 되면, 그것은 또 다른 누군가에게는 '필요에 따른 나눔'이 아닌 과욕에 의한 독점이 될 것이고, 그것은 공동 소유와 나눔의 기본 가치를 훼손하는 것으로 비쳐지고, 나눔의 이상은 점차 변질되거나 더는 실천되지 못할 가능성이 있기 때문이다. 이런 점들이 바로 '재산 공유와 나눔'이 갖는 한계, 또는 실천의 지난(至難)함을 반증한다. 또 거꾸로, 그런 극도의 어려움 때문에라도, '재산 공유'의 실천을 감행했다는 시도 자체조차 가치 있고 그 노력이 고귀하다는 평가를 받을 만한 것이다.

둘째로, '필요한 대로'라는 말은 교인들에게 물질이 필요한 '시간', 그러한 '필요의 상황'에 따라 물질 헌납과 처리, 배분이 일어났을 수 있다는 가능성을 시사한다. 만약 이런 이해가 이 표현을 통해 유추될 수 있다면, 물질을 바치고 그것을 나누는 '모든 경우'는 '필요'에 따르게 된다. 즉, 모든 나눔은 오직 필요한 사람들의 필요한 수요에 따라, 필요한 때에 이뤄지는 '필요' 개념에 의해 지배된다는 해석을 할 여지가 있다. 따라서 재산의 헌납이 '일시에' 이뤄지지 않고 수시로, 또는 정황에 따라 벌어졌을 가능성이 유추되는 것이다. 위에서 지적했던, '팔다'(epipraskon) 동사의 '미완료 시제' 사용이 이러한 이해를 뒷받침한다.

그렇지만 이런 재물 공유를 실천하는 데는 현실적으로 여러 어려움이 있었으리라는 점을 고려해야 한다. 우선, 신자들이 나눔의 가치관을 공감하여 거기 참여한다는 것 자체가 대단히 어려운 과제다. 비록 재물 나눔으로 교인들 사이의 빈곤 추방, 모두의 유익 추구, 물질생활의 공평성 유지 등의 선한 목적과 의도에 공감한다 해도, 그 실천의 첫 걸음으로의 자기 소유물 포기와 투척은 인간이 가진 가장 끈질긴 본능 중 하나인 소유본능을 거슬러 극복하는 것을 의미한다. 그러니 그 어려움이 어떠했을 것인지는 능히 짐작하고도 남는다.

이런 원론적 난제 외에 그 실천의 방법과 구체적 방안에서도 적지 않은 어려움이 제기된다. 재물의 성격에 따라 수집하고, 분류해야 할 일도 있을 것이고, 그것들을 판매하는 일, 판매한 대금을 정리하는 일, 또 그 판매금을 현금으로 나누든 물품을 구매하여 나누든, 재물을 판 다음의 분배 과정도 간단한 일은 아니었을 것이다. 그것이야말로 교인들 개인, 또는 가족의 '필요'에 따른 나눔의 핵심 과정이었을 터이니 여러 상황 등을 종합적으로 고려해야 할 일이요, 모두가 관심을 가질 예민한 사안이었을 것이다. 공유 재물 처리의 측정과 계산, 적정한 분배, 가동(稼動)자원의 수급에 관한 전체적 전망과 예측 등까지 고려한다면, 이런 모든 과정을 통괄하며 처리하는 것도 쉽지 않은 과제였을 것이다. 따라서 '재물을 팔아 필요한 대로 그것들을 모두가 나눠가졌다'는 간단한 묘사의 배후와 숨은 사정들을 심각하게 추적한다면, 그 처분의 과정 자체가 어려움을 주었을 것이다. 따라서 결과적으로 보면, 어쩌면 위와 같은 '재물 공유' 실천의 여러 어려움이 이런 전통이 계승되거나 확산되지 못한 이유였던 것이 아니냐는 추정을 하지 않을 수 없다.

결국, 누가가 배경을 삼는 바깥 그리스 문화권의 사회에서 물질의 나눔이 '동일한 계급' 내의 '친구 사이'에서나 이뤄질 수 있는 행동이었다면, 초기 교회가 이뤘던 물질의 공동소유와 나눔은 계급 간의 경계와 동질성의 한계를 벗어나 '모든 (믿는) 사람들' 사이에 이뤄질 수 있는 것이라는 점을 저자는 보여준다. 이것은 바깥 사회가 지금껏 설정한 행동과 사유, 가치의 한계를 철폐하고 무효화시키는 '새로운 세계관'을 천명하는 것이다. 거기에는 인간 본능의 최(最)심장부에 위치한 물질에의 집착을 거부, 극복하는 극도의 절제가 포함된다. 그것은 신자들로 구성된 '교회' 공동체가 새롭게 품은 새 삶의 척도와 지향, 질서를 제시하는 것이다. 또한 그것은 '동류의 친구들'에게만 적용되는 가치가 아닌, 모든 계층과 집단을 포함한 믿는 사람들 '모두'에게 적용될 새로운 규범이 되는 것이다.

그러나 이런 44-45절의 '이상적' 묘사가 제기하는 여러 질문들, 문제들 역시 존재한다.

1) 이런 행태가 만일 '자발적'으로 이뤄진 것이라면, 재산을 공유로 내놓지 않을 경우엔 어떻게 하나? 재산 공유에 참여하지 않은 사람들도 '모두 나눠가졌다'의 그 '모두'에 해당된다면, 재산 공여와 취득의 수급이 균형을 맞추지 못할 상황엔 어떻게 되는가? 이를테면 자기 재산은 숨기고 감추지만 '나눠가짐'엔 '모두'가 참여했을 상황에는 어떻게 대처했겠느냐는 것이다.

2) 이런 재산 공유의 집행이 사유물 소지를 금지하는 것을 의미하는 것은 아닌가? 만일 재산 공유화가 강제 집행이 아니라면 '아나니아, 삽비라'의 경우(행 5:1-11)는 어떻게 되는가? 거기서 문제되는 것이 단순히 사도들을 속인 것, 하나님을 속인 것만이 문제되는가? 그 부부가 재산을 숨겼다는 점은 전혀 문제되지 않았던 것인가? 재산의 사유가 어느 정도로, 어느 한계에서 허용되었는가?

이런 여러 질문에 관해 만족할 만한 답변을 제시할 본문의 근거는 부족하다. 재산 공유라는 '제도'의 집행 과정과 방식에 관한 누가의 설명이 상세하지 않기 때문이다. 다만 본문의 '재산 공유'와 '필요자 분배'라는 묘사의 틀, 또는 원칙의 제시에 비추어 볼 때, 그것이 강제가 작용되지 않은 '자발적' 성격이었을 것이라는 점은 짐작 가능하다. 그렇기 때문에 소유물을 숨기고 감추며 재산 공유화를 회피하거나, 거부하는 상황을 가정하여 그 해답을 미루어 추측하기는 어려울 것이다.

3. 초기 교인들의 삶—'성전'에서 '집'으로(행 2:46-47)

교인들의 재물 공유의 공동체적 삶에 관한 묘사를 한 다음, 저자는 다시 한 번 그들의 생활의 전체적 윤곽을 그려준다.

> 46절날마다 한마음으로(homothumadon) 성전에 열심히 모이고, 집에서 빵을 떼며, 기쁨과 순수한 마음[34]으로 음식을 먹고, 47절하나님을 찬양했다. 그들은 모든 사람들로부터 호감을 얻었다. 주님께서 구원 받는 사람들을 날마다 더하게 하셨다.(행 2:46-47)

본문에서 묘사되는 예루살렘 교인들의 일상은 두 공간에서 벌어지는 모습을 나눠 제시한다. '성전'과 '집'에서 벌어진 일들을 서술하는 것이다.

1) '성전에서': 유대전통의 계승

먼저 성전과 관련한 누가의 보고는, "날마다 한마음으로 성전에 열심히 모이고"라는 표현으로 나타난다. 그런데 저자는 교인들이 '매일' 성전에 열심히 모였다는 점만 알려줬지, 왜 성전에 모였고, 모여서 무엇을 했는지 등에 관한 언급은 없다. 또 '한마음으로 모였다'는 것은 구체적으로 무슨 상황을 뜻하는지도 분명치 않다.

다만 분명한 것은, 누가가 의도적으로 '날마다'라는 표현을 사용함으로 초기 교인들이 성전에 '열심히' 출입했다는 사실을 드러내고 있다는 점이다. 굳이 이것을 기록하지 않아도 되었고, 그저 성전에 드나들었음을 무

34 여기 "순수한 마음으로"라고 번역한 것은 '단순한 마음을 가지고'라고 이해할 수 있을 텐데, 과연 그 뜻이 실제 무엇을 가리키는지 정확히 알기는 어렵다.

심히 지나가듯 묘사할 수도 있었는데, 저자는 교인들이 이처럼 성전 출입에 열심을 내었다고 밝힌다. 이것은 누가가 그 사실을 돋보이게 제시하려는 의도가 있었음을 암시한다. 적어도 누가의 저술 시대, 즉 1세기 후반에, 기독교가 유대교와의 '관계'와, 그 관계를 통한 '정체성 정립'에 대해 심각한 성찰을 기울였을 저자로서 기독교인들의 '성전 출입'이라는 문제를 아무 의식 없이 서술했을 리는 없다. 이 묘사에는, 역사상 새롭게 자기 존재를 드러내고 있는 기독교와, 그 태반(胎盤)으로서의 유대교와의 관계를 규정짓는 상징적 의미가 담겨 있다. 이를테면 누가는, 예루살렘 기독교인들이 성전 출입에 열심을 냈다는 묘사를 통해서, 새로운 기독교가 유대교를 거부하고 독자적 종교로의 전혀 다른 길을 가려는 것이 아님을 명시하려 했다는 것이다. 이로써 기독교는 유대교의 전통을 계승하며, 그 종교적 유산의 연장 속에 자신의 정체성을 확보하려 했음을 보이려는 것이다. 그것이 '날마다 성전에 열심히 모였다'는 표현이 담고 있는 시사점이다.

그러나 누가가 초기 교인들이 성전 출입에 열심을 낸 사실, 곧 유대교와의 연속성을 드러내는 것은 매우 미묘한 함축을 동시에 지니게 된다. 이 열심이 거꾸로 '성전 집착'으로 보일 수도 있는데, 그런 모습은 기독교의 고유한 독자성과 관련하여 '정체성 약화' 또는 '이미지 희석'이란 부담이 따르게 되기 때문이다. 성전, 유대교에 관한 기독교의 태도와 관점의 선명성에 의혹이 일 수 있고, 교회의 좌표를 유대교의 엄존(儼存) 앞에서 어디로 설정할 것이냐는 의구가 생길 수도 있는 선택인 것이다. 따라서 누가는 '성전 출입에의 열심'을 통해 기독교가 유지하는 유대교와의 연장, 계속성을 암시함과 더불어, 사도행전 1:8 등에서 '예루살렘으로부터의 떠남'이란 개념에서 예시되듯 그것과의 단절도 말하지 않을 수 없다.[35]

35 이 연속/단절의 문제에 관해서는 이 장(章)의 아래 결어 부분에서 다시 언급할 것이다.

2) '집에서': 사적 공간의 종교화

두 번째 초기 교인들의 생활 모습은, "집에서 빵을 떼며, 기쁨과 순수한 마음으로 음식을 먹고, 하나님을 찬양했다. 그들은 모든 사람들로부터 호감을 얻었다"(행 2:46b-47)는 묘사로 그려진다.

이 표현 중 '빵을 떼며'와 '음식을 먹고'가 무엇을 가리키는지 논의의 여지가 있다. 전자를 '주의 만찬'으로 이해하고, 후자를 '일반적인 식사'로 해석하는 시도도 있다.[36] 하지만 그렇게 구분 짓는 것이 인위적일뿐더러, 그런 구분의 근거를 찾기가 어렵다. 그보다는 양자가 같은 것, 곧 '공동식사' 중의 '음식 먹는 행위'를 다른 표현과 시각에서 동시에 묘사하고 있다고 보는 게 적절할 듯하다. '기쁨으로 음식을 먹었다'고 전하며 '기쁨'이 '음식' 섭취와 나란히 동반함을 말하는데,[37] 이는 위에서 지적했던 '재산공유'로 지상 삶을 긍정하는 태도와 더불어 또 다른 '삶의 긍정'을 보여준다. 금식을 통한 금욕의 옹호가 아닌, 기쁨으로 음식을 먹는다는 것, 이것은 삶의 가장 기본적인 욕구에 대한 승인이요 축하로 이해되기 때문이다.

저자는 교인들이 '집에서' 빵을 떼며, 음식을 먹고, '하나님을 찬양했다'고 말한다. '빵 뗌과 음식 섭취'의 공동식사가 지닌 성례전적 인식을 견지한 채 누가가 본문을 기록했을 것이라는 위에서의 논의를 감안한다 하자. 그러면 '하나님을 찬양했다'는 명백한 종교적 행위 묘사는, '빵 뗌'의 성만찬 성례와 더불어 '집'에서 벌어진 일들의 종교성을 더욱 분명히 드러낸다. 다시 말해, 누가의 이 구절 기록은 '집'에서 벌어진 일들이 갖는 '종교적 성격'을 저자가 뚜렷이 보여주고 있다는 것이다. '집'이란 사적 공간

---

36 예를 들어, Joseph A. Fitzmyer, *The Acts of the Apostles: A New Translation with Introduction and Commentary*, 272.

37 본문처럼 '음식과 기쁨'이 나란히 등장하는 예가 행 14:17("하나님께서 음식과 기쁨으로 여러분의 마음을 만족케 하셨습니다.")에 있지만, '기쁨'('agalliasis', 'euphrosunē' 등)은 누가-행전에 30회 이상 나타나는 주요 관심 주제다. 물론 구약에는 '음식과 기쁨'이 함께 등장하는 경우가 많다. 예) 신 12:18, 14:26, 왕상 4:20, 대상 29:22, 시 104:15 등등.

이 '종교행위'를 위한 종교적, 공적 공간으로 변환되고 있음을 암시한다. 이 점은 사도행전 5:42("그들은 날마다 성전에서, 그리고 집에서 쉬지 않고 가르치며, 예수가 그리스도임을 선포하였다.")의 표현에서도 마찬가지로 나타난다. 이러한 지적은 아래에서 살피게 될 '성전'과 '집'과의 비교를 통해 의미가 더욱 부각된다.

누가의 서술을 단순화시키면, '성전'과 관련된 묘사(46a절)로부터 '집'에서 일어난 묘사(46b절)로 초점이 옮겨간다. 즉, '성전'에서 '집'으로의 공간 전환으로 묘사 내용이 바뀌는 것이다. 물론 본문을 '성전에서', 그리고 '집에서도'—라는 뜻, 곧 '성전에서, 집에서'의 활동을 나란히 동시에 제시하는 병치(倂置)로도 읽을 수는 있다. 그러나 그렇게 해도 '성전과 집'의 대조의 의의는 사라지지 않는다. 하지만 본문이 성전에서의 모임을 먼저 말한 다음, 집에서의 일들을 순차적으로 나중에 묘사하고 있는 점을 고려한다면 '성전에서 집으로'의 공간 이동으로 이해하는 것을 잘못된 파악이라 보긴 어렵다.

그런데 '집'[38]에서는, '빵을 떼며, 기쁨과 순수한 마음으로 음식을 먹고, 하나님을 찬양했다'고 한다. 이것은 42절의 '빵 뗌'에 관한 서술과 동일한 맥락에서 검토될 표현이다. 그것을 감안하면, 누가는 '성만찬적 의미를 가졌던 공동식사에 참여했던 교인들은 기쁜 마음, 소박하고 단순한 마음으로 음식을 먹고 하나님을 찬양했다'라는 뜻을 전하려 했던 듯하다.

3) '성전에서 집으로': 본향(本鄕)에서 원향(遠鄕)으로

본문은 초기 교인들의 활동 거점이 '일순간에' 갑자기 '성전'에서 '집'

---

38 D사본 같은 곳에는 '집'이 복수(oikous, 집들)로 나타난다. 만일 복수인 '집들'을 채택할 경우, 어쩌면 새번역, NASB, NKJB 등이 번역했듯 '집집이 돌아가면서'라는 뜻으로 새기거나, 그저 '집들'(NIV, RSV, 프랑스 Segond 판)로 옮길 수도 있다. 그러나 우리는 개역개정판, NRSV 등과 같이 단수 본문을 택하여 '집'으로 번역했다.

으로 옮겨지는 상황을 묘사하지는 않는다. 아마도 그들의 성전 출입은 계속됐을 것이고, 동시에 '집'에서의 '종교적' 행동을 포함한 다양한 움직임들 역시 점진적으로 계속됐을 것이다.[39] 그러나 누가가 초기 기독교인들의 활동을 '성전'과 '집'에서 각기 이뤄진 것으로 묘사하고 있는 것은 의도적이든, 비의도적이든 매우 상징적 '중심 이동'을 시사한다. '성전과 집'을 병렬적으로 나란히 놓음으로, 실제로는 '성전에서 집으로'의 이동을 묵시적으로 가리키고 있다는 뜻이다. 왜냐하면 누가의 저작 당시 상황을 고려해야 되기 때문이다. 1세기 후반 누가의 시대는, 예루살렘 성전이 그 이전의 유대전쟁의 결과로, '돌 하나 돌 위에 남지 않는' 완파(完破)를 겪은 이후였음을 상기할 필요가 있다. 저자인 누가 시대에 성전은 사라지고 없다. 그 사라진 성전을 대체하는 것이 기독교인들에게는 '집'에서 모이는 교회였음을 기억해야 한다. 따라서 독자들이 본문을 읽으면서, 자기의 시대로부터 반세기 전 기독교인들이 '성전'에서 모이고, 또 '집'에서도 모였다는 사실은 결국 그들이 그동안 겪어온, '성전으로부터 집으로'의 완만한 종교적 중력의 이동을, 시대를 앞서서 시사하고 있었다는 것을 알아챌 수 있었으리라는 것이다. 그 이동은, 그때까지의 이스라엘 역사에서 '하나님'이 존재하시리라 기대되던 가시적 '거룩한' 예배의 공간인 '성전'에서, 오순절 성령 강림 이후엔 개별적 사유(私有) 공간으로의 '집', 곧 '인간'이 지상의 삶을 누리기 위해 마련한 '세속적' 일상의 공간으로의 이동을 의미한다. 이를테면 '거룩한 하나님의 집'에서 '세속적 인간의 집'으로의 이동을 가리킨다는 뜻이다.

유대의 전통, 가치, 역사의 온갖 의미들이 한 점적 공간인 '성전'에 극적으로 응결되어 민족의 자의식과 정체성의 발원지 역할을 해왔던 것이 지난 과거였다. 여타 어느 공간도 누릴 수 없었던 독점적 권위와 의미가

39 사도행전에서 초기 교인들이 계속해서 성전 출입을 했다는 것은 이 본문 이후에도 여러 곳에 나타난다. 행 3:1, 3, 8, 5:21, 42, 21:26-30 등.

그곳에 응축되어 있었다. 그런 성전이 이방인들의 힘에 의해 처참히 와해된 유대전쟁 이후의 상황에서, 기독교인들로서는 그곳을 대체할 공간이 유대인들만의 전유(專有) 처소인 '회당'이 될 수는 없었다. 이제 '거룩한 영'은 '한 곳, 한 장소'와만 특별한, 배타적 관계를 형성하지 않는다. 성령을 받은 기독교인들이 모여 있는 '집', 그곳이 지상에서 성전을 대체할 공간이 될 수밖에 없었던 이유는 다른 선택의 여지가 없던 기독교인들의 '내몰린 궁지'라는 측면도 작용했을 것이다. 그러나 그런 '집'에서의 모임에 독특한 의미를 부여하고, 그 공간에 각별한 뜻을 모을 수 있었던 것은, 유대교와 구별되거나 거리를 두게 되는 상황, 곧 기독교의 정체성 함양에 따른 시대상황의 변화가 한몫을 했을 것이다.

성전 파괴와 점진적으로 기독교인들이 유대교로부터 겪는 소외[40]는 성전, 예루살렘, 팔레스타인 땅으로부터의 자연스런 거리 두기를 촉발시켰을 것이다. 그것은 단순히 유대인들로부터 겪는 차별과 백안시, 압박(박해) 등이 불러오는 '의식(意識)의 거리감' 강화만을 의미하지는 않았을 것이다. 의식의 거리감은 공간의 거리감을 동반한다. 즉, 유대교로부터의 거리감은 성전, 예루살렘과 같은 '중심'으로부터의 벗어남이란 현상을 가속화시킨다. 이처럼 처음에 어쩔 수 없이 부과되던 '중심 벗어나기'는 유사 상황과 악화된 상황의 누적으로 점차 가속도가 붙을 수밖에 없었을 것이고, 결국 '먼 곳을 향한 동경'(憧憬, Fernweh, farsickness)으로 불릴, '땅 끝'으로의 지향과 동경, '보편'으로의 확대로 보이는 다양한 표현이 나타날 수밖에 없었다. 곧, 이스라엘의 선민적 특수성이 엉켜 뭉쳐진 예루살렘 중심을 향한 끝없는 '구심적 귀환 운동'을 극복하고, '땅 끝'에 퍼져 있는 '아직 발견되지 않은' 새로운 선민들을 향한 '원심적 확대 운동'의 출발을 오순절 사건 이후의 교인들이 보여주게 됐다는 것이다.[41] 이를테면 강요

40 마태복음과 요한복음의 배후에 있던 교회공동체가 겪은 유대교와의 갈등 상황이 참고가 될 것이다.

41 Cf. 유상현, 『사도행전 연구』, 121-122.

된 '거리 설정'이 시간이 지나고, 기독교적 '정체의 각성'이 쌓이면서 의식적인 보편화, 원심화의 측면으로 표현되었다는 뜻이다. 이것은 유대인의 '특수성, 배타적 선택'을 상대화하고, 선교 확산의 '보편성, 원향(遠鄕) 지향'을 구속사적 역사인식과 결합시키는 등의, 세계와 시대의 변화를 신학적으로 설명하고 이론화해야 했던 초기 기독교적 지성의 깨우침이 누가의 문면 배후에 깔려 있음을 입증한다. 요컨대 본문 속 '성전과 집'의 대비는, 유대민족의 '본향'(本鄕)에서 기독교인들의 증언의 처소인 '원향'으로의 역사적 변환 상황을 상징적으로 보이고 있다는 것이다.

바로 그런 변화를 압축적으로 보여주는 사례가 본문의 '성전에서 집으로'라는 표현이 된다. 누가가 묘사하는 맨 처음 교인들도 한동안은 '성전 출입'을 계속했다. 그러나 종국적으로 그들은 '성전'을 벗어나, 회당이 아닌 '집'에서 예배하고 기도드리는 하나님 섬김의 행위를 계속하게 된다. 그래서 그 '집'은, 이전의 '성전'과 같은 가시적, 물리적 공간이 갖던 유물(唯物)적 의미가 아닌,[42] '성령 받은' 사람들이 모여 있는 공간, 그리하여 성령 받은 사람들의 모임 자체, 아니면 성령 받은 사람들의 고백 그 자체, 곧 '교회'를 상징하는 새로운 모임의 공간을 상징하게 되는 것이다. 본문은 이러한 구속사적 국면의 일대 전환을 시사하고 있다.

---

42 누가가 '집' 개념을 표현할 때 흔히 사용한 말은 'oikos'(눅-행에 50회)와 'oikia'(36회)란 단어이다. 두 단어의 의미 차이를 단언하기가 쉽지 않기 때문에 일반적으로는 비슷한 뜻으로 쓰였다고 이해한다. 그러나 마르그라 같은 학자는 두 단어의 의미 차이가 있다고 주장한다. Daniel Marguerat, *Paul in Acts and Paul in His Letters*(Tübingen: Mohr Siebeck, 2013), 108, 110. 그에 따르면 전자는 '건물을 의미함과 동시에, 무엇보다도 가정, 집안, 가속(家屬, household)'을 뜻함에 비해, 후자는 '집, 건물, 거처'를 의미하며, 이 차이가 행 16:31-32('당신과 당신의 집안'-31절, '그의 집'-32절)에서 극명히 드러난다는 것이다. 이런 그의 견해를 받아들인다면, 여기 본문에 쓰인 '집'이 갖는 '가시적 공간과 동시에 비가시적 공간'의 성격을 'oikos'란 단어가 표현하고 있다는 추정에 참고가 된다.

4) 유대인의 호의 획득: 처음 기독교와 주변 가치관의 동화(同化)

누가는 초기 교인들이 빵을 떼며 음식을 먹고, "하나님을 찬양했다"라고 전한다. '찬양하다'(aineō)란 동사는 송가(頌歌)를 암송하면서 하나님을 경배하는 모습을 뜻했을 수도 있고, 악곡에 맞춰 그런 송가를 '노래'로 부르는 모습을 그렸을 수도 있다.[43] 어쩌면 그 둘을 번갈아 행하며 찬송하는 상황을 그렸을지도 모른다. 물론 이런 '찬양'은 모두가 유대의 예배전통에서 물려받은 유산이었을 것이다. 유대 예배에서 송가를 읊조리고, 노래를 부르고, 현악기와 여타 악기를 연주하거나 반주(伴奏)로 곁들이는 다양한 형식의 '찬양들'이 당시에도 관찰되었을 것이고, 그런 모습에서 영향을 받은 초기 교인들이 축소되거나 변형된 형태로 그것들을 본받았을 것이다.

이런 초기 교인들이 "모든 사람들[44]로부터 호감을 얻었다"고 저자는 서술한다. 그렇게 '호감'(charis)을 얻은 이유가 분명히 드러나진 않으나, 가까운 문맥으로 봐서는 앞서 묘사한 성전과 집에서의 행위의 결과 때문인 것으로 짐작함이 자연스럽다. 좀 더 넓은 맥락에서 보면, 오순절 사건 전후 교인들의 활동과 움직임, 재산 공유의 공동체생활 등에 대한 주변인들의 반응이 긍정적으로 나타났다는 뜻으로도 읽게 된다. 그 호감은 교인들 개개인이 주는 호의적 인상, 그리고 교인들 집단이 받게 되는 긍정적 평판 등이 종합적으로 작용하여 낳게 되었을 것이다. 즉, 교인들에 관한 일반적 평가가 좋았다는 것을 의미한다. 이것은 교인들이, '모든 사람들'이 가졌던 '호의 품평'의 기준, 즉 주변인이 가졌던 통상적 가치관, 세계관 등에 부합되는 삶을 살았다는 것을 반증한다.[45] 종교적, 사회적, 윤리적 규

43 행 16:25에서 바울과 실라가 옥중에서 기도하고 '찬양했다'(humneō)고 했을 때의 그 찬양은, 아마도 '노래를 부르는' 모습을 지칭하는 듯하다.

44 D사본에는 '사람들'이 아닌 '세상'으로부터 호감을 얻은 것으로 기록되지만 필사자의 오류로 보인다

45 이처럼 유대민족이 가졌던 신자들에 대한 일반적 호의를 표현하는 구절들을 본문 외에도 행 4:21, 5:13, 26 등에서 발견할 수 있다.

범으로부터 일탈된 모습을 보이지 않았다는 것, 그들과 구분되는 돌출적 행동이나 거슬리는 모습을 보이지 않았다는 것인데, 이것은 유대인의 평균적 관점에서 초기 기독교가 그들과 '동화된' 형태로 출발했음을 시사한다. 다시 말해, 초기 기독교는 유대교와 구별되는 어떤 이질성도 보이지 않은 출발을 했음을 저자가 제시한다. 당시 예루살렘 주민들은 교인들이 행한 '성전과 집'에서의 활동들에서도 이질적 모습을 찾기 어려웠다는 뜻이고, 그들의 재물 공유 공동체 활동, 오순절 이후 벌어졌던 일련의 사건들에서도 긍정적 평가를 했다는 것을 누가는 보여주고 싶었던 듯하다.

이러한 전반적인 호의적 평가와 긍정적 인상이, 결국 저자로 하여금 "주님께서 구원 받는 사람들을 날마다 더하게 하셨다"(행 2:47)라는 기록을 남기게 하는 연유로 작용했을 것이다. 이 기록을 앞뒤 연결하여 읽으면, 초기 교인들의 수효가 날마다 더하게 됐던 가까운 원인은, 그들이 받았던 예루살렘 주민들로부터의 긍정적 평가에 있었다는 뜻으로 보게 된다. 물론 바로 직전에 소개했던 일화, 사건과 상관없이, 본문을 당시의 일반적 교인 증가 상황을 요약하는 서술로, 신도의 숫자 증가에 관한 보고로 읽을 가능성도 있다. 하지만 그 증가 원인을 본문을 통해 유추하게 되면, 교인수 성장은 결국 주변인의 호의적 평가와 긴밀히 연관되어 있다고 말하게 된다.

누가의 관점에 따르면, 초기 기독교와 교인수의 성장은 급격히 빠르게 이뤄진 것으로 설명된다. '날마다 구원 받는 자'의 수효가 늘었다고 표현한 것은 기독교 발전의 속도가 매우 빨랐음을 저자가 보여주려 했음을 시사한다. 실제 성장속도가 얼마나 빨랐는지를 입증할 수는 없다. 하지만 적어도 누가의 회상 속에서 초기 교회의 성장은 '급격한' 속도로 이뤄졌다는 이해를 확고히 가졌거나, 그런 인상을 독자들에게 심어주고자 했다. '주님께서 구원 받는 사람들의 수를 날마다 더하셨다'는 표현의 적용 '시한'이 언제까지였는지를 알기는 어렵다. 하지만 만일 그 한계를 고려하지 않고 일반적 묘사로 이 말을 이해할 때는 문제가 야기된다. '언제까지' 교인 수효가 날마다 더해졌다는 '기한'(期限)이 없게 되면, 날마다 늘어나는 '무한한' 팽창을 계속했다는 것이 된다. 이것은 불가능한 일이다. 그렇다면 본문은 어쩔 수 없이 과장벽의 표출이 되거나, 교회가 빠른 속도로 성장했음을 보이기 위해 저자가 수사적 서술로 기록한 셈이 된다. 누가는 다소의 과장을 통해 초기 기독교가 빠르게 성장했다는 사실을 알리려 했던 것이다.

누가는 초기 교인들 생활의 일정 측면들을 보여주면서, 그들의 삶을 관통하는 정신적 유대와 연대를 표현하는 말로 자신의 묘사를 정리한다. 46절의 "한마음으로"라는 수식어로 그들 내면의 상황을 전하는데, 사실이 말과 사도행전 2:44의 "모든 믿는 사람들이 함께 있으면서 모든 물건들을 공유하였다"라는 말은 같은 뜻을 갖는다. '한마음', '함께 있으면서', '물건들을 공유하였다'라는 묘사는 같은 의미를 달리 표현한 것들이요, '마음이 하나'가 되는 내적 자아의 정신적 통합, '함께 있는' 각개 인격과 육신의 사회적 통합, '물건들'을 공유하는 소유의 물질적 통합 등, 이 묘사들이 지향하는 뜻은 명백하다. 그것은 개인의 내면과 사회성, 유물적 소유 등의 '제반 통합들'을 통한 공동체의 연합과 동질성, 동일체 의식을 이루고자 했다는 것이다. 이런 다양한 '통합들'에 관한 저자의 암시적 언급이야말로 초기 교인들의 여러 삶의 풍경을 전해주는 본문의 요약적 진술을 정리하는 적절한 표현이 될 것이다.

III. 결어

오순절 사건을 겪은 후, 베드로의 설교와 가르침(행 2:37-38, 42)을 받으며 교제와 떡 뗌, 기도에 힘쓰던 초기 교인들은 마침내 신자의 '재산 공유'라는 미증유(未曾有)의 행동을 실천한다. 신자들의 자발적 참여와 나눔이 결정적이었겠지만, 베드로의 지도력과 리더십은 당연한 것으로 누가의 묘사 배후에 작용한다. 이 집단행동이 갖는 비교하기 어려운 독특성에 주목하여, 그 성격과 의미에 관해 조사하고, 거기 이어서 제시된 신도들의 생활 관련 보고의 의미를 고찰하고 다시 정리해보자.

1. '재산 공유' 기록의 역사적 성격

이 단락의 기원과 저자의 독자적 서술의 정도 등을 판단하려는 노력들이 '자료비판' 방법을 통한 모색 이후 꾸준히 이어져왔다.[46] 이 요약구절들(행 2:42-47)의 문장 속 층위를 구분하여 누가의 순수저작과 그가 활용했던 자료들을 분리하려는 시도들이 있었지만, 그것들은 애초부터 가설에 가설을 쌓는 상상력 발휘 그 이상, 이하도 아니었다.[47] 그것은 세 개의 요약문들 모두에게 해당되는 얘기다. 마찬가지로, 세 개의 요약구절들 사이의 관계들,[48] 이를테면 어느 단락이 어느 단락보다 우선하고, 다른 구절들은 또 다른 구절들을 요약, 확대, 또는 반복했다는 등 세 단락들의 상호관계를 추정하는 작업 역시 추측 이상의 확실성을 갖기 어렵다.

1) 이 기록이 실제의 사실을 바탕으로 기록된 실체적 진실의 반영인가? 사실에 바탕을 두고 기록했다면, 이런 유무상통의 행위가 지속적으로 일관된 형태로 유지되었는가? 유지되었다면 어느 정도의 기간 동안 이어졌는가. 그저 짧은 시간 동안 이뤄졌던 일과적(一過的) 사건들을 저자가

---

46 이에 관해, Maria Anica Co, "The Major Summaries in Acts: Acts 2,42-47; 4,32-35; 5,12-16 Linguistic and Literary Relationship," 49-55에 제시된 열거 참고. Joseph A. Fitzmyer, *The Acts of the Apostles: A New Translation with Introduction and Commentary*, 268-269.

47 Maria Anica Co, "The Major Summaries in Acts: Acts 2,42-47; 4,32-35; 5,12-16 Linguistic and Literary Relationship," 50-51에서 그 대표적인 학자들(Jeremias, Cerfaux, Benoit 등)의 견해를 소개한다.

48 Cf. Hans Conzelmann, *Acts of the Apostles*, tr. by J. Limburg et al.(Philadelphia: Fortress Press, 1987), xliii, 24.

기술해 놓은 것인가? 아니면, 이 기록은 전혀 역사적 근거나 사실에 기초하지 않은, 저자의 순전한 창작의 결과, 곧 허구로 볼 수 있는가? 허구설에 관한 한, 이를테면 콘첼만의 주장이 전형적이다. 그는 이 공동 소유에 관한 누가의 묘사 단락이 '이상화'된 장면으로 단정한다.[49] 물론 그도 이 장면을 구성하는 자료나 서술의 동기들은 교회 내의 전승이나 쿰란공동체 상황, 그리스 문헌의 이상적 묘사 등을 참고하였으리라 보지만, 누가의 글에서 어떤 역사적 사실성도 찾을 수 없으며, 그러니 여기서 무슨 이상적 공유 '실험의 실패'니 하는 말도 할 수 없다고 보는 것이다.[50]

요컨대, 논의의 본질은 이 단락이 일정한 역사적 사실의 반영이냐, 아니면 완전한 허구의 기록이냐에 관한 토론인 셈이다. 전적인 허구이든, 일정 사실의 반영이든, 이런 논의가 제기될 수밖에 없는 이유들 중 하나는 사도행전의 기록 자체에서 발견되는 '재산 공유' 실천과의 상충되는 내용들 때문이다. 특히 이 단락 속의 사도행전 2:46("날마다 한마음으로 성전에 열심히 모이고, '집에서' 빵을 떼며, 기쁨과 순수한 마음으로 음식을 먹고")은 재산 공유의 실천 이후에도 '집'을 여전히 소유하고 있던 사람이 있었고, 그 집에서 공동식사를 나눴던 것을 보여준다.[51] 게다가 사도행전 5:1-11의 아나니아와 삽비라의 삽화가 시사하는 것은, 초기 교인 중 어떤 부류의 사람들은 '자신들이 죽음을 맞이할 때까지 자기 소유를 가지고 있었던 사람들'이 있었음을 보여준다는 것이다. 즉, 공유 재산의 실현이 이뤄진 적이 없었던가, 아니면 재산을 공유물로 내놓는 것이 '자발적', '전면적'으로 집행되지 않았음을 누가 스스로가 보여준 셈이다. 또 사도행전 11:27-30에 의하면 안디옥의 교인들이 가뭄으로 인해 어려운 예루살렘의 가난한 사람들을 돕기 위해 모금했다는 기록이 나타난다. 그렇다면 비록 가뭄의

49 *Ibid.*, 24.

50 *Ibid.*

51 물론 그 집이 공동 소유의 '회합 장소'이거나, '공동생활'을 위한 공유의 집일 수도 있고, 집은 공유의 대상이 아닐 수도 있었을 것이다.

극심함을 전제하더라도 재산 공유와 유무상통의 실천이 적극적으로 이뤄졌다면 그 같은 구제의 요청을 할 정도까지 이르렀겠는가라는 질문을 던질 수도 있다. 이와 관련, 재산 공유 실현의 사실성 여부, 그 실천의 강도(強度) 등에 관한 물음이 따르게 된다. 한편, 사도행전 12:12에서 베드로가 감옥에서 벗어났을 때 찾아갈 '집' 소유자가 있었던 것을 알 수 있는데, 이 묘사 역시 재산 공유의 실천이 과연 존재했던 것인지, 존재했다면 그것이 철저한 형태로 집행된 것은 아니지 않느냐는 의문을 갖게 한다. 물론 '자발적으로' 공유행위에 가담하지 않은 신자들이 있었을 가능성도 배제되기는 어렵다. 여하튼, 이런 사도행전의 몇몇 기록들을 감안할 때, 본문의 공유 관련 기록을 전적으로 정확한 역사적 사실의, 오차 없는 진술이라 말하기는 어렵지 않느냐는 인식을 갖게 한다.

더구나 이 문제는 사도행전에 묘사된 각종 사실들의 일반적 역사성 논의와 밀접히 연관되어 있다. 그 논의는 항상 누가의 기록물 전체에 대한 긍정적, 부정적 평가의 대립이 따른다. 인과론에 입각한 사실의 전개과정이나, 사실 자체의 합리적 기반 자체가 문제 되는 저자의 기록들은, 모두 역사적 회의론의 점검 아래 엄정한 비판을 받는다. 그 와중에 항시 합리적 개연성의 '기준'이 문제가 된다. 논리적 정합(整合)성, 인과율, 문맥의 전후 상관론 등에 저촉되거나 이해 곤란의 판정을 받게 되면, 저자의 자의(恣意)적 구성이니, 창의의 자유로운 발동이니 하는 그럴듯한 말로 포장된 '허구론'이 등장한다. 이에 맞서거나 보완하면서, 허구 논의는 고대 작가의 제한된 세계관, 그들이 가졌던 '서사'에 관한 '또 다른' 관점이나 가치관을 감안해야 한다는, 냉소적 허구 폄하가 아닌, 저자 인정을 위한 온정적 주장이 대두되기도 한다. 오늘과 '다른' 옛 사람의 인식 범주를 그것 그대로, 그 가치 그대로 인정해야 한다며 판단의 신축성을 요구하는 것이다. 그러나 이랬든 저랬든 결정적 문제는 서술의 골격인 '사실'(事實)이 '사실'(史實)이냐는 것이다. 이것이 논쟁의 중핵이지만 이 문제는 대개가 한치도 진전된 토론을 보지 못한 채 겉돌기와 맴돌기를 반복할 뿐이다. 관련 사실의 '객관적' 검증과 비교 자료가 거의 없는 실정이기 때문이다. 서릿발처럼 누가의 역사적 진실성을 논단(論斷)하는 이가, '주관적 판단'의 함정이란 비판을 아주 넘어서지 못하는 것도 바로 그 자료의 부재 때문이기도 하다. 긍정의 해석이든 부정의 해석이든 '주관성'의 한계는 그래서 끝내 극복되지 못한다. 고대 문헌 이해의 숙명인 것이다.

2) 이런 일반적 누가 기록의 역사성 논의의 정황을 염두에 두고, 예루살렘 초기 교인들의 '재산 공유'의 상황을 추론할 수 있을 듯하다. 가능한 추론들 중의 하나로, 만일 이 공동소유 생활이 갈릴리에서 올라 온 예수의 제자들에게만 적용된 행동이었다고 본다면 그 현실적 가능성을 좀 더 높게 잡을 수 있을 것인가? 갈릴리에서 상경한 예수 추종 그룹은 많은 숫자는 아니었을 것이다. 그렇지만 그들은 경제적 여유가 없던 가난한 사람들이었을 것이다. 이들이 예루살렘에서 최소의 생활을 유지하기 위해선 자구적 방책으로라도 공동소유와 공동생활을 통한 경제난 타개의 돌파구를 찾지 않으면 안 되었을 것이다. 가난한, 많지 않은 수의 신도들이, 제한된 자원 속에서 생활을 유지하고 재산을 효율적으로 관리하고 활용하기 위한 노력이 경주됐을 것이다. 그래서 소득과 재산을 집중시키고, '필요에 따르는' 공동 소비생활로 합리적 지출을 하려 했을 것이고, 그럴 경우 '유무상통'의 방안은 어쩌면 현실적 대안이었을 수도 있다. 그들의 수효가 많지 않았기 때문에 이런 방안을 실현할 의욕을 불러일으켰을 수 있다. 이런 일의 실천은 인원이 적을수록 이뤄질 기대도 크기 때문이다. 만일 예수의 생전 활동기간 중에 그를 따르며 함께 여행했던 사람들이 예루살렘에 왔던 갈릴리인들 대부분을 형성했다면, 그 가능성은 더 커진다. 예수와 함께 활동했던 사람들이 물질적으로 항상 풍족한 생활을 했으리라 추측하기는 어렵다. 그렇다면 예수와 그의 추종자들은 이미 예수 생시에, 어떤 형태든 유무상통의 공동생활 경험을 가졌을 수도 있다. 물론 그 공동생활의 세부 상황에 관해서는 알려진 바도 없고 자세히 알 도리도 없다. 그러나 예루살렘 신자의 공동생활과 동일한 형태는 아닐지라도, 유사한 형태나 덜 조직

된 모습으로, 물질을 나눠 쓰고 공유하며, 절제와 내핍의 경험을 한 바도 있었을지 모른다. 그렇다면 사도행전 2장과 4장에 묘사된 공동생활과 정확히 같지 않을지 모르지만, 얼추 그와 비슷한 나눔의 생활이 실제 이뤄졌을 가능성은 적지 않았을 것이다.

더구나 만일 초기 기독교인들이 회당의 빈자구제 사회안전망으로부터 보호와 혜택을 못 받고 빈곤의 어려움에서 벗어나기 어려운 상황이 지속되었을 경우엔,[52] 문제의 심각성이 더하다. 타지에서 유입된 가난한 외부인들을 예루살렘의 기존 유대인 구제혜택의 대상으로 삼아 생활을 돌보았을 가능성은 낮다. 그 경우, 결국 현지인 동료 신자들의 도움과 교인들 스스로의 자조(自助) 노력으로 어려움을 극복할 수밖에 없었을 것이다. 따라서 기독교인들은 재산과 소득을 공유하고, 그 분배에 관한 자구방책을 모색하는 노력을 기울였으리라는 추측이 제기된다. 이런 방안 마련과 현실화의 구상을 위해 도움이 되었을 것들이, 이미 앞에서 언급한 바 있는 이상론, 주장들, 현실적 모델 등이었을 것이다. 위에서 이미 언급했듯, 각종 유토피아니즘적 이상과 우정 관념, 플라톤의 이상국가 모델, 고대 이스라엘의 소유 평등(출 16:17–18), 신명기적 이상(신 15:4), 쿰란공동체의 실천, 예수 교훈의 상기 등등, '공동 소유'와 연관 있는 내용들 그 어느 것들이 어쩌면 그것의 실천을 모색하는 신자들에게도 영향을 끼쳤을 가능성이 있다. 물론 누가가 이 단락을 기록하는 '저술 과정'에서도 그런 사례들이 영향을 끼쳤으리라는 추정은 그것 자체로 유효할 것이다. '재산 공유'의 '실천'을 이뤄가는 과정에서도, 그런 과거 사실을 기초로 기록을 작성하던 누가의 '서술과정'에서도, 위의 사례들이 직접적이든 간접적이든 영향을 미쳤으리라 추정되는 것이다.

신자들의 공동 소유와 물질 나눔의 기원과 배경을 설명하면서 한 가

52 바레트는 행 6:1의 과부들 관련 논의에서 이런 견해를 보인다. Charles K. Barrett, *A Critical and Exegetical Commentary on the Acts of the Apostles: Introduction and Commentary on Acts 1–14*, vol. 1, 168.

지 덧붙일 것은, 이런 행동들이 초기 교인들의 임박한 예수 재림에의 기대로 인해 촉발되었을 것으로 보는 추측이다.[53] 예수의 재림 이후에는 물질의 소유가 아무런 의미 없는 상황이 될 것이니, 재물을 유지하고 보존할 필요가 없기 때문에 사람들과 그것들을 나누고 공유했을 것이라는 추정이다. 이런 견해는 일견 그럴듯하고, 당시 상황을 감안한 추론이란 인상이 있지만 누가 기록 전반에서 임박한 재림을 전제로 한 어떤 구체적 실천과 계획도 제시된 바가 없기 때문에, 이 짐작은 지나친 상상의 소산으로 간주할 만하다.

3) 위와 같은 현실적 이유와 어떤 다른 동기들을 통해 이뤄졌을 '재산 공유'의 실천은, 전면적, 장기적, 무조건적으로 지속되었던 것은 아니었을 것이라는 추정 역시 가능하다. 이 같은 추측은 여러 측면에서 제기될 수 있다. 우선, 갈라디아서(갈 2:10)에서 바울은, 예루살렘 회의에서 야고보, 게바, 요한이 예루살렘 신자공동체의 가난한 사람들을 위한 선처를 부탁했다고 적고 있다. 기원후 49년 정도에 있었던 것으로 보이는 예루살렘 회의에서 사도들이 이러한 부탁을 했다는 것은 누가의 기록과 달리 예루살렘 교인들 사이에 가난한 자들이 여전히 남아 있었다는 것을 의미한다. 재산 공유가 철저히, 전면적으로 시행되고 있었다면 '모두'가 평균적으로 빈한할 수는 있어도, 특별히 '가난한 자들'의 존재가 이처럼 부각될 수는 없었을 것이기 때문이다. 물론 이 가난 문제는 그 사이에 예루살렘에서 발생했던 심각한 가뭄이 배경이요, 원인이었던 것으로 짐작된다. 하지만 이 세 지도자들이 바울에게 모금 주선까지 부탁한 것은, 비록 가뭄 상황을 감안하더라도 교인들 스스로 이 문제를 해결할 수 없을 정도로 곤궁했던 빈자들의 심각한 현실을 반증한다. 또 그것은 '재산 공유'의 실천이 유효하지 않았던가, 제대로 작동되지 않았음을 가리킨다.

이런 상황은 이미 위에서 지적했던 몇몇 사도행전 기록들을 통해서도

---

53 예컨대, Phillipe H. Menoud, *La vie de l'Eglise naissante*, 33.

유추가 가능하다. 위에서도 언급한 바 있는 사도행전 5:1-11의 아나니아와 삽비라 부부의 이야기에서 그러한 짐작을 할 수 있는데, 그 일화는 초기 교인 중 어떤 부류의 사람들은 재산 공유가 가동된 직후의 어떤 시점에도 자신의 재산을 소유한 채로 머물러 있었음을 알려준다. 즉, 이 사건 묘사 자체가 '재산 공유 실천'이 온전히 달성되지 않았던 상황을 보여준 셈이다. 또 사도행전 11:27-30에도 안디옥의 교인들이 예루살렘의 가난한 사람들을 돕기 위해 모금했다는 기록이 나타나는데, 재산 공유와 유무상통의 실천이 적극적으로 이뤄졌다면 그러한 구제 상황까지 갈 정도에 이르렀을까－라는 물음을 던지게 된다. 앞서 언급했듯이, 사도행전 12:12에서도 베드로가 감옥을 나와 찾아갈 '집' 소유자인 교인이 있었던 것을 알 수 있는데, 그렇다면 '집'은 공유의 대상이 된 것이 아니었던가－라는 질문이 가능하다. 이 구절을, '재산 공유'의 실천 이후에도 '집'을 소유한 사람이 여전히 그 집을 가진 채로 잔존해 있었던 것으로 이해한다면, 재물 공동소유의 관행은 엄격하게, 전면적으로 실천된 것으로 보기는 어렵다. 하지만 이미 위에서 '필요한 대로'를 언급하며 지적했듯이, 만약 교인들의 재산 헌납이 일시에, 한꺼번에 이뤄진 것이 아니라 '필요에 따라' 적절한 시간에, 점차적으로 자유롭게, '자발적으로' 이뤄졌다면 사도행전 12장에서처럼 집을 소유한 상태로 남아 있던 사람들이 있었다고 해도 이상한 일은 아닐 것이다. 물론 집을 가진 사람들이 나중 행전 기록에 나타나는 것은 이런 공동생활이 중단된 다음의 일이라고 이해할 가능성도 남아 있긴 하다.

2. '유무상통' 기록의 의미

1) 기록 제시의 이유

저자인 누가가 자신의 글 처음부분에 신자의 유무상통에 관한 기록을 제시하는 이유는 무엇인가? 그 까닭을 정확히 꼭 집어 밝히기는 어렵다. 하지만 저자는 결과적으로 어떤 특정 시기에, '어떤 형태'로든지 기독교인들 사이에서 과거에 행해졌던 유무상통의 재산 공유 상황을 '보고하는' 사실 전달의 의미가 있었을 것이다. 물론 그것이 누가의 행전 기록과 정확히 부합하는 상황이었는지 아니었는지를 확인할 길은 없다. 그러나 기독교 발생의 초창기 어느 시점에, 초기 기독교인들은 실로 이상적인 재산 공유의 삶을 살았었다는 점을 되새기고, 그 확고하고 인상적인 기억을 남기려는 의지가 작용했으리라는 점은 부정하기 어렵다.

그런 기억은 단순히 '회상을 위한 회상'을 남기기 위한 '집단 기억' 유지에 봉사하는 것만은 아니었을 것이다. 그것은 저자가 복음서를 통해 제시했던 예수의 경제적, 사회적 정의의 실현을 위한 요구가 초기 교인들을 통해 어느 의미에서 이룩되었음을 보여주는 서술이며, 이런 모습은 '복음의 경제적 성육신이요 그 본보기'[55]란 말로도 표현될 만한 것이었다. 그것은 결국 기원후 1세기 후반의 누가교회 교인들을 위한, 아니면 저자 자신을 위한, 교훈의 목적이 첨가된 기억이 되었을 것이다. 즉, 예수의 가르침을 좇아, 소유 공유와 재산 나눔의 빛나는 이상과 새 가치의 실현을 위해 노력해야 한다는 깨우침을 주려했다는 것이다. 부자와 빈자가 모두 '필요에 따라' 물질을 나누고 재산을 공유했던, 오래 지속되지 못한 그 이상의 실현을 언제나 되풀이하기 위해 '불가능한 가능'의 실험과 노력을 끝없이 해야 한다는 다짐이 이 기억 속에 담겨 있다고 봐야 할 것이다.

2) 재산 '공유'의 의미

누가의 '유무상통', 재산 '나눔/공유'의 묘사 장면은 '주고-받음'의 인간관계의 근본적 논리와 법칙을 뒤집거나 파괴하는 의미를 갖는다. 지상의 인간관계의 본질은 '주고-받음'의 법칙에서 한 치도 물러섬이 없다. 이것은 특별히 지중해적 문화나 고대 세계의 특정 문화의 고유한 특질이 아니다. 그것은 인간이 존재하는 곳 어디서나 어느 때든지, 동서고금을 불문

---

54 Daniel Marguerat, *Les Actes des apôtres(1-12)*, 163.

하고 언제나 성립되고 적용되는 가장 기본적인 삶의 법칙이다. 어쩌면 '등가교환'(等價交換)의 법칙에서 벗어날 수 없는 인간계의 숙명을 인정할 수밖에 없는 측면이 있다는 뜻이다. 물질을 받고 호의나 존경으로 갚든, 보호를 주고 충성심을 헌정받든, 명예를 하사받아 복종으로 되갚든, 아니면 이 모든 것을 적절히 혼합, 배분하여 서로 간에 유무형(有無形)의 것들을 주고받든, 인간들이 사회적 상호관계를 형성하는 어느 국면에서든지, 그 핵심은 필연적으로 '주고-받음'의 본질로 정리되게 마련이다. 그런데 그 '주고-받음'의 관계를 정지, 또는 폐기시키고, '나눔', 즉 일방적 '줌'의 관계로 인간관계의 본질을 재구형(再構形)한다는 것, 그것이 이 단락 묘사의 저변에 숨어 있는 의미라 말할 수 있다. 물론 그것이 '패트론-클라이언트' 사이 '주고-받음'의 상호 호혜적 지중해적 인간관계의 본질에 대한 전면적 부정, 또는 수정의 의미를 갖고 있음도 사실이다. 그러나 그것은 단순히 지중해적 가치만을 문제 삼지 않는 보편적 의미를 지닌다. 이것은 지상적 가치체계, 지상적 존재의 논리와 기반을 무력화시키는 것이고, 그런 뜻에서 '혁명적'이다. 이것을 초기의 기독교인들은 '은혜'의 본질, 하나님 나라 개념의 핵심으로 파악하게 된다. 이런 인식의 연장에서 누가는 추후 바울의 선교여행 마지막 단계에서 다음과 같은 언명을 하게 만든다.

> 내가 이 같이 수고하여 약한 사람들을 도와야 함과, 또 주 예수께서 '주는 것이 받는 것보다 더 복이 있다'라 이르신 말씀을 기억하여야 함을 모든 면에서 여러분에게 보여주었습니다.(행 20:35)

누가의 바울은, 예수의 '주는 것이 받는 것보다 복이 있다'란 말씀에 깊이 공감한다. 그리하여 인용의 형식으로 그 교훈을 거듭 강조한다. 사실 경제행위에서만이 아니라 지상의 보편가치는, '받는 것', '누리는 것', 그 받음의 축적 결과인 '풍요'에 안주하는 것이다. 그런데 사도행전 20장의 바울이 예수로부터 배워 깨우친 물질적 가치관은, 풍요를 위한 축적, 그것을 달성키 위한 '받음'보다는, '줌', 즉 잉여와 축적이 배제될 수밖에 없고 혼자만의 부요로 이어지기 어려운 '나눠줌'의 가치를 선양하고 있다.[55] '줌'이 '받음'보다 복되다는 말의 속뜻은, "'받음'의 지속 끝에 보장되는 풍요 속의 안정이나, 자기에의 집중과 그 확대로의 자기중심성이 아닌, '줌'으로 이어지기 위해 순간순간 이뤄지는 자기 결단과 물질적 포기, 그 결과로의 정화(淨化), 이타적 자아의 확대 끝에 '행복이 있다'는 시사다."[56] 이런 인식을 누가가 철저히 내면화했는지는 단언하기 어렵다. 그러나 저자가 이와 같은 물질 극복의 가치관과 그 뜻을 드러내고 있는 기록들이 작품 전체에 산재해 있다는 점을 상기한다면 그런 이해가 지나치지 않다. '물질 공유'의 실천은, 사실 "본능이 가르치는 지상적 삶의 방식과 지향을 정면으로 거슬리는 선택이다. 단순히 가볍게 던져주는 자기만족적 보시(布施)나 시혜를 뜻하는 것이 아니라, 좀 더 '근본적'인 가치체계의 변화를 담고 있는 가르침인 것이다."[57] 어찌 보면 인간존재의 조건과 본질의 바탕을 뒤엎는 발상의 전환을 뜻한다. 소유와 축적과, 누림과, 자기만족으로 이어지는, 탐욕에의 끝없는 회귀와 이기(利己)로의 무한 순환과정을 끝장내는 형태로, 인간성의 근본적 변혁을 지향하는 의미가 거기 담겨 있다.

그러므로 이 '재산 공유' 서술 단락은, 그것이 저자가 그리는 '이상적 모습'의 투사(投射)라고 주장하든, '기록 전체'가 역사적 사실의 반듯한 반영이라고 주장하든, 아니면 실제 벌어진 사건을 안팎의 영향과 이상적 그림들을 감안하여 '누가적' 터치로 서술했다고 이해하든, 핵심 포인트가 그 '사실' 자체 진술에 있지 않다. 저자의 서사적 중력(重力)의 초점은, '재물 공유'를 통해 '물질'의 파괴적 영향력, 그 무소불위의 가공할 권세를 차단시키고 '소유 집착' 아닌 '나눔 실천'을 보여줬다는 데 있다. 그렇게 하여, '물질'과 '소유' 사이에 자동 연결되는 '필연적 묶임'으로의 '물질-소유'로

---

55 유상현, 『바울의 제3차 선교여행』(서울: 대한기독교서회, 2011), 333.

56 *Ibid.*, 333.

57 *Ibid.*, 333-334.

부터 벗어남을 가르치고 있다는 사실이다. 물질의 '소유', 그 '움켜쥠'은 난치의 중독증과 관련된다. 이것은 피하기 어려운 욕망의 마성적 자장(磁場) 안에 사로잡힌 인간 존재의 본질과 연관되어 있으며, '재산 공유'란 그것으로부터의 해방을 예시한다.

3) 오순절 이후 유무상통: 성령 세례의 실천적 결과

'재산 공유와 나눔'을 취급하는 본문의 이 단락은, 위에서도 제시했듯이, 저자의 문맥 속에서 일련의 '오순절 관련 사건들'의 진술 가운데에 속해 있다. 사도행전 2:1-13의 오순절 성령 강림 사건과 2:14-41에 계속되는 베드로의 오순절 설교에 이어 본문 단락이 이어진다. '오순절의 거대 맥락' 가운데 마지막에 등장하는 것이다. 그러한 진술의 흐름을 인정한다면, 이 단락은 오순절 관련 사건들 서술의 정점에서 오순절 기록을 정리하는 역할을 한다고 봐도 과언이 아니다. 달리 말해, 누가의 묘사 순서에 의하면, 초기 신자들은 '성령의 충만함'을 받음과 동시에 '내면적'으로 새로운 존재가 되는 모습을 먼저 보여줬다. 또한 그들의 신앙과 신념, 세계관이 '성령 세례'를 통해 새롭게 되는 상황을 베드로의 설교를 통해 환기시켰다. 베드로가 예수의 부활을 말하고, 그 사건에 관한 증인됨을 말하면서 '성령 세례'를 언급한 것(행 2:32-33)은 그 같은 존재 상황의 변화가 성령 세례와 연관된다는 점을 암시한다.[58] 이렇게 신자의 '내면적 변화'와 연관된 성령의 활동은, 신자의 '외면적 변화'의 모습을 보여주게 된다. 그것이 바로 '사귐, 재산 공유와 나눔'의 삶을 통해 나타내는 성령 강림의 영향이라고 이해된다. 그래서 성령의 세례를 받은 신자들은 '교제와 재물 공유'

58 그런 뜻에서 누가의 성령 이해도 단순히 '말씀의 전파를 통한 역사의 성화에만 관심이 있었다'[Daniel Marguerat, *Les Actes des apôtres(1-12)*, 128]고만 말하기는 어렵다. 물론 바울과 같이, '개인의 성화'와 성령을 연관 짓는 것은 아니지만, 예수의 부활 등에 관한 기독교적 '사실'의 이해와 누가의 성령이 관련된다는 점을 이 본문은 말한다.

를 실천함으로써 그들이 '성령 충만'함을 받았다는 사실을 입증하고, 그것을 외부적으로 드러냄으로써 '사회화'하는 모습을 보여준다. 성령이 개인의 내면에서 신앙적 확신을 심어 그의 위상과 활동의 증거를 보였다면, 성령은 신자들의 사회적 삶의 영역에서, 사귀고, 재물을 공유하며, 나누는 모습을 보이게 함으로 그의 현존을 드러냈다는 이해가 가능하다는 것이다.

누가에 의하면, 초기 교인들의 사귐, 나눔, 연합은 성령의 활동을 객관적으로 '구체화'시킨 것으로 파악된 셈이고, 그것은 '오순절 사건'의 마지막 최종 단계를 보여준 것이라 이해됐다는 것이다.[59] 어쩌면 그것을 '성령이 이루는 윤리의 구체화'[60]라고도 표현할 수 있을 것이다.

이렇게 하여 오순절 성령의 충만함은, 신자들의 '재물 공유와 사귐'의 공동체를 실현시킴으로써 전체 오순절 이야기의 대미(大尾)를 장식한다는 이해를 가지게 된다. 그래서 신자들은 '재물의 공유'를 실천함으로 '성령 충만한 자'로서의 본디 모습을 보여준 것이 되었으며, 그 말은 동시에 그들이 '재물 나눔과 사귐'을 통해 '성령에 사로잡힌 자들'임을 나타냈다는 의미를 갖게 된다.

3. '성전 출입 열심'의 의미: 유대 전통과의 연속성 과시

본문의 사도행전 2:46에서 저자는 초기 교인들이 '날마다 한마음으로 성전에 열심히 모이는' 상황을 묘사한다. 이 구절 외에도 누가가 예루살렘 신도들의 성전 출입을 서술하는 빈도는 주목할 만하다.[61] 이런 기록들은

59 Edgar Haulotte, "La vie en communion, phase ultime de la Pentecôte. Actes 2, 42–47," *Cahiers bibliques* 19(1981), 69–75; Daniel Marguerat, *The First Christian Historian: Writing the 'Acts of the Apostles,'* 122–123.

60 *Ibid.*

61 행 3:1, 3, 8, 5:21, 42 등등.

저자가 의도적으로 제시하는 초기 교인들의 종교 활동 양상이다. '성전 출입'에 열심을 내었다는 것은 저자의 저술시기인 기원후 80년대 시점을 고려하여 검토할 몇몇 사항들이 있음을 알려준다.

먼저, 신자들이 '성전 출입에 열심을 내었다'는 기록은 그 '열심'을 긍정적으로 바라보는 사람들, 즉 '유대교인들'에게 기독교도들의 인상을 호의적으로 평가할 수 있는 모습이라는 점을 주목해야 한다. 그 말은 유대교인들의 시선을 의식하지 않을 수 없는 시대적 상황이 반영되었다는 뜻이기도 하다. 만일 유대교와 기독교의 사이가 소원하게 되었거나, 아니면 부정적 관계로 악화된 형편이었다면 성전 출입에 열심을 내었다는 모습은 굳이 밝히지 않아도 될 기독교 발전단계의 초기 일화일 뿐이었을 것이다. 그런데도 구태여 이를 밝혔다는 것은, 아직은 유대교와의 완전한 결별이나 단절을 노골화시키거나, 그런 모습을 내놓고 드러낼 국면은 아니었다는 점을 시사한다. 또한 더 나아가 성전과의 그런 '우호적, 친밀한' 관계를 보여주는 것이 기독교를 보여주거나 제시하는데, 또는 기독교의 존립을 위해 긍정적 역할을 할 수 있는 상황이었음을 말해준다.

그렇지만 이처럼 유대교를 향해 기독교 인상을 호의적으로 제시하려는 의도는 기독교 내부에서 어쩌면 당혹, 또는 반발을 살 수 있는 선택이었을 것이다. '성전 출입 열심'은 유대교에 여전히 매달리고 있는 기독교의 상황을 연상하게 하여, 새 신앙이 포괄하는 '새로운' 가치관, 세계관, 역사관 형성에 혼란을 주게 되는 경우를 우려할 수도 있었으리라는 것이다. '성전에의 열심'이 유대교와의 '유착'으로 이해되는 정황을 배제할 수 없다는 뜻이다. 그렇기 때문에 '유대교와의 단절'을 시사하는 묘사가 등장하여 일종의 균형을 맞추고 있는 측면을 무시하기 어렵다. 예컨대, 사도행전 1:4에서 부활한 예수께서 제자들에게, "너희는 예루살렘을 '떠나지 말고' 내게서 들은 아버지의 약속을 기다리라"는 말씀을 하여 '예루살렘/성전'에의 집착을 보여주는 듯하다. 그러나 바로 다음, 사도행전 1:8에는 "성령이 너희에게 임하시면, … 땅 끝까지 이르러 내 증인이 될 것이다"라는 말씀을 한다. 즉, 성령이 임하면 예루살렘을 '떠나' 땅 끝까지 이르게 되는 형국을 보여준다. 이 기록은 유대교와의 연속/단절을 단적으로 드러내는 대표적 표현이다. 또한 바울이 사도행전 25:10-11에서 황제에게 상소함으로 '유대의 재판관할권'을 부정하고 유대적 귀속의식에 대한 거부를 표명했던 사례는 유대전통과의 단절 맥락에서 해명되어야 할 주요 사건이라 할 만하다.[62]

그러나 '성전/유대교 집착'으로 보일 수 있는 글들의 오해 우려를 완화시키기 위해 기술했을 이런 '균형'보다 더 중요한 것이 있다. 그것은 그런 우려를 불식시키기에 족한 당시 상황의 성격이다. 누가가 오해의 가능성에도 불구하고 교인들의 '성전 출입 열심'을 강조하고, 예루살렘의 의미와 중요성 부각을 굳이 회피하지 않았던 것은 시대상황과 관련이 있다.[63] 저자 당시의 시점(기원후 80년대)에서, 성전과 예루살렘은 지난 과거 전쟁(66-70년) 중에 완벽히 파괴되어 사라져버린 역사의 흔적에 불과했다. 이미 형체조차 찾을 수 없게 된 성전을 아무리 강조하고, 그 의미를 아무리 부각시킨다 해도, 그것이 새로 시작되어 발전해가는 기독교 신앙과 선교에 거침돌이 되거나 위협이 될 수는 없었다. 기독교인들에게 유대교의 성전은 이제 더는 현실적 장애가 되지 않는 사라진 과거의 유산일 뿐이었다. 따라서 저자는 유대교인들과 우호적 관계를 갖게 하고 기독교 전개에 도움이 되기만 한다면, 역사 속에 사라진 성전에 관해 어떤 긍정적 묘사도 거침없이 할 여유가 있었다. 그러니 신자들의 '성전 출입 열심'에 관해 거리낌 없는 묘사를 할 수 있었던 누가는, 별다른 망설임이나 우려 없이, 그런 내용을 기독교와 유대교의 유대와 연속성을 입증할 자료로 활용할 수 있었던 것이다.

62 그 밖에도 예수 죽음의 책임을 유대인들에게 돌리는 듯한 표현들(예. 행 2:23, 36, 3:13-15, 4:11 등)도 유대교/민족에 대한 부정적 묘사로 인식될 만한 것들이다.

63 유상현, 『사도행전 연구』, 153-155.

제5장

베드로의 장애인 치료

(행 3:1–10)

I. 서언

사도행전 2:42–47에서 예루살렘 초기 신자들의 종교적, 사회적 삶에 관한 전반적, 요약적 진술을 했던 누가는, 그들이 펼쳤던 활동 가운데 매우 '특별한' 사건에 관한 기록을 제시한다. 신도의 공동생활 장면 묘사에 이어, 사도행전 3:1–10에서 저자는 베드로가 행한 비범한 기적의 성취를 다룬다. 즉, 성전 문 가까이에 있던 걷지 못하던 어떤 사람 하나를 베드로가 치유했던 기적을 보고하는 것이다. 앞서의 오순절 설교에 이어, 베드로는 다시 한 번 사도행전 기록 초반의 우뚝 선 지도자로 강렬한 인상을 심어주게 된다. 베드로의 이 기적은 저자가 사도행전 2:43에서, '사도들을 통하여 놀라운 일과 표징들이 많이 일어났다'고 서술했던 요약문에서의 기적에 관한 '일반적' 언급을 보완하면서, 특정 기적 사례로 지목되어 좀 더 상세한 보고로 서술된다. 마치 앞선 요약 기록을 구체적 예를 들어 설명하는 듯한 모습을 띠게 되는 것이다.

이렇게 전개된 성전 주변 베드로의 기적 성취는, 곧이어 베드로가 행하게 될 '솔로몬 행각 설교'(행 3:11–26), 베드로와 요한의 체포와 억류,

의회 앞 출두 등(행 4:1–22)의 연쇄적 사건들을 낳게 된다. 이 같은 베드로의 누가 이야기 점유는 확고한 그의 위상을 확인하게 하는 증거로 남는다. 결국 성전 문 곁에서 행해진 베드로의 기적은 사도행전 3:1–4:22로 이어지는 연결된 서사 단위의 시작점에 위치하게 된다.

II. 지체장애인 치유

베드로가 행한 지체장애인 치료(행 3:1–10)는 사도행전에서 다양하게 소개되는 치료 기록들 중에서 가장 처음 등장하는 '치유 보고'다.

1. 치유의 시간, 장소(행 3:1)

바로 앞의 단락에서 누가는 예루살렘 신도들이 '날마다 한마음으로 성전에 열심히 모였다'(행 2:46)라는 서술을 한 바 있다. 그 서술을 받아서인 듯, 새롭게 펼쳐지는 저자의 묘사 장면은 신도들이 '열심히 모였던' 성전에서 벌어진 일들을 그려나간다.

서술의 정황은 먼저, 사건이 벌어진 특정한 '시공'(時空)을 제시하며 설명된다. "제 9시 기도 시간에 베드로와 요한이 성전에 올라갔다"(행 3:1)는 것이다. 주목을 끄는 것은 밝혀진 '시간, 공간'이 모두 유대적 의미와 관련된다는 점이다. '기도 시간과, 제사 장소로의 성전' 표현이 유대 종교성의 집중을 드러내는데, 이런 것들은 두말할 필요 없이 누가가 유념하던 기독교의 유대적 전통에 대한 '연대와 계속성'을 내보인다.

저자는 '첫 번째 기독교적' 치유기적의 발생이 유대교 예배의 상황이 배경이 되고, 유대 종교의 최중심부에서 이뤄졌다는 점을 매우 자연스런 사건 묘사인 듯 제시한다. 그러나 이런 묘사는, 그것이 비록 사건의 객관적 기술이라 할지라도, 그 안에 저자의 의중이 실려 있음을 어렵지 않게 짐작하게 된다. 누가가 '9시 기도시간'과 '성전'을 언급하는 것은, 이어져 벌어지는 첫 번째 '기독교의 치유'가 유대 종교의 '현상과 본질'에 긴밀하게 연관되어 있음을 비(非)명시적으로 강조하고 있다는 뜻이다. 기원후 80년대 이후의 누가의 저술상황 속에서 유대교와 성전의 중요성은 본문의 서술 대상 시기인 기원후 30-40년대의 그것과 다른 모습으로 기독교인들에게 받아들여졌을 것이다. 그러나 저자는 한 세대 이전의 초기 기독교인들의 출발과 성취의 '장엄함'이 유대교적 전통의 핵심과 밀접하게 관련되고, 그 심장부에 뿌리내리고 있음을 여러 형태로 드러낸다.[1] 이런 묘사에는 당시 현실 몇 가지가 겹쳐진다.

유대교에서 출발했으나 점차 그 그늘에서 벗어나고 있던 후발주자인 기독교의 정통성 결여 콤플렉스가 한편에 존재했다. 그 맞은쪽에는 기원후 66-70년 전쟁 이후의 괴멸 상황에서 파괴되어 없어진 예루살렘 성전, 위축될 대로 위축되어 존립 여부마저 의문시되며 재건을 도모하던 유대민족/종교의 위기가 있었다. 그런 그들의 위축을 목격하던 기독교는, 출발시점에 비해 상대적으로 점차 늘어가는 자긍심, 견고히 형성되기 시작하던 정체성, 그리고 스스로의 미래에 대한 긍정적 전망 등이, 위기의 유대교에 대한 연관성, 유대(紐帶)감을 주저 없이 진술할 수 있게 만들었을 것이다. 그들에 대한 상대적 자신감이 유대교와의 연대의식을 거침없이 토로할 수 있게 했다는 뜻이다. 그리하여 유구한 역사의 유대교적 배경을 스스로의 정통성 수립을 위한 든든한 바탕으로 인정함으로, 기독교인 자신들에게 쏠릴 무근(無根)성의 취약점을 극복하고 근본의 확대와 연장을 주장할 계기로 삼았다는 것이다.

요컨대 누가는 자신의 선배들이 이룩한 초기 활동들을 완벽한 유대교의 배경 속에 위치시켜, 그 성취를 구가하게 하여 새 출발한 기독교의 정통성을 확고히 할 필요가 있었다는 것이다. 동시에 그런 유대교와의 유착

---

1 Cf. 유상현, 『사도행전 연구』(서울: 대한기독교서회, 1996), 152-155.

상황을 드러낸다 해서 기독교적 자기 정체성 과시에 아무 장애가 되지 않으리라는 자신감도 작용했을 것이다. 이 같은 연유로 본문에서처럼, 기독교가 가졌던 유대교와의 연관성을 담담히 진술할 여유가 있었던 것이다. 그리하여 유대 종교역사의 '계승'과, 기독교의 독자적 선교를 통한 유대교와의 '단절' 가능성, 곧 유대전통의 '계승과 단절'의 이중적 의도를 나란히 제시했다고 이해해야 한다.

여기 '제 9시 기도'는 오후 3시경의 제사에서 드리는 기도를 고려했을 것이다.[2] 아마도 성전 '기도 시간'은 아침과 저녁 두 차례 있었던 제사시간에 있었던 것으로 보인다.(레 6:13, 출 29:39, 41, 대하 31:3) 이 시간에 다른 제물들과 함께 어린양을 바치고(출 29:38-42) 제사를 집행했을 텐데, 이것을 '타미드'(온전한 봉헌, whole-offering)라 하며, 본문은 그때 드리는 기도를 말하는 듯하다.[3] 특히 오후 3시부터 6시까지의 성전 예배에서 토라를 읽고 기도하는 순서를 저자가 염두에 두었을 것이다.

2. 지체장애인 등장(행 3:2)

1) 치유대상자

베드로가 행한 기독교의 첫 번째 치유 기록은 그 기적의 대상 묘사로 시작한다.

> 그런데 어머니 뱃속에서부터의 '지체장애인'을 사람들이 떠메고 왔다. 그들은 성전으로 들어가는 사람들에게 자선을 요청하게 하려고 이 사람을

---

2 유대인의 시간 계산은 해가 뜰 무렵부터 계산하니, 대개 6시로부터 시작된 시간 측정상 '제 9시'란 오후 3시를 일컫는다.

3 이때 드리던 제물들, 예배 등에 관한 상세한 설명은, Hilary Le Cornu & Joseph Shulam, *A Commentary on the Jewish Roots of Acts*, vol. I(Jerusalem: Academon, 2003), 165-170.

날마다 '아름다운 문(아름다움)'이라는 성전 문 가까이에 앉혀 놓았다.(행 3:2)

누가는 기적적 치료를 받게 될 사람을 소개하며 두 가지 요소를 제시한다. 먼저 장애의 시작점을 명시한다. 곧 그가 고통을 겪은 '시간'을 가리키면서, '어머니 뱃속에서부터'[4] 비롯되었음을 밝힌다. 태어나 평생을 잘 걷지 못하는 장애를 지닌 채 살아왔던 사람이 치유되는 것임을 알리는 것이다. 다시 말해, 치유의 경이로움이 그 오랜 고통의 기간(나중 행 4:22에 의하면 40년 이상)을 밝힘으로 더욱 강조되고, 기적의 놀라움이 한껏 드높여진다. '어머니 뱃속에서부터'란 말 이외에 한 인생의 전 생애가 장애 속에 묻혀 있었다는 점을 표현할 묘사를 더 찾기는 어려울 것이다. 그 정도로 가장 강력한 수사를 동원하여 그의 고난을 드러낸다.

두 번째 요소는, 장애의 내용을 '지체장애인'이라고 분명하게 밝히고 있다는 점이다. 다리에 장애가 있는 상태로 태어나서, 잘 걷지 못해 불편을 감수할 수밖에 없는 이 사람의 상황을 저자가 그와 같이 표현한다. 그런데 여기서 '지체장애인'이라고 옮긴 'anēr chōlos'란 말이 정확히 무엇을 뜻하는지 새길 필요가 있다. '다리가 불편한 상태'는 두 가지 종류가 있다. 아주 기동(起動)을 못하는 '하반신 마비자'(소위 '앉은뱅이'라 하여, 개역성경의 번역어였으나 장애인 비하용어로 추방된 말)와, 불편하지만 절뚝이며 걸을 수는 있는 '지체장애인'(역시 비하어인 이른바 '절름발이')을 예로 들 수 있다. 마르그라는 'chōlos'란 말이 후자('boiteux'), 곧 지체장애인을 뜻하지 전자('infirme'), 곧 하반신 마비자를 의미하지 않는다고 주장한다. 그 근거는, 이 말이 코이네 그리스어에서는 비슷한 용어인 'paralutikos(마비자)'와 달리, 마태복음 18:8에서 보이듯 '지체장애'를 뜻한다고 보기

4 개역개정판, 새번역은 '나면서부터'라고 옮겼으나, 'ek koilias(배, 아기집) mētros'의 정확한 번역은 '어머니 뱃속에서부터, 모태(母胎)로부터'가 될 것이다. 한편, 이 표현은 칠십인역의 욥 1:21, 38:8, 시 21:11 등에서 발견된다.

때문이라는 것이다.[5] 물론 이 장애인을 '사람들이 떠메다가' 문 곁에 자리 잡게 했다는 본문 표현을 감안하면 그가 걷거나 서지 못하는 '마비증'을 가진 것이 아닌가 물을 수도 있고, 어렵게 걷거나 설 수 있어도 보행이 크게 불편하다면 사람들이 '떠메어' 옮기는 상황을 가정할 수 있다. 또 마르그라가 사례를 든 예가 풍부하지 않기 때문에 확정적으로 그 같은 의미로 규정하기는 쉽지 않지만, 그 나름의 타당성이 있다고 보여 여기 번역에선 이 해석을 따른다.

위의 두 가지 분명한 장애인 소개 외에도 저자의 서술에서 엿볼 수 있는 그에 관한 몇 가지 정보들이 있다. 그 하나는, 그의 장애로 인한 경제활동 결여에 따른 필연적 결과이긴 하겠지만, 그가 '성전으로 들어가는 사람에게 구걸하는(자선을 요청하는)' 사람이었다는 것이다. 그리고 그가 구걸 장소로 성전 바깥인 '아름다운 문' 곁에 자리 잡고 있었다는 점이다. 또 하나는, 나중 사도행전 4:22에서 제시되겠지만, 그가 '40세가 넘은 사람'이었다는 사실도 꼽게 된다. 당시 정확한 '평균수명'이나 '기대수명'을 정확히 알기는 어렵다.[6] 하지만 그리 높지 않았을 고대인의 수명을 감안하면 이것은 상대적으로 오래 산 사람의 나이로 간주될 만하다. 이를테면 이처럼 '긴 세월'을 장애로 인한 각종 고통들을 견디며 이 사람이 살아왔다는 것이다.

---

5 Daniel Marguerat, *Les Actes des apôtres(1-12)*(Genève: Labor et Fides, 2007), 117.

6 '평균수명'이란 개념의 적절성 여부를 떠나, 당시 장수했다고 간주되는 나이(40-50세?) 이상까지 살았던 인구수가 그리 많지 않았으리라는 것이다. 예컨대, 비명(碑銘) 등의 극히 제한된 자료들을 통한 논의이긴 하나, 고대 그레코-로만세계의 평균수명이 20-35세밖에 되지 않았으리라는 추정도 있다. Walter Scheidel, "3. Demography," in *The Cambridge Economic History of the Greco-Roman World*, ed. by Ian Morris, Richard Saller & Walter Scheidel (Cambridge, UK: Cambridge Univ. Press, 2007), 38-86. 그렇다고 그 나이 이상의 장수를 누린 사람들이 없었다는 것이 아니라 상대적 비교에 의하면 고대인의 수명이 높지 않았으리란 뜻이다.

위에서 장애자 소개의 두 요소(날 때부터, 지체장애)를 지적했지만, 저자가 이 지체장애인이 겪었을 '고통들'에 관해 다중적으로 보여주고 있음을 더 설명해 보자.

> 어머니 뱃속에서부터의 '지체장애인'을 사람들이 떠메고 왔다. 그들은 성전으로 들어가는 사람들에게 자선을 요청하게 하려고 이 사람을 날마다 '아름다운 문'이라는 성전 문 가까이에 앉혀 놓았다.(행 3:2)

이 구절에 제시된 장애인의 '어려움들'을 몇 가지로 구분하여 열거하면 다음과 같다. 즉, '모태로부터'란 말이 시사하는 고난의 '어떤' 측면이다. 이 사람이 겪은 아픔이 '모태로부터' 시작되었다는 표현은, 그가 '저주', 또는 '죄(罪)성'과 관련된 종교적, 정신적 고통을 평생 동안 겪었음을 암시한다. 이와 관련, 요한복음 9:1-2에 기록된 '나면서부터' 맹인인 사람을 두고, 이 사람의 '죄' 탓인지, 부모의 '죄' 탓인지를 예수에게 묻고 있는 제자들의 발언을 참고할 필요가 있다. 그 시대인의 의식에서 '모태로부터'란 말이 상기시키는 것은, 생래(生來)적 '저주, 또는 죄성'과 관련되고 있음을 깨우치는 방증인 셈이다. 그 밖에도, '지체'(肢體)에 장애가 있는 사람이 필연적으로 겪게 되는 '육체적' 불편과 통증, '사람들이 떠메고' 올 수밖에 없는 '이동과 움직임'의 제약에 따르는 고통, 게다가 '구걸'하며 물질적으로 타인에게 의존해야만 하는 '경제적 빈곤'의 쓰라림 등을 본문은 한꺼번에 환기시킨다. 물론 이런 고통들을 가져오게 한 '모태부터의' 장애를 지적하는 것은, 이 장애인의 치유가 얼마나 극적이고, 경이적인 것인가를 돋보이게 하는 강조의 측면이 있음이 자명하다.

이 모든 고통이 지체장애로 야기된 결과이지만 장애의 결과는 장애 자체에 국한되지 않고 '다른' 아픔들을 연쇄적으로 불러오게 된다. 앞에서 언급된 제반 고통들은 당연한 것들이다. 하지만 그 외에도, '부정(不淨)한', 또는 '결함 있는' 사람으로 간주되는 장애인으로서 성전 출입 제한 등의 종교적 차별의 괴로움,[7] 공동체로부터 겪게 되는 배제와 소외로 인한 '사회적 추방'의 아픔 등이 반드시 따랐을 것이다. 이러한 정신적, 육체적, 경제적, 종교적, 사회적 고난의 요소들이 교차되고 누적되어, 이 지체장애인을 '극한 고통 속의 인물'로 설명하고 있음을 본문은 암시한다.

그런데 눈에 띄는 것은, 위의 몇 가지 사항들 이외에, 이 사람의 자세한 신원, 예컨대 이름과 출신지, 인적사항, 기타 구체적 정체를 드러낼 만한 묘사들은 제시되지 않고 있다는 사실이다. 다만 저자는 이름 없는 '어떤'(tis) 한 장애인 남자를 '사람들이 떠메고 왔다'고 설명할 뿐이다. 이름 없이 나타난 이 사람의 치유는, 사도행전 3:1-4:22의 긴 서사구조를 존립 가능하게 만든 기초가 된다. 또한 이렇게 등장한 장애인은 비교적 긴 이 이야기 속에서 벌어진 일들에 참여하고, 베드로 등과 동행(행 4:14)함으로써 사건의 직접 당사자요 증인이 된다. 그리하여 무명의 '어떤 지체장애인'은 치유 이후 벌어진 일련의 사건 전개에서 또 다른 등장인물로 그 존재감을 여실히 드러내게 된다.

2) '아름다운 문'

누가에 의하면, 지체장애인의 치료가 벌어진 곳은 성전 속 '아름다운 문' 가까이(행 3:2b)였다고 한다. 여기 저자가 언급한 '아름다운 문'[8]이 과연 어떤 문이고, 어디에 위치한 것이었는지에 관해 오랫동안 논란이 있어왔다. 하지만 이에 관한 연구를 진행했던 레이크의 미진한 결론이 아직도 유효한 실정이다.[9] 즉, 문제의 그 문의 정확한 위치에 관해 확신을 갖고 특정하기 어렵다는 것이다. 그 이유는 성전에 관해 거의 배타적 정보를 제공

---

7 이에 관해 아래의 8절 해석 중 논의할 것임.

8 2절에서 원문은 '문'이란 표현 없이 그저 명사로 '아름다움'이라고만 제시했고, 10절에서 '아름다운 문'이라 표기했다.

9 Kirsopp Lake, "Localities in and Near Jerusalem Mentioned in Acts: 6. The Beautiful Gate," in *The Beginnings of Christianity: Part I*, ed. by F. J. Foakes Jackson & K. Lake, vol. V(London: Macmillan and Co., 1933), 479-486.

하는 요세푸스 저술에 '아름다운 문'이란 언급이 등장하지 않는 등, 이 시기 유대문헌 속에서 이 문에 관한 직접적 정보를 찾기 힘들기 때문이다. 그럼에도 이것이 어떤 문을 가리키느냐에 관해 세 가지 가능성 정도가 제시된다.[10] 1) '슈샨 문'(Shushan Gate): 바깥에서 '이방인의 뜰'로 들어가게 된, 성전구역 동쪽 벽에 있던 문.[11] 2) '니카노르 문'(Nicanor Gate): 성전 '이방인의 뜰'에서 '여성의 뜰'로 들어가는 예루살렘 성전 동쪽에 자리 잡은 출입문. 3) 랍비 전승에 나타나는 또 다른 '니카노르(Nicanor) 문': '여성의 뜰'에서 '이스라엘의 뜰(남성들)'로 들어가는 문. 레이크의 지적대로, 이 세 개의 제안들 가운데 어느 것이 누가가 말하는 '아름다운 문'일 것인가를 단정하기는 어렵다. 다만 레이크를 포함한 많은 학자가 동의하는 잠정적 추정만을 할 수 있을 뿐인데, 위의 제안들 중에는 2) '니카노르 문'이 그 중 가장 그럴듯하다.[12] 이 문이 '청동의 문', 또는 '고린도 문'으로 불렸다는 것이고, 요세푸스에 의하면 성전 동쪽에 있던 그 문은 '고린도 청동'으로 만들어져 있었기 때문에 '은금으로' 장식된 문보다도 더 귀중한

10 Joseph A. Fitzmyer, *The Acts of the Apostles: A New Translation with Introduction and Commentary*(New York: Doubleday, 1998), 277-278.

11 바레트는 이 문이 누가의 기록과 부합하다고 본다. Charles K. Barrett, *A Critical and Exegetical Commentary on the Acts of the Apostles,* vol. I(Edinburgh: T&T Clark, 1994), 179-180. 또 중립사본과 3세기 이후 기독교 전승에 의존할 경우, 'Shushan 문'일 것이라는 짐작인데, 이 문은 기드론 골짜기를 바라보는 가파른 언덕 위의 벽에 위치해 있기 때문에 '구걸'을 위해선 적당치 않다는 지적이 제기된다. John B. Polhill, *Acts: The New American Commentary,* vol. 26 (Nashville: Broadman Press, 1992), 126; Kirsopp Lake, "Localities in and Near Jerusalem Mentioned in Acts: 6. The Beautiful Gate," 484.

12 예컨대 레이크 외에, E. 헨첸, 『사도행전 I』, 이선희, 박경미 역(서울: 한국신학연구소, 1987), 316, n. 14; J. A. Pattengale, "Beautiful Gate," in *Anchor Bible Dictionary,* vol. 1, ed. by D. N. Freedman et al.(New York: Doubleday, 1992), 631-632; Ben Witherington III, *The Acts of the Apostles: A Socio-Rhetorical Commentary*(Grand Rapids: Eerdmans, 1998), 174; Jerome Murphy-O'Connor, *The Holy Land: An Archaeological Guide from Earliest Times to 1700*(Oxford: Oxford Univ. Press, 1980), 65-66.

것이었다고 한다.[13] 어쩌면 그렇게 청동 장식물로 아름답게 꾸며져 있어 '아름다운 문'이라 불리었을 가능성이 있다.

한편, 본문은 장애인을 성전 문 곁으로 데려온 이들이 누구였는지를 드러내지 않는다. 그들은 '떠메 왔다'란 동사 속에 숨어 있다. 그 어떤 '사람들이' 이 장애인을 성전 문 곁에 오후 3시에 옮겨놓았다. 이렇게 한 이유는 '그 시점'이 사람들이 하루 중 성전에 가장 많이 드나드는 시간이기 때문이었을 것이다.[14] 그때가 기도하는 시간이며, 번제(燔祭)를 드리는 시간(출 29:39, 민 28:3-4, 8, 겔 46:13-15 등)이었으니 출입자가 많았을 테고, 장애인의 구걸을 위한 유리함이 시간 선택에 고려되었을 것이다. '날마다' 이 사람을 데려다 놓았다는 표현은 그의 '직업적' 구걸행위를 시사하기도 하고, 그의 가련한 상황을 돋보이게 하기도 하며, 주변인들의 지속적 관심과 배려를 나타내기도 한다. 요컨대, '사람들'은 출입자가 많은 시각에 맞춰 '날마다' 이 장애인을 문 곁에 데려다 놓았다는 것이다. 이처럼 매일 장애인을 구걸할 수 있도록 도운 사람들은, 매일 동일한 사람들일 수도 있고 다른 사람들일 수도 있지만, 모두가 당시 도덕적 의무로서 권장되고 칭송되던 '자선 행위들' 중 하나를 이룬 이들로 인식됐을 것이다.[15] 그러니, 그런 인식 자체를 보상으로 알고 도움 줄 사람들이 있었을 것은 당연하다. 물론 아무런 보상과 인정을 바라지 않는 자발적 도우미들도 적지 않았을 것이고, 그들 주변인들 덕분에 장애인의 구걸은 일상적인 행위가

---

13 Josephus, *Jewish War* 5:201-204, 293.

14 높은 기온으로 무더운 한낮 예루살렘에서 구걸 활동에 나서기 어려운 탓에 오후 3시에 옮겼을 가능성이 있지만[Craig S. Keener, *Acts: An Exegetical Commentary: 3:1-14:28*, vol. 2(Grand Rapids: Baker Academic, 2013), 1050], 기온으로 말하면 오후 3시도 별 차이 없이 높았을 터이니 오히려 많은 사람이 모인 시간을 택해 그가 나타났을 것이란 짐작이 더 그럴듯하다.

15 당시 유대사회에서 자선에 대한 강조는 매우 일반적인 것이었다. 이에 관한 다양한 문서들이, Hilary Le Cornu & Joseph Shulam, *A Commentary on the Jewish Roots of Acts*, vol. I, 180-182; 루 T. 존슨, 『소유와 분배』(*Sharing and Possessions*), 최태영 역(서울: 대장간, 1990), 220-229에 소개되어 있다.

되었을 것이다.

3. 치유 과정과 결과(행 3:3-5)

누가는 치유의 대상인 지체장애인에 관한 묘사를 한 후, 치유의 주역들을 소개하며 그들의 만남 가운데 이뤄졌던 일종의 '교감상황'을 진술한다.

> 3절그가 베드로와 요한이 성전으로 들어가려는 것을 보고, 자선을(받기를) 요청하였다. 4절베드로가 요한과 함께 그를 주목하여 바라보고, '우리를 보시오'라고 말하였다.(행 3:3-4)

1) 시선 나눔: '주목하여 보고'

여기 그들이 나눈 '교감'의 수단과 방식이 관심을 끈다. '시선'의 교차, 곧 눈빛의 교환에 관한 인상적 언급이 있다. 먼저 장애인이 베드로와 요한이 성전 들어가는 것을 '바라본다.' 그리고는 자선을 요청한다. 그러자 그곳을 지나가던 베드로 등 일행이 그를 '주목하여 바라본다.' 그런 다음, 이들이 장애인에게 '우리를 보라'는 요구를 한다. 3-4절에서 '보다'라는 시각 동사가 3번(eidō, atenizō, blepō) 등장한다.[16]

그 중, 4절에 '주목하여 바라보고'라고 번역한 'atenizō' 동사를 말 그대로 '주목할' 필요가 있다. 이것은 사도행전에 모두 10회가 등장하는데, 이 단어의 누가 용례와 고대 주변 문헌들의 용례들을 상세히 조사한 스트를란(Strelan)에 따르면,[17] 이 동사는 신현(神顯), 또는 신적 능력이 과시되

16 5절에 사용된 동사 'epechō'를, 새번역은 '빤히 쳐다보았다', 개역개정판은 '바라보거늘'이라고 번역하여 마치 시각동사인 양 '보다'로 표현했지만, 사실 이것은 '살피다, 관심을 기울이다' 정도의 뜻을 가진 말이다.

17 Rick Strelan, "Strange Stares: Atenizein in Acts," *Novum Testamentum* XLI (1999), 235-255.

는 상황에서, 찌를 듯한 통찰력이나 직관으로 사람들을 '뚫어 보거나'(to see "into" people, 행 3:4, 13:9, 14:9, 23:1), 천상 세계를 '뚫어 보는'(행 1:10, 7:55) 독특한 정황을 반영한다고 평가한다.[18] 그런 지적처럼, 여기 본문의 '주목해 보는' 모습은 단순히 '바라보거나 쳐다보는'(eidō, blepō) 행위와는 다르게, 강렬한 흡인력을 지닌 눈길, 기적을 앞둔 역동성이 담긴 의미로 누가가 표현한다. 이를테면 카리스마 넘치는 눈길로 이 장애인을 쏘아보며, 자신들을 바라보라고 했다는 것이다. 사실 이런 '자신들을 바라보라'는 베드로의 발언은 저자가 독자들을 향해 전하는 주의 환기, 곧 베드로와 요한에 관심 집중을 요청하는 것이기도 하다. 독자 역시 이 말을 통해 그들을 더욱 주목하고 예민한 관심으로 베드로, 요한에게 시선을 고정하기를 바라는 누가의 의도, 즉 일종의 '수사적 요청'이 담긴 중의(重義)적 표현으로 이해될 수 있다.

여기서 '우리를 보시오'라고 말하는 베드로의 요청에는, 어쩌면 아래의 두 신학적 의미의 '본다'는 차원이 포함되어 나타나고 있는지 모른다.[19] 1) '새롭게' 본다—라는 뜻의, 세상을 보는 '다른 방식'을 내포한 의미를 찾을 수 있다. 이를테면 세계 관조의 새로운 방식에 관한 암시를 뜻한다는 것이다. 2) 새로운 '다른 것'을 본다—라는 뜻에서, 관찰 '대상과 내용'의 다름을 뜻할지도 모른다는 것이다. 이전에 보지 못했던 '다른 것'을 보고, 결국 '다른 세계'에 대한 관조안(觀照眼)을 갖게 된다는 뜻, 곧 못 보던 다른 것, 안 보이던 다른 것을 본다는 의미를 찾을 수 있으리라는 것이다.

이처럼 눈길을 주고받는 모습을 그리면서, 저자는 이 두 대화 상대자들의 만남을 다른 형용어로 설명하지 않고 '본다'는 동사로 성격화한다. 서로를 바라봄으로 상호 존재를 확인하고, 시선의 나눔을 통해 서로의 인격에 상호 접근하는 듯하다. 마치, 눈길로 탐색하고 호소하며 매달리는 장

18 *Ibid.*, 255.

19 Cf. François Bovon, *Luc le théologien*(Genève: Labor et Fides, 1988), 307.

애인을 응시하던 베드로가, 강렬한 눈빛으로 그를 포박하며, 자신들을 바라보라고, 그의 눈길에 대하여, 또 다른, 사로잡을 듯한 눈길로 응답하는 형상 같다.

이런 표현을 서술하면서 저자는 어쩌면 칠십인역의 시편 25:14–16에 있는,[20] 위험에 처하여 도움을 필요로 할 때, 주를 '바라본다'는 구절을 상기했을지도 모른다. 주의 '이름'이 그를 구원하고, 그에게 힘을 준다. 하나님이 구원을 베푸시기 위해서는 먼저 자신을 도우실 분을 '바라봐야' 된다는, 이런 표현과 의미를 감안하고 누가가 이런 '바라보는' 눈빛의 교류를 본문 속에서 묘사했을 가능성이 있다는 것이다.[21] 또는 시편 145:14–15를 상기하며, 어려움에 처한 이가 하나님을 바라보듯 이 장애인도 베드로를 바라보았다는 뜻으로 본문을 기록했을 수 있다. 여하튼, 구약에서 약자가 하나님의 구원을 기다리며 '바라본다'는 모티프가 이 표현의 배후 언저리에 작용했을 가능성이 있다.

다른 한편, 베드로의 '바라봄'은 저자의 앞선 복음서에서 베드로가 예수를 부인하는 장면 중, "주께서 돌아서서 베드로를 '바라보셨다'"(눅 22:61)는 묘사를 연상시키기도 한다. 예수의 '바라보는' 그 눈길이 베드로로 하여금 '심한 울음'(눅 22:62)으로 뉘우치며 변화되는 모습을 보이게 했듯이, 여기서도 베드로의 '바라보는' 그 눈길이 마침내 이 장애인의 삶의 격변을 자아내게 했다는 점을 살핀다면 흥미로운 '응시'의 변화, 또는 대비가 될 듯하다.

2) 요한의 존재

그런데 이런 묘사들 가운데 한 가지 눈에 띄는 것은, 치유의 주체로

---

20 "주님만이 내 발을 원수의 올무에서 건지는 분이시기에, 내 눈은 언제나 주님을 바라봅니다."(시 25:15)

21 Marie-Emile Boismard & Arnaud Lamouille, *Les Actes des deux Apôtres: Le sens des récits*, tome II(Paris: J. Gabalda, 1990), 34.

베드로와 함께 나타나야 할 요한의 존재가 드러나지 않는다는 점이다. 베드로와 요한이 함께 있으면서, '우리를 보시오'라는 말 속에 간접적으로 출현할 뿐, 저자는 요한의 등장에 관해, 그의 활동과 역할에 관해 아무 언급도 하지 않는다. 요한은 마치 그림자와 같이 베드로 속에 묻히고 있는 듯하다. 그가 무슨 일을 했고, 왜 여기 3-4절에 언급되어야 했는지도 분명치 않다. 실제 바울이 보낸 편지 속 표현에 의하면, 요한은 베드로, 야고보와 더불어 예루살렘 교회의 '기둥 같은 지도자'(갈 2:9)로 인식되었다. 그러나 그의 존재는 누가의 글에서 다만 이름만 등장할 뿐(행 3:1, 3, 4, 11), 아무 움직임이나 구실도 설명되지 않고 오직 부차적 인물로만 제시된다. 또 하나 특이한 것은 이 요한이란 인물이 사도행전에 몇 차례 나타나지만, 여기 본문에서처럼 거의 모두가 베드로와 '함께' 등장하고 있다는 점이다.(행 4:13, 19, 8:14) 그 밖에 사도행전 1:13의 사도 명단에 한 번, 그리고 사도행전 12:2에 요한의 형제 야고보의 순교를 전하면서 다만 지나가듯 거명될 뿐이다.

그렇다면 왜 요한은 베드로와 함께, 한 '짝'으로만 등장하는 것일까? 그 정확한 이유를 알기는 어렵다. 너무 세세한 등장인물의 활동 묘사는 물리적 서술공간의 부족으로 불가능하다든가, 실제로 요한이 그저 그림자 역할만 했기 때문에 그런 축소된 기록밖에 나오지 못했을 것이라는 등의 난만(爛漫)한 단순화 말고, 의미 있는 이유를 찾기는 어렵다. 다만 그럴듯한 추론 하나는, 어쩌면 베드로만 등장시킬 경우, 그의 위상이 아직 공고화되지 않은 시점에서 사도의 집단적 지도력이나 대표적 성격이 약화되어 인식될 수 있다는 고려에 따라, 그를 베드로와 동시에 등장시켜 '집단적 대표성'을 강화하고, 초기 지도자들의 '집단지도성'을 강조하려한 것일 수 있다. 또 누가가 보고하는 장애인 치유 사건의 진실성을 입증하는 증거를 제공한다는 의미, 즉 이 보고의 확실함을 증명하고, 이 '증언'의 법적 신빙성을 높이기 위한 배려일 수도 있다.[22] 다시 말해, 베드로의 위상을 좀 더 드높이고 사도 집단의 대표로서의 그의 지위를 돋보이게 하며, 증언의 신빙성을 제고시키기 위해 요한이란 인물을 함께 등장시키지만, 그의 역할은 단지 이름만 거명하는 정도로 베드로를 보필하는 듯 제시했을 가능성이 있다는 뜻이다. 갈라디아서 2:9로 추측되듯, 요한도 중요한 인물이요, 초기 기독교 운동에서 나름의 역할을 수행했을 것이라는 점에는 의문이 없다. 그럼에도 누가가 그의 활동을 전혀 소개하지 않고, 주변인으로 이름만 제시하는 것은 서술의 각광(脚光)과 관심을 베드로에게만 집중시키려는 의도에 따른 것일 수 있다. 그 외에 요한의 활동이 소개되지 않은 이유를 밝힐 신약 근거는 매우 희박하다. 따라서 그 이상의 추측은 무망한 소설적 상상력의 발동이 될 공산이 크다.

3) '기대'와 의외의 대응

누가는 지체장애인이 자기 곁으로 지나가는 베드로와 요한을 바라보는 장면을 기록한다. 그러면서 마치 그의 내면을 읽은 듯이, '그들로부터 무엇을 얻을까 하여'라고 응시의 이유를 해석한다.

> 그가 그들로부터 무엇을 얻을까 하여 (그들을) 주목했다.(행 3:5)

이를테면 베드로로부터 무엇을 얻을까 기대한, '오해의 동기(動機)', 또는 응시 이유의 예단(豫斷)을 통해 이야기 전개의 빌미를 삼는다. 그래서 그것을 장애인과 베드로 일행이 만나는 국면 설명을 위한 디딤 서술로 활용한다. 결국 이 묘사는 장애인 치료 장면 전개에 일종의 '긴장과 기대'를 불러 모으게 하는 효과를 낳게 된다.

이 장애인은 '무엇을 얻을까', 즉 무언가를 취득하게 되는 '자선'을 기대하며 베드로와 요한을 '바라만 보았다'고 이해된다. 장애인이 바랐던 것

---

22 Allison A. Trites, *The New Testament Concept of Witness*(Cambridge: Cambridge Univ. Press, 1977), 135.

은 아마도 '금전'의 시혜였을 것이다. 다시 말해, '물질'을 바랐지 몸의 회복과 정상화를 기대하거나 요구한 바는 없다. 그럼에도 베드로는, 이 사람이 '무엇을 얻을까'고 바랐던 것 중 가장 큰 것일 수 있는 '장애 치유'를 건넨 셈이다. 본문에서 그가 장애 치유를 희망했다는 언급은 전혀 없다. 그런 소원을 가진다거나, 일말의 기대라도 가질 수 있는 상황은 아니었을 것이다. 따라서 그의 치유는 전혀 기대 밖에서 벌어진 '벼락같이' 날아온 '선물'인 셈이다.

'물질', 곧 가시적 물상(物象)을 바랐던 장애인에게 치유, 곧 신체의 온전함이 안겨진다. 차원을 달리했던 장애인의 '기대 지평'과, 베드로의 '응답 지평'이 전혀 알지 못했던 두 인격체들 사이의 예기치 않은 조우에서 엇갈리며, 그 결과로 치유가 발생한다. 물론 장애인이 기대했을 '물질'과 치유된 '육체'가 가시적 질료로 이뤄진다는 점에서 유사한 지상세계의 귀속체들인 것은 사실이다. 하지만 장애인이 기대한 것은 구체적 '물질'이었으나, 받게 된 것은 '건강', 곧 육체의 온전함이라는 구체성 이상(以上)의, 물질성 이상의, '몸의 완성'이란 점이 다르다.

4. '예수 이름'과 성전의 불모(不毛)성(행 3:6)

1) '은과 금'

지체장애인이 지녔던 '물질'에의 갈망 어린 시선에 대해, 베드로가 응대한 답변은 매우 강렬한 선언으로 이뤄진다.

> 베드로가 이르기를, '은과 금은 내게 없지만, 내가 가진 것을 당신에게 줍니다. 나사렛 예수 그리스도의 이름으로 [일어나] 걸으시오' 하고.(행 3:6)

이전 자신의 복음서(눅 5:11)에서, 저자는 베드로와 요한이 가진 '모든 것'을 버리고 예수를 따르는 것으로 묘사했다. 또한 본문 바로 위의 '재물 공유' 단락(행 2:44-45)에서도, 두 사람을 포함한 신자들은 가진 소유물들을 내놓고 사람들과 그것들을 '모두 나눴던' 사정이 기록되어 있다. 그렇다면 이전에 누가가 기록했던 누가복음 5장과 사도행전 2장의 두 개 진술들을 감안할 때, 적어도 저자 자신의 서술논리에 의하면 베드로와 요한은 사유재산에 관한 한 아무것도 '가진 게 없거나', 아니면 '가진 게 없어야만 하는' 상황에 처해 있는 셈이 된다. 이런 뜻에서 베드로가 '은과 금'이 자신에게 없다고 말한 것은 맥락에 부합되는 발언이다. 가진 것들이 있었다면 이미 정리된 이후의 시점이란 뜻이다.

그런데 이 말을 하게 된 경위가, 위 두 정황의 결과에 의해, 문자 그대로 수중에 아무 가진 것이 없다는 뜻으로 이 말을 하게 된 것인지, 아니면 '은과 금'이란 수사(修辭)적 표현법을 사용하고 있는 것으로 미루어 보아, '가진 것'의 유무를 떠나 다만 '소유물 부재'를 강조하여 부각시키기 위해 이런 식의 발언을 하고 있는 것인지를 확정짓기는 어렵다. 하지만 말 그대로 '소유 공유(共有)'를 위해 가진 것을 모두 내놓았다면, 그 '적수공권'(赤手空拳)의 상황을 수사적으로 돋보이게 하기 위해 이런 표현을 쓰는 것으로 이해할 만하다. 본문의 수사적 성격을 더욱 환기시키는 것은, 베드로가 치유 기적을 이루면서 굳이 자신의 '소유 명세'를 밝힐 이유가 없는데도 이런 묘사가 제시된다는 점을 꼽게 된다. 재산이 없다는 점을 밝히지 않았다고 해서 기적이 일어나지 않았다고 볼 이유도 없고, 치유 대상자에게 그런 상황을 얘기하지 않는다 해서 부자연스럽다고 볼 수도 없다. 그렇다면 여기서 누가는 '수사적 효과'를 감안하여 '은과 금' 언급을 하고 있는 것으로 이해함이 온당하다.

앞서 말했지만, 베드로가 '은과 금'이 없다고 자신의 '재산 증명'을 하기 전에, 이미 그들은 신도들 공동체의 '유무상통'을 위한 재산 공유의 취지 아래, 가진 소유를 모두 포기했던 것으로 누가의 글이 이해된다. 물론, 위에서도 언급했듯이, 그 훨씬 이전에 저자는 이미 누가복음 5:11에서 이들이 자기 소유를 모두 포기하고 예수를 따르는 모습을 묘사한 바 있다.

그러니 가졌던 소유를 포기하고 예수를 따랐던 이들이, 예루살렘에서 그나마 남아 있던 소유마저 모두 내놓았으리라는 생각을 할 수 있었다면, 이들의 재산 상태는 '은과 금'을 언급하기가 면구스러울 정도의 빈손이었으리라 짐작된다.[23] 그런 뜻에서라도 이 표현이 수사적 관심에 입각해 제시됐을 것이라는 점이 더욱 분명해진다.

사실 누가가 여기서 '은과 금'을 굳이 언급한 이유가 '수사적 효과' 이외에 어떤 것들이 있는지를 밝히는 것은 거의 불가능하다. 그 이유를 설명하려는 시도들, 예컨대, 당시 성전 문들에 있던 은금 장식들을 염두에 두고 이 말을 썼다든가,[24] 은금으로 장식된 이스라엘의 우상들(출 20:23, 신 7:25, 29:16, 시 115:4-6, 134:15 등)을 의식하여 이 말을 썼다든가[25] 하는 추정들은 근거를 밝히기 어려운 추측들일 뿐이다. 그나마 흥미 있는 것은 '은과 금'이 우상과 관련됐을 것이라는 햄의 주장이다.[26] 그는 사도행전 17:29, 40-43, 19:23-28을 끌어들여 자기 논지를 전개하는데, 그 구절들과 여기 본문의 상관성도 별로 없거니와 논증의 설득력도 부족하다.

2) '예수 이름' 모티프: '예수 이름'과 예수 활동의 '연장'

베드로의 지체장애인 치유의 핵심은 바로 '예수 그리스도의 이름으로' 이 기적이 일어났다는 것이다. 누가 서술의 중핵을 형성하는 것도 이 부분이지만, 치유 기적의 과정, 또는 치유 방법의 본질도 이 표현 속에 담

23 행 4:35, 5:2에 나타나듯 신도들이 가진 것을 팔아 '사도들의 발 앞에' 두었다면, 사도들의 우두머리로서 베드로가 재정을 총괄했고, 그래서 '공금'을 지니고 있어서 걸인의 구걸에 응할 수 있었으리라는 상상도 불가능하지는 않다. 그러나 그것은 말 그대로 임의의 자유로운 추측이다.

24 Luke T. Johnson, *The Acts of the Apostles*(Collegeville: Liturgical Press, 1992), 65; Daniel Marguerat, *Les Actes des apôtres(1-12)*, 119.

25 Dennis Hamm, "Acts 3, 1-10: The Healing of the Temple Beggar as Lucan Theology," *Biblica* 67(1986), 314-315.

26 *Ibid.*

겨 있다. 비록 베드로가 은과 금이 '내게' 없다 하고, '내가' 가진 것을 준다고 표현은 했지만, 여기서 치유 기적의 주체는 베드로라 하기는 어렵다. '예수 이름'이 치유를 가능케 하는 핵심적 역할을 했다면, 베드로를 치유의 주체로 보기보다는 치유를 매개하는 '중재역'의 구실을 하고 있다고 이해하는 것이 올바르다. 이 점은 나중 베드로가 솔로몬 행각에서 행한 설교에서 명시적으로 밝히게 된다. 사도행전 3:12에서 베드로는 '어찌하여 우리의 능력이나 경건으로 이 사람을 걷게 한 것처럼 우리를 바라보는가'라는 질문을 하고 있다. 치유 주체가 자신들이 아님을 명백히 한 것이다.

그와 같이 '우리의 능력'으로 치유가 이뤄진 것은 아니라(12절)고 말한 베드로가, 여기 6절에서는 '내가 가진 것을 준다'고 말한다. 그러면 베드로가 '가진 것'은 무엇이고 '준 것'은 무엇인가? '은과 금'이 없다고 언명하듯, 그것이 물질적 소유가 아님은 분명하다. 또, 치료를 가능케 했던 '능력'이 아님(12절)도 확실하다. 그렇다고 곧이곧대로 '예수의 이름' 자체를 가졌고, 준다고 말한다는 것도 어폐가 있다. 하지만 베드로가 '갖고, 주는 것'은 '예수 이름'과 연관이 있는 것은 분명해 보인다. "내가 가진 것을 당신에게 줍니다. 나사렛 예수 그리스도의 이름으로 일어나 걸으시오"라는 표현이 시사하듯 '갖고 준 것'의 언급에 바로 이어서 '예수 이름'이 등장하기 때문이다.

그렇다면 그가 '가진 것'은, '예수 그리스도의 이름/인격 안에서'(en tō onomati Iēsou Christou) 치유의 '능력'이 나타날 수 있도록, 즉 '말함이 사건화'될 수 있도록 하는 역할과 위상이다. 또 그가 '주는 것'은, 이전에 예수가 '걸으라!'고 말만 하면 걸을 수 있었던 그 능력을, 그의 '이름 안에서 걸으라'라고 말함으로 '발언이 사건'으로 변화될 수 있게 하는 '능력 출현의 현상과 구조' 그 자체다. 그 '현상과 구조'의 본질은 '예수 이름 안에서' 벌어지는 예수 활동의 '연장'이다. 예수가 지상생애 가운데 행했던 기적과 활동이, '예수 이름', 곧 예수의 '인격'을 대변하는 그 이름을 언급하면서 그와 연대하며, 그를 불러내고, 그와 함께 활동하고 있는 것으로 자처하는 베드로의 활동 속에서 계속되고, 연장되며, 유지, 계승된다는 인식이 이 발언의 배후에 자리 잡고 있다는 것이다.[27] 이런 발언과 행동을 하는 베드로의 모습은, 바로 그가 가졌던 중개자의 구실, 심부름꾼으로의 사도 기능을 드러내는 것으로 이해해야 한다.

시편 54:1에서 '하나님, 주의 이름으로 나를 구원하시고'라고 말했던 것이, 새 시대의 기독교인들에게 예수를 통해 현실화되었다는 것을 '예수 이름으로'라는 표현을 통해 선포하고 다짐하게 된다. 그런 뜻에서 '예수'라는 이름 자체가 '문자적으로' 본래 뜻하는 바가 명실상부하게 실현되었다는 확인이 되는 것이다. 즉, '예수'(Iēsous)는 'יְהוֹשֻׁעַ'(Yehoshua, '하나님은 구원이다')라는 이름의 일반적 그리스어 변환형이다.[28] 그러니 그 이름의 의미 그대로 예수를 통해 '구원'이 이뤄진 것이고, '다른 이름을 통해선 구원을 얻을 수 없게 된다'(행 4:12)는 인식은 오히려 당연한 일일 수 있다.

또 지체장애인 치유 사건의 여파로 계속되는 누가의 후속 서술들에서 '그 이름'은 반복적으로 등장한다.(행 3:16, 4:7, 10, 12, 17, 18, 30) 그러면서 이 사건을 거듭 환기시키는 구실을 한다. 어찌 보면 '예수의 이름'은 지체장애인 치료 기적과 관련된 사도행전 3:1-4:31의 전체 이야기 단락을 통합하는 기능을 하고 있다[29]고도 말할 수 있다. 이처럼 누가는 치유 기록 이후의 등장인물들이 '예수 이름'을 반복적으로 언급하게 하면서, '기적' 발생의 원인, 방법, 이유 등이 모두 '이 이름', 곧 '예수'라는 인물과 관련되

27 이런 모습은 다른 경우에도 적용된다. 예수 이름의 치유: 행 3:6, 16, 4:7, 10, 30, 19:11-20. Cf. 행 4:12.

28 'Yeshua' 또는 'Yeshu'라고 불리거나 표기되기도 한 이 이름은, 당시 매우 흔히 불리우던 것이라, 요세푸스의 글에만 같은 이름의 다른 인물들이 약 20명 언급되었다고 한다. Hilary Le Cornu & Joseph Shulam, *A Commentary on the Jewish Roots of Acts*, vol. I, 185-186.

29 M.-E. Boismard & A. Lamouille, *Les Actes des deux Apôtres: Le sens des récits*, tome II, 34.

며, 그 '이름'이 뜻하는 인격의 총체성이 활동, 작용하여 이런 일이 벌어진 것이라는 점을 부각시킨다. 사도행전 4:10에서 베드로는 이 기적을 상기하면서, 이 일이 '예수 그리스도의 이름을 힘입어' 이뤄진 것이라는 점을 거듭 강조한다. 이런 '이름' 언급은 그 후로도 이어져 사도행전 5:28, 40, 41에서도 반복적으로 나타난다. 이런 되풀이되는 이름 언급은 그것 자체로도 매우 인상적일 뿐만 아니라, 대단히 큰 '다른' 의미도 함축하고 있음을 알 수 있다. 그것은 이 이름을 통한 성전 시스템 자체의 치유이다.

3) '불구적' 성전의 치유

여기 본문과 같이 경이로운 일들이 '주의 이름'으로 벌어지고(행 3:16, 4:7, 10, 30), '주의 이름'을 부르는 자는 구원을 받고(행 2:21), 그의 '이름으로' 세례 통해 성령을 받으며(행 2:38), 사도들은 그의 '이름으로' 가르치고(행 4:17-18), 죄 사함이 그의 '이름으로' 이뤄진다.(행 10:43, Cf. 눅 24:47)

특히 '못 걷는 이'가 '성전 문' 곁에서 '예수 이름으로' 일어나 뛰게 되었다는 이곳 본문의 서술은, '예수와 성전' 사이의 상관관계를 숙고하게 하는 상징성이 내포되어 있다. 즉, 성전이 갖고 있는 한계와 무능, 또는 '불구성'(不具性)이 여기 등장하는 '지체장애인'의 장애성과 겹쳐 나타나게 만듦으로, '예수 이름'으로 성전 옆의 장애인이 치료되는 모습을 통해, 예수가 성전의 한계를 극복하는 메시지를 제시한다는 것이다. 다시 말해 '성전 곁에 앉은 장애인'은 '성전의 무기력'을 시사하고, 예수 이름으로 일어나 뛰는 치유자는 예수를 통해 이룩된 새로운 변화와 생명의 약동을 가리킨다는 뜻이다. 이렇게 하여 성전이 상징하는 구제도(舊制度), 또는 옛 체제로서의 유대교는, '예수 이름'으로 대변되는 그의 인격의 총체성을 통해 극복되고, 새로운 존재로의 전면적 변용(變容)을 야기하게 되었다는 것이다. 다시 말해 유대교의 불모성(不毛性)이 예수로 인해 치유되고, 새로운 생명으로 변환될 수 있게 되었다는 것이다. 이 점을 지체장애인 치유

사례는 생생한 서사의 역동성으로 보여주고 있다. 물론 이 이야기가 담고 있는 의미가 이 같은 서사적 비유와 상징에만 한정된다고 말할 수는 없다. 그리고 이런 상징성이 이야기 속에서 자명하게 스스로의 의미를 드러낸다고 단정하기 어려울지 모른다. 그러나 '성전', '장애인', '예수 이름', '치유와 도약'(跳躍) 등의 요소들이 이야기 안에서 상호작용하여 그려놓는 의미망들은 그러한 이해가 지나친 추단(推斷)만은 아님을 말해준다.

5. 치유의 경과와 그 이후(행 3:7-10)

1) 치유 과정

베드로가 지체장애인을 향해 '나사렛 예수 그리스도의 이름으로 [일어나] 걸으시오'라고 외친 다음의 행동을 누가는 이렇게 전한다.

> 그의 오른손을 잡아 일으켰다. 그가 즉시 발과 발목에 힘을 얻어, 8절뛰어(벌떡) 일어섰다. 그리고 걸었다. 그리고는 걷기도 하고 뛰기도 하며 하나님을 찬양하면서, 그들과 함께 성전으로 들어갔다.(행 3:7-8)

이 묘사에 약간의 내용상 불일치가 있는 듯하다. 7절은 베드로가 장애인의 '손을 잡아' 일으켰다. 그런데 8절은 장애인이 '제발로' 뛰어 일어나 걸은 것으로 이해된다. 얼핏 보면 표현상의 부조화가 이 글에서 드러나는 것 같다. 어쩌면 저자의 어설픈 진술이나, 자료 차용의 미숙을 탓할 수도 있다. 하지만 누가 서술을 그대로 읽어도 어색함이 그리 크지는 않다. 베드로가 먼저 장애인의 손을 잡아 일으키고, 그에 따라 벌떡 일어난 장애인이 걷고 뛰었다고 이해하면 되기 때문이다. 하지만 이런 묘사의 세부를 기계적 잣대나 건조한 문자적 분석으로 재단하여 조화를 옹호하고, 부조화를 지적하는 것은, 저자의 글을 마치 칼끝처럼 정확한 오늘의 사실(寫實)적 산문으로 읽는 것과 진배없다. 고대문헌 읽기는, 어색함, 실수, 결여와 빠짐을 감안하며, 좀 더 유연한 해석의 신축성을 갖고 접근해야 될 것이다.

저자에 의하면 베드로는 장애인의 '오른손'을 잡아 일으켰다고 한다. 누가에게서 '치료'와 '손의 터치'가 함께 나타나는 것은 이곳 말고도 누가복음 7:14, 사도행전 9:41에서 발견된다. 이것은 '마술적 힘'이 '손'을 통해 전이되는 능력의 발생 상황을 가리키는 것이 아니라, '손의 만짐'으로 상징되는 상대방에 대한 인간적 친밀성, 인격적 합일과 관심 등이 적극적으로 표현된 것이라 이해할 수 있다. 또 '손을 만짐'으로 걸인, 특히 장애인에 대한 당시 사람들의 '정결의식'(淨潔意識)에 입각한 금기와 통념, 부정적 인식을 묵살하고, 그런 불우한 이들을 맨손으로 쥐어 감싸는 포용을 행동으로 드러내고 있는 것이다. 정결치 못한 사람과의 접촉이나 부정한 이들을 만지는 것 자체가 부정(不淨)이요, 금기로 여겨졌던 당시 상황을 염두에 둬야 할 것이다. 이 행위는 베드로가 활동했던 1세기 중반 당시 유대사회를 지배했던 '정결관'(淨潔觀)의 장벽을 극복하는, 어쩌면 그런 의식에 대한 일종의 비판과 항의의 행동언어라 할 것이다. 그리고 그런 묘사는 유대교의 기성 전통과 관습의 장애를 넘어서는, 누가를 비롯한 1세기 말 기독교인들의 사고변화의 한 양상을 보여준다. 또한 그것은 이들 초기 기독교인들이 이룬 세계관 확대와 개방의 시작 모습을 보이는 한 사례로 이해될 만하다.

한편, 이곳 누가의 글(7절) 가운데엔 '발과 발목' 등의 '신체 일부'를 가리키는 용어가 등장한다. 그런 용어가 등장한다고 해서, 아니면 치유 기사 속에 사실적 '치료의 움직임' 묘사 등이 나타난다고 해서, 저자가 가졌던 '의사'로서의 정체 일부가 드러나는 것이 아니냐는[30] 추측은 그다지 신뢰받기 어려운 짐작일 듯하다. 물론 이런 주장자들도 그 어휘나 묘사가 고대

30 예컨대, Craig S. Keener, *Acts: An Exegetical Commentary: 3:1–14:28*, vol. 2, 1072.

교양인이 갖는 일반적 어휘력, 표현력의 일부임을 인정하지만, 그럼에도 그런 사실들이 '의사 누가'설 성립을 위한 증빙 중 하나로 꼽힐 수 있다는 지적을 한다. 어쩌면 누가-행전의 저자가 의사일 가능성도 있을 것이다. 하지만 그렇다 해도, 그 사실을 누가-행전의 어휘와 표현 등을 중심으로 입증하려는 노력은 광범위한 지지를 얻기는 어려울 것이다.

2) 치유 결과: '서다, 걷다, 뛰다'

여기 본문의 '지체장애인'(못 걷는 이, 2절)과 '뛰다' 어휘의 조합은 'chōlos'(지체장애인, 못 걷는 이)와 '(eks)allomai'(뛰다)라는 단어가 함께 등장하는 이사야 35:6('그 때에 못 걷는 사람이 사슴처럼 뛰고', 칠십인역) 구절을 연상시킨다. 그래서 이사야 예언이 실현되는 상황을 누가가 염두에 두고 이 글을 쓴 것이 아니냐는 추정을 불러일으킨다.[31] 그런 관련성이 지적되면서, 여기서 두 번 등장하는 '뛰다'라는 동사를 통해, 지체장애인의 치유가 이사야서에 나타나는 '이스라엘의 구원'을 상징하는 것으로 간주되는 측면도 있을 것이다. 그 표현들이 이사야서를 연상하게 하고, 표현의 유사함을 인정한다면, 이것이 이스라엘의 구원과 회복을 시사할 수 있다[32]는 추정도 가능하기 때문이다.

치유 기적에는 그 기적 발생을 결과적으로 입증할 수 있는 신체의 '움직임'이 당연히 따르게 된다. 몸의 '정상적 작동'을 보여줌으로 기적이 분명하게 이뤄졌음을 증명할 수 있기 때문이다.[33] 따라서 이 구절 가운데 여

---

31 Dennis Hamm, "Acts 3, 1-10: The Healing of the Temple Beggar as Lucan Theology," 313-314.

32 이와 관련한 논의[Simon Butticaz, "Actes 3, 1-26: Le relèvement de l'infirme comme paradigme de la restauration d'Israël," *Etudes Théologiques et Religieuses* 89(2009), 177-188]에 대해 이어지는 제6장의 솔로몬 행각 설교 관련 논의의 언급 참고.

33 이런 몸의 '정상적 작동' 과시 모습은 복음서 기록 중에도 여러 곳에서 발견된다. 막 1:31(치료받은 사람이 '접대함'), 막 2:12(침대를 '메고 감', 요 5:9), 막 5:42-43

러 가지 동사들이 등장하는 것은 놀랍지 않다. 말 그대로 장애인이 치유되는 '상황과 동작'을 묘사하는 7-8절의 동사들은 매우 다양하다. "(베드로가) 그의 오른손을 잡아 일으켰다. 그가 즉시 발과 발목에 힘을 얻어 뛰어 (벌떡) 일어섰다. 그리고 걸었다. 그리고는 걷기도 하고 뛰기도 하며 하나님을 찬양하면서, 그들과 함께 성전으로 들어갔다." 여기 등장하는 동사들은 모두 아홉 개다. 즉, piazō(잡다), egeirō(일으키다), stereō(힘을 얻다), eksallomai(뛰어 서다, 벌떡 일어나다), histēmi(서다), peripateō(걷다), eiserchomai(들어가다), peripateō(걷다), hallomai(뛰다)의 단어가 나타난다. 그 중 베드로의 동작을 가리키는 앞의 두 개를 제외하더라도, 일곱 개의 동사가 장애인이 치료된 이후의 행동들을 세밀하게 묘사한다.

이들 동사들 중에서 이 사람의 치유가 완료되는 '정확한' 순간은 "뛰어 일어섰다"라고 표현된 대목이다. 지체장애인이 '서는 순간' 그는 정상적 신체를 확보하게 된다. 따라서 'histēmi'(서다) 동사 사용이야말로 치유의 완성이 이뤄지는 가장 극적인 장면을 보여준다. 그 외 '걷다, 뛰다' 동사는 치유의 극적인 모습을 좀 더 '다양하게' 강조하는 구실을 할 뿐이다. 이 장애인이 베드로의 개입을 통해 '섰다'는 것은, 사도행전 3:2(지체장애인을 사람들이 '떠메고 왔다', … 성전 문 가까이에 '앉혀 놓았다')에서 제시했던 그의 '기립과 이동'의 '불능상태'를 완벽하게 뒤엎고 역전시킨다. '일어섰다'는 것은 그가 겪던 굴욕과 억압으로 점철된 삶의 피동성을 일거에 날려버리는 '움직임으로서의 외침'이요, 몸으로 이루는 '자유 선언'이다. 어쩌면 타인의 움직임에 자신의 몸을 의존해야만 했던 '죽음'과 같은 피동의 삶을 떨치고 '부활'의 일어섬을 과시하는 듯하다. 이런 이해가 지나치지 않은 이유는, 누가의 행전에서 예수의 부활은 'histēmi'(서다) 동사의 파생어로 묘사되고 있기 때문이다.(예. 행 2:24, 32, 4:10, 17:31) 예수가 죽음으로부터 '일어서게' 되었듯이, 지체장애인도 '일어섰다.' 예

(살아난 소녀가 '걷고, 먹음'), 막 10:42(치료 받은 맹인이 예수를 '따라감').

수의 경우엔 말 그대로 '죽음'으로부터의 '일어섬'이었다면, 장애인은 죽음 같은 정물(靜物)적 '이동 불능상태'로부터의 '일어섬'이었다. 그 '일어섬'이 예수에게 부활을 가리키듯, 장애인에게도 '일어섬'은 존재의 부활을 의미한다.

이처럼 다양한 동사들을 동원하여 치유 상황을 제시하는 이유는 명백하다. 이 같은 동작들, 활동들을 자세하게 묘사함으로 치유 기적의 확실성을 좀 더 또렷하고 생동감 있게 전달하려는 의도가 작용한 탓이다. 이런 동사들 하나하나에 장애인의 치유의 기쁨이 서려 있으리라는 짐작은 당연하다. 하지만 이 동작들이 오직 기쁨만을 표현하기 위해 서술되었다고 보기는 어려울 것이다. 이런 반복적 동사 사용과 묘사는 치유의 '사실(事實)성'을 강조하려는 저자의 본뜻과 능력이 나타난 것으로 이해된다. 물론 바레트 같은 이는 이런 묘사가 본래의 누가답지 않은 서투른 문장이라 평가한다.[34] 그래서 누가가 문체의 수정을 위해 손질을 가하지 않고 이 형태 그대로 남겨둔 이유가 분명치 않다고 한다. 그러나 이 같은 본문 묘사는 다소 문장의 어색함이 감지됨에도 불구하고, 누가가 치유의 확실성과 실제 그 사건이 발생했음을 과시하려는 의도가 담긴 사실성 확보와 증진을 위한 서술이라고 보는 것이 옳다.

특히 다리에 불편함이 있던 이 사람의 장애 특성상, 그 치유를 인상 깊게 만들려는 저자의 노력이 '걷다'(peripateō)라는 동사를 반복적으로 등장하게 했다는 점을 주목해야 한다. 이 치유 관련 구절(6-8절)에 모두 네 차례에 걸쳐 '걷다' 동사가 사용된다.(12절에도 한 차례 더 등장) 못 걷던 사람의 장애 치유를 증명하는 방법은 '걷는 상태'를 보여주는 것뿐인데, 그것을 '걷다' 동사의 반복으로 부각시킨 것이다. 그 점은 '뛰다' 동사가 두 차례 연달아 나타나고 있는 데서도 확인된다. 오히려 '걷다'보다 더 역

34 Charles K. Barrett, *A Critical and Exegetical Commentary on the Acts of the Apostles*, vol. I, 184.

동적 모습을 보여주는 '뛰다' 동사의 반복 등장은 치유 효과를 훨씬 인상적으로 심어주게 된다.

3) 치유 이후: 차별 무력화와 성전 진입

누가에 의하면 이 장애인은 치료가 된 뒤, '그들과 함께 성전으로 들어갔다.'(행 3:8) 여기 두 가지 간과하지 못할 언급이 있다.

1) 먼저, 그들과 '함께 갔다'는 표현을 주목해야 한다. 걷지 못하던 이전에는 누군가와 '함께' 걸어간다는 것은 물리적으로도 불가능하지만, 무엇보다 정결치 못한 사람으로 '사회적 배제와 차별'의 벽에 막혀 사람들과 대등한 상태의 '동행'은 이뤄질 수 없었다. 장애인들이 사회적, 종교적 소외자로서 차별을 겪는다는 주제는 누가에게서 흔히 발견되는 내용이다.(눅 7:22, 14:13, 21 등) 따라서 이런 '동행, 함께 감'은 차별의 경계를 극복하는 것이고, '비장애인(정상인)'들과의 통합과 동화를 시사하는 것이다. 소위 '정상인'이 된 이 사람에게 차별은 의미 없는 것이요, 경계는 존재하지 않는 흔적이 된다. 이를테면 치유가 '차별의 체계' 자체를 무력화시킨 형국인 것이다. 이 체계야말로 배제와 차별을 자기보존의 본령으로 삼았던 유대교의 다른 이름이었다.

2) 또 하나, 좀 더 중요한 것은, 장애인이 사람들과 함께 '성전으로 들어갔다'고 한 저자의 진술이다. 이미 이 표현 속에 성전 '밖에서' '안으로' 들어가는 움직임의 방향이 제시되지만, 실제로도 흠결 있는 자로 간주되던 장애인은 아마도 '성전 바깥'에 머물 수밖에 없는 공간이동의 제약이 존재했을 것이다.[35]

장애인의 성전 출입이 가능한가, 그 여부 문제에 관해 성서에 근거하

35 Ben Witherington III, *The Acts of the Apostles: A Socio-Rhetorical Commentary*, 173-174; John B. Polhill, *Acts: The New American Commentary*, 128; Gerd Lüdemann, *The Acts of the Apostles*(New York: Prometheus Books, 2005), 60.

여 확실한 해답을 찾기는 어렵다. 또 워낙 이 문제에 관한 주장들이 엇갈리기 때문에 합의된 견해를 도출하기도 쉽지 않다.[36] 그나마 흔히 인용되는, 지체장애인의 성전제사 참여 제한에 대해 말하고 있는 레위기 21:17-20은 사제인 '제사장'에 관한 언급이기 때문에 일반적 적용을 하기는 어렵다. 반대로, 장애인 성전 출입 '불가'가 아닌 '허용'의 뜻으로 읽힐 내용이 나타나기도 한다. 마태복음 21:14("청각장애인들과 지체장애인들이 성전 안에서 예수께 다가오니 예수께서 그들을 치료하여 주셨다.")에 의하면 장애인의 성전 출입이 허용되었다는 인상을 갖게 된다. 하지만 걸을 수 없고, 장애가 있어 제사에 결격을 갖는 신체장애인들이 성전 안의 제사의식에 쉽게 참여하지 못하였을 것이라는 이해는 자연스럽다.[37] 지체장애인의 성전제사 참여 제한에 관한 레위기 21:17-20의 언급이 단순히 제사장에만 국한된 것이 아니라 유대인 일반에 적용되었던 인식일 수 있다는 것이다. 장애인을 몸에 '결함'(레 21:18)이 있는 사람이라고 지칭했다면, 제사장 자격에만 그런 이해가 작용했을 리는 없다. 일반 유대인에게도 역시 그 '흠'은 성전 출입의 장애로 작용했을 것이다. 한편, 사무엘하 5:8("그 날에 다윗이 이르기를 누구든지 여부스 사람을 치거든 물 긷는 데로 올라가서 다윗의 마음에 미워하는 다리 저는 사람과 맹인을 치라 하였으므로 속담이 되어 이르기를 맹인과 다리 저는 사람은 '집'에 들어오지 못하리라 하더라"—개역개정판)의 '집에 들어오지 못하리라'는 말이 칠십인역에는 '주님의 집'으로

36 Mikeal C. Parsons, "The Character of the Lame Man in Acts 3-4," *Journal of Biblical Literature* 124(2005), 305.

37 이런 견해에 반대하는 이도 있지만[예. David G. Peterson, *The Acts of the Apostles* (Grand Rapids: Eerdmans, 2009), 168], 많은 학자들은 이에 동의한다. 위의 각주 35)에 언급된 이들 이외에도, Joachim Jeremias, *Jérusalem au temps de Jésus*, tr. par Jean Le Moyne(Paris: Cerf, 1976), 170(예레미야스는 *Mishnah Shabbat*, VI 8을 인용하며 이 견해를 주장); James D. G. Dunn, *The Acts of the Apostles*(Valley Forge: Trinity Press International, 1996), 39-40; Craig S. Keener, *Acts: An Exegetical Commentary: 3:1-14:28*, vol. 2, 1049-1050.

나타난다. 즉 '주님의'(kuriou)란 말이 '집'에 첨가되어 장애인의 성전 출입을 금하는 뜻으로 바뀌어 나타난다. 이 삽입이 기원전 2세기의 그리스화된 유대인의 입김이 작용하였거나 아니었거나의 논의[38]와는 별개로, 칠십인역은 장애인의 성전 출입에 관한 금지를 말하고 있는 셈이다.

장애인의 성전 출입이 허용되는 듯한 의미의 마태복음 21:14의 경우, 이 구절은 마가, 누가에 병행구가 없는 마태 고유의 기록에서 비롯된 것이다. 그렇다면 마태의 본문은 어쩌면, 마태가 칠십인역을 감안했고, 칠십인역의 사무엘하 5:8에서 다윗이 장애인을 성전으로부터 배제시킨 사실을 고려했다면, 비록 다윗이 그들을 '성전 밖으로' 내몰았지만 마태가 주장하는 진정한 '다윗의 아들'(마 21:15)인 예수는 그들을 '성전 안으로' 받아들인다는 신학적 동기가 작용하여 서술됐을 가능성을 배제하기 어렵다. 이를테면 마태의 의식적인 '장애인 수용' 기록일 수 있다는 것이다. 이것은 성전을 '강도의 소굴'로 만들어버린 제사물품 판매상과 구매자 등 상대적으로 여유 있는 '성전 안' 사람들을 '성전 밖으로' 내쫓고(마 21:12-13), 맹인, 장애인 등의 소외자들을 '성전 안에서' 치유하는 예수의 모습을 보여주려는 마태의 '역전(逆轉) 의도'와 맞아떨어지는 것이기도 하다. 이런 의도를 살리기 위해 마태는 이 장애인 치유기사를 예루살렘 진입 이전에 배치했던(막 11:15) 마가의 구조와 골격을 변화시킨다. 마가와 달리, 마태는 치유기사를 예루살렘 입성 이후, 성전 안에서 벌어진 것으로 재배치시키고 있는 것이다.

무엇보다, 만일 지체장애인의 성전 출입이 허용되었다면, 누가가 소개하는 장애인이 '성전 안에서' 구걸행위를 하지 않고, 성전 '문 곁에서' 구걸하였겠느냐는 질문을 제기하게 된다. 구걸을 효율적으로 수행하기 위해선 성전 안에 자리 잡는 것이 낫지 않았겠느냐는 뜻이다. 따라서 장애

38 Cf. Saul M. Olyan, "'Anyone Blind or Lame Shall Not Enter the House': On the Interpretation of Second Samuel 5:8b," *Catholic Biblical Quarterly* 60 (1998), 218-227.

인 성전 출입이 가능하지 않았기 때문에 그런 묘사가 나타났으리라는 것이다. 또한 이 같은 장애인 성전 출입에 관한 부정적 이해를 뒷받침하는 내용이 쿰란공동체의 기록에서도 발견된다. 쿰란 문서에 의하면, 지체, 시각 등의 장애인들은 공동식사에서도 배제[39]되었을 뿐만 아니라, 마지막 '의(義)의 아들들'의 전쟁에 참여하는 것도 배제[40]된 것으로 나타난다. 장애인에 대한 모멸과 멸시가 기원후 1세기 전후 시기에 일반화되었음을 시사한다.[41] 분명한 것은, 후기의 랍비들, 탈굼에 의하면 맹인, 지체장애인들이 성전에서 확실히 배제되었다는 것이다.[42]

이처럼 장애인 성전 출입의 가부(可否) 여부와 관련하여 여러 자료와 추측들이 다양하게 제시된다. 하지만 그런 찬반 논의에도 불구하고 이 문제에 관해 확실한 결론을 내리기는 어렵다. 문제를 결정적으로 확정지을 증거를 제시하기가 쉽지 않기 때문이다. 다만 장애인의 성전 출입이 허용되지 않았을 것이라는 추측이 더 신빙성이 있을 것 같다는 짐작을 하게 되는데, 이 추정을 전제로 논의를 진행할 수는 있다. 만약 그렇다면, 출입이 허가되지 않았던 장애인이, 성전 '바깥에서 안으로' '들어갔다'는 것은 매우 큰 상징과 의미가 담긴 표현이 된다. 이 '성전 진입'은 성전 안과 밖 사이에 존재하는 종교적, 사회적, 문화적 구별, 격리, 단절의 장벽과 경계를 건너뛴 상황을 지시한다. 성전 안팎의 차이는 가히 '두 다른 세계' 사이의 격리라고 할 만큼의 이질성을 시사한다. 그 이질성은 성전 바깥의 현상

---

39 1QSa 2:5–6.

40 1QM 7:4.

41 기원후 1세기 문헌인 제4에즈라 2:21에 '지체장애인을 놀리지 말라'라는 표현이 등장한다는 점 자체가 장애인에 대한 경멸이 일상화되었음을 시사한다. 그 외, 장애인들에 대한 부정적 편견들: 삼하 5:8, *Mishnah Shabbat* 6:8 등. 그렇지만 구약에는 농인(聾人), 맹인, 지체장애인 등을 정당하게 대우해야 한다는 구절 역시 적지 않다. 레 19:14, 신 27:18, 욥 29:15 등.

42 Craig S. Keener, *Acts: An Exegetical Commentary: 3:1–14:28*, vol. 2, 1050, n. 72에 이런 문헌들 소개됨.

을 성전 안쪽의 가치로 인정치 않는 일방적 경멸에 기초한다. 배제와 차별의 강고함이 소통의 문을 가로막음으로, 문 안과 바깥 사이의 이질성을 강화시키고 서로를 소외시키는 상황, 그래서 '경계성'의 상승만을 낳게 되는 그 상황을, '치유'가 극복한 것이다. 그런데 그 치유의 본질은 '예수 이름'을 통해서라는 것이다. 성전 문의 '닫힌' 상태를 '열린' 상태로 변화시킨 열쇠는 결국 '예수 이름을 통한 장애 치유'였음이 드러난다.

요컨대 '예수 이름'은 장애로 찍혀진 '낙인'으로서의 각종 제약, 장벽들을 근본적으로 극복하게 함으로 이 장애자를 다른 차원의 삶 속으로 '들어가도록' 만든 것이다. 그 삶은 장애인을 억압했던 모든 굴레로부터의 자유를 의미한다. 그래서 예수는 차별과 배제의 '제도', 넘기 어려운 '경계선'을 폐기시키고 온갖 억압으로부터 근본적 '해방'을 이루신 분이라는 메시지를 던져주고 있는 것이다. 치유는 육체의 온전함 회복도 의미하지만, 결정적으로는 종교적 관점에서의 '흠'(레 21:18)이나 '부정함, 또는 죄'(Cf. 요 5:14, 9:2)로부터의 벗어남도 의미할 것이기 때문이다. 따라서 이 치유가 예수로 인한 유대인들을 포함하여 앞으로 기독교인들이 만나게 될 모든 사람의 치유와 회복을 상징한다고 이해해도 큰 무리는 없을 것이다.

성전으로 들어가며 그들은 '하나님을 찬양하였다'고 한다. 이를테면 장애인 치료의 최종 완성은 '하나님 찬양'을 통한 하나님과의 '관계 회복', 즉 종교적 차원의 치유와 정상화로 달성되었음을 보여준다. 다시 말해, 이 걸인에게 '몸의 회복과 치유'만이 발생한 것이 아니라, 그의 유대인 예배자로서의 '종교적 자격'이 회복되어 온전케 되었음을 그의 '찬양'이 보여준다. 이런 측면을 강조하기라도 하듯, '찬양하다'라는 동사는 8절에 이어 9절에서 다시 한 번 더 등장한다. 바로 이런 '하나님과의 관계 회복'이라는 측면에서 본문의 장애인 치료 사건이 이스라엘 민족의 운명을 상징하는 사건으로 볼 수 있다는 주장[43]에 일리가 있다. 이를테면 예수의 이름을

43 이런 상징성은 이 장애인의 나이(40여 세)가 이스라엘 민족의 가나안 입성 이전

통해 장애인이 치료받고, 성전 출입이 가능해짐으로 하나님 예배와 그분과의 정상적 관계를 도모할 수 있게 됐듯이, 이스라엘 민족도 예수 이름을 통해 하나님과의 정상적 관계를 회복할 수 있는 가능성을 시사하는, 일종의 상징의 기능을 이 사건묘사가 할 수 있다는 뜻이다.

4) 치유 확인

치유가 모두 완료되고 장애인의 치료 사실이 확인된 후의 주변 반응을 누가는 다음과 같이 전한다.

> 9절모든 백성들이 그가 걷는 것과 하나님을 찬양함을 보고, 10절또한 그가 '아름다운 문' 가까이에 앉아 자선을 요청하던 사람인 줄 알아보고, 그에게 일어난 일로 기이하게 여기며 놀라워했다.(행 3:9-10)

놀라운 기적이 연출되고, 경이로운 사건이 벌어졌음에도 이를 바탕으로 확대된 어떤 교훈도 제시되지 않는다. 또한 이 사건을 빌미로 저자가 개입하여 해석과 첨언을 덧붙이거나, 백성들이 누가의 이야기 와중에 뛰어들어 그 기적에 관해, 베드로에 관해 칭송하는 자세한 언급도 하지 않는다. 오직 사람들이 '기이히 여기며 놀라워했다'는 진술만 남길 뿐이다. 다만 이 치유 기적의 본질과 성격에 관한 누가의 해명은 베드로의 입을 통해 추후 사도행전 4:9-10에 제시될 것이다. 거기서 유대 지도자들 앞에 끌려온 베드로는, 이 기적을 '병자에게 행한 착한 일'(9절)이라고 규정한다. 또 그가 '누구의 힘으로' 낫게 되었느냐는 문제에 관해서, 베드로는 '나사렛 예수 그리스도의 이름'을 힘입어 나았다(10절)고 언명하며 이 기적에 관한 일종의 '해석'을 제시한다. 그러한 베드로의 입을 통한 저자의

방황기간과 흡사하다는 점에서도 드러난다. Simon Butticaz, "Actes 3, 1-26: Le relèvement de l'infirme comme paradigme de la restauration d'Israël," 180-181.

해석과 더불어, 이 기적은 다른 차원의 해석 여지를 제공하는 측면이 있다. 사람들이 '기이히 여긴' 이 기적은 기적 자체로도 '놀라워할' 만한 일이었지만, 그것이 담고 있는 의미가 '놀라워할' 수밖에 없는 차원을 갖는다는 뜻이다.

사실 이 지체장애인이 겪은 40여 년 동안의 상황은 단순히 육체적 장애에 국한되지 않는다. 그의 육체적 장애는 경제적, 사회적, 종교적 장애로 확장되며, 그것은 '극한(極限)의 고통들'로밖에는 달리 요약될 수 없었다. 그런 것들이 실존의 전 영역에서 이 사람을 '경계인'의 삶을 살도록 강요한 원인이었다. 그의 삶은 '떠메어, 앉혀 있을 수밖에 없는'(2절) 피동(被動)성과 의존성, '그들과 함께'(8절) 하기 어려운 고립감, '성전으로 들어갈'(8절) 수 없음이 상징하는 생애 전 영역에서의 배제의식, '구걸'(2, 10절)의 선택밖에 다른 길이 없었던 절대 빈곤, 무엇보다도 '모태로부터의 지체장애'(2절)로 인한 육체의 감옥, 그리고 이 모두를 통한 속박과 절망적 무출구(無出口)성 등으로 수식된다. 그런데 당시의 유대사회의 문화와 종교의 '정결구조' 아래서, 이 장애인에게 부하된 억압과 '출구 없음'의 극한성은 곧 물질적, 육체적, 사회적, 종교적 불결과 부정(不淨)과 같은 뜻을 의미하고, 그것은 달리 말해 전인격적 '추(醜)함'을 뜻한다. 그 '추함'이 '아름다운 문'(10절) 곁에서 치유 기적을 통해 '아름다움'(2절의 그리스 원전에는 10절과 달리 '문'[門] 표현이 없고, '아름다움'으로만 되어 있음을 주목)으로 변화된 것이다. 마치 '미추'(美醜)가 상징적으로 대조되는 듯하다. 그렇게 지체장애인의 상황과 현존이 근본적으로 변화되고, 역전되는 국면을 맞게 된다. 이것은 치유가 불러온 장애인 삶의 본질적 변혁이요, 존재의 완벽한 '뒤바뀜'이다.

결국 이 치유 기적은 오순절 '교회 정초(定礎)'의 사건 이후를 기록하는 저자의 서술 전개에서 매우 인상적인 그림을 그리며 한 단락을 정리한다. 오순절 사건이 베드로의 설교를 낳게 되고, 그에 이어지는 '유무상통'이라는 교인 삶의 '유물(唯物)적' 일면을 인상적 필치로 누가는 보여줬다.

그런 저자가, 예수의 행적들 중 가장 눈에 띄는 '기적 일꾼'의 면모를 계승하는 사도인 베드로의 한 측면을 부각시키며, 초기 기독교인들의 삶을 좇는 역사적 궤적 탐색을 계속해 나가게 된다. 그리하여 이 장애인 치유 기적 이야기는 이후 사도행전 4:22까지 이르도록 지속적으로, 긴밀하게, 반복적으로(행 3:12, 16, 4:7, 9, 10, 14, 16) 언급되면서, 이야기를 이끌어 가는 실마리요 동력 구실을 하게 된다. 이를테면 이 치유 기적은 이미 언급했듯, 사도행전 3:1-4:22의 긴 내용을 성립시키게 만든 기초 사건이 된다.

III. 결어

저자는 자신이 쓴 누가-행전 전체의 글 가운데서, 지체장애인 치료에 관한 사례를 세 인물들을 통해 차례로 소개한다. 예수의 두 경우(눅 5:17-26,[44] 7:22), 여기 본문 베드로의 경우, 그리고 바울의 경우(행 14:8-18)에 각기 등장한다. 예수의 활동과 사도들의 활동 사이에 병행적 유사성이 있다는 것은 새삼스러운 지적이 아니다.[45] 예를 들어, 예수와 사도들 공히 선교 활동들을 기도로 시작하고, 이들 모두가 성령 강림을 경험하며 활동을 계속한다. 예수와 사도들 모두 사죄 선언, 각종 치유 기적을 베풀며, 첫 치료행위가 빌미가 되어 유대 종교지도자들의 저항과 반대에 부딪히는 경험을 갖는 것도 유사하다. 이런 유사성들은 결국, '이들'도 '그분'이 하신 일을 행할 수 있었으며, 따라서 '그분'의 과업을 사도들과 바울이 이어가

44 이 본문은 그리스어 원어에 의하면 '마비된 자'(마비증 환자: paralelumenos, 이 말을 한글 성경들은 모두 '중풍병자'로 번역함)의 치유를 소개하는데, 이 '마비증 환자'는 당연히 지체에 장애를 갖는 장애인이다.

45 Charles H. Talbert, *Literary Patterns, Theological Themes, and the Genre of Luke-Acts*(Missoula: Scholars Press, 1974), 16.

고 있다는 점을 강조한다. 곧 예수와 사도들 사이에 '활동의 연속성'이 존재하고 있음을 뚜렷이 부각시키는 역할을 한다. 그렇기 때문에 이런 연속성의 관점에서 예수, 베드로가 모두 '걷지 못하는' 지체장애인을 치료했다는 점이 더욱 주목받게 된다.

1. 베드로의 지체장애인 치료의 의미

누가는 사도행전 2장에서 오순절 사건에 관한 묘사를 한 후, 이어서 베드로가 행한 오순절 설교를 전해준다. 그리고는 초기 기독교인의 삶에 관한 요약적 진술, 특히 물질의 공유를 통한 공동체 연합의 상황을 보고한다. 그 요약 내용에서 '사도들을 통해 놀라운 이적과 표징들이 많이 일어났다'는 언급을 하는데, 이 말을 좀 더 상세히 예를 들어 설명하듯 기적의 한 사례를 열거한다. 그것이 바로 '구걸하는 어떤 장애인'의 치료에 관한 이야기다. 그런데 저자는 기적의 예를 들면서 하필이면 '지체장애인'의 치료를 거론한다. 사도행전에서 소개하는 사도들의 '첫 기적' 사례로 '걷지 못하는' 지체장애인의 치료 모습을 소개한 것이다. 이것은 치료 자체도 경이롭고 놀라움을 안기는 것이라 주목받아야 하겠지만, 치료를 소개하는 누가의 서술이 갖는 함축된 다음의 여러 의미로 인해 더욱 관심을 끈다.

1) 못 걷던 장애인의 '새 길, 걸음'

첫 번째 기적으로 등장하는 사람은 '걷지 못하고 움직일 수 없던' 사람이다. '못 걷던' 사람이 일어나 '걸어서' 성전 '안으로' 들어갔다. 성전 안으로 들어간 사람은, '못 걷던' 장애인인데, 이 사람이 치유를 받고 온전한 상태로 성전 안으로 '걸어' 들어갔다는 점을 '걷다'라는 동사에 주목하여 새길 필요가 있다. 여기에는 두말할 필요 없이 '걸음'이 갖는 어떤 상징이 내재되어 있음을 간파할 수 있다. '걷다'는 말을 강조하는 것은 누가가 사도행전에서 기독교를 가리켜 '길'(道)이라 되풀이 언명하는 점과 긴밀한 관련이 있다.[46] 저자는 기독교의 진리와 가르침, 기독교적 삶의 방식, 또는 교회의 진실을 포괄적으로 일컬을 때 '길'(道, hodos)이란 용어를 채택하여 사용한다. 그 같은 사례를 사도행전 여러 곳에서 보여준다.(행 9:2, 18:25, 26, 19:9, 23, 22:4, 24:14, 22)[47] 이와 같이 인간이 지상의 삶을 살아가는 방식을 '길'로 규정하고, 사람이 세계 내 상황 속에서 건사해야 할 삶의 전개를 '길'로 묘사한다는 것은 특별한 인식일 리는 없다. 고금(古今)의 현자들에게 흔히 발견되는 인간 현상에 관한 한 통찰에 불과할 수 있기 때문이다. 인간이 '길' 위에 선 존재로서, 삶의 도리인 '길'을 따라, 인생 '길'의 나그네로 살아간다는 이해가 굳이 독특할 바 없다는 말이다.[48] 오히려 이것은 삶의 어떤 국면에 관한 진부한 파악에 불과할 뿐이다. 그렇지만 누가-행전의 저자가 그러한 일반적 삶의 방식과 지혜로서 기독교를 '길'로 규정한 것이 아니라고 할 경우, 이 용법의 독특성은 다시 음미할 이유가 있다. 가령 누가가, 사람들 앞에 펼쳐진 수많은 삶의 '길들' 중에서, 어느 하나를 여기 '또 다른 길'이란 미명 아래 얹어 놓는다면, 그것은 어쭙잖은 지혜 하나를 덧붙인 서툰 선택이 될 것이다.

그러나 저자가 '기존의 길들'과 전혀 다른 파천황(破天荒)적 새로움이 그의 '길' 가운데 놓인 것으로 이해했다면 얘기는 달라진다. "기독교와 예수의 진실이 실린 이 '길'이란 말 속에 세계를 사는 인간이 이제 새로 발을 디뎌야 할 유일무이(唯一無二)한 선택, 곧 '참되고 바른 오직 한 길'이란 의미 부여를 하고 있다면, 그것은 누가가 인간(이) … '살고 걸어야 할 그 하나의 절대적 길'이란 특수를 극한으로 심화시킨 기독교 소개를 보여주고

---

46 Cf. Dennis Hamm, "Acts 3, 1-10: The Healing of the Temple Beggar as Lucan Theology," 305.

47 누가의 이런 '길'과 관련된 사유와 인식이 어디서 비롯되었는지를 명백히 밝히기는 어렵다. 어쩌면 사 40:3에 메시아적 '길' 호칭을 처음 썼던 데서 유래했을 수 있지만, 그 외의 다른 기원과 영향 관계를 짐작하기는 쉽지 않다.

48 이 부분, 유상현, 『바울의 제3차 선교여행』(서울: 대한기독교서회, 2011), 98.

있는 셈이 된다. … 이를테면 저자는 인간 앞에 놓인 '한 길', 이제 밟고 지나야 할 '새 길'로서의 기독교를 열어젖히고 있다는 뜻이다."[49] 누가가 파악한 것은 바로 그런 '길'로서의 '새 삶'이요, '새 방법'이다.

저자가 품고 있는 '길'에 관한 이해가 위와 같다고 전제한다면,[50] 그가 왜 베드로라는, 새로운 기독교 운동에 처음 등장하는 지도자가 이룬 기적이 '걷지 못하는' 지체장애인의 치료로 시작되게 했는지를 쉽게 알게 된다. 그것은 이제 새롭게 펼쳐진 세상의 길, 삶의 길, 또는 구원의 길을, 걷지 못했던 장애인이 거침없이 걸어 나갔듯이 모든 사람이 떨치고 일어나 '걸어' 나가야 된다는 의미를 담아, 이 기적을 처음 소개하고 있다는 뜻이다. '새 길'을 걸어가는 지체장애인의 발걸음에, '기독교의 새 길'을 걸어가는 신자들의 발걸음이 겹쳐지도록 배려한 것이다.

2) 신체장애 인식에 관한 시대통념 배격

먼저, 장애인에게 행했던 베드로의 행동들을 주의 깊게 살필 필요가 있다. 베드로는 성전 문 곁에서 구걸하던 장애인 앞을 지나다가, 그를 주목하여 바라본다. 장애인이 그에게 '자선을 요청한 것'은 그의 일상적 구걸행위의 하나였다. 그가 이 사람을 별 생각 없이 스쳐 지나갈 수도 있었다. 그런데도 베드로는 이 걸인 앞을 지나다 서서, 그를 '눈여겨 바라본다.' 그리고는 장애인을 향해 '우리를 보시오'라는 말을 건넨다. 이것 역시 장애인 앞을 지나갔던 여타 수많은 사람의 일반적 행동과는 '다른' 베드로

---

49 유상현, 『바울의 제3차 선교여행』(서울: 대한기독교서회, 2011), 98.

50 사도행전의 '길' 용법에는 새로운 '신앙의 길'과 더불어, '삶의 방식', '행동 양식', '사유의 방식' 등 인간 생존의 선택과 방법을 뜻한다는 포괄적 이해가 얼마든지 가능하다. Cf. S. Lyonnet, "La 'Voie' dans les Actes des Apôtres," *Revue des sciences religieuses* 69(1981), 152–153, 160–161; J. Pathrapankal, "Christianity as a 'Way' according to the Acts of the Apostles," in *Les Actes des Apôtres*, éd. par J. Kremer(Gembloux: Duculot et Leuven Univ. Press, 1979), 533–539.

의 행동, 곧 굳이 하지 않아도 될 그의 '주도적' 행위다. 그런 다음 나사렛 예수 그리스도의 이름으로 '걸으시오'라고 말하면서 그의 '오른손을 잡아 일으켰다'는 것이다.

이런 일련의 베드로 행동들은 모두가 의미심장한 것들이다. 이를테면, 이것들은 신체장애와 몸의 이상이 있는 사람들을 배척하고 소외시켰던 당시의 일반적 관습을 무작정 따르거나 받아들이지 않는 모습들을 알려준다. 이 광경은 누가의 글 여러 곳에서 드러난 비슷한 사례들이 보여주듯, '신체 관련' 약자에 대한 저자의 기본인식이 다시 나타난 것이다. 예컨대, 누가복음 13:11-13(18년 '허리 굽은' 여인 치료), 누가복음 18:35-43('맹인' 치료), 누가복음 19:2-9('키 작은' 삭개오와의 대화), 사도행전 3-4장(에티오피아 '내시' 등장) 등[51]에서 그 관심을 발견할 수 있다.

베드로의 행위들은 '신체 이상'이란 이유로 인간에 대한 부정적 편견을 갖는 그 시대 '사회적 통념'을 배격한 것이다. 즉, 신체장애 인식에 관한 고정관념을 거부한다는 뜻이다. 누가는, 파슨스가 지적했듯이, '육체의 겉모습과 내면, 곧 정신적 측면'을 직접적으로 연결시키려는 고대의 인식을 거부하는 것이요, 그런 이해의 범주를 전복시키려 한다.[52] 즉 신체의 '장애'는 인간 영혼의 약함과 부정을 의미한다는, 고대인이 가졌던 '겉과 속'의 직접적 상관성 추정을 거부하는 모습을 보여준다. 이것은 장애인에 대한 고정관념을 배격하는 것이요, '몸'의 정상성에 관한 규범의식을 거부

51 눅 7:22의 맹인, 지체장애인, 한센병자, 농아자(聾啞者) 치료에 관한 예수의 언급도 참고.

52 Mikeal C. Parsons, "The Character of the Lame Man in Acts 3-4," *Journal of Biblical Literature* 124(2005), 296-297, 299-300. 파슨스에 의하면 고대의 인상학(人相學, physiognomy)은 인간의 얼굴, 몸짓 등 겉모습의 양태를 통해 인간 내면의 상황을 유추, 판단할 수 있다고 한다. 곧 인간 육체의 외형과 내적 본질이 직접적 관련이 있다는 것이다. 또 인간의 겉모습 묘사가 인물의 성격 규정의 한 측면이었음을 제시하면서, 누가는 이러한 인상학적 범주를 사용하여 인물 묘사를 하지만 그 범주를 뒤집어엎는 방식으로 이를 극복한다고 본다.

하는 것이 된다. 물론 장애에 관한 고정관념을 완전히 극복하는 것은 장애인의 장애 그대로를 인정하고, 장애에 의해 그 인격과 품성을 평가하지 않는 상태, 즉 장애가 '장애적 의미'로 인식되지 않는 완전하고 철저한 '장애 인식'의 격변을 뜻해야 할 것이다. 하지만 고대인의 인식 속에서 장애의 본질에 관한 가치론적 해석의 '현대적' 변환을 기대하긴 어렵다. 그것은 중세와 문예부흥, 근대를 거쳐 오늘에 이르기까지 오랜 기간 달성된, 이성, 합리, 인간 본질에 관한 완만한 이해의 변화를 전제해야 되기 때문이다. 그렇기 때문에 고대 세계 속의 저자는, 사도행전 3:16에서 이 장애인의 치유를 '육체적 완전함'(holoklēria, 완전한 건강, perfect soundness)을 얻게 된 것으로 이해한다. 이 정도, 곧 장애인의 장애를 '치유'함으로 온전한 자로 만들었다는 정도의 '장애 극복'의 인식 범주도 놀라운 일임을 기억할 필요가 있다. '장애'가 장애가 아닐뿐더러, 그것을 장애로 인식하는 그 인식이 장애라는 각성, 그 '각성 이전'의 세계관에서, 누가의 이해는 이미 대단한 것이다.

이 같은 신체적 '장애'에 얽힌 인식과 고정관념의 타파는 좀 더 큰 범주의 '배제자 포용'의 관점에서 파악될 수 있다. 이것은, 저자가 누가-행전 전체에서 일관되게 관심을 가졌던 소외자, 방외(方外)인, 곧 기성 제도와 체제, 관념과 편견에 의해 기존 사회로부터 축출되었던 '사회-문화-종교적 추방자'들에 관한 포용의 맥락에서 이해된다. 누가가 보고하는 각종 병자들 치료 사례들, 죄인인 여자(눅 7:36-50), 세리 삭개오(눅 19:1-10), 에티오피아 내시(행 8:26-40) 등에 관한 긍정적 언급들이 모두 '추방자 포용', 즉 보편적 관용의 메시지를 담고 있다. 베드로의 장애인 치료는 이런 모든 차별과 추방의 경계선 철폐를 상징하는 뚜렷한 몸짓이다.

2. 성전 '안과 밖' 구분 거부

'성전으로 들어갔다'는 말은 매우 상징적 메시지를 담는다. 이미 위에서의 논의에서도 지적되었듯이, 이 묘사는 문자 그대로 성전 '바깥에서 안으로의' 공간적 이동이 포함됨은 물론이요, '수동성에서 능동성으로', 그리고 사회적 '배제에서 포용으로', 종교적 '거부에서 수용으로'의 제반 '이동'이라는 상징성이 거의 분명히 드러나고 있다.

성전 출입이 허가되지 않았던 장애인이, 성전 '바깥에서 안으로' '들어갔다'는 이 '성전 진입'은, 성전 '안팎' 사이에 존재하는 종교/사회/문화적 차별과 단절의 장벽, 경계를 넘어섬을 의미한다. 성전은 일반적으로, '1) 신성한 존재의 거처, 2) 인간과 신이 만나는 장소, 3) 범접할 수 없는 거룩한 영역으로 성스런 공간'[53]을 뜻하는 것으로 이해된다. 이런 범종교적 '신전' 개념이 예루살렘의 '성전'에도 적용된다. 그렇다면 그것은 본질적으로 인간이 '배제'되는 장소인데다, 유대교 정결의 가치관이 적용되면서 부정한 자, 죄인들이 접근할 수 없는 구조적 '배제의 체계'를 이루게 되며, 그 같은 상황은 배제의 심화를 본래적으로 이룰 수밖에 없는 체제를 마련하게 된다.

이처럼 배제와 차별이 심화되고, 성전 안과 바깥 사이의 이질성이 강화되며, 정결의 구조 속에서 더 정결한 자와 덜 정결한 자가 서로를 상승적으로 소외시키는 상황을, '치유'가 극복한 것이다. 그 치유는 '예수 이름'을 통해서 이뤄진다. 따라서 성전의 '닫히고 막힌 문(門)'의 상태를 '열린' 상태로 변화시킨 열쇠는 '예수 이름'이요, 그를 통한 치유인 것이다. '예수 이름'은 장애로 찍혀진 '낙인'으로서의 각종 제약, 장벽들을 근본적으로 극복하게 함으로 이 장애자를 다른 차원의 삶 속에 '들어가도록' 만든다. 그 삶은 장애인을 억압했던 모든 굴레로부터의 자유를 의미한다. 예수의 이름을 통해 장애인이 치료받고, 성전 출입이 가능해짐으로 하나님

53 엘리아데에 의해 나뉜 범주. David M. Knipe, "The Temple in Image and Reality," in *Temple in Society*, ed. by M. Fox(Winota Lake, Ind.: Eisenbrauns, 1988), 107–112. Daniel Marguerat, *Paul in Acts and Paul in His Letters*(Tübingen: Mohr Siebeck, 2013), 109에서 중인.

을 찬양하고(본문 9절) 예배하며 그분과의 정상적 관계를 도모할 수 있게 됐듯이, 이스라엘 민족도 예수 이름을 통해 하나님과의 정상적 관계를 회복할 수 있는 가능성이 시사되는, 일종의 상징 기능을 이 장애인 치유, 성전 진입 묘사가 수행하고 있다.

이처럼 여러 뜻이 담긴 지체장애인 치료의 이야기 속에는, 위에 지적된 것들 이외에도, 구걸로 대변되는 '타자 의존'의 존재 성격이, 스스로 걷게 되는 '자기 독립'으로 변화되는 측면도 발견된다.[54] 이것은 자발적 '자기운동'의 자유, 능동적 '자기실현'의 자유, 통념과 편견으로부터의 '자기인식'의 자유 등, 제반 '자유세계'로 그가 진입하게 될 것임을 뜻한다. 그리고 그것은 '몸의 자유'를 확인하는 것이요, 또한 그것은 '영혼의 자유'를 향한 첫걸음이 된다. 이는 '몸의 움직임은 영혼의 목소리요'[55] 몸의 자유는 영혼의 자유를 수반하고 반영하기 때문이기도 하지만, 무엇보다도, 그가 이제 복음 선포자인 베드로의 해방과 자유의 메시지에 공감하게 될 것이라는 기대를, 늠름히 들어가는 그의 성전 안으로의 진입 장면 묘사가 불러일으키기 때문이다.

---

54 그러나 그의 '독립'은 경제적 자립의 형태로까지 나아가긴 힘들었을 것이다. 40년간 장애인으로 구걸하며 살던 사람이 그 나이에 경제활동을 재개하여 물질적 독립을 구가하리라 상상하기는 어렵기 때문이다. 행 2:43-47에 기록된 '유무상통'의 공동체적 상황을 전제로 한다면, 이후 그는 아마도 신자들의 지원과 보호에 의존하며 살게 되리라는 짐작을 할 수 있다.

55 "몸의 움직임은, 일종의, 영혼의 목소리다."(The movement of the body is a sort of voice of the soul) Ambrose, *On the Duties of the Clergy*(*De Officiis*) 1:71. Chad Hartsock, *Sight and Blindness in Luke-Acts*(Leiden: Brill, 2008), 136에서 중인.

제6장

베드로의 솔로몬 행각 설교와 그 결과

(행 3:11-4:4)

I. 서언

앞 장에서 연구된 대로, 오순절 사건 이후 베드로와 요한이 성전 문 곁에서 구걸하던 지체장애인을 치유한 사건은 사도행전 3:1-10에 서술된 바 있다. 이 장(章)에서는 그 치유 이후 베드로가 이스라엘 백성들을 상대로 행한 설교(행 3:11-26)와 그 반향(행 4:1-4)에 관한 탐구를 하게 될 것이다. 이 설교는 이전 치유사건 시점(오후 3시, 행 3:1)에 바로 이어져 이뤄진 것으로 이해되고, 뒤이어 계속되는 사도행전 4:1-22의 베드로 일행 체포사건 역시 이날부터 그 다음날까지, 모두 이틀 사이에 발생된 일들을 담고 있다. 베드로의 설교는 장애인 치유에 관한 해명을 위해 시작되지만, 그 내용은 유대인들의 변화와 회개를 촉구하는 것(행 3:19, 26)을 핵심으로 삼고 있다. 이 설교 역시 베드로가 초기 기독교의 대표격 지도자로 확고한 위상을 지녔음을 분명히 드러낸다.

II. 베드로의 솔로몬 행각 설교

1. 베드로 설교의 무대(행 3:11)

1) 상황과 장소

베드로와 요한이 지체장애인을 치료(행 3:1-10)한 다음에 벌어진 설교의 상황은 누가의 다음과 같은 묘사를 시작으로 펼쳐진다.

> 그 사람이 베드로와 요한을 붙들고 있는데 모든 백성이 크게 놀라며 솔로몬 행각[1]이라 불리는 곳에 있는 그들에게로 달려왔다.(행 3:11)

누가는 치유된 장애인이 '베드로와 요한을 붙들고' 있었다고 한다.[2] 치유의 놀라움과 두 사람에 대한 감사와 경의를 '붙잡다'는 동사에 담아, 그들에 관한 집착을 드러낸 것은 분명하다. 게다가 이 동사를 통해 은유적으로는, 베드로와 요한에 관한 장애인만의 관심이 아니라, 이야기 전개에서 서사적 관심을 두 사람에게 모으게 하는 역할도 기대하게 된다.[3] 또한 사람들이 '그들에게로 달려왔다'는 표현 역시 두 사람에게 이야기의 관심을 모으게 하는 효과적인 언급이다. 사람들의 관심과 눈길을 모으는 것은

1 'stoa'(portico)를 일반적으로는 '주랑'(柱廊)으로 번역하는 듯하다. 하지만 개역성경에서 이 말을 '행각'(行閣)으로 옮겨, 이에 대체로 익숙해 있기 때문에 여기서도 그렇게 새긴다.

2 개역개정판과 가톨릭 200주년 성서는 'kratountos' 동사를 '붙들고 있다'라는 표현으로 직역하며, 새번역은 베드로와 요한 곁에 '머물다'는 뜻으로 옮긴다. 그러나 치료받은 장애인이 치료해준 베드로와 요한에 대한 경의와 관심을 가졌으리라 고려한다면 그들에 대한 집착을 표현하는 뜻으로 '붙들다'라는 의미로 새기는 것이 더 나을 듯하다.

3 Daniel Marguerat, *Les Actes des apôtres(1-12)*(Genève: Labor et Fides, 2007), 127.

서술의 집중력을 높이려는 의도이고, 그것은 자연스레 기적이 벌어진 연유에 대한 베드로의 설명으로 이어질 수 있게 한다. 즉, 기적이 사람들의 관심을 끌고 그에 관한 해명을 필요로 했으며, 그 필요에 따라 베드로의 설교가 제시되게 했다는 것이다.

이렇게 사람들이 모이고, 베드로는 해명을 하며, 모든 이의 관심, 나아가 읽는 이들의 관심도 베드로의 설교에 집중된다. 그렇게 하여 베드로 일행 모두가 성전에 가서 행하려던 목적, 곧 '기도하기 위해 가려던'(행 3:1) 원래 목적은 종적 없이 사라진다. 기도하기 위해 성전 간다던 목표는 달성될 수 없게 되며(행 3:2–10), 마치 사람들은 베드로의 설교를 듣기 위해 성전에 가려한 듯한 결과를 낳는다. 어쩌면 '치유가 기도를 방해'한 것이 되는데, 그렇게 보면 제자들의 '선교적 실천'이 '종교적 영성 생활'에 우선했다는 것이고, 이를 짐짓 일반화시켜 말한다면 '실천이 경건에 우선함'을 보이는 셈이 된다. 이것은 제자들에게만 해당되는 것이 아니고, 11절의 '모든 사람들' 역시 마찬가지다. 이들도 기도하러 온 목적을 제쳐두고 베드로의 설교를 들은 것으로 제시되기 때문이다.(12절)

이 설교에 관한 논의에 앞서 우선 관심을 끄는 것은 그것이 이뤄졌던 장소에 관한 문제다. '솔로몬 행각'은 기둥들만 있고 벽이 없는 기다란 야외 복도(柱廊)로서, 헤롯 이전의 구조물인 솔로몬 성전(Cf. 행 7:47)의 동쪽편에 위치하여 기드론 골짜기를 내려다볼 수 있는 곳에 있었다.[4] 요세푸스(*Jewish War* 5.184–185)에 의하면, 성전 동편 주랑의 석공상태가 헤롯 이전, 곧 솔로몬 시대로 소급된다고 당시 사람들이 이해했다는 것이다. 여

4 Josephus, *Antiquities* 20.221, *Jewish War* 5.185. Martin Hengel, "The Geography of Palestine in Acts," in *The Book of Acts in Its Palestinian Setting*, ed. by Richard Bauckham, vol. 4 of *The Book of Acts in Its First Century Setting*, ed. by Bruce W. Winter(Grand Rapids: Eerdmans, 1995), 37; Joseph A. Fitzmyer, *The Acts of the Apostles: A New Translation with Introduction and Commentary*(New York: Doubleday, 1998), 279.

기서 먼저 고려해야 할 것이, '솔로몬 행각'을 둘러싼 누가의 서술이 실제 행각의 위치와 관련하여 정확하지 않다는 지적이다. 사도행전의 본문(행 3:8, 12)에 따르면 치유 받은 장애인과 베드로 일행은 '성전 안으로 들어간 상태'에서 바깥으로 나오지 않은 것으로 제시된다.[5] 누가에 의하면 본문 11절 이하의 사건은 '성전 안'에서 벌어진 일로 이해되어야 한다는 것이다. 그런데 실제의 '솔로몬 행각'은 이방인의 뜰 동쪽 편에 위치해 있었다. 요세푸스의 글들에는 그것을 성전 '바깥에' 위치한 '그리스인들을 위한 행각'이라 소개됐다는 것이다. 그렇다면 여기에 묘사의 부정확성이 발견되지 않느냐는 것이다.

이런 난점은 사실 누가가 베드로 일행이 성전에 들어갔다가, '다시 나왔다'는 언급을 누락시켰다고 이해하면 별 문제가 되지 않는다.[6] 그렇게 보면 미문(美門) '바깥'에 위치한 (즉, 이방인의 뜰에 위치한) '솔로몬 행각'에서 베드로가 설교한 것으로 간단히 이해된다. 그런 누락이 누가의 예루살렘 지리정보에 대한 미흡에 기인하든, 실수에 의한, 또는 의도적인 생략이든, 분명한 것은 유대전쟁(기원후 66–70년)으로 인한 예루살렘 파괴 이전에 그곳을 방문하여 지리를 익히지 않는 한, 80년대 중반의 사도행전 기록 당시 예루살렘 성전 공간에 관한 정통한 정보를 먼 곳 타지(어쩌면 에베소 주변)에 거주하던 저자가 완벽히 갖추고 있기는 어려울 것이다. 만일 이것이 실수나 고의, 또는 정보 부족으로 인한 누락이 아니라면, 달리 이해할 여지도 있다. 이를테면, 여기 언급된 '성전'의 의미가 좁은 의미의

5 베자 사본에 의하면, "그런데, 베드로와 요한이 떠나는데 그(치유된 장애인)도 그들을 붙들고 그들과 함께 떠났다"라고 표현한다. 즉, 모두가 일단 성전을 나오는 것으로 표현하여 아예 위와 같은 난점의 여지를 없앤 것이다. Cf. 브루스 M. 메츠거, 『신약 그리스어 본문 주석』 제2판, 장동수 역(서울: 대한성서공회 성경원문연구소, 2005), 259–260.

6 Kirsopp Lake, "Localities in and Near Jerusalem Mentioned in Acts: 6. The Beautiful Gate," in *The Beginnings of Christianity: Part I*, ed. by F. J. Foakes Jackson & K. Lake, vol. V(London: Macmillan and Co., 1933), 484.

'성전 건물들'이 아니라, 넓은 의미의 '성전 구역 전체'를 일컬을 경우, '솔로몬 행각'은 넓은 의미의 '성전 구역' 안에 있는 것이 되니 별 문제가 없게 된다.[7]

'솔로몬 행각' 관련 논의가 어떠하든 확실한 것이 있다. 그것은, 누가가 "모든 백성이 크게 놀라며 솔로몬 행각이라 불리는 곳에 있는 그들에게로 달려왔다"라고 표현했듯이, '모든 이스라엘 백성'이 달려온 곳이라면 그곳을 자신의 서술에서 이스라엘 신앙의 '상징적 중심'[8]으로 삼았음을 암시하고 있으리라는 점이다. 저자의 의식 속에는 '솔로몬 행각'이 염두에 있는 것이 아니라, 이스라엘 땅의 한복판을 가리키는 '성전' 안에서 새로운 신앙의 지도자 베드로가 설교하고 있다는 '위치와 인물'의 상징성이 중요한 것이다.

2) '성전 주변'의 의미

그렇다면, 장애인 치료와 치료 관련 해명 그리고 이에 관한 베드로의 설교 등, 이 모든 행위가 왜 성전 주변에서 벌어졌는가? 누가는 베드로의 첫 기적과 그에 이어서 행한 설교가 하필이면 성전 미문 곁, 솔로몬 행각, 곧 '성전 주변'에서 벌어진 것으로 보고하고 있고, 이런 일들의 발생장소로 굳이 성전을 지목하고 있는가? 두 가지 측면에서 해석할 수 있다.

1) 하나는, 유대전통과 가치의 비판적 계승이란 관점에서 베드로의 성전 곁 설교를 설명할 수 있다. 누가가 기독교 발전의 초기 단계를 묘사하면서, 성전을 관심 공간으로 설정하여, 그 주변에서 자기 서술의 핵심 장소로 삼고 있다는 점은 부정하기 어렵다. 하지만 그의 이러한 성전 집중은 성전이 갖는 의미를 유대교적 관점에서 계승하는 것은 아니다. 이 점은 누가가 성전에 관한 많은 묘사를 하면서도 성전의 가장 핵심적 기능이라 할

7 Cf. *Ibid.*, 483.

8 Daniel Marguerat, *Les Actes des apôtres(1-12)*, 127.

'희생 제사'에 관한 일체의 언급도 하고 있지 않다는 사실에서 확인하게 된다. 저자는 성전의 '제사적' 의미와 기능에 무감할뿐더러 아무런 관심도 없다. 다시 말해 누가는, 이스라엘 역사와 종교의 온갖 가치와 의미가 결집된, 한 정적(靜的) 초점으로의 성전 위에 중심축을 놓고, 거기 '머문다'는 시각에 익숙하지 않다는 뜻이다. 누가에게 성전은 '사라지고 없는' 역사 속의 한 거룩한 공간일 뿐이었다. 그것은 '이스라엘의 역사' 속에 묻혀 과거 안에 유폐된, 사라진 공간이다. 그것은 저자를 비롯한 기원후 80년대의 기독교인들에게 아무런 강제도, 억압도, 영향도 끼칠 수 없는 기억 속의 흔적일 뿐이다. 그렇지만 그 기억 속의 거룩한 공간은 수백 년 과거 이스라엘의 시간을 지배했었고, 불과 반세기 전 예수의 시간 속에서도 우람히 군림했던, 유대역사와 영토의 중심이요, 유대민족 정신의 요람이요 중추였다. 유대민족의 긴 역사, 그 '시간이 공간화'되어 우주의 중심으로 버텨오던, 거룩한 역사가 성육화(成肉化)된 한 '점적 존재'였다. 따라서 사라진 그 공간을 기리고, 그 공간의 중요성을 강조하며, 그 중심성에 천착하는 것은 이스라엘의 지난 시간에 오늘의 현재 시간을 잇대놓는 '역사 정당화'의 한 긴요한 노력이었다. 즉, 새롭게 시작한 '기독교 역사'를 유대민족의 '거룩한 역사' 속에 통합시키려는 의지가 거룩한 공간인 '성전'에의 탐닉이란 형태로 나타났다고 이해된다는 뜻이다. 이런 기독교의 '역사 잇기'는 만일 성전이 파괴되지 않은 채 여전히 거룩한 공간으로 배타적 위세를 행사하고 있었다면 불가능한 시도였다. 그럴 경우, 기독교는 필연적으로 이 공간에의 집중, 경의를 요구당했을 것이기 때문이고, 그것은 유대교 전통과 가치에의 무조건적 복종을 의미했을 것이기 때문이다. 이것은 '하늘이 새로 열리는'(행 10:11) 기독교적 정체 형성과는 양립될 수 없는 유대교로의 투항이 됐을 것이다.

그러나 사라져 없는 성전에 아무리 큰 호감을 바친다 해도, 누가시대의 '공간적 예루살렘 구심화'는 강요될 이유가 없다. 그 대신 성전에의 호의는 이스라엘 역사와 교회의 역사를 잇게 하는 구속사의 통합을 위해 의미 있는 기여를 하리라는 기대를 갖게 했을 것이다. 그것은, 성전 출입과 그 근방에서의 설교를 '기록하여' 유대적 가치를 계승하는 면모를 보이는 한편, 현실에 존재하지 않는 성전에 대한 호의를 보임으로, 아무 양보나 희생, 또는 고민 없이 유대전통을 잇고 있다는 인식을 줄 수 있다는 점을 누가가 간파한 결과일 것이다.

2) 또 하나는, 베드로가 예수의 활동을 계승한다는 시각에서 이런 기록을 남겼으리라는 점이다. 즉, 성전 주변에서의 베드로 설교는 어쩌면 누가복음 20:1-3a("어느 날 예수께서 '성전에서 백성을 가르치시며 복음을 전하고 계실 때'에, 대제사장들과 율법학자들이 장로들과 함께 와서, '당신은 무슨 권한으로 이런 일들을 합니까? 누가 이런 권한을 당신에게 주었습니까? 우리에게 말해 보십시오.'하고 말했다. '예수께서 그들에게 말씀하셨다.'…")에 묘사된 예수의 '성전 활동'을 이어간다는 의식을 누가가 가졌으며, 그 의식의 연장에서 베드로 설교를 이해했을지 모른다는 것이다.[9] 베드로 활동의 처음 부분에, 성전에서 가르치시고 복음을 전하신 예수의 모범을 따르고, 그의 역할과 활동을 이어가기 시작한다는 인식은 새로운 시대와 세계로의 전환 내력을 펼쳐가려는 누가의 관점에서 매우 중요한 의미를 찾는 계기가 된다.

2. 장애인 치유에 관한 해명(행 3:12-16)

1) 오해의 불식

누가는 사람들이 베드로 일행에게 나아오는 모습을 묘사한 다음, 베드로가 설교하게 되는 상황을 서술하게 되는데, 이 설교의 앞부분은 장애인 치유 기적과 관련된 나름의 해명을 제시한다. 우선 치유와 관련된 오해

---

9 키너 역시 비슷한 이해를 한다. Craig S. Keener, *Acts: An Exegetical Commentary: 3:1-14:28*, vol. 2(Grand Rapids: Baker Academic, 2013), 1081.

의 여지를 없애고자 했고, 치유 발생의 근본적 이유를 밝히고자 한다.

> 베드로가 이를 보고 백성들에게 말하였다. '이스라엘 사람들이시여, 왜 이 일을 놀라워하십니까? 또한 여러분은 우리가 우리 자신의 능력이나 경건으로 이 사람을 걷게 한 것처럼 왜 우리를 바라보십니까?'(행 3:12)

장애인이 치유된 사정과 그 치유 원인에 관해 베드로는 '백성들이 잘못 알고 있다'는 전제로 발언을 전개한다. 치료된 사람을 보고, '모든 백성이 놀라, 그들에게로 달려와서, 자신들을 바라봤다'는 것이 사람들이 치료의 이유를 '잘못' 알고 있다는 베드로의 판단 근거로 제시된다. 그러면서 그들이 베드로, 요한 자신들의 '능력과 경건'을 통해 치료가 이뤄진 것으로 생각했다고 간주한 것이다. 이처럼 '오해 동기'를 매개로 발언을 이끄는 모습은 이미 사도행전 2:15에 나타난 바 있다. 거기서 베드로는 오순절의 성령 강림, 방언현상을 설명하면서, '술 취함'으로 잘못 알고 있는 사람들의 오해를 해명하는 방식으로 그의 오순절 설교를 시작한다.

여기 한 가지 눈에 띄는 것은, 누가가 장애인 치료 이후의 사정을 기술하면서 다른 곳, 특히 바울에게서처럼 치료를 집행한 베드로를 신격화한다거나, 그에 관한 과도한 경의를 표하는 상황을 담고 있지 않다는 점이다. 예컨대, 사도행전 14:8-18에서 루스드라의 지체장애인 치료 중, 바나바와 바울을 각각 '제우스와 헤르메스' 등의 신적 존재로 간주했던 사례와, 사도행전 28:1-6에서 말타섬의 원주민들이, 바울이 독사에 물렸어도 건재한 것을 보고 '신'이라 칭했던 경우를 연상할 수 있다. 이를 두고 누가가 베드로보다는 바울의 위상을 더욱 높이고 있다는 지적을 쉽게 할 수 있지만, 양자의 높낮이, 또는 경중(輕重) 구분을 그런 서술의 유무로 가르기 어려울뿐더러 사도행전에서 베드로의 위치가 결코 낮거나 가볍다고 할 수는 없다. 나중 고넬료가 베드로를 예우하는 장면에서 베드로가 '나도 사람이라'고 말하며 '인간 이상'의 대접을 만류하는 기록(행 10:25-26)에서도 이런 점을 알 수 있다. 저자는 바울에게는 물론이지만 사도행전 10장을 보건대 베드로에게도 초기 지도자로서의 위상에 걸맞는 경의를 충분히 표하고 있는 셈이다. 게다가 누가는 지도자들 사이의 '지위, 서열 추구'에 관한 부정적 인식을 예수의 입을 통해(눅 14:11, 18:14, 22:26-27) 명백히 제시한 바 있기 때문에 그 같은 관심을 행전에서 드러내지는 않았으리라 짐작된다.

12절에서 언급하듯, 베드로는 치유 기적을 설명하면서 기적 자체의 발생 정황과 과정을 말하지 않는다. 다만 예수의 이름을 믿음으로 장애인이 낫게 되었다고만 말한다.(16절) 치유의 직접 과정을 전하는 대신 13-15절에서 보이듯, 장애인 치유와 별 상관없어 보이는 예수의 죽음과 부활에 관해 설명한다. 다시 말하면, 치유는 예수 이름을 믿음으로 발생한다. 그런데 예수는 죽음, 부활을 겪었으며, 바로 그렇기 때문에 그 이름은 믿을 수 있고, 그 이름을 믿음으로 치유가 벌어졌음을 뜻하려는 것이다. 그렇게 되면 12절에서 16절에 이르는 본문의 흐름을 감안할 때, 치유 기적은 예수 때문에 벌어진 것이고, 예수가 치유 기적을 행사할 수 있었던 것은 그가 죽음-부활을 겪음으로 '영광스럽게'(13절) 되었기 때문이라는 서술의 내적 연관이 성립된다.

특이하게도 베드로는 자기 설교를 듣는 대상으로 '백성들'(laos, 12a절)이라는 넓은 범위의 청중을 지목한다. 이처럼 넓은 대상을 청중으로 지칭하는 것은 사도행전에 나타난 설교에서 매우 이례적이다. 그렇다면 이들 '백성들'은 누구를 가리키는가? 아마도 이들은 앞 단락의 장애인 치료 장면에 이미 등장했던 '사람들'('모든 백성', 행 3:9-10, 11)을 가리킬 가능성이 있다. 누가가 이 같은 광범위한 대상, 곧 '이스라엘 사람들' 모두를 베드로의 청중으로 제시하고 있다는 것은, 이 설교가 이스라엘의 '민족적 관심사'와 같은 넓은 주제와 긴밀히 연관되고 있음을 시사한다. 어쩌면 이스라엘 백성의 진로, 또는 명운과 관련되는 거대 사안(事案)이 누가의 서술 의도 중 하나의 목적으로 떠올랐을 수 있다는 것이다. 그렇게 보면 누가의 베드로는 장애인 치료를 계기로 이스라엘 민족의 회복과 재생, 이를테면 '민족의 회개'(19절)와 같은 구속사의 전환점을 염두에 두고 이 연설을 전개했을 가능성이 있다. 또 그런 뜻에서 보면, 베드로의 설교를 가능케 한 계기였던 장애인 치료는, 그 사건 자체가 이스라엘 민족의 회복을 상징[10]하는 일화의 뜻을 갖는다고 말할 수도 있다.

누가의 베드로는 자신들을 바라보던 이스라엘 사람들에게 "왜 우리를 바라보십니까?"라고 물으면서 '시선의 의미'를 묻는다. 그러면서 그 시선이 갖는 오류를 교정하고자 한다. 치유 기적을 이룬 주체를 찾는 그들의 시선이 자신들을 향하고 있는 것은 잘못이라는 것이다. 그리고는, 그 시선이 향해야 할 대상을 지목하기 위해 우회적 설명(13-15절)을 덧붙인다. 그런 다음, 16절에서 그들이 바라보아야 할 눈길의 종착지를 가리킨다. 그들이 바라봐야 할 눈길의 목표는 '그 이름과 믿음'이라는 점을 확실히 하며, 치유는 '우리 자신들'이 아닌 '예수'와 관련된 사항임을 분명히 말한다. 이처럼 '왜 우리를 바라보느냐?'는 말을 보태면서, 바라볼 시선의 대상에 관한 오류를 수정하고, 새 시선이 향해야 할 목표점을 고지(告知)한 채, 13절 이하에서 펼칠 논의의 실마리를 마련한다.

2) 예수 죽음의 사실들 – 기독론적 언급

본문 13-15절은 예수의 죽음과 부활에 관해 누가가 파악한 '사실들'을 조목조목 확인한다.

---

10 Simon Butticaz, "Actes 3, 1–26: Le relèvement de l'infirme comme paradigme de la restauration d'Israël," *Etudes Théologiques et Religieuses* 89(2009), 180, 183. 뷔띠까즈(Butticaz)는, 행 3장이 이스라엘의 '위상'을 문제시하는 내용으로 이뤄졌으며, 행 2장의 오순절 사건으로 수립된 교회설립 사건의 연장에서 살펴볼 수 있는 서사적 확장이란 주장을 한다. 그래서 장애인 치료는 이스라엘의 운명을 상징하는, 이스라엘에게 제시된 구원을 상징하는 사건일 수 있다는 이해를 갖는다. 그러므로 교회가 오순절에 설립되면서 예견되던 이스라엘의 종말론적 모임이 여기서 최초로 구체화되고 있는 사례를 보인다고 평가한다. *Ibid.*, 180.

> 13절아브라함의 하나님, 이삭의 하나님, 야곱의 하나님, 우리 조상의 하나님께서 그의 종 예수를 영광스럽게 하셨습니다. 그분을 여러분은 넘겨주었고, 빌라도가 놓아주기로 결정했음에도 여러분이 빌라도 앞에서 그분을 배척했습니다. 14절여러분은 거룩하고 의로운 분을 배척하고 살인한 사람을 놓아달라고 요청하였습니다. 15절그래서 여러분은 생명의 근원이신 분을 죽였습니다. 하나님께서는 그분을 죽은 사람들 가운데서 살리셨습니다. 우리가 이 일에 관한 증인입니다.(행 3:13-15)

이 구절들(행 3:13-15)에서 '유대인'은 예수를 '죽음'에 넘겨줬고, 그를 '거부'했다. 하지만 하나님은 그를 '영광스럽게' 하였고(13절), 그를 '죽은 자 중에서' '살리셨다.' 여기에 뚜렷한 대비가 떠오른다. 유대인의 행위와 하나님의 행위는, 유대인이 '예수를 죽음에 넘김/예수 거부'한 반면, 하나님은 예수를 '영광스럽게 하심/예수 살리심'의 대립적 행동으로 극명한 대조를 이룬다. 이런 대조는 15절에서도 비슷한 구조("여러분은 생명의 근원이신 분을 죽였습니다. 하나님께서는 그분을 죽은 사람들 가운데서 살리셨습니다.")로 다시 나타난다. 곧, 유대인이 버린 예수를 하나님이 살려 영광스럽게 했다는 '역전(逆轉)의 동기'가 명백히 드러나는 것이다. 누가는 예수 정체와 유대인 평가에 관한 반전의 극적 성격을 이처럼 강렬히 제시한다.

여기 13절에서 베드로가 언급하는, "아브라함의 하나님, 이삭의 하나님, 야곱의 하나님, 우리 조상의 하나님"이란 칭호는 본래 출애굽기 3:6, 15, 16에 등장하는 표현이다. 이런 호칭을 사용하는 베드로, 그리고 나중 사도행전 7:32에서 이 칭호를 말하는 스데반, 이처럼 이들을 제시하는 누가(눅 20:37, 7:32에도 등장)의 이유는 분명하다. 그것은, 처음 기독교의 두 지도자들이 구약적 하나님 호칭을 말하게 함으로 기독교가 유대교와 확고한 연결을 유지하고, 신앙의 본질인 하나님 이해가 유대인들과 근본적으로 동일하다는 점을 명백히 밝히려는 데 있다. 즉, 역사적 이스라엘과 새롭게 형성되는 교회공동체 사이의 긴밀한 연관성, 계속성[11]을 확보하게 하려는 의도가 있었다는 것이다. 예수를 영화롭게 하신 분은 아브라함, 이삭, 야곱의 하나님, 곧 유대역사를 주관하신 하나님이다. 따라서 유대 조상들의 삶을 이끄신 하나님이 예수의 부활을 이루게 하셨다고 말함으로, 과거 이스라엘 역사와 예수의 역사는 동질성을 갖고 이어지는 '시간의 연결'을 갖게 되는 셈이다. 그리하여 그 예수를 따르는 기독교인들 역시, 과거의 유대인들과 예수를 잇는 거대하고 장구한 역사의 흐름 속에 편입되고, 구속사의 적통(嫡統)을 계승하게 된 것이다. 이와 같은 '이스라엘 역사의 계속성' 토대 위에 기초된 기독교를, 그 주님을 배척함으로 유대인들은 부인했다(14절)는 것이다.

누가는 예수를 일컬어 '하나님의 종'이라 부르며 특유의 '종 기독론'을 보여준다. 이것은 아마도 초기 기독교인들이 다윗과 같은 위대한 인물들을 '하나님의 종(ebed)'이라 부르던 유대교의 기도문으로부터 영향을 받아 '종'(pais)이란 명칭을 예수에게 적용시켰을 것이란 추측[12]을 할 수 있다. '종'이란 개념 자체에서 존중되거나 '기림' 받는 위상을 찾기란 힘들다. 오히려 부정적, 또는 경멸적 지칭으로 통용되었으리라 보는 것이 상식적이다. 그러나 구약 전통에서 그 호칭이 '하나님의' 종으로 불려질 때는 전혀 다른 의미를 갖는다. 구약에 등장하는 수많은 '하나님의 종' 표현들은 그 호칭이 적용된 '인물들'과 '이스라엘 민족'에 관한 비범한 영예를 뜻한다.[13] 거기 해당되는 인물들은, 모세, 족장들, 다윗(Cf. 눅 1:69, 4:25) 등

---

11 Joseph A. Fitzmyer, *The Acts of the Apostles: A New Translation with Introduction and Commentary*, 284; Hans Conzelmann, *Acts of the Apostles*, tr. by J. Limburg, A. Th. Kraabel & D. H. Juel(Philadelphia: Fortress Press, 1987), 28.

12 E. 헨헨, 『사도행전 I』, 이선희, 박경미 역(서울: 한국신학연구소, 1987), 325.

13 그 사례들은 모두 열거하기 어려울 정도로 많다. 각종 인물들을 '하나님의 종'으로 호칭하는 경우뿐 아니라, 눅 1:54에 등장하듯 '유대민족' 자체를 종으로 칭하는 예들(구약의 사례: 사 41:8-9, 45:4, 49:3, 겔 28:25 등등)도 적잖다.

을 포함한 유대민족의 대표적 영웅들이 망라된다. 누가가 예수에게 이 지칭을 적용하면서 '거룩한' 종(pais) 예수라는 표현을 사도행전 4:27, 30[행 16:17에선 '지극히 높은' 하나님의 종(doulos)이라 묘사]에서 사용하고 있는 예는, 이것이 최상의 경의가 담긴 칭호라는 점을 상기시킨다. 또 하나님이 '종'인 예수를 '영광스럽게' 하셨다(13절)는 표현이 시사하듯, '종'은 '영광'과는 관련 없는 지칭임에도 불구하고, '종' 칭호 가진 이를 영광스럽게 했다는 점도 극상의 영예를 이 개념에 이입(移入)하고 있음을 알게 한다. 본래 유대적 전통에서 '영광'이란 말이 거의 대부분 하나님께 적용되는 형용이요, 속성임을 환기할 필요가 있다. 한편, 여기 사도행전 3:13, 26에서 두 번 제시되는 '종이신 예수' 개념의 저변에 이사야서에서 광범위하게 나타나는[14] '종' 이해가 배경을 이뤘으리라는 추정 역시 자연스럽다.[15]

그런데 하나님이 그를 '영광스럽게 하셨다'는 것은 무엇을 의미하는가? 장애인의 치유를 이룬 행위를 통해 그를 영화롭게 하셨다는 뜻인가?[16] 아니면 예수의 부활을 가리키며 '영광스럽게 하셨다'는 뜻인가?[17] 본문의 근접 맥락(즉, 12절 이전)이 장애인의 치유와 관련된다는 점에서 전자의 가능성을 거론할 수는 있다. 하지만 그보다는 베드로 설교 전반부가 예수의 기독론적 의미를 환기하고 있다는 데 주목한다면, 그의 부활을 염두에 두고 이런 표현이 적용되었다고 봐야 할 것이다. 즉, 사도행전 3:13 이하

---

14 사 52–53장, 특히 52:13–14에 함께 등장하는 '종'과 '영광'의 표현.

15 David P. Moessner, "The Script of the Scriptures in Acts: Suffering as God's Plan(βουλη) for the World for the Release of Sins," in *History, Literature, and Society in the Book of Acts*, ed. by B. Witherington III(Cambridge: Cambridge Univ. Press, 1996), 228.

16 Dennis Hamm, "Acts 3, 1–10: The Healing of the Temple Beggar as Lucan Theology," *Biblica* 67(1986), 202; E. 헨헨, 『사도행전 I』, 325.

17 Cf. Charles K. Barrett, *A Critical and Exegetical Commentary on the Acts of the Apostles*, vol. I(Edinburgh: T&T Clark, 1994), 195.

는 예수의 죽음과 삶의 대비를 반복적으로 거론하고 있다는 점에서 '영광스럽게 하심'은 그의 죽음/부활과 관련된다고 봐야 한다는 것이다. 게다가 '영광스럽게 하다'(doxazein)란 단어를 누가가 기적에 대한 반응으로 사용한 적이 없다[18]는 점도 이 문제 이해에 고려돼야 한다.

앞서 말했듯, 위의 본문 구절에서 누가는 유대인과 하나님의 행위들이 명백한 대조를 이루도록 제시한다. 즉, 유대인은 예수를 죽게 하였는데('여러분은 넘겨주었고, 빌라도가 놓아주기로 결정했음에도 여러분이 빌라도 앞에서 그분을 배척했습니다'), 하나님은 "그의 종 예수를 영광스럽게"(13a) 하셨고, "그분을 죽은 사람들 가운데서 살리셨다."(15b) 유대인의 예수 죽음 관련 죄상과 하나님이 그를 영화롭게 하시고, 살리신 일들이 극명히 대비된다. 예수는 '생명을 주시는 분'(15절, 생명의 근원이신 분)이요, 유대인들은 그의 '생명을 빼앗은 사람들(죽인 자들)'이다. 이런 대조는 유대인의 죄책을 더욱 높이고, 그들의 잘못을 뚜렷이 부각시키는 효과를 낳는다. 이처럼 베드로는 유대인의 잘못을 13b-15a에서 반복적으로 제시한다. "그분을 여러분은(humeis) 넘겨주었고, 빌라도가 놓아주기로 결정했음에도 여러분이 빌라도 앞에서 그분을 배척했습니다. 여러분은(humeis) 거룩하고 의로운 분을 배척하고 살인한 사람을 놓아달라고 요청하였습니다. 그래서 여러분은 생명의 근원이신 분을 죽였습니다."

여기서 유대인의 죄상(罪狀)에 대한 강조가 다양한 방식으로 나타난다.

1) 먼저, 유대인의 예수 죽음에 관한 책임을 언급하는 베드로의 표현은, 사용된 동사를 점층적으로 강도(强度)를 높여 제시한다. '넘겨주다, 배척하다, 죽이다'라는 세 가지 동사가 활용되는데, 이런 용어의 점층적 강화는 유대인의 죄악이 얼마나 큰 것이고 잔악한 것인가를 좀 더 극적으로 드러내며 이를 돋보이게 한다.

---

18 Joseph A. Fitzmyer, *The Acts of the Apostles: A New Translation with Introduction and Commentary*, 284.

2) 이런 죄상의 부각은 13, 14절에 두 번 강조적으로 등장시키는 'humeis'(여러분)라는 대명사의 사용에서도 엿볼 수 있다. '당신들'의 잘못, 책임을 되풀이 강조하는 것이다.[19]

3) 또한 '거룩하고 의로운 분'을 '배척하고', '살인자'의 석방을 요구했다(14절)는 묘사의 대조성(對照性)도, 분명하게 이들의 죄책을 뚜렷이 한다. 예수는 '거룩한 분', '의로운 분'이다. 예수에게 '거룩함, 의로움'을 동시에 적용시킨 사례는 이곳 말고는 없다.[20] 게다가 이런 지칭은 '종교적 거룩함'과 '윤리적 의로움'을 동시에 예수 한 인물에 결합, 집중시킨 것이니, 예수의 위상을 한껏 높이는 결과를 낳는다. 그런데 그런 분 대신에, 유대인들은 '살인자'를 풀어달라고 요구했다는 것이다.

이것은 두 가지 잘못을 저지르는 행위였다. 곧, '거룩하고 의로운 분'을 '살인범'만도 못한 인물로 격하시킨 '인물 평가'의 치명적 오류에다가, 그분에 대한 극악한 '모욕죄'를 가중시키는 이중의 잘못을 범하게 된 것이다. 예수를 죽이게 한 잘못과, 그분 대신 '살인범'을 풀어 달라했던 요구는, 각기 다른 각도에서 다뤄져야 할 별개의 죄상으로, 유대인의 죄악을 이중적, 극적으로 배가시킨다.

4) 총독 빌라도(Pontius Pilate, 기원후 26-36년 재임)의 등장 역시 유대인의 죄악을 선명히 부각시킨다. 빌라도라는 인물은 예수를 석방시키려 한 '공정한' 인물로 긍정적 묘사를 얻고 있다.[21] 이것은 저자가 기록한 누가복음 23:4, 13-25, 20-22의 내용이 반영된 것이다. 거기서 빌라도는 세 차례에 걸친 예수의 무죄 언급, 두 차례의 석방 언급을 한다. 그러나 이

---

19 13-15절의 우리 번역에서 이 두 곳 말고 다른 데 나타난 '여러분'은 동사 속에 숨어 있는 주어이다.

20 막 6:20에서 세례 요한에게 적용했던 이런 이중의 지칭 사례를 발견할 뿐이다.

21 다른 복음서에서도 빌라도의 인상은 아주 나쁘진 않다. 막 15:6-15, 마 27:15-26(Cf. 요 19:4). 누가처럼 노골적 긍정적 묘사를 얻지는 못하지만 썩 부정적이지는 않다.

런 누가의 묘사는 다른 문헌들, 예컨대 요세푸스(*Ant.* 18.55-62, 85-88)나 필로(*Embassy*, 299-305)의 매우 부정적인 그의 인상과 걸맞지 않다.

그렇다고 누가가 내심 빌라도를 선하고 의로운 통치자로 마냥 칭송하지는 않는다. 사도행전 4:27("사실 헤롯과 본디오 빌라도는, 이 성에서, 이방인과 이스라엘 백성과 함께, 당신의 기름 부으신 당신의 거룩한 종 예수를 대적하였습니다.")에 제시된 내용은 누가복음 23장의 여러 묘사와는 다르게 나타난다. 그런 빌라도'조차도' 예수를 풀어주려 했는데, 유대인들은 그를 배척하고 죽게 했다는 점, 즉 유대인의 죄악을 좀 더 강조하는 데 본문의 포인트가 모아져 있다. 바로 그 기능을 위해 빌라도가 등장했던 것으로 보인다. 문제는 빌라도의 선악 평가가 아니라, 유대인 악함의 강조이기 때문이다.

5) 가장 중요한 것은, 이미 유대인이 예수를 '넘기고, 배척했다'는 점을 반복해서 언급했음에도 불구하고 다시 한 번 더, 그들이 '생명의 근원이신 분('archēgos')을 죽였다'라고 확인하여 그들의 '살해 죄'를 돋보이려 했다는 점이다. '살림(생명)'과 '죽임(살해)'의 대비가 엄청난 의미로 받아들여질 수 있는 상황에서, 그 두 용어를 같은 문장에 씀으로 높여지는 유대인의 죄는 괄목할 만하다. 만일 여기 우리가 번역했듯이, 'archēgos'를 '근원자, 또는 창시자'로 새긴다면 이들이 범한 예수 살해의 죄악은 더욱 가중된다. 생명의 '근원'을 말살시킨 대죄를 범했기 때문이다.

사실, 여기 예수를 가리키는 용어로 사용된 말이 원래 'archēgos'란 용어인데, 그 뜻을 확정하기가 쉽지 않다. 우리말 '새번역'은 이것을 '생명의 근원이신 주님'이라 옮겼지만, 이 단어는 '지도자, 만든 이(author), 창시자(originator)' 등으로 이해된다. 사도행전 5:31에도(그 외 히 2:10, 12:2에도 등장) 이 말이 등장하는데, 거기서 개역개정판은 '임금', 새번역은 '영도자'로 옮겼다. 헨헨은 '지도자, 영도자'란 말은 본문에서 아무 의미가 없다[22]고

22 E. 헨헨, 『사도행전 I』, 326, n. 10

보고 '생명의 근원'으로 옮겼으나, 바레트는 그 말이 '(새)생명으로 인도하는 지도자'로 이해될 수 있다고 본다.[23] 그렇지만 이런 이해보다는 '생명의 근원, 창시자'로 옮기는 게 나을 것이다. 왜냐하면 누가가 예수를 '죽음에서 가장 먼저 살아나신 분'(행 26:23), '하나님이 사망의 고통에서 풀어 살리신 분'(행 2:24)으로 이해하고 있으니, 그를 부활하신 첫 인물, 곧 생명의 시작, 연원으로 보아도 큰 무리는 없을 것이기 때문이다.

한편, 15절에 간명하게 대비된 "여러분은 생명의 근원이신 분을 죽였습니다. 하나님께서는 그분을 죽은 사람들 가운데서 살리셨습니다"라는 표현, 즉 '이스라엘은 그를 죽였고, 하나님은 살리셨다'의 도식은 누가가 이스라엘과 관련한 자신의 신학적 강조점을 요약한 것이다. 이 도식이 이곳뿐만이 아니라 사도행전 전편(행 2:23-24, 4:10, 5:30-31, 10:39-40, 13:28-30)에 반복적으로 등장하고 있다는 점에서도 누가의 강조를 간파할 수 있다.

특히 '여러분은 죽였고, 하나님은 살리셨다'는 15절의 요점은 베드로의 오순절 설교(행 2:23-24)에서도 발견된다. 이 '살해-부활' 주제 외에도 베드로의 솔로몬 행각 설교의 맥락(행 3:12-26)과 오순절 설교 맥락(행 2:14-39) 속에서는, 명백하게 동일한 병행 주제 두 개를 더 찾을 수 있다. 하나는, '회개' 관련 발언(행 2:38과 행 3:19)이고, 또 하나는 '죄 용서' 관련 발언(행 2:38, 그리고 행 3:19)이다. 그런데 이 세 개의 병행 주제들은 예수의 지상 마지막 말씀들(눅 23:46-47) 가운데 나란히 나타나고 있다[24]는 지적이 흥미롭다.

위에서 살펴보았듯, 누가는 13-15절 사이에서 명백히 드러나는 세 가지 중요한 비교, 대조를 통해 자신이 전하려는 진술의 설득력을 효과적으로 높이려는 시도를 한다. 비교의 편의를 위해 다시 한 번 더 본문을 옮겨본다.

---

23 Charles K. Barrett, *A Critical and Exegetical Commentary on the Acts of the Apostles*, vol. I, 198.

24 Craig S. Keener, *Acts: An Exegetical Commentary: 3:1-14:28*, vol. 2, 1077.

[13]절아브라함의 하나님, 이삭의 하나님, 야곱의 하나님, 우리 조상의 하나님께서 그의 종 예수를 영광스럽게 하셨습니다. 그분을 여러분은 넘겨주었고, 빌라도가 놓아주기로 결정했음에도 여러분이 빌라도 앞에서 그분을 배척했습니다. [14]절여러분은 거룩하고 의로운 분을 배척하고 살인한 사람을 놓아달라고 요청하였습니다. [15]절그래서 여러분은 생명의 근원이신 분을 죽였습니다. 하나님께서는 그분을 죽은 사람들 가운데서 살리셨습니다. 우리가 이 일에 관한 증인입니다.

1) 13절에서 하나님은 예수를 영광스럽게 하셨는데, 유대인은 그를 죽음에 넘겨주고 배척했다는 대비를 보인다.

2) 14절에서는 '거룩하고 의로운 분' 예수를 배격하고, '살인자'를 풀어 달라 요청하는 대비가 나타난다.

3) 15절에는 유대인은 '생명의 근원'(archēgos, author. 즉, 생명을 지으신 분) 예수를 죽였는데, 하나님은 그분을 죽음 가운데서 살리셨다는 대비가 제시된다.

이런 대비의 공통적 특성은 유대인의 잘못을 두드러지게 나타냄과 동시에, 예수의 위상 그리고 부활과 하나님의 구원행위를 부각시키고 있다는 점이다.

한 가지 특기할 사항은, 베드로의 이 설교, 특히 여기 앞부분에는 누가의 다른 글이나, 신약 다른 문서 가운데 찾기 힘든 독특한 기독론적 칭호들이 등장한다는 점이다. 예컨대, '하나님의 종'(13, 26절),[25] '거룩하고 의로운 분'(14절), '생명의 근원이신 분'(15절), '예언자'(22절) 등의 다양한 호칭들이 예수에게 적용된다.

또 하나, 이 부분의 마지막 15절에서 베드로는 자신을 포함한 '우리

25 행 4:27, 30에도 이 용어가 등장한다. 이 개념은 신약성서 중 누가에게만 고유하다. 마 12:18에도 등장하긴 하나, 그것은 사 42:1을 인용한 구절이다.

들'이 '이 일'에 관한 '증인'이라는 점을 밝힌다. '이 일'은 15절이 말하는 예수의 죽음과 부활을 일컫는다. 그렇다면 베드로를 비롯한 일행은 '예수의 수난, 부활'에 관한 '증인'이라는 뜻이 된다. 그런데 사도행전 10:39에서 누가는 베드로 일행이 '유대인의 땅과 예루살렘에서 그분이 행하신 모든 일의 증인'이라는 발언을 전한 바 있다. 곧 그들이 예수 전체 지상생애 활동의 '증인'이라는 넓은 의미를 말한 것이다. 거기에 덧붙여서 본문을 비롯, 사도행전 1:22, 2:32, 5:32 등에서는 이들의 증인됨이 예수의 '죽음과 부활'에 관한 '증인'이라는 점을 거듭 강조한다. 그렇게 보면, 베드로 등은 예수 전 생애에 관한 '증인'인 것이 확실하지만, 그들은 무엇보다, 우선적으로, 예수의 '수난과 부활에 관한 증인'이라는 사실을 뚜렷이 한다.

3) 믿음의 역할

장애인 치유에 관한 해명을 하는 베드로는, 13-15절에서 예수의 수난과 부활에 관해 언급한 다음, 이 기적이 발생하게 된 연유, 곧 치유가 누구로부터, 어디로부터 비롯됐느냐, 그 '주체'에 관해 직접 설명한다.

> (바로) 그의 이름을 믿으므로 그의 이름이 여러분이 보고 아는 이 사람을 건강하게 하였습니다. (이것은) 예수를 통한 그 믿음이 여러분 모두 앞에서 이같이 그를 완전히 낫게 한 것입니다.(행 3:16)

누가의 관점에 의하면, 예수가 죽음에서 부활하신 분이기 때문에 '그의 능력'에 의해 장애인이 치유됐다는 생각을 가졌던 듯하다. 그 사실을 부연하면서 '그의 이름을 믿으므로, 그의 이름'이 장애인을 치료했다는 독특한 표현을 되풀이 제시한다. 이 부분은, 이를테면 13-15절까지 논의의 결어 역할을 하고 있는 셈이다. 이런 '예수의 능력'과 '예수의 이름'으로 기적이 이뤄졌다는 인식은, 나중에 나타날 사도행전 4:7에서 예루살렘의 지도자인 대제사장들이 베드로 등에게 물었던 질문, '당신들이 무슨 능력과 누구의 이름으로' 이 일을 행했느냐는 그 질문 가운데도 찾을 수 있고, 그 질문에 대한 답변이 다소 다른 형태로 여기에 미리 제시되었다고 이해해도 될 것이다. 유대인 지도자들이 나중에 물었던 질문, '무슨 능력과 누구의 이름으로' 기적이 이뤄졌는가? 누가는 베드로를 통해 미리 답변한다. '예수의 능력과 예수의 이름으로' 장애인이 치료된 것이라고.

누가는 치료의 이유를 요약하며, '그의 이름을 믿는 믿음'과 '그 이름'이 역할을 했다고 한다. 이런 설명을 하는 16절은 두 가지 진술을 담고 있다. 첫째는, "(바로) 그의 이름을 믿으므로 그의 이름이 여러분이 보고 아는 이 사람을 건강하게 하였습니다"라는 전반부에 나타난다. 이 부분을 통해 저자는 '그의 이름을 믿으므로'라는 말로서 '믿음'을 치료를 위한 일종의 바탕, 또는 전제로 삼은 다음, 그런 '믿음의' 기본 바탕 위에서, '그의 이름'이 장애인이 온전케 되었다는 점을 제시한다. 그런 다음 후반부에, "(이것은) 예수를 통한 그 믿음이 여러분 모두 앞에서 이같이 그를 완전히 낫게 한 것입니다"라는 기술이 이어진다. 이 나중 부분에서는 장애인을 낫게 한 것이 '예수를 통한 믿음'이다.

이 두 부분을 얼핏 보면 전반부에는 '그의 이름'이, 후반부에는 '믿음'이 치유를 가능하게 했던 것으로 나타나는 듯하다. 같은 구절에 이런 상이점이 드러나는 것은 자연스럽지 않아 보인다. 하지만 이것은, 그 둘이 서로 '다른 내용'이 아닌, '동일 실체'의 다른 표현이라서 그랬으리라는 추측이 가능하다. 바로 앞과 뒤가 전혀 다른 내용을 서술했을 리는 없기 때문이다. '믿음'의 내용과 대상은 예수라는 분이요, 그분의 인격은 '이름'으로 대변되고, 그렇기 때문에 '믿음'과 '그 이름'은 '다른 표현의 동일 내용'이라는 인식이 저자에게 작용했을 것이다. 그것은 곧 예수라는 분, 유대인들이 죽음에 내던졌던 그분이 다시 살아나서 이 기적을 이뤘다는 말을 달리 표현한 것이다. 즉, '그의 이름', '믿음'으로 표현된 것은 요컨대 '예수'가 그 치유를 이루셨다는 뜻이 되는 것이다. 그렇게 되면 기적은 부활하여 현존한 예수의 활동이요,[26] 예수 부활의 흔적이며 자취, 증거라는 말이 성립된다. 기적은 부활의 증거가 되는 것이다.

요컨대, 베드로의 설명에 의하면, 장애인이 치료된 것은 '그(예수)를 통한 믿음'(hē pistis hē di'autou)이 작용한 탓이다. 이 표현을 어떤 식으로 이해해야 할지 여러 논의가 있을 수 있다. 이를테면, '예수가 주신 어떤 믿음, 예수를 믿는 그 믿음, 예수의 인격과 삶을 인정하고 신뢰할 때 발생하는 하나님께 대한 믿음' 등의 여러 이해를 거론할 수 있다. 그러나 그 믿음의 성격이 어떠하든, 눈길을 끄는 것은 그 믿음의 구체적 소지자인 '인간'이 드러나고 있지 않다는 점이다. 이 점은 16절 앞부분에서 "그의 이름을 믿으므로"라는 표현에도 역시 적용된다. 거기서도 '믿음의 주체'가 드러나지 않는다.

쉽게 말해 '그 믿음'이 베드로와 요한의 것인가, 아니면 장애인의 것인가, 그도 아니면 일반적 기독교인이 갖는 신앙을 뜻하는가? 본문 맥락에서는 장애인의 믿음에 관한 어떤 언급도 하고 있지 않을뿐더러, 그가 기대한 것은 물질적 시혜였지(행 3:5) 치료를 기대한 것은 아니었기 때문에 여기에 '그의 믿음'이 관심 대상이었다고 인정되긴 어렵다.[27] 그중 그럴듯한 것은 이 믿음이 '베드로와 요한'이 가졌던 예수에 대한 믿음이었을 가능성이 크다는 것이다.[28] 왜냐하면 베드로의 이 설교에서 문제되는 것이 베드

---

26 Cf. Simon Butticaz, "Actes 3, 1–26: Le relèvement de l'infirme comme paradigme de la restauration d'Israël," 183.

27 그럼에도 헨헨(E. 헨헨, 『사도행전 I』, 327)과 콘첼만(Hans Conzelmann, *Acts of the Apostles*, 28)은 이 믿음이 장애인의 것으로 이해한다. 행 3:8–9에 이 장애인이 하나님을 찬양했다고 전함으로 그의 믿음을 암시하고 있긴 하다. 하지만 그것은 치유 이후의 결과를 알리는 것이다. 브루스는 이 믿음을 '사도들과 장애인의 것'이라고 생각한다. F. F. Bruce, *The Acts of the Apostles: The Greek Text with Introduction and Commentary*, 3rd and enlarged ed.(Grand Rapids: Eerdmans, 1990), 142.

28 Beverly R. Gaventa, *The Acts of the Apostles*(Nashville: Abingdon, 2003), 87; Joseph A. Fitzmyer, *The Acts of the Apostles: A New Translation with Intro-*

로와 요한의 역할(특히 12절)이고, 그렇기 때문에 그들에 쏠린 오해의 눈길을 교정하고 있다는 점에서 그렇다. 또 본문 맥락과 긴밀한 관련이 있는 장애인 치료묘사 기록 중, 사도행전 3:6에서 '내게 있는 것을 당신에게 준다'고 하면서 '나사렛 예수의 이름'을 거명하고, 그 이름에 대한 신뢰를 부여하는 모습을 보였다는 점에서 여기 문제되는 '믿음'은 베드로와 요한의 그것이었다는 추정을 하게 된다.

그런데도 누가는 이들이 가졌던 믿음을 명시적으로 분명히 드러내지 않는다. 그들 두 사람의 믿음을 명백히 제시했을 때 그들이 누릴 존경은 당연했을 것이다. 그 대신, 그 둘의 믿음이 아닌 객관적인 '그 믿음'을 얘기함으로 두 주인공에게 모일 수 있었던 칭찬이나 경의를 감추는 듯하다. 이것은 베드로와 요한을 폄하하려는 의도에서 비롯된 것이라 보기는 어렵다. 그보다는, '믿음'의 대상인 예수에게 서술의 무게와 관심을 한껏 모으려는 뜻이 시킨 노릇이다. 그 점이 바로 '그의 이름'을 강조하는 본문 내용에서 분명히 드러난다. '그의 이름'을 믿으므로, '그의 이름'이 그 사람을 건강하게 했다는 것이다. 즉, '그의 이름'으로 나타나는 예수라는 인격에 대한 고도의 집중이다. 따라서 예수만이 강조되는 상황에서, 인간적 주인공인 베드로와 요한은 비켜설 수밖에 없게 된다. 게다가 '그 믿음'은 어떤 특정 개인이 가진 '개별 신앙'의 단계를 넘어서서, 보편성을 가진 '절대치'의 '기독교적 믿음'으로 변화되고 있는 상황도 반영됐을 것이다. 이미 누가 시대엔 기독교의 '믿음'이 보편명사로 인식되는 변화가 이런 표현 속에 스며 있을 가능성이 있다.

'그의 이름, 믿음'을 강조하는 누가의 주장은 이 기적뿐 아니라 여하한 치유, 이적 등이 '인간적 능력', 또는 '마술의 힘'에 의해 이룩된 것이 아니라는 사도행전 3:12('개인의 능력과 경건'에 의함이 아님)의 이해를 강한 문

---

duction and Commentary, 286; Daniel Marguerat, *Les Actes des apôtres (1-12)*, 130 등도 그렇게 본다.

제의식으로 서술의 저변에 깔고 있는 것으로 보아야 한다.

이 구절(16절)은 15절 이전의 서술 흐름과는 비교적 자연스럽게 연결된다고 할 수 있다. 치유의 원인이 16절에서 설명되고 있기 때문이다. 그러나 이어지는 17절 이하, 곧 예수의 죽음의 책임을 다시 운위하게 되는 다음 구절과는 연관이 부자연스러운 듯 보인다. 이것은 누가가 가졌던 '이중적 의도' 파악이 필요하다는 점을 환기시킨다. 즉, 저자는 이 단락에서 두 가지 작은 목적을 갖고 서술을 진행한다. 하나는, 장애인 치료가 자신들이 가졌던 인간 능력에 기인된 결과가 아니라 예수의 권능에 의해 이뤄졌다는 점을 강조하는 것이고, 또 하나 결정적이고 핵심적 목적은 예수의 수난과 부활에 얽힌 '증언'을 강조하는 일이었다. 만일 첫 번째 사항이 의도에 없었다면 16절을 굳이 첨언할 이유가 없었겠지만, 장애인 치료 사후(事後) 이야기 전개의 필연성에 비추어 치유의 주체, 원인을 밝히지 않을 수 없었다. 그렇기 때문에 16절의 내용이 덧붙여지게 된 것이다. 따라서 13-15절을 16절로 마무리하고, 다시 예수 죽음의 책임과 관련된 17-26절을 재론함으로써 저자가 베드로 설교를 통해 역점을 두어 강조하려는 예수의 죽음과 부활에 관한 케리그마를 달성하게 되는 것이다.

3. 변화 촉구(행 3:17-26)

1) 회개 요구

(1) '무지'(無知) 모티프

누가는 논의가 다음 단계로 이전됨을 알리는 수사적 표현을 남기면서 새로운 이야기로 베드로 설교가 옮겨가도록 한다. '그리고 이제'(kai nun)[29]라는 말의 첫 부분 삽입이 담화의 나눔이나 분리의 표시 기능을 한다.

29 이 표현이 그 같은 기능을 하는 것은 행 20:22, 25에서도 발견된다.

> 그리고 이제 형제들이시여, 여러분과 여러분의 지도자들은 알지 못해서 그렇게 행동했다는 것을 제가 알고 있습니다.(행 3:17)

본문은 유대인과 그 지도자들이 '알지 못해서' 그런 짓을 행했다는 말로, '무지'를 행동의 모티프로 끌어들인다. 그렇지만 '무지'는 '깨달음'으로 변화될 수 있다. 그렇게 바뀔 수 있는 가능성을 바로 베드로 자신의 경우를 통해 시사를 받게 된다. 누가의 복음서에서 베드로는 그 스스로 예수를 '부인(否認)했던' 사람으로서, 통곡하고 뉘우치며 '변화된' 새로운 모습을 보인 바 있다.(눅 22:34, 54-62) '무지', '부인' 등은 '깨달음', '시인'(是認)으로의 변화를 극적으로 드러내는 매우 유효한 동기들로, 수사적 의미를 지닌다.

앞에서는 '오해 동기'가 작용했는데, 여기서는 '무지(無知) 동기'가 제시된다. 즉, '해석의 교정'을 앞세워 상대방의 숨은 의도를, 악의와 상관없는 '무지', 곧 '선의'로 만들려는 것이다. '모름'은 충분히 양해될 수 있는 원인이기 때문이다. 이를테면 '이해'의 결핍, 또는 '해석'의 오류나 착오를 거론하여 담화의 전개 실마리로 삼고, 상대와의 교감의 폭을 넓히려 한다는 뜻이다. '잘못 알거나 모르는' 이런 오류의 언급은, 설교 대상이나 유대인들에 대한 '호의'가 전제된다. 발언자는 상대방의 잘못을 용납하고 받아들이려는 목적을 갖고, 그들 편에서의 입장을 먼저, 선제적으로 대변한다. 상대의 처지를 먼저 옹호하고 나서는 셈이니, 책임 추궁이나 잘못을 따지려는 의도가 우선적인 것이 아니다. 따라서 문제를 거론하는 이유는 다툼이나 시시비비 가름이 목적이 아니다. 어쩌면 상대편에게 면죄부를 주기 위해서, 심하게 말하면 상대방에게 영합하기 위한 의도로 발언의 운을 뗀 것이 아닌가 의아스러울 정도다. 이 점은 본문 17절에서 베드로가 '형제들이여'라는 친근한 호칭을 부르면서 종교적 동질성, 또는 민족적 연대의식을 토로하며 설교하고 있는 점에서도 시사받게 된다. 그렇게 보면 '무지 동기'를 '면죄 동기'로 파악해도 지나치지 않을 듯싶지만, 사실은 무지가 원인이 되어 야기된 잘못이라 해도, 그 책임이 '전혀 없음'으로 무화(無化) 되는 것은 아니다. 19절에서 제시되듯, '회개'의 필요, '죄 없이 함' 받음을 언급하는 것은 '무지가 무죄'를 뜻하는 것이 아님을 가리킨다. '무지'가 양해, 또는 책임의 '경감'(輕減) 사유는 될 수 있을지언정, 전적인 면책, 또는 면죄 이유로만 받아들이기 어려운 까닭이 거기 있다. 물론 상대의 잘못을 양해하려는 의도가 아닌, 잘못의 원인을 단순한 무지로 인식하는, 영합이나 옹호와는 상관없는 '무지의 사실적 진술'도 있을 수 있다. 이를테면, 누가복음 23:34, 사도행전 13:27, 17:30 등에 나타나는 '무지' 언급은 이에 해당될 것이다.[30]

이러한 호의가 전제된 '무지 동기' 언급을 통해 유대인의 죄의식을 '일깨우면서도 동시에 경감시키는' 미묘한 이중성을 보여준 저자는, 이어지는 18절에서 그리스도의 고난이 미리 '예고된 사건'이었고 '사전 계획'된 것이라는 점을 제시하면서 하나님의 섭리를 함께 나타낸다. 이 섭리 주제는 일견 '무지 동기'와 일맥상통하는 측면이 있으면서도, 하나님의 섭리를 또 다른 한편으로 강조하여 드러내는 표현으로 읽힐 수 있다.

그런 섭리를 연상하게 하는 '예고' 관련 진술이 18절에 이어진다.

> 그러나 하나님께서는 모든 예언자의 입을 통해서 그분의 그리스도가 고난 받으시게 됨을 미리 알리신 것을 이와 같이 이루셨습니다.(행 3:18)

위에서 언급했듯이, 그리스도의 고난은 예언자를 통해 '미리 알리신 것'을 이루도록 하신 것이다. 그렇기 때문에 그것은 하나님의 '사전 계획'에 따라 달성된 것이다. 저자는 이 점을 의도적으로 환기시킨다. 여기에는 초기 기독교인들이 '그리스도의 고난'에 관한 참담한 고심의 흔적이 어린 듯하다. 즉, 신적 존재인 그리스도가 어찌 고난을 받을 수 있으며, 그의 고

30 고전 2:8도 유사한 사례가 될 것이다.

난을 하나님은 왜 수수방관하였는가? 그런 고난을 겪은 이에게서 과연 '그리스도'를 발견하여 그를 인정할 수 있단 말인가? 이 같은 종류의 질문과 난제들 앞에서 다양한 답변들이 마련되고, 나름의 신학적 해명과 주장들이 제기되었을 것임은 당연하다. 누가는 그러한 질문들 앞에서 한 가지 중요한 답변을 여기 제시한다. 예수의 고난은, 하나님의 거대한 계획과 사전 구상 끝에 집행된 섭리의 일환이었다는 해명이다. 이런 해명의 의도로 '미리 알리심'을 언급하는 것이다.

그렇다면, 앞서 논의됐던 알지 못해 지은 잘못에 대한 책임은 어느 정도까지 추궁되어야 할 것인가? 모르고 범한 잘못에 대해 중한 책임을 묻는다면 당사자들로서는 억울함을 느끼지 않을 것인가? 이런 질문을 연상한 듯이, 누가는 '회개'의 기회를 말한다. 모르고 범하긴 했지만, 그것이 '잘못'인 한, 그 과오를 해결하고, 그 문제 논의의 그늘에서 벗어나야 한다. 그 계기를 '회개'를 언급함으로 제시한다. "그러므로 여러분은 회개하고 돌이켜서 여러분의 죄가 씻어지도록 하십시오."(행 3:19)

(2) 회개

누가는 이곳에서와 마찬가지로 사도행전 26:20에서도 '회개하다'(metanoein)[31]와 '돌아서다'(epistrephein)라는 두 개념을 연달아 제시한다. 바울이 아그립바 앞에서 했던 발언 중에 이 용어들이 등장한다.("먼저는 다메섹에 있는 사람들에게, 다음은 예루살렘과 유대 온 지방 사람들에게, 나아가서는 이방 사람들에게까지 회개할 것과 하나님께 돌아와서 회개에 합당한 일을 행할 것을 전했습니다.") 이 두 '회개, 돌아섬'의 표현 사이에 어떤 상관관계가 있는지를 밝히기는 쉽지 않다.[32] 이 말들과 관련하여 고려

31 '회개'와 관련, 본서 제3장의 행 2:38 해석 부분을 참고. Cf. 회심에 관한 논의를 위해서는 다음을 참고할 것: François Bovon, *Luc le théologien*(Genève: Labor et Fides, 1988), 289-307.

32 참고. 유상현, 『사도행전 연구』(서울: 대한기독교서회, 1996), 408-409.

될 사항은 다음 질문과 같은 것들이다. 곧, '회개와 돌아섬', 이 둘이 연속적으로 벌어지는 일들을 두 단계로 따로 구분하여 지칭하는 것인가?[33] 아니면, 이 표현들이 단일한 행동 방식의 두 다른 측면을 가리키는 것인가?[34] 또는 헨헨의 이해처럼 두 개념이 각기 다른 뜻을 갖는가? 그에 의하면 두 말이 동시에 등장할 경우, '회개하다'란 '악으로부터 떠난다'는 의미를 강조하고, '돌이키다'는 새로운 방향으로 향한다는 것, 곧 하나님을 향하든, 새로운 생활을 향해 가든(행 26:20), 새 방향으로의 지향을 뜻한다고 본다.[35] 하지만 여기 사용된 단어들 자체의 의미가 애매한 탓에 이런 문제에 대한 명백한 답변을 제시하기가 쉽지 않다. 다만 지적할 수 있는 것은, "저자가 회심에 관해 기술하면서, 미묘한 뉘앙스의 차이를 지니는 단어들을 의도적으로 사용함으로써 회심이 갖는 의미의 풍요로움을 확보하고 그 뜻을 심화시키려 하고 있다는, 누가의 문학적 감수성"[36]을 엿볼 수 있다는 점이다.

물론 여기서 베드로가 '돌이키다'란 말이 '누구에게', '어느 곳, 어느 장소'로 향하라는 것인지 명시하지는 않았다. 하지만, 적어도 사도행전 26:20에서 보인 누가의 이해에 의하면, 회심은 '하나님께로(epi ton theon), 하나님을 향해 돌아서는 것'이다. 다시 말해, "어떤 심리적 전향이나, 정신의 경사(傾斜)를 일컫는 내면적 움직임을 말하지 않고 있다는 것이다. 그것은 어떤 한 '인격'에 대하여 입장을 정하는 것이고, 그 인격과 관련된 태도를 표명하는 것이다. 즉, '하나님을 향하여 돌아서기', 하나님이라는 인

33 예컨대 콘첼만은 이 두 개념을 따로 구분한다. 하나는 '마음의 변화'이고, 다른 하나는 '행동의 변화'라는 것이다. Hans Conzelmann, *Acts of the Apostles*, 29; Hans Conzelmann, *The Theology of St. Luke*, tr. by G. Buswell(London: Faber and Faber, 1960), 100.

34 Augustin George, *Etudes sur l'oeuvre de Luc*(Paris: J. Gabalda, 1978), 361-364.

35 E. 헨헨, 『사도행전 I』, 329.

36 유상현, 『사도행전 연구』, 409.

격과의 관련성에 강조점이 있다는 것이다."[37]

특히 본문 맥락 사도행전 3:26에서, '돌이키다'란 말이 '악함을 버리다'란 말과 연관되어 나타나고 있다는 점을 심각하게 감안한다면, '회개하다, 돌이키다'란 말을 어떤 '고정된 이해'로 확정하여 제한할 필요는 없을 듯하다. 이를테면, '악함을 버리고'(회개와 상응), 하나님을 향하여 '돌아서' 나아가는, 전격적 새로운 삶을 가리키는 표현으로 이 두 용어가 어울려 쓰인 것임을 인정할 수는 있다. 그러나 그 개개의 본뜻을 명확히 구분하여 배타적으로, 구체적으로 특정하기란 쉽지 않다는 말이다. '악함을 버림'과 '하나님께 돌아섬'은 본질적으로 상호 관련된 것이고, 이 둘이 결합하여 이루는 의미를 누가가 본문에서 지목한 것으로 보이기 때문이다.

또한 본문에서 이 두 동사는 모두 명령형으로 제시되고 있음도 주목할 필요가 있다. '회개하라, 돌이키라'는 명령에 따라, 모인 예루살렘의 유대인들이 '회개하고 돌이키면', 그들의 '죄가 씻어지게' 된다는 점을 일깨운다. 여기 '씻어지다'[38]란 은유적 단어를 사용함으로, '죄'라는 실체가 더러운 것이며 그 더러움은 깨끗이 없앨 수 있는 것이라는 사유, 또는 은유적 형상화가 반영되었다. 이 동사는 '신적 수동태'(divine passive)로 이해되는데, 이 경우 죄를 씻어주는 주체는 하나님임을 짐작할 수 있다. 누가가 '회개'와 '죄 사함' 사이에 긴밀한 연관성을 부여하고 있음은 새삼스런 지적이 아니다.[39] 이런 통찰은 명백히 구약적 전통에서 비롯된 것이다. 구약,

---

37 *Ibid.*

38 여기에 'exaleiphein'이란 동사가 사용됐는데, '씻다, 닦다, 제거하다'란 우리말로 번역될 수 있을 것이다. Walter Bauer, *A Greek English Lexicon of the New Testament and Other Early Christian Literature*, 3rd ed. rev. by F. W. Danker (Chicago: Univ. of Chicago Press, 2000), 344–345.

39 눅 24:47, 행 2:38, 5:31, 8:22, 26:18(Cf. 행 11:18)에서 이런 명시적 연결을 발견한다. Jacques Dupont, "Repentir et conversion d'après les Actes des Apôtres," in *Etudes sur les Actes des Apôtres*(Paris: Cerf, 1967), 440–442; Jacques Dupont, "La conversion dans les Actes des Apôtres," in *Etudes sur les Actes des Apôtres*(Paris: Cerf, 1967), 460–465.

특히 예언서에서 흔히 발견되는, '우상 숭배'를 뉘우치고 하나님께 돌아서면 '사죄'(赦罪)를 받게 된다는 패턴이 여기서도 적용된 것으로 보인다.

이런 '회개', '사죄'의 역동적 변화가 발생하게 되는 모습은 '종말적 상황'을 연상시키는 것이요, 그런 뜻에서 베드로가 '종말적 의미'로 채워진 개념들을 20-21절에서 잇달아 소개하는 것이 낯설지 않다. 베드로는 유대인의 '회개와 죄 사함'을 언급한 후, 곧이어 다음 발언을 계속한다.

> 그러면 상쾌하게 되는 날이 주님 앞[尊前]으로부터[40] 오게 될 것입니다. 또 주님께서 여러분을 위해 미리 정하신 그리스도, (곧) 예수를 보내실 것입니다.(행 3:20)

여기서 '그러면'으로 번역된 'hopos an'이 앞의 '회개와 사죄'와 연관이 있는 듯한 인상을 받는다. 마치 회개하면, 그 결과 '상쾌하게 되는 날'이 도래할 것이라는 '원인과 결과'의 인과론적 전후관계로 파악될 여지가 있는 것 같은데, 실상은 그렇게 보기 어렵다. 만일 'hopōs an' 이하를 목적절로 이해한다면,[41] 본문은 '그렇게 하여 상쾌하게 되는 날이 주님 앞으로부터 오게 되도록 해야 할 것입니다'라고 이해돼야 할 것이다. 그런 식으로 해석해도 회개와 '상쾌의 날'이 긴밀한 연관을 갖고 결과적으로는 인과적 이해를 낳을 수 있게 된다. 그러나 누가는 '회개'가 필연적으로 종말적 '그 날'을 불러온다는 이해를 갖고 있지 않다는 점을 감안한다면, 이런 해석은 지양해야 한다. 그렇다면 이 부분을 번역하는 데 어려움을 겪지 않을 수 없는데, 현실적인 것은 명백한 목적절로 이해하지는 않으면서, 전후가 인과율로 묶이지 않은 형태로 옮기고, 또 그렇게 해석하는 방식일 것이다. 그런 고심 끝에 여기서는 '그러면'이라는 완화된 표현을 사용하고자

40 이 말은 직역하면 '주님의 얼굴로부터'(apo prosōpou tou kuriou)가 될 것이다.

41 Luke T. Johnson, *The Acts of the Apostles*(Collegeville: Liturgical Press, 1992), 69.

한다. 다만 거기에 인과율의 족쇄는 풀어놓고 읽어야 될 것이다.

"상쾌하게[42] 되는 날"이란 독특한 표현은 묵시적 용어로, 신약에 이곳에서만 발견된다. 이 말은 제4에즈라서 11:46에서 찾을 수 있는데, 거기서 이 표현은 종말적 징계에 앞서 이스라엘에게 허용되는 메시아적 휴지기(休止期), 일종의 '숨 돌리는 시간' 정도로 이해된다.[43] 그러나 누가가 기술한 본문의 의미는 그런 최종 시점 직전의 상당 시기로 보기는 어렵다. 이를테면 최종 종말시가 아닌 승천과 재림 사이의 일시적 중간기[44]를 뜻하는 것으로 보기는 어렵다는 뜻이다. 그보다는 이때가 '종말의 마지막 결정적 시점'을 가리키는 것으로 이해하는 것이 온당할 것이다. 왜냐하면 그날은, '예수를 보내는 날'이란 같은 절("주님께서 여러분을 위해 미리 정하신 그리스도, 예수를 보내실 것입니다.")에서의 규정이 못 박고 있기 때문이다.

물론 여기 거론되는 종말적 묘사의 시점들이나, 그 관계가 분명한 것은 아니다. 즉, 20절의 '상쾌하게 되는 날'과 '예수를 보내실 때(즉, 재림시

---

42 '상쾌함'으로 번역한 'anapsuxis'란 말은 '숨 쉬는 공간(출 8:15-칠십인역), 이완, 회복,' 또는 '바람 불어 시원함'('cool by blowing'-Homer, Odyssey 4.569; Herodotus, History 7.59.3) 등의 의미를 갖는다고 한다. Joseph A. Fitzmyer, *The Acts of the Apostles: A New Translation with Introduction and Commentary*, 288. 이 말의 영문 번역은 'times of refreshing'으로 옮긴 사례(NIV, NASB, NRSV 등)가 많고, 우리말 번역은, '새롭게 되는 날'(개역개정, 개역판은 '유쾌하게 되는 날'), '편히 쉴 때'(새번역), '생기를 찾을 때'(천주교 주교회의 성경), '시원한 안식의 시대'(천주교 200주년 성경) 등으로 다양한 모습을 보이는데, 번역자들이 고심한 흔적을 보는 듯하다. 이들 우리말 번역들은 각기 나름대로 의미 있는 새김들로 여겨진다. 하지만 우리는, 비록 온전히 만족스런 선택으로 받아들이기는 어려우나, 좀 더 직설적으로 '새로움과 시원함'을 강조하는 뜻에서 '상쾌함'이란 용어를 채택한다.

43 Daniel Marguerat, *Les Actes des apôtres(1-12)*, 132.

44 예컨대, Dennis Hamm, "Acts 3, 1-10: The Healing of the Temple Beggar as Lucan Theology," 208; Charles K. Barrett, *A Critical and Exegetical Commentary on the Acts of the Apostles*, vol. I, 205.

기)', 그리고 21절의 '만물을 회복하실 때'의 세 시기 사이에 어떤 관계가 있는지 확실하지 않다는 뜻이다. 세 시점이 같은 때를 가리키는지, 각기 다른 것, 또는 두 다른 시점을 지시하는지 명백히 드러나지 않는다. 의미상 '상쾌하게 되는 날'과 '만물의 회복 시기'는 같은 때로 보기가 용이하고, 그때는 최후적 종말의 결정적 시점[45]을 뜻할 수 있다. 그런데 이 두 묘사 사이에 놓인 '예수 보내실 때'가 '회복 시기'와 같을 경우, 그때까지 '하늘이 그를 받아 둔다'(21절) 할 경우, 두 시기가 같은 때일 수도 있고, 예수 재림이 먼저 발생하고, 그 후 회복 시기가 온다고 하면 다른 때일 수도 있다. 이 문제를 확실히 해결할 실마리는 찾기 어렵다. 어쩌면 누가는 그 같은 구분된 시간에 대한 고려를 하지 않고, 이 세 시점을 동일한 '날과 때'로 상정하여 표현했을 가능성이 있다. 다만 19절의 '회개하고 죄 사함'을 받는 것과 '상쾌하게 되는 날'이 '그러면'(hopōs)이란 접속사와 연결되어 결국 세 종말 묘사와 관련된다고 보게 되는데, 그렇다 해도 회개 이후의 어떤 시간, 그것이 길게 갈 수도 있고, 짧게 갈 수도 있는 어떤 일정 기간이 지난 후, 결정적 최후 시점, 곧 예수 재림의 시기가 도래할 것이라고 이해한 듯하다. 그리고 그때는 '사무엘 이후 모든 예언자들이 가리켜 말한' 바로 그 시점(24절)을 의미한다.

(3) 선재(先在)/회복

이 구절에는 누가판(版) '선재론'이 등장한다. 이것은 여타 다른 신약의 선재론과는 종류가 다르다. "또 주님께서 여러분을 위해 미리 정하신

---

45 이와 다른 견해: Ben Witherington III, *The Acts of the Apostles: A Socio-Rhetorical Commentary*(Grand Rapids: Eerdmans, 1998), 186. 이 학자는 여기 사용된 단어들이 '복수'로 사용되었음을 주목하여, 누가의 관점에서 본 '현재와 미래의 어떤 기간'을 상정한다. 그러나 복수 표현이 곧 '상당 기간'을 필연적으로 의미한다고 보기 어렵다. 시간을 지시하는 의미의 특성에 비추어 '시간들(chronoi), 때들(kairoi)'이 단수적, 또는 대표적 의미로 이해될 가능성이 있다.

그리스도, (곧) 예수를 보내실 것입니다." 베드로를 통해 제시된 누가의 메시아 이해를 이 구절에서 엿볼 수 있다. 예수가 메시아라는 것은 '미리 정해진' 사실, 다시 말해, 예수는 미리 앞서서 메시아로 지명되었다는 것이다. 그리스도의 존재론적 선재가 아니라, 그리스도란 명목의 선재라고 말할 수 있는 측면인데, 물론 그 본질은 같다고 간주되지만 표현의 지향이 다르다. 이 점은 메시아에 대한 유대인의 민족적 기대와 관련된 설명과는 성격이 다르다. 예수가 유대민족이 대망(待望)했던 메시아냐 아니냐의 논의를 넘어서는 주장이다. 즉, 예수의 정체에 대한 다른 이의나 설왕설래를 원천적으로 봉쇄하는 그의 메시아 자격론에 관한 선언적 주장이다. 예수는 '미리 정해졌던' 메시아란 것이고, 그를 하나님께서 다시 보내실 것이란 말이다. 그리고 그를 다시 보내심은 예루살렘의 주민인 "여러분을 위해" 이룬 것이라는 해석이다. 회개하고 돌아서는 유대인을 위해 하나님이 예수를 보내시리라는 뜻도 되지만, 하나님이 예수를 "여러분을 위해" 보내실 것이니 회개하고 돌아서라는 뜻도 배제되지 않는다. 이를테면 누가가 갖는 유대인에 대한 포용의 의미가 겹쳐 나타나는 것이다.

이처럼 '예수를 보내실 분'이신 그 주님이, 회복의 날을 이루게 될 주체, 곧 하나님이시다.("상쾌하게 되는 날이 주님 앞으로부터 오게 될 것") 이 하나님이 예수에 대해 예언자들을 통해 말씀하셨다고 이어지는 21절은 말한다.

> 이분(예수)은 하나님께서 영원 전부터 그분의 거룩한 예언자들의 입을 통해 말씀하셨듯이, 만물을 회복하실 때까지는 하늘이 그를 받아두어야만 할 것입니다.(행 3:21)

이 구절 중 "만물을 회복하실 때"에 표현된 '회복'이란 말 역시 묵시적 용어로 신약 중 유일하게 여기서만 등장한다. 여기 '만물'로 번역한 원어는 'pas'(모두, 모든 것, all)이다. 즉, 이 말은 '삼라만상(森羅萬象) 세상의 온갖 것'이라는 뜻으로 일반적으로 이해될 수 있다. 거기에는 '사람들, 사물들'이 포함되는, 포괄적 의미로 받아들여야 할 것이다. 이 말을 제한적으로, '모든 이스라엘 사람들'이라고 좁게 이해하는 이도 있다.[46] 하지만 이스라엘 민족의 '보편적 구원'에 관한 종말론적 언급을 문맥에서 찾기 어렵다는 점에서 이를 수용하기는 어렵다.

이미 위에서도 언급했지만, 20절의 '상쾌하게 되는 날'과 21절의 '만물을 회복하실 때'는 필연적으로 서로 상관이 있는 개념들임이 분명하다. 동일한 개념을 달리 표현했을 수도 있고, 하나가 다른 하나를 설명하거나 보완, 또는 조명하는 역할을 했을 수도 있다. 하지만 어찌 됐든 결과적으로는 두 표현이 동일한 시간, 곧 '예수의 내림(來臨)'을 가리키고 있는 것으로 이해하게 된다. 그런데 20절과 21절의 종말적 '시간'을 지시하는 표현이 전자는 'kairoi', 후자는 'chronoi'라는 낱말로 나타난다. 따라서 사용된 용어의 미묘한 의미 차이에 대해 논의가 가능하다. 어떤 이는 'kairoi'가 종말 시기의 '시작점'을 시사하고, 'chronoi'는 그 시기의 '지속'을 의미하리라는 추측을 제시하기도 한다.[47] 하지만 비록 'kairos'와 'chronos' 사이에 의미의 차이를 아주 무시할 수는 없겠지만, 본문에서 그 차이를 그 같은 방식으로 구분하는 것은 지나치게 기계적 또는 인위적인 해석이 될 듯하다. 또한 여기서 '복수'로 시간개념을 표시한 것 역시 큰 의미를 두기 어려운 일반적 표현으로 여겨진다. 이런 시간 지시어들은 누가가 가리키는 예수 재림의 시점을 나타내는 평상적 표현이라고 보는 게 마땅하다.

본문 21절에 등장하는 '회복'(apokatastasis) 개념은 그 배경과 관련하여, 두 가지 의미를 짚어볼 수 있다. 1) 먼저, 이 말을 '원래 상태'로 되돌아간다는 뜻으로 보고, '어떤 상황'으로의 복귀를 가정할 여지가 있다. 이것

---

46 예컨대, Ben Witherington III, *The Acts of the Apostles: A Socio-Rhetorical Commentary*, 187, n. 91.

47 Joseph A. Fitzmyer, *The Acts of the Apostles: A New Translation with Introduction and Commentary*, 288.

은 창조 당시로의 회복, 곧 에덴에서 무죄한 아담 상황으로의 복귀를 뜻하게 된다.[48] 2) 또 하나는, 이 개념과 흡사한 표현이 등장하는 사도행전 1:6에 나타난 의미를 일컬을 가능성이다. 사도행전 1:6에서 제자들이 예수께 했던 질문("주님, 당신께서 이스라엘에게 나라를 회복하여 주실 [때가]이때입니까?") 속에 '회복'(apokathistēmi)이란 말이 등장한다.[49] 물론 같은 단어는 아니지만 유사한 의미를 지닌 것으로 이해될 만한데, 거기서는 '이스라엘 주권의 회복'이라는 뜻으로 새길 수 있다. 이런 두 선택 중에서는 전자, 곧 창조 당시의 온전한 상황으로의 회복으로 이해하는 것이 좀 더 나을 것이다. '만물의 회복'을 언급하는 것으로 보아 '하늘과 땅'이 창조될 때 상황으로 돌아간다는 의미로의 재창조나 새로운 창조를 뜻하는 것으로 볼 수 있는데다가,[50] 본문 맥락이 종말론적 완성의 경지를 그리고 있다는 점에서 창조 시의 완전함, 이를테면 우주적 지평의 회복을 우선적으로 생각할 수 있기 때문이다. 게다가 여기서 누가가 이스라엘의 '민족주의적 주권 회복'을 거론할 이유도, 필요도 찾기 어렵다는 이유도 덧붙일 만하다.

(4) 시공간적 거리 설정

"만물을 회복하실 때까지는 하늘이 그를 받아두어야만 할 것"이라는 표현은, '그의 재림이 이뤄질 때까지는 그가 마땅히 하늘에 머물러야 될 것'이란 뜻으로 해석된다. 그렇다면 이 말에서 누가가 한꺼번에 담아놓은

---

48 Cf. 바레트가 소개하는 논의들. Charles K. Barrett, *A Critical and Exegetical Commentary on the Acts of the Apostles*, vol. I, 206; E. 헨헨, 『사도행전 I』, 330.

49 또한 여기 단락에 등장하는 'chronos'와 'kairos'란 단어들이 거기(행 1:6-7)에서도 복수형태로 사용된다.

50 이와 비슷한 의미로 사용된 유대문서들(예. 말 3:24, 사 62:1-5, 65:17, 66:22, 에녹1 45:4, 96:3, 제2에즈라 7:75, 91-95 등)을 Fitzmyer가 열거한다. Joseph A. Fitzmyer, *The Acts of the Apostles: A New Translation with Introduction and Commentary*, 289.

두 가지 암시를 간파할 수 있다. 하나는, '그의 재림과, 하늘에 머물 시기' 사이에 '시간상'의 간격을 상정한다는 뜻이다. 다시 말해 예수의 재림을 '어느 정도'의 시간이 지난 이후에 이뤄질 일, 곧 재림의 '상당한' 지연을 시사하고 있다는 것이다. 물론 지연된 시간 이후의 일이지만 재림은 반드시 벌어지리라는 점 역시 그 말에 담겨 있다.

또 하나는, 승천한 예수가 '머무는 거처'로 '하늘'이란 '물리적' 공간을 저자가 염두에 두고 있다는 점이다. 그 '하늘'을 오늘의 우주 개념으로 이해할 수는 없을 것이고, 당시 사람들이 가졌던, 초월과 내재가 공존했을 가촉(可觸)의 물리적 공간, 그 구상적 특정 어느 세계 속에 이미 '들려 올리우셨던'(행 1:9) 예수가 '머물고' 있으리라는 인식을 가졌으리라는 것이다. 이 점은 '하늘이 그를 받다'라는 표현에서도 발견된다. '받다' 동사는 예수의 승천(행 1:9-11)을 '하늘 편'에서 관찰한 시각을 드러낸다. 그를 받는 하늘은 물리적 가시 공간임이 전제된 것이고, 화자의 시각이 하늘 위에 놓인 채 '예수를 받아들이는' 형국을 그렸다면, 그것은 결국 하늘 아래와 하늘 위가 그를 '주고받을 수 있다'는 세계관이 암시된다. 즉, 그것은 하늘 '아래와 위' 사이에는 근본적으로 초월의 단절만이 아닌, 동질적 공간체계가 존재한다는 점을 가리키는 것이다.

'만물의 회복', '하늘이 예수를 받음'과 같은 일들은, '영원 전부터 예언자들'이 말했던 바가 이뤄진 것이라는("영원 전부터 그분의 거룩한 예언자들의 입을 통해 말씀하셨듯이"), 저자가 누가복음 1:70("영원 전부터 그분의 거룩한 예언자들의 입을 통해 말씀하신 바와 같이")에서도 표현했던 묘사를 다시 제시한다. 즉, 종말적 최후와 예수 재림에 관한 것은, 예언자 전언(傳言)의 '총체적 내용'과 관련되어 있고, 예언자의 메시지 일반이 이 문제를 말하고 있다는 누가의 해석이다.

한편, 이미 소개한 바 있듯이, 뷔띠까즈(Butticaz) 같은 사람은, 이와 같이 유대민족의 종말론적 회복을 거론하며 회개를 요구하는 베드로 발언의 배후에는 장애인의 치료를 이스라엘 민족의 회복과 연계시키려는 누가의 의도가 숨어 있다고 본다.[51] 마치 치료된 장애인의 경우에서처럼, '그 이름을 믿으므로, 그 이름이' 그 사람을 '온전하게' 하였듯이, 이스라엘 사람들이 '회개하고, 죄 사함을 받으면', '상쾌하게 되는 날', '만물이 회복되는 때'를 보게 되며, 민족적 '온전함'을 겪게 될 수도 있을 것이라는 은유적 시사를 17-21절에서 읽게 된다는 것이다. 앞에서 지적한 바대로, '회개하면' 반드시 유대인의 회복이 따르리라는, 기계적 인과율의 적용에 매달리지 않는다면, 그리고 '그 이름을 믿으면 반드시 온전함을 얻는다'는 인과율적 필연성을 고집하지 않는다면, 그런 이해도 본문 저변의 다의성(多義性)을 파악하는 데 유용한 통찰을 제공한다고 평가할 만하다.

2) 성서의 증거(행 3:22-24)

21절에서 "하나님께서 영원 전부터 그분의 거룩한 예언자들의 입을 통해 말씀하셨듯이"라고 말한 베드로의 발언이 있었다. 그렇기 때문에 이어지는 22절에서, 그 '회복과 재림'에 관한 '예언자들의 입을 통한 말씀'을 거론할 것이라는 예상을 하게 된다. 그 예상과 대체로 부합되게, 아래에서 보듯 22절 이하 내용은 21절을 받아 예언자들에 관한 언급을 덧붙인다.

베드로의 발언은 아래와 같이 진행된다.

> 22절모세가 말하기를, '주 하나님께서 너희를 위하여 너희 형제들 가운데서 나와 같은 한 예언자를 세우실 것이다. 무엇이든지 그가 너희에게 말씀하는 모든 것을 들어라. 23절누구든지 그 예언자의 말을 듣지 않는 사람은 백성 가운데서 멸망당할 것이다'라고 하였습니다. 24절또한 사무엘 시대로부터 뒤이어 나타나 말했던 모든 예언자들도 이 날들을 가리켜 선포하였습니다.(행 3:22-24)

51 Simon Butticaz, "Actes 3, 1-26: Le relèvement de l'infirme comme paradigme de la restauration d'Israël," 186 등.

21절의 '거룩한 예언자들' 가운데 처음 열거된 예언자로서 모세는, 하나님께서 '자기와 같은 예언자'인 예수를 세우리라는 말을 한 것으로 제시된다. 이 말('예언자 세움')은 우선적으로 예수의 '첫 번째' 지상 내림을 가리키는 것이 분명하다. 모세가 예수의 처음 세상 오심을 예언했다는 것이다. 그러나 이 말을 좀 더 넓게 이해할 수도 있다. 이것을 그의 '처음 오심'에만 국한한 것으로 파악하기보다는, 예수가 지상과 '관계 맺는' 모든 형태와 존재양식에 두루 관련된 표현으로 이해될 법하다는 뜻이다. 그렇게 되면 그의 초림(初臨)이든 재림이든, 그의 오심, '세우심' 자체를 모세가 얘기한 것이라 보아도 큰 무리가 없다. 물론 '세우심'이란 말에 여러 의미를 부여할 여지가 있기는 하다. 예수를 처음 세상에 내보낸다는 의미, 그를 죽음에서 부활시킨다는 의미, 그의 재림을 가리킨다는 의미 등, 예수 생애의 중요 고비를 시사하기에 적합한 단어의 뉘앙스가 깃들어 있다는 것이다.

누가의 베드로는 예수를 '모세와 같은 예언자'로 인식한다. 이런 '예언자 예수' 이해는 뚜렷한 누가의 기독론을 대변한다. 사도행전 7:37에서도 동일한 예수 이해가 다시 등장한다. 그러나 예수를 '모세와 같은 예언자'로 인식한다고 해서, 예수를 '모세' 또는 '새로운 모세'로 파악하는 것은 아니다. 그것과는 구분되어야 한다. 이 단락에서 모세를 언급하는 것은 그의 예언 '내용'을 거론하기 위한 것이지, 그의 '인격'을 예수와 비견하기 위해 소개하는 것은 아니다.[52] 예수를 '예언자'로는 이해하지만, 그를 '모세'로 간주하긴 어렵다. '같은'이란 표현이 '인격의 동질성'을 의미하는 것이 아니라, 맡은 역할의 유사성을 지칭하기 위해 사용된 것이기 때문이다. 그렇지만 모세와 '같은'이란 말을 씀으로써 예수와 모세 사이에 모종의 유형론(typology)적, 유비적 연관이 있음을 아주 배제하지는 않는다. 그 연

52 François Bovon, *Luke the Theologian,* 2nd rev. ed.(Waco: Baylor Univ. Press, 2006), 103. 보봉도 예수를 '새로운 모세'로 간주하는 것은 오류라고 본다.

관은 모세가 유대역사에서 갖는 출애굽을 이끈 해방자로서의 강력한 지도자 이미지와 직결된다. 모세가 가졌던 이런 '지도자'상(像), 유대민족을 노예상태로부터 구원했던 '해방자'의 이미지[53]가 예수에게도 적용되고 투사(投射)되는 것을 배제할 이유는 없다. 하지만 그럼에도, 모세가 예수를 조명하게 하는 모델 역할을 하는 것이 아니라, 예수를 통해 모세의 존재의미가 되새겨지는, 그 새김의 우선순위가 예수에게 배타적으로 집중돼 있다는 점을 상기할 필요가 있다. 모세 자신의 업적, 역할, 인격에 누가의 관심이 모인 것이 아닌, 예수 설명을 위한 역할에 그를 거명하는 이유가 있었던 것이다.

그런데 '모세와 같은 예언자'를 종말론적 대망의 기대를 안고 기다렸다는 기록이 쿰란 문서(4QTest/4Q175 5-8)와 사마리아 문서들에서도 발견된다는 지적이 있다.[54] 어쩌면 누가는 그런 주변 문서 속의 주장을 기독론적인 시각으로 재조정하여 자신의 기록 속에 용해시켰을 가능성도 있다. 하지만 이런 기록의 기원과 출발점에 관한 정확한 이해가 중요한 것이 아니다. 중요한 것은, 이런 '모세 같은 예언자 예수'에 관한 인식을 누가가 자신의 것으로 삼아 그 신념을 자기의 글 속에 펼쳤다는 데 있다. 모세가 말했다고 인용된 구절은 신명기 18:15-19(칠십인역)에서 선택적으로 차용한 것이다.[55] 23절의 '멸망당할 것'이라는 표현은 어쩌면 구약에서 흔히

53 참고. 행 7:35 — "그들의 말이, 누가 너를 지도자와 재판관으로 세웠느냐? 하며 거절했던 그 모세를 하나님은 가시나무 떨기 가운데서 보이던 천사의 손을 통해 '지도자와 해방자'(archonta kai lutrōtēn)로 보내셨습니다."

54 물론 많은 양은 아니라는 지적이긴 하다. James D. G. Dunn, *The Acts of the Apostles*(Valley Forge: Trinity Press International, 1996), 47; Daniel Marguerat, *Les Actes des apôtres(1-12)*, 135. Cf. François Bovon, "La figure de Moïse dans l'oeuvre de Luc," in *L'oeuvre de Luc*(Paris: Cerf, 1987), 80.

55 신 18:15('주 너희의 하나님께서 너희의 형제 가운데서 나와 같은 예언자 하나를 세워주실 것이니, 너희는 그(그의 말)를 들어야 한다.')와 신 18:17-19('그 때에 주께서 내게 말씀하시기를 그들이 한 모든 말이 옳다. 나는 그들의 형제 가운데서 너와 같은 예언자 하나를 세워, 나의 말을 그의 입에 담아 줄 것이다. 그는, 내

발견되는 공동체로부터의 끊어짐을 의미하는, 배제와 축출의 상투적 표현이 배경에 있을 듯하다.[56]

흥미 있는 점은, 이 설교에서 베드로가 묘사하는 예수의 모습과, 사도행전 7장에서 스데반의 설교 중에 묘사하는 모세의 모습에서 적지 않은 유사요소, 병행점들을 찾을 수 있다는 것이다. 이를테면, 다음 같은 것들이 있다.[57] 1) 신명기 18:15의 인용: 사도행전 3:22, 7:37, 2) 출애굽기 3:6의 반영: 사도행전 3:13, 7:32, 3) 'arneomai'(부인하다)란 동사 사용: 사도행전 3:14, 7:35, 4) 예수와 모세에게 적용된 비슷한 그리스어 칭호들: 'dikaios'(의로운 분), 'archēgos'(지으신 분. 곧, 생명을 지으신 분, 또는 생명의 근원)−사도행전 3:14, 15. 'archōn kai dikastēs'(지도자와 재판관)−사도행전 7:27, 35, 5) 예수의 돌아오심(행 3:20−21)과 모세의 돌아옴(행 7:34−37), 6) 이 두 군데 말고는 사도행전에 모세−예수의 병행구가 존재하지 않는다는 사실, 7) '언약' 용어의 사용: 사도행전 3:25, 7:2−8, 17 등이다. 이러한 병행적 사실들이 가리키는 것은, 누가가 예수를 '모세와 같은 예언자'의 모습을 보여주기 위해 서술의 내용은 물론이거니와, 표현상의 양식, 곧 수사(修辭)적 형식에도 관심을 기울였고, 그 결과 예수는 모세와 같은, 또는 그를 능가하는 예언자적 존재로 제시되기에 이르렀다는 점이다.

여기서 모세를 등장시키는 누가의 의도는 분명하다. 모세는 유대인들에게 거의 자동적으로 율법을 연상하게 한다. 물론 모세가 율법을 홀로 제정하거나, 스스로 주도하여 만들어낸 것은 아니다. 다만 율법 전달의 중재

가 명령한 모든 것을 그들에게 다 말해 줄 것이다. 그가 내 이름으로 말할 때에, 그 말을 듣지 않는 사람은, 내가 벌을 줄 것이다.')의 내용 중에서 밑줄 친 부분을 누가가 인용한 것이다.

56 이런 축출, 멸절의 표현들은 예컨대, 출 30:33, 레 17:4, 9, 18:29, 19:8, 23:29, 민 9:13, 15:30 등등에서 흔히 발견된다.

57 Richard Zehnle, *Peter's Pentecost Discourse*(Nashville: Abingdon Press, 1971), 76−77.

자 역할을 수행했을 뿐이다. 하지만 이스라엘에게 율법이 수여된 것은 모세의 독보적 역할과 위상을 통해 달성되었음도 분명하다. 심지어 사도행전 15:21("옛 시대로부터 각 도시에는 '모세'를 전하는 사람이 있어서")에는 율법이 모세와 동의어로 쓰이는 사례를 발견할 수도 있다. 또 그 율법은 이스라엘에게 절대적 '권위와 복종'의 동의어로 쓰인다. 따라서 모세와 같은 예언자인 예수 역시 그의 말씀이, 마치 유대인들에게 율법이 갖고 있던 권위와 그에 대한 복종의 의미처럼, 반드시 복종하고 따라야 할 권위의 대상이라는 점을 자연스럽게 환기시키고 있는 것이다. 그의 모든 말씀은 '들어야' 할 뿐이다.(22절)

이 구절에서 강조되는 것은 예수의 '말씀'이다. 그의 말씀이 경청되어야 한다는 것인데, 물론 여기서 '말씀'과 '행동'이 비교되어 그 둘 사이에 어느 것이 더 중요하고 덜 중요하다는 지적을 하진 않는다. 그보다는 말씀을 '들어야'(akouein) 한다는 언급 속에 이미 실천과 행위의 의미가 포함되었음을 간과하기 어렵다. 그의 '말씀'을 강조한다고 해서 교훈과 가르침 자체에만 의미 부여하는 것이 아니다. 말씀을 듣고 따르는 실천적 행위가 이 표현 안에 깃들어 있을 것이라는 뜻이다.

이처럼 22-23절이 말하는 구조는 간결하다. 이전에 하나님은 모세를 세우셔서 그를 통해 토라를 허락하셨고, 이스라엘 백성은 그 토라에 복종했다. 따라서 이스라엘 민족의 정체와 귀속 여부는 토라 복종 여하에 본질적으로 달려 있었다. 그와 마찬가지로, 이제 하나님은 모세와 같은 예언자 예수를 세우셨다. '회복의 날'(21절)을 기다리는 새로운 공동체는 이 예수의 말씀에 복종해야 한다. '상쾌하게 되는 회복의 날'(19, 21절)을 바라는 종말론적 공동체의 정체와 거기 귀속 여부는 예수의 말씀에 복종하느냐 안 하느냐에 달려 있다는 것이다. 즉, 이스라엘이 토라 복종을 통해 정체와 귀속감이 드러나듯이, 새로운 공동체는 예수 말씀 복종으로 그 정체와 귀속 여부가 드러난다는 뜻이다. 그에게 복종하지 않는 자는 '멸망당할 것'(26절)이라는 말은 이 '귀속의 삼엄함'을 일깨운다. 그런 뜻에서 '멸망'

을 말하는 이 대목은 누가가 복음서에서 시므온으로 하여금 마리아를 향해 발언하게 했던 기록을 환기시킨다. "이 (아기)는 이스라엘 중 많은 사람들의 '망함과 흥함'을 위해, 그리고 비방 받는 표적이 되기 위해 세움을 받았습니다."(눅 2:34)

베드로의 발언은 단순히 '상쾌'의 새로움, '회복'의 재창조가 주는 긍정적 모습에 그치지 않는다. 그 구원의 개념들과 정반대의 대척점에서 부정의 의미를 극대화한 '멸망'도 말하고 있음을 살펴야 된다. 그렇다면, 누가가 유대인을 향해 품고 있었던 '구원과 심판'의 변증적 대립, 또한 승인과 거부 사이의 미묘하고 복잡한 태도의 일단을 엿볼 수 있게 된다. 유대인들을 향한 무조건적 수용도, 무조건적 배척도 아닌, 구원과 심판에 동시에 개방돼 있는 그들 민족에 대한 역동적 태도를 읽게 된다는 뜻이다. '구원, 심판' 사이 어디로 민족의 향방이 갈릴 것이냐는 것은 전적으로 유대인의 선택, 예수와 관련하여 '뉘우치고 돌아서는' 그들의 선택에 달려 있다. 따라서 예수는 '회복의 날'을 가져오게 하는 주체요, 그 '회복의 공동체'에 진입하게 만드는 주체인 동시에, 그 진입 여부를 결정지을 판별의 기준도 된다. 모든 것은 예수의 등장과 그의 말씀에 대한 복종에 달려 있다. 예수는 구속사 전개의 흐름과 판도를 구분 짓는 결정적 존재인 것이다.

베드로는 이 '새로운 날', 곧 예수가 가져다주는 '회복의 날'에 대해서 다른 예언자들도 되풀이 말했다고 전한다. "또한 사무엘 시대로부터 뒤이어 나타나 말했던 모든 예언자들도 이 날들을 선포하였습니다"(행 3:24)라는 말로 사무엘 이후의 '모든 예언자들'을 모세와 비교되는 존재들로 불러들인다. 그리하여 그들을 종말적 새로움, 예수의 재림, 그리고 심판에 관한 언급의 증인들로 내세운다. 누가에 의하면 '모든 예언자들' 메시지의 핵심은 예수의 재림과 종말, 심판에 관한 말씀에 모아져 있다. 누가에게는 모세 이후의 대표적 예언자가 사무엘이고, 사무엘로부터 기라성 같은 예언자 행렬이 새로 시작되는 것으로 이해된다. 그러나 모세를 인용하여 예수를 높이고, 새로운 신앙의 모습을 천명하는 베드로의 이 언급에도 불구하고, 나중 성전 당국자들은 베드로 일행을 곧바로 체포하는(행 4:1-3) 극히 부정적 반응을 보이게 된다.

3) 이스라엘의 구원

(1) 언약의 자손

베드로는 앞서 말했던 예언자들에 관한 언급을, 이스라엘 민족에 대한 긍정적 묘사를 위한 자료로 삼아 자신의 발언을 이어간다.

> 여러분은 예언자들의 자손들이며, 하나님께서 여러분의 조상들과 더불어 세운 언약의 자손들입니다. 하나님께서 아브라함에게 말씀하시기를, '너의 후손(씨)으로 인해 땅 위의 모든 족속들이 복을 받을 것이다.'라고 하셨습니다.(행 3:25)

이 구절의 배후에는 아마도 칠십인역의 창세기 22:18('네가 나에게 복종하였으니 세상 모든 나라들(민족들)이 네 후손(씨)으로 인해, 복을 받게 될 것이다')의 내용이 있었을 것이다. 본문은 이스라엘 사람들이 가졌던 특권적 지위와 우월성을 인정한다. '예언자의 자손이며 언약의 자손들'이 갖는 구속사에서의 위치는 특별한 것이다. 이 말은 이스라엘인이 '예언자들의 후손'이요 '언약의 상속자'라는 개념으로 이해될 것인데, 이것은 그들의 독특한 위치를 표현하는 랍비들의 관습적 어구이다.[58] 아브라함[59]에게 내린 '후손을 통한 복'이 특별하다는 점은 당연하다. 그런데 '아브라함과의 언약'은 본래 그 내용이, 이스라엘 민족에게만 국한되는 배타적 축복이 아니라 보편적 축복을 특징으로 한다. 이 점은, "땅 위의 모든 족속들이 복을 받을 것"이란 본문 묘사 속에 나타나 있다. 이것은 누가가 염두에 두

58 Daniel Marguerat, *Les Actes des apôtres(1-12)*, 136.

59 여기 느닷없는 아브라함 언급을 준비하기 위해, 설교 처음 부분인 행 13:3에서 '아브라함, 이삭, 야곱'을 운위한 듯하다.

는, 선교를 통해 펼쳐질 '구원의 보편적 확대'가 갖는 보편주의적 성격을 암시하는 표현으로 이해된다. 그렇다 해서 유대민족이 누리는 축복의 독특함이 무효화되는 것은 아니다. 이런 이스라엘이 갖는 축복은 이어지는 26절에서 '여러분께 먼저'라는 표현을 통해 구원의 순서상의 우월성을 인정한다. 게다가 '악함으로부터의 돌아섬'(26절)이라는 '귀환의 우월'까지 덧붙인다.

거듭 언급하지만, 이런 축복과 특권은 이스라엘에게만 배타적으로 독점되는 것이 아니다. 그 '후손'으로 인해 '땅 위의 모든 족속들이 복을 받는' 보편적 확대가 준비되어 있기 때문이다. 또한 이 특권은 이스라엘 사람들에게 무차별, 무조건적으로 부여되는 것도 아니다. 그 특권은 회개(19절, "그러므로 여러분은 회개하고 돌이켜서 여러분의 죄가 씻어지도록 하십시오")를 통해서만 확보되는 것으로 누가는 진술한다. 즉, '회개와 돌아섬'(26절)의 조건 아래 이스라엘의 특권은 유지되는 것이다. 물론, 25절의 의미에 관해, 비록 회심이 이뤄지지 않았다고 해서 그 사람이 유대민족으로부터 배제되는 것이 아니라면, 회심 여부에 의해 이스라엘의 특별한 위치에 변동이 있는 것은 아니라는 저벨의 지적이 있기는 하다.[60] 그러나 아래의 26절 관련 논의에서 드러나듯, '악함'으로부터 '돌아서는 것'을 상정하는 누가의 관점에 의하면, 이스라엘의 위치에 대한 일정한 '유보'가 전혀 없다고 보기 어렵다. 이스라엘의 위치에 '본질적' 변화가 없다 해도, 그 위치는 '악으로부터의 돌아섬'이란 요구를 충족시킬 때 온전히 확보될 것이라는 이해가 누가의 본문 기록 바탕에 놓여 있다고 봐야 할 것이다.

'땅 위의 모든 족속들'(모든 가족들, pasai hai patriai)이 복을 받는다는 것은, 이스라엘도 '포함된' 모든 족속을 의미한다. 이방인이 배제되는 것도, 유대인이 배제되는 것도 아닌, 땅 위 '모든' 족속이 포함되는 포괄적

60 Jacob Jervell, *Luke and the People of God*(Minneapolis: Augsburg Publishing House, 1972), 58.

'가족들'(족속들)을 의미한다. 이 구절은 앞서 지적했듯, 칠십인역의 창세기 22:18에서 비롯된 것인데, 거기엔 '모든 족속들'이란 표현 대신에 '모든 나라들'(ethnē, 민족들)로 나타난다. 이것을 누가가 '모든 족속들'(가족들)로 바꿔 기술하고 있다. 어쩌면 '모든 나라들'로 표기할 경우, 이스라엘이 배제된 다른 나라들, 곧 '이방국가들'만으로 이해될 여지가 있음을 의식했을지 모른다.[61] 그렇기 때문에 저자가 '나라들'을 '족속들'이라는 용어로 변화시켜, 좀 더 포괄적 의미로 확대시켰을 수도 있다.[62] 만일 이 표현의 배후에 창세기 12:3('땅의 모든 족속[fulai]이 너로 인해 복을 얻을 것이라')이 있었다고 가정한다 해도, 누가는 'fulai'란 용어를 그대로 쓰지 않고, 'patriai'로 대체했음을 알 수 있다. 그런 수정 역시 이방인이 포함된 '가족적 친밀성'을 표시하기 위한 의도가 작용한 것으로 추측된다.

(2) '씨'(후손)의 정체

그런데 여기 등장하는 '씨'(후손)가 누구를 가리키느냐는 문제는 논의의 여지가 있다. 이것이 '예수'를 의미하는가, 아니면 '이스라엘'을 의미하는가? '씨' 표현이 등장하는 누가의 기록, 즉 사도행전 7:5-6, 13:23도 그렇고, 누가복음 1:55[참고. 눅 13:16(아브라함의 딸), 19:9(아브라함의 자손)]에서도 이 개념은 '이스라엘'을 의미하는 것으로 나타난다. 이런 누가의 표현 등에 근거하여 25절의 '씨'도 이스라엘로 보아야 한다는 주장이 제기된다.[63]

사실 25절의 서술에서 '씨'를 '이스라엘'로 이해하는 것이 오류라거나

---

61 헨헨은 그런 의미는 누가가 나중에 고넬료 관련 기록을 위해 유보해 놓은 것이라 이해하기도 한다. E. 헨헨, 『사도행전 I』, 331.

62 이런 논의의 맥락에서, 저벨의 견해, 곧 '모든 족속들'을 유대인이 배제된 이방인들만을 의미한다는 의견에 동의하기 어렵다. 물론 저벨은 '씨'를 이스라엘로 보고, 그에 속하지 않은 이방인들을 '모든 족속들'로 대비시켜 25절을 본다는 이해 아래 그런 견해를 갖는다. Jacob Jervell, *Luke and the People of God*, 59.

63 *Ibid.*

지나치다 말할 수는 없다. 누가의 다른 표현에서도 그렇고, 구약의 본래 맥락에서도 그런 뜻을 찾는 것은 일견 타당한 측면이 있다. 그러나 '씨'를 '예수'로 보는 것 역시 잘못됐거나 바르지 못한 이해라 말하기도 어렵다. 비록 누가 기록의 다른 맥락에서 이 같은 뜻을 찾을 수는 없지만, 그렇다고 필연적으로 이 표현이 어느 곳에서나 같은 뜻을 가져야 됨을 의미하지는 않는다. 게다가 여기 베드로의 설교 단락 자체가 예수의 위상과 의미를 환기시키고 있다는, 특정 인물에의 집중이란 점에 비추어 볼 때 이 '씨'란 아브라함 자손들, 곧 이스라엘 백성들 중에서도 어떤 특정한 '한 인물' 예수를 가리키고 있으리라는 짐작이 뒷받침된다.

특히 본문 바로 앞의 24절과 바로 뒤의 26절에 나타난 '이 때'와 '그 종'이란 말은, 결정적으로 예수 자신과 그의 시기를 가리키고 있다는 점을 주목할 필요가 있다. 누가의 베드로가 예수를 죽음에 넘겨준 백성들이라는 부정적 언급을 이스라엘 백성에게 적용했던 13-15절, 17-19절의 바로 아래인 25절에서, 유보 없이 적나라한 긍정적 언급인 '씨' 축복, 즉 '이스라엘 축복'(만약 '씨'가 '이스라엘'이라고 한다면)을 남겼으리라는 점도 석연찮다. 물론 이스라엘을 저주하고, 배제와 축출로 외면하지도 않지만, 그렇다고 '이스라엘 찬가'를 부르는 대목으로 이 구절을 관찰하는 것은 온전해 뵈지 않는다. 만일 그렇게 되면 이후의 사도행전 속에서 긴 기록으로 펼쳐지게 될 '모든 족속이 받을 구원의 복'은, 자칫 예수를 죽인 '유대인들을 통해서만' 이룩되는 결과를 빚게 된다. 장차 모든 족속이 누릴 복은 '아브라함의 씨'인 예수로 인해 받게 되지, '이스라엘'이라는 '씨'로 인해 받게 되는 것은 아니다. 그렇지만 그 '씨'를 예수로 이해한다고 해서 이스라엘과는 전혀 상관없다 말하기는 어렵다. 이스라엘은 좋은 의미든 나쁜 의미든 아브라함의 후손이며, 예수라는 아브라함의 '씨'가 포함된 민족이란 점은 부정할 수 없기 때문이다.

한편, 예수를 지목하여 '아브라함의 씨'로 말하는 기독론적 '자손 개념'은 이미 바울에 의해 갈라디아서 3:16에서 제시된 바 있는데, 같은 개념이 여기 등장하고 있다는 점이 주목을 끈다. 이 양자 사이에 영향의 수수관계가 있다는 점을 확증하기는 어렵다. 누가가 바울 기록을 직접 참고하거나 바울의 전승을 반영했을 수도 있고, 누가와 바울 둘 다 다른 과정을 거쳐 공통의 전승 궤도에서 영향 받았을 수도 있다. 그 확실한 사정을 알기란 불가능하다. 그러나 그 기원이 어떠하든, 누가의 저술 이전에 이미 바울 등이 예수 '한 인물'을 '아브라함의 씨'로 특정하여 이해한 바 있다는 점은 우리의 본문 이해를 위해서 시사를 준다.

한 가지 흥미 있는 것은, 본문 25-26절에 '여러분', 곧 '이스라엘 사람들'에 대한 강조가 두드러진다는 점이다. 모두 5회에 걸쳐 '여러분' 표현이 등장한다. 이 말의 잦은 사용은 베드로가 이스라엘 사람들을 '객체화'시키고, 그들과의 사이에 거리를 설정하게 하는 의도적 수사인 듯 여겨진다. 베드로 설교가 갖는 유대인에 대한 긍정적 내용과 17절의 '형제들이여'라는 호칭에 비추어, '여러분' 대신에 '우리'라는 주객 일체적 대명사로 표현하여 이스라엘과 베드로의 동일화를 제시할 수도 있었다. 그럼에도 누가는 베드로로 하여금 '의도적 거리두기'를 하게 하여 이스라엘 사람들을 객관화시킨다. 여기에는 유대인들과, 베드로로 대표되는 초기 교인들, 이들 둘 사이의 '친밀함과 소원(疎遠)함'을 동시에 나타내려는 누가의 구상이 작용했을 것이다. 누가가 간직했을 기독교와 이스라엘 전통 그리고 유대교적 유산과의 관계, 이를테면 '계승과 단절'의 동시추구, 곧 유대적 가치를 계승하지만 거기 매몰되지 않고, 그로부터 벗어나지만 절연(絶緣)하지 않는, 비판적 계승과 창조적 벗어남이 함께 자리할 수밖에 없는 초기 기독교 운동의 미묘한 선택이 이런 표현에서도 발견된다.

(3) 설교의 마무리: 축복

누가의 베드로는 유대인에 관한 미묘한 뉘앙스를 간직한 언급들을 여러 가지 제시하지만, 결국 그들에게 내리는 축복에 관한 발언을 끝으로 자신의 설교를 마치게 된다. 베드로의 설교 마지막 부분은 이렇다.

> 하나님께서 그분의 종을 세워 먼저 여러분께 보내시어 여러분에게 복을 주시려고 하셨습니다. (그렇게 해서 결국엔) 여러분 각자가 악함으로부터 돌아서게 하셨습니다.(행 3:26)[64]

이 본문의 이해를 위해 짚고 넘어가야 할 사항들이 있다. 여기 등장하는 '먼저'란 단어가 무엇을 수식하느냐? '세우다'를 수식해서 '먼저 세워'로 보아야 하느냐, 아니면 '여러분'을 수식하여 '먼저 여러분에게'로 새겨야 되느냐? 아마도 "먼저 여러분께 보내시어"로 이해함이 마땅할 듯하다. 이 표현은 '먼저' 유대인에게 은총이 임했으나, 그들이 그것을 거절함으로 '나중에' 이방인에게로 그것이 넘겨졌다는 누가의 기본 인식이 반영된 서술이기 때문이다. 즉, 하나님이 그 종을 '유대인들만을' 위해 보낸 것이 아니라, 그들에게 '먼저' 보내고, '나중' 다른 이방인들을 위해 보낸다는 전제가 이 표현의 배후에 숨어 있다는 뜻이다. 또한 '먼저'라는 언급은 그 후에 이어지는 다른 '유사한 과정들'이 연달아 계속 발생할 것이라는 함축도 담겨 있다.[65] 그런 과정들, 곧 선교의 보편적 확대 과정은, 어쩌면 누가가 이어서 묘사하려는 나머지 사도행전의 긴 글 속에서 지속적으로 발견되기를 바랐을 것이다. 이렇듯 유대인에게는 독특한 '배려와 축복'이 할애되었던 것이 사실이다. 그들에게 '먼저' 그의 종을 보낸 것은, 앞 절(25절)에 제시된 '예언자 자손, 언약의 자손, 땅 위 모든 족속에게 내릴 복의 원천(씨, 곧 예수)이 포함된 민족'이라는 특별한 축복의 연장이란 측면에

---

64 본문 번역은 여러 어려움이 있다. 우리가 여기 번역한 26절을 다음의 우리말 성서들과 비교할 것. 개역개정판("하나님이 그 종을 세워 복 주시려고 너희에게 먼저 보내사 너희로 하여금 돌이켜 각각 그 악함을 버리게 하셨느니라.")과 새번역("하나님께서 여러분 한 사람 한 사람을 악에서 돌아서게 하셔서, 여러분에게 복을 내려 주시려고, 먼저 자기의 종을 일으켜 세우시고, 그를 여러분에게 보내셨습니다.")의 번역이 매우 다르다.

65 Cf. Robert C. Tannehill, *The Narrative Unity of Luke-Acts*, vol. 2(Minneapolis: Fortress Press, 1990), 56.

서 이해될 일이다.

또한 26절이 강조하는 것은 하나님이 '그 종'을 보내신 것은 '심판하시기' 위해서, 또는 징벌하시기 위해서가 아니라는 점이다. 그것은 '복 주시기 위해', '돌이켜 악함을 버리게 하기 위해' 보내신 것이다. 즉, 부정적이 아닌 긍정적 결과의 축복을 위함이었다. 예수의 오심을 표현하는 이런 긍정적 성격의 다양한 진술들은 그 심층에서 상호 연관됨을 상기할 필요가 있다. '유쾌하게 되는 날', '모든 것을 회복하실 때', 그리고 26절의 내용이 그런 점들을 보인다.

"(그렇게 해서 결국엔) 여러분의 악함으로부터 각각(hekaston) 돌아서게 하셨습니다." 이 말은 하나님이 유대인의 '돌아섬'을 불러일으키시는 분으로 이해된다. 그렇다면 앞서 19절에서 "(유대인) 여러분은 회개하고 돌이켜서 여러분의 죄가 씻어지도록 하십시오"라고 했던 언급과 관련시킬 때, 회개란 유대인이 '주체적으로' 행하는 측면과, '하나님'이 그것을 행하게 하는 측면이 동시에 성립된다는 점을 시사한다. 즉, 회개는 인간이 행하지만, 하나님이 그것을 허용하여 악으로부터 돌아서게 하는 이중적 작용의 소산이라는, 일종의 '공동행위'일 수 있다는 것을 암시한다. 달리 표현하면, 하나님은 유대인의 회개를 그들 스스로의 깨우침, 자발성에만 내맡기지 않고, 그들을 위해 적극적으로 개입하고 간섭하여 그들이 '돌아설 수 있도록' 하신다는 것이다. 하나님이 '이스라엘로 하여금 회개하게 하신다'는, 하나님 주도의 회개 개념은 사도행전 5:31에서도 표출된다. 그렇지만 그런 회개는 어디까지나 인간 '각자'(hekastos)의 엄정한 개별적 책임 아래 이뤄지는 일임이 전제된다. 이들이 이렇게 돌아서게 되는 대상은 '여러분의 악함'으로 표현된다. 이 '악함'(ponēria)은 19절에서 표기된 '죄'와 마찬가지의 뜻을 갖는다.

결국 25-26절에서 누가가 말하고자 하는 것은, 이스라엘 사람들에게 허용됐던 축복과 우월한 지위가 '아브라함의 씨', '그 종'을 통해 이스라엘, 이방인을 두루 포함한 '모든 족속들'에게 임했다는 점이다. 이제 이방인들도 '그 씨와 그 종'을 통해 '예언자의 자손', '언약의 상속자'가 될 수 있음을 보여주고 있다.[66] 이것이 누가가 심중에 품고 있는 베드로의 설교가 갖는 중요 포인트다.

III. 결어

1. 자료

누가가 기술하는 '베드로의 설교'는 그 전부가 '엄밀하고 정확하게' 베드로 자신이 역사적으로, 바로 그 시점, 그 공간에서 발언했던 내용을 고스란히 전달했을 리는 없다. 이것은 본문 보고 내용을 실체적 진실의 '최소치'로 보거나, '최대치'로 보는 것과는 상관없이, 그 자체가 저자 책임의 '누가판(版)' 역사의 일부다. 저자가 자신의 글을 전개하면서 이 장면, 이 상황에 적합한 내용을 각종 신학적 사유 또는 전승과 전언들을 토대로 하여, 기원후 1세기 초의 '상황과 신앙'에 관한 이해작용, 변용작용 등의 독창적이면서도 창조적인 '잉태와 산출' 과정을 거쳐 이룩한, '역사 속의 말뭉치들(설교)'이다. 즉, 저자의 거대 서사구조 속에 마련된 담론을 뼈대로, 그 위에 섬세히 구형시켜 입혀놓은 '역사적 진술' 중 일부라는 것이다. 누가가 이 설교를 서술하면서 활용했을 전승 자료들은, 초기 교회공동체에서 축적된 자료의 첨삭과 용해작용, 그 복잡한 메커니즘의 결과물로 간주될 수 있다. 초기 기독교에서 강조되고 반복되던 내용들, 그중 저자가 특히 드러내어 역설하고자 했던 것이나, 계몽의 형식으로 새롭게 제시하고자 했던 것들이, 누가 의식 속의 침전, 여과, 생성 작용을 거쳐 베드로의

66 이런 뜻에서 누가는 바울의 '방계(傍系) 제자'라는 지적이 지나치다 할 수 없을 것이다.

입술에 얹혀졌을 수도 있다.

어쩌면 실제의 '역사적 베드로'로부터 비롯된 자료가 반영되거나 영향을 미쳤을 수도 있고, 아니면 정반대로, 이 같은 제반 전승의 존재여부마저 의문시될 수도 있다. 하지만 그 세세한 내력과 연원(淵源)은 가설의 형태로 추측될 뿐, '자료들'의 실체는 서술의 문면 아래 철저히 녹아 원형회복 난망의 상태로 묻혀 있을 뿐이다. 그렇기 때문에 여기 베드로의 '솔로몬 행각' 설교의 전승과 기원을 추측하는 것은,[67] 다른 사도행전의 단락들의 전승과 자료들을 추출하려는 시도들과 마찬가지로, 매우 힘겨운 노력이긴 하지만 안타깝게도 도로(徒勞)에 그칠 공산이 크다.

2. 기적의 연쇄

태어나면서 장애인이었던 사람의 치유로 야기된 사람들의 경이와 관심은, 이 기적에 관한 베드로의 해명이 포함된 설교를 불러일으켰다. 어찌 보면 설교를 말하기 위한 빌미로, 흥미와 관심의 극적 환기를 위해 장애인 치유 기적이 활용되었다고 해도 지나치지 않을 정도의 중요 내용들을 베드로의 긴 발언은 담고 있다.

베드로가 말하는 기적에 관한 해명의 핵심은, 이 치유가 부활하신 예수가 이룩하신 일이라는 것이다. 치유 기적은 예수가 이뤘다. 그런데 그 예수는 죽음에서 부활하신 분이다. 다시 말해, 기적을 이루신 분은 기적을 통해 죽음에서 다시 살아나신 분이다. 기적 경험자가 기적 행위자가 되신 것, 곧 기적이 기적을 낳고 기적은 기적으로 이어지는 연쇄를 이룬다. 따라서 치유 기적은 부활 기적의 증명이 되며, 부활 기적은 치유 기적의 전제가 된다. 그리고 그 기적은 베드로의 전언을 위한 디딤돌이 된다.

---

67 베드로 설교의 전승 관련 논의 참고. Craig S. Keener, *Acts: An Exegetical Commentary: 3:1-14:28*, vol. 2, 1078-1080.

3. 베드로 설교의 반향과 결말(행 4:1-4)

베드로의 설교를 끝맺는 이 부분은 설교의 결과를 정리한다. 그뿐 아니라, 이 부분은 또한, 이어서 사도행전 4:5 이하에서 전개되는 사도들의 대제사장 앞의 출두와 관련된 기록 중 앞머리 부분을 동시에 진술하는 의미를 갖기도 한다.

베드로의 설교가 일으킨 반향은 예기치 않은 결과를 낳게 된다. 누가의 표현("사도들이 사람들에게 말하고 있을 때에 제사장들, 성전 치안대장[68]과 사두개인들이 이르렀다. 그들은 사도들이 사람들을 가르치는 것과, 예수를 내세워 죽은 자들의 부활을 선포하는 것에 분노하여 사도들을 붙잡았으나 이미 저녁이 되었으므로 이튿날까지 가두어 두었다." 행 4:1-3)에 의하면, 그 설교가 '제사장들, 성전 치안대장, 사두개인들'을 자극하여 사도들의 체포로까지 사태가 악화된 것으로 보고되고 있기 때문이다. 그들은, 사도들이 '예수 부활' 등을 사람들에게 전함을 싫어했다는 이유로 권력 행사를 했다는 것이다.

이처럼 베드로의 설교가 사도들 자신들의 체포로 이어지는 사태진전을 보게 된 것은 본인들에겐 불행이고, 처음 태동한 교회의 상황으로선 안타까운 일이었을 것이다. 하지만 누가의 관점에서는, 이들이 예수 부활을 전하는 사명을 올바로 이루었다는 점에서 그 활동은 '성공적'이었다는 평가를 했던 듯하다. 누가의 기록 중, "말씀을 들은 사람들 중에 믿는 이들이 많았다. 남자들의 숫자가 약 오천 명이 되었다"(행 4:4)는 표현은 그런 인식을 대변한다. 이제 이후로 사도행전의 서술공간에서는 베드로와 바울을 비롯한 초기 지도자들의 본격적 선교와 활동의 기록들이 이어지고, 새

68 'stratēgos tou hierou'는 성전의 치안을 담당하던 관리로, 대제사장 다음의 지위를 가졌던 것으로 추정한다. Joachim Jeremias, *Jérusalem au temps de Jésus*, tr. par Jean Le Moyne(Paris: Cerf, 1976), 226, 229; Richard I. Pervo, *Acts: A Commentary*(Minneapolis: Fortress Press, 2009), 110, n. 74.

로운 기독교 운동의 시대가 펼쳐지게 된다. 그것은, 누가의 관점에 의하면, 선교에서의 성공은 필연적으로 고난을 동반하게 된다는, '성공의 역설'이 적용되는 역동적 시대의 개막을 뜻하게 된다.

오순절 성령 강림 사건 이후 진행된 베드로 중심의 초기 기독교 움직임에 관한 보고는 앞으로도 계속된다. 치유 기적과 솔로몬 행각 설교의 여파로 인해 산헤드린에 출두하게 된 베드로는 사도행전 4:8-12에서 다시 한 번 더 연설을 한 후 풀려난다. 지금껏 제시됐던 것과 같은 베드로의 눈부신 활약에 관한 기록이 사도행전 4-5장에도 계속해서 이어진다. 그 행적들은 베드로를 명실상부한 사도행전 초반의 주인공이요, 확고한 인상을 심어준 지도자로 기억되게 할 것이다.

제7장

맺음말

우리는 이 책에서 사도행전 1-3장에 등장하는 베드로의 면모를 연구하였다. 연구 범위를 그렇게 잡은 것은 이 부분이 갖는, '방해 없이, 고난 없이' 순전한 승전보로 이뤄진 기독교 창설 이야기에 논의를 국한하고 싶었기 때문이다. 물론 그 나눔이 사도행전 서술구조의 윤곽에서 주요 매듭이 된다거나 서사 진행에서 중요한 분기(分岐)나 변곡점이 되어서 그렇게 설정한 것은 아니다. 사도행전 1-3장에서 이뤄진 이야기는 곧바로 사도행전 4:1-31에서 베드로의 체포와 산헤드린 앞 출두로 이어지며, 사도행전 4:32-5:42에서 아나니아와 삽비라 부부의 죽음과 사도들의 체포 등의 사건들이 줄지어 보고되고 있다. 다시 말해 사도행전 1-3장 이후 4장부터는 초기 교인들에 대한 박해와 고난의 보고가 나타나기 시작한다는 것이다. 또 베드로의 활동도 사도행전 12장까지는 꾸준히 묘사되고, 그가 등장하는 중요 장면에서 볼 수 있듯이, 베드로는 사도행전 전반부의 강력한 주인공으로 여전히 남는다. 그럼에도 우리는 사도행전 1-3장에 묘사된 초기 신도들의 눈부신 활동들, 특히 거기 등장하는 베드로의 행적에 집중하려 했다. 우리가 여기서 다루지 못한 베드로의 남은 행적에 관한 연구는, 추후 또 다른 분석의 마당을 빌어 제시되기를 희망한다.

다만 여기서의 이 집중은 누가의 기록을 전체적으로 탐구하는 방식으로 이뤄졌다. 누가는, 전체 52장에 이르는 자신의 전 작품 누가-행전 중 두 번째 부분에서, 예수가 부활 이후 지상에 잠시 머문 다음 승천하게 되는 상황을 먼저 보고한다. 그런 다음 저자는, 배신자 유다의 자리를 대체하게 될 맛디아의 선출에 관하여, 오순절의 성령 강림 사건에 관하여, 그 사건 이후 행해진 베드로의 오순절 관련 설교에 관하여, 초기 신자들의 재산 공유에 얽힌 사실에 관하여, 지체장애인으로 태어나 성전 곁에서 구걸하던 사람의 기적적인 치유에 관하여, 그리고 그 치료기적과 관련되어 이뤄졌던 베드로의 솔로몬 행각 설교 같은 사건들에 관하여, 비교적 상세한 서술을 이어가게 된다. 이 누가의 기록이 담은 장면 하나하나는, 초기 기독교를 정초(定礎)하게 하는 '교회 태생'의 원초 이야기가 되고, '역사적 실체'를 지닌 사건들로 간주되어, 신자들의 의식 속에 '근원 경험'으로 자리잡게 된다. 적어도 초기 교회를 회고하는 모든 이들에게 이 인상 깊은 처음 장면들은 자신들의 기독교적 정체성, 집단자아의 원류로서 항시 되돌아가야 할 기억의 고향이 된다.

우리가 취급한 이 부분에서 중요한 이야기 두 개가 부각된다. 하나는 오순절 성령 강림에 얽힌 이야기이고, 또 하나는 베드로의 지체장애인 치유라고 정리할 수 있다. 승천 이전 예수께서 '성령 세례'를 약속하고(행 1:5), 맛디아 선출 역시 성령 강림을 준비하기 위한 포석으로 이해될 수 있으며, 베드로의 설교 또한 오순절 성령 강림 사건을 빌미로 이뤄진 일종의 해명이었다. 이 설교 이후 제시된 '신도의 공동생활' 관련 기록 역시 성령 강림 사건의 관점에서 해석될 여지가 있다. 이를테면 사도행전 1-2장은 성령 강림 사건과 관련된 누가의 보고인 셈이다. 거기다 사도행전 3장의 장애인 치유라는 획기적 기적이 보태진다. 앞서도 지적했듯이 성령 강림은 새로운 시대의 개막을 알리는 불꽃, 봉화의 점화라는 의미를 지닌다. 그런 이해에 걸맞게 성령은 '각 사람'의 머리 위에 '불의 혀'같이 갈라져 임한다. 그리곤 언어의 기적, 방언이 터진다. 이 사건에 '천하 각국' 출신 사람들이 어느덧 개입하여 증언자로 참여한다. 여기에 누가가 집요하게 제시하는 '보편주의적 관심', 곧 구원의 확대와 차별과 배제, 집중을 타파하는 경계 넘기, 이방으로의 원심적 확산 등이 묘사마다, 언급마다 넘치게 배어 있다. '특수에서 보편으로' 넘어가는 시대의 징조가 새로운 신앙의 개막 초기에, 오순절 성령 강림 사건 기록 도처에 숨겨져 있다는 것은 어쩌면 자연스런 일일지 모른다. 누가는 '보편성'의 암호를 '교회 시작'의 근원 기록 속 곳곳에 숨겨놓았던 것이다. 이런 보편주의의 모습은 지체장애인의 치료 이야기 안에서도 발견된다. 차별의 대명사일 수 있는 장애인이 치유되고, 범접 못 할 성전 출입이 가능할 수 있게 됨으로 '존재와 행위'의 배제와 금기의 벽을 넘어서는 모습은 그것 그대로 구원의 보편적 확대에 대한 상징이 된다.

그런데 이 인상적인 기독교 개막 첫 장면들 모두에 베드로가 개입되어 있다는 점에 관심을 갖지 않을 수 없다. 베드로의 발언, 활동들은 처음 기독교를 열고, 이끈 실질적인 구동력이 되는 듯하다. 우리가 앞의 장(章)들에서 자세히 살펴본 바대로, 기독교의 전개를 새롭게 펼쳐가는 서술의 첫 마당에 베드로는 영수(領袖)로서 역사에 우뚝 선 것이다. 초기 교회 역사의 서막에서 베드로의 존재는 그 자체로 빛나는 지도자다. 그 점에 관해서는 의심의 여지도, 길게 상술할 이유도 없을 정도다.

그러나 이렇게 강렬한 모습으로 누가의 역사에서 주인공 역할로 처음을 압도했던 베드로의 행방이 나중 묘연히 사라진 것은 못내 궁금하지 않을 수 없다. 우리의 연구 범위에는 그의 사라지는 상황이 속해 있지 않지만, 늠연히 등장하는 이 부분의 본문 속에서 베드로의 위용을 반추하면 할수록, 그의 행적과 활동의 진행이 벌써 궁금하고, 서술의 구조상 처음과 끝의 상관성(首尾相關)을 궁금해 할 수밖에 없기 때문이다. 사실 이렇게 사라지는 신앙적 위인(偉人)의 뒷모습은 의아스럽고, 뒷소식은 궁금하기 짝이 없다. 하지만 이런 역사로부터 '인간'의 퇴각, 또는 누가 서술공간으로부터의 소거(消去)는, 어쩌면 구약적 역사이해에 투철했던 저자의 뿌리

깊은 신념에서 비롯된 것일 수 있다. 곧 '신앙의 영웅'인 인간이 받아야 될 광채는 미리 차단시키고 추앙의 싹은 근절시켜서, 모든 영광은 오직 역사의 주체이신 하나님께만 돌려져야 된다는 그의 신념이 실현된 것이라고 이해할 수 있다는 뜻이다. 베드로뿐 아니라 다른 사도들도 종적 찾기가 어려울 뿐 아니라, 무엇보다 누가의 두 번째 주인공인 바울 역시 그런 퇴각, 소거의 흔적을 엿볼 수 있기 때문이다.

이 책을 마무리하며, "성서는 어느 의미에서 그것을 읽는 사람들과 더불어 함께 성장한다."[1]는 금언에 상당한 진실이 있음을 인정할 수밖에 없다. 이 말은 성서가 가진 자기 설득력, 성서의 의미 확장성, 성서 발광(發光)의 자체 증강력이 얼마나 역동적이고 무궁한 것인지를 되뇌게 만드는 발언일 것이다. 그 말을 받아들이면서, 우리의 성서읽기가 '성서'의 성장뿐 아니라, '읽는 이'의 내면의 성장을 이룰 수 있기를 바라는 염원이 좀 더 절실해진다. '성서'의 성장은 '읽는 이'의 성장을 통해서만 가능할 수 있다는 깨달음이 있기 때문이다. 그에 덧붙여, 즐겁지만 쉽지만은 않은 '읽는 과정'을 통해, '성서'의 성장, '읽는 이'의 성장은 물론이고, 우리의 '읽기' 자체가 성장할 수 있기를 바라는 심정을 갖지 않을 수 없다. 즉, 우리의 성서읽기 수련과, 성서를 통한 자기 연마의 '과정 자체'도 함께 성장하기를 바라는 마음이 비원(悲願)처럼 서린다는 것이다. 그리하여 우리가 성서를 읽고, 성서가 우리를 읽어, 마침내 성서와 우리가 하나가 되는, 삶으로의 극진한 성서읽기 경지에 이르기를 희망하는 것이다.

---

1 6세기의 대(大) 그레고리(Grégoire le Grand). Daniel Marguerat, *Les Actes des apôtres(1-12)*(Genève: Labor et Fides, 2007), 8에서 중인.

참고문헌

던, 제임스. 『예수와 기독교의 기원』(*Jesus Remembered: Christianity in the Making*, vol. 1) 상권. 차정식 역. 서울: 새물결플러스, 2012.

마샬, I. 하워드. 『루가복음 II』. 서울: 한국신학연구소, 1984.

메츠거, 브루스 M. 『신약 그리스어 본문 주석』 제2판. 장동수 역. 서울: 대한성서공회 성경원문연구소, 2005.

바레트, C. K. 『요한복음 II』. 서울: 한국신학연구소, 1985.

샌더스, E. P. 『예수운동과 하나님나라』(*Jesus and Judaism*). 이정희 역. 서울: 한국신학연구소, 1997.

유상현. 『사도행전 연구』. 서울: 대한기독교서회, 1996.

______. 『바울의 제1차 선교여행』. 서울: 대한기독교서회, 2002.

______. 『바울의 제2차 선교여행』. 서울: 대한기독교서회, 2003.

______. 『바울의 제3차 선교여행』. 서울: 대한기독교서회, 2011.

엘륄, 쟈끄. 『요한계시록 해석』. 유상현 역. 서울: 한들출판사, 2000.

존슨, 룩 T. 『소유와 분배』. 최태영 역. 서울: 대장간, 1990.

캡퍼, 브라이언. "사도행전의 상호성 및 윤리", 『복음의 증거: 사도행전 신학』. 하워드 마샬(편). 류근상 역. 서울: 크리스찬출판사, 2004.

트로크메, 에티엔느. 『초기 기독교의 형성』(*L'enfance du Christianisme*). 유상

현 역. 서울: 대한기독교서회, 2003.
펑크, 로버트. 『예수에게 솔직히』. 김준우 역. 서울: 한국기독교연구소, 1999.
헨헨, E. 『사도행전 I』. 이선희, 박경미 역. 서울: 한국신학연구소, 1987.

Barrett, Charles K. *A Critical and Exegetical Commentary on the Acts of the Apostles*. vol. I. Edinburgh: T&T Clark, 1994.

Bauckham, Richard. "Hades, Hell." in *Anchor Bible Dictionary*. vol. 3. ed. by D. N. Freedman et al., 14–15. New York: Doubleday, 1992.

______. "James and Jerusalem Church." in *The Book of Acts in It's Palestinian Setting*. ed. by Richard Bauckham. 419–422. Grand Rapids: Eerdmans, 1995.

Bauer, Walter. *A Greek English Lexicon of the New Testament and Other Early Christian Literature*. 3rd ed. rev. by F. W. Danker. Chicago: Univ. of Chicago Press, 2000.

Benoit, Pierre. "La Mort de Judas." in *Exégèse et Théologie*. tome I. 340–359. Paris: Cerf, 1961.

Boismard, Marie-Émile & Lamouille, Arnaud. *Les Actes des deux Apôtres: Le sens des récits*. tome II. Paris: Librairie Lecoffre, 1990.

Bovon, François. "La figure de Moïse dans l'ouvre de Luc." in *L'oeuvre de Luc*. 73–96. Paris: Cerf, 1987.

______. *Luc le théologien*. Genève: Labor et Fides, 1988.

______. *Luke the Theologian*. 2nd rev. ed. Waco: Baylor Univ. Press, 2006.

Brinkman, John A. "The Literary Background of the 'Catalogue of the Nations'(Acts 2,9–11)." *Catholic Biblical Quarterly* 25(1963): 418–427.

Brown, Raymond E. *The Death of Messiah*. vol. 1–2. New York: Doubleday, 1994.

Bruce, Frederick F. *Commentary on the Book of the Acts: The English Text with Introduction, Exposition and Notes*. Grand Rapids: Eerdmans, 1977.

______. *The Acts of the Apostles: The Greek Text with Introduction and Commentary*. 3rd and enlarged ed. Grand Rapids: Eerdmans, 1990.

______. "The Speeches in Acts: Thirty Years After." in *Reconciliation and Hope*. ed. by Robert Banks, 53–68. Grand Rapids: Eerdmans, 1974.

Butticaz, Simon. "Actes 3,1–26: Le relèvement de l'infirme comme paradigme de la restauration d'Israël." *Etudes Théologiques et Religieuses* 89(2009): 177–188.

Co, Maria Anica. "The Major Summaries in Acts: Acts 2,42–47; 4,32–35; 5,12–16 Linguistic and Literary Relationship." *Ephemerides Theologie Lovanienses* 68(1992): 49–85.

Conzelmann, Hans. *Acts of the Apostles*. tr. by J. Limburg, A. Th. Kraabel & D. H. Juel. Philadelphia: Fortress Press, 1987.

______. *The Theology of St. Luke*. tr. by G. Buswell. London: Faber and Faber, 1960.

Cosgrove, C. "The Divine Δει in Luke–Acts." *Novum Testamentum* 26 (1984): 168–190.

Crossan, John D. *Who Killed Jesus?* New York: Harper Collins, 1995.

Delebecque, Edouard. *Les Actes des Apôtres*. Paris: Les Belles Lettres, 1982.

Dibelius, Martin. *The Book of Acts: Form, Style, and Theology*. ed. by K. C. Hanson. Minneapolis: Fortress, 2004.

Dumais, Marcel. *Le language de l'évangélisation: l'annonce missionaire en milieu juif(Ac 13:16–41)*. Tournai: Desclée & Cie, 1976.

Dunn, James D. G. *The Acts of the Apostles*. Valley Forge: Trinity Press International, 1996.

Dupont, Jacques. "'Assis à la droite de Dieu': l'interprétation du Ps 110,1 dans le Nouveau Testament." in *Nouvelles études sur les Actes des*

Apôtres. 210–295. Paris: Cerf, 1984.

______. "L'interprétation des Psaumes dans les Actes des Apôtres." in *Etudes sur les Actes des Apôtres*. 283–307. Paris: Cerf, 1967.

______. "L'union entre les premiers chrétiens dans les Actes des Apôtres." in *Nouvelles études sur les Actes des Apôtres*. 296–318. Paris: Cerf, 1984.

______. "La communauté des biens aux premiers jours de l'Eglise (Actes 2,42. 44–45; 4,32.34–35)." in *Etudes sur les Actes des Apôtres*. 503–519. Paris: Cerf, 1967.

______. "La conversion dans les Actes des Apôtres." in *Etudes sur les Actes des Apôtres*. 459–476. Paris: Cerf, 1967.

______. "La destinée de Judas prophétisée par David." in *Etudes sur les Actes des Apôtres*. 309–320. Paris: Cerf, 1967.

______. "La première pentecôte chrétienne(Actes 2,1–11)." in *Etudes sur les Actes des Apôtres*. 481–502. Paris: Cerf, 1967.

______. "Le salut des gentils et la signification théologique du Livre des Actes." in *Etudes sur les Actes des Apôtres*. 393–419. Paris: Cerf, 1967.

______. "Les discours de Pierre dans les Actes et le chapitre XXIV de l'évangile de Luc." in *Nouvelles études sur les Actes des Apôtres*. 58–111. Paris: Cerf, 1984.

______. *Les sources du livre des Actes*. Bruges: Desclée de Brouwer, 1960.

______. "Repentir et conversion d'après les Actes des Apôtres." in *Etudes sur les Actes des Apôtres*. 421–457. Paris: Cerf, 1967.

Fitzmyer, Joseph A. *The Acts of the Apostles: A New Translation with Introduction and Commentary*. New York: Doubleday, 1998.

______. *The Gospel According to Luke I–IX*. New York: Doubleday, 1981.

Gaventa, Beverly R. *The Acts of the Apostles*. Nashville: Abingdon, 2003.

George, Augustin. *Etudes sur l'oeuvre de Luc*. Paris: J. Gabalda, 1978.

Gilbert, Gary. "The List of Nations in Acts 2: Roman Propaganda and the Lukan Response." *Journal of Biblical Literature* 121(2002): 497-529.

Grappe, Ch. *D'un temple à l'autre.* Paris: P. U. F., 1992.

Grundmann, W. "dei." in *Theological Dictionary of the New Testament.* vol. II. ed. by G. Kittel, tr. & ed. by G. W. Bromiley. 20-25. Grand Rapids: Eerdmans, 1967.

Hamm, Dennis. "Acts 3,1-10: The Healing of the Temple Beggar as Lucan Theology." *Biblica* 67(1986): 305-319.

Hartsock, Chad. *Sight and Blindness in Luke-Acts.* Leiden: E. J. Brill, 2008.

Haulotte, Edgar. "La vie en communion, phase ultime de la Pentecôte. Actes 2,42-47." *Cahiers bibliques* 19(1981): 69-75.

Hengel, Martin. "Ioudaia in the Geographical List of Acts 2.9-11 and Syria as 'Greater Judea.'" *Bulletin for Biblical Research* 10(2000): 161-180.

______. "The Geography of Palestine in Acts." in *The Book of Acts in Its Palestinian Setting.* ed. by Richard Bauckham. vol. 4 of *The Book of Acts in Its First Century Setting.* ed. by Bruce W. Winter. 27-78. Grand Rapids: Eerdmans, 1995.

Hull, J. H. E. *The Holy Spirit in the Acts of the Apostles.* London: Lutterworth, 1967.

Jeremias, Joachim. *Jérusalem au temps de Jésus.* tr. par Jean Le Moyne. Paris: Cerf, 1976.

Jervell, Jacob. *Luke and the People of God.* Minneapolis: Augsburg Publishing House, 1972.

Johnson, Luke T. *Religious Experience in Earliest Christianity: A Missing Dimension in New Testament Studies.* Minneapolis: Fortress Press, 1998.

______. *The Acts of the Apostles.* Collegeville: Liturgical Press, 1992.

Keener, Craig S. *Acts: An Exegetical Commentary: Introduction and 1:1–2:47*, vol. 1. Grand Rapids: Baker Academic, 2012.

______. *Acts: An Exegetical Commentary: 3:1–14:28*. vol. 2. Grand Rapids: Baker Academic, 2013.

Klassen, William. *Judas: Betrayer or Friend of Jesus?* Minneapolis: Fortress, 1996.

Kuecker, Aaron. *The Spirit and the 'other': Social Identity, Ethnicity and Intergroup Reconciliation in Luke-Acts*. London: T&T Clark International, 2011.

Lake, Kirsopp. "Localities in and Near Jerusalem Mentioned in Acts: 6. The Beautiful Gate." in *The Beginnings of Christianity: Part I*. ed. by F. J. Foakes Jackson & K. Lake, vol. V. 479–486. London: Macmillan and Co., 1933.

Lake, Kirsopp. & Cadbury, Henry J. *The Acts of the Apostles: English Translation and Commentary*. in *The Beginnings of Christianity: Part I*. ed. by F. J. Foakes Jackson & K. Lake, vol. IV. London: Macmillan & Co., 1933.

Lake, Kirsopp. "The Death of Judas." in *The Beginnings of Christianity: Part I*. ed. by F. J. Foakes Jackson & K. Lake, vol. V. 22–30. London: Macmillan and Co., 1933.

Le Cornu, Hilary & Shulam, Joseph. *A Commentary on the Jewish Roots of Acts*. vol. I. Jerusalem: Academon, 2003.

Levison, John R. *Filled with the Spirit*. Grand Rapids: Eerdmans, 2009.

Loisy, Alfred. *Les Actes des Apôtres*. Paris: Emile Nourry, 1920.

Longenecker, Richard N. *Acts*. Grand Rapids: Zondervan, 1995.

Lüdemann, Gerd. *The Acts of the Apostles*. New York: Prometheus Books, 2005.

Lyonnet, S. "La 'Voie' dans les Actes des Apôtres." *Revue des sciences religieuses*

69(1981): 149–164.

Mainville, O. *L'Esprit dans l'oeuvre de Luc*. Montréal: Fides, 1991.

Marguerat, Daniel. *Les Actes des apôtres(1–12)*. Genève: Labor et Fides, 2007.

______. *Paul in Acts and Paul in His Letters*. Tübingen: Mohr Siebeck, 2013.

______. *The First Christian Historian: Writing the 'Acts of the Apostles.'* tr. by Ken McKinney et al. Cambridge: Cambridge Univ. Press, 2004.

Marshall, I. Howard, "The Significance of Pentecost." *Scottish Journal of Theology* 30(1977): 347–369.

Meier, John P. "The Circle of the Twelve: Did It Exist during Jesus' Public Ministry?." *Journal of Biblical Literature* 116(1997), 635–672.

______. *A Marginal Jew: Rethinking the Historical Jesus*. vol. 3. New York: Doubleday, 2001.

Menoud, Philippe H. "Les additions au groupe des douze apôtres, d'après le livre des Actes." in *Jésus-Christ et la foi*. 91–100. Neuchâtel: Delachaux & Niestlé, 1975.

______. *La vie de l'Eglise naissante*. Genève: Labor et Fides, 1952.

Menzies, Robert P. *The Development of Early Christian Pneumatology with Special Reference to Luke-Acts*. Sheffield: Sheffield Academic, 1991.

Metzger, Bruce M. "Ancient Astrological Geography and Acts 2,9–11." in *Apostolic History and the Gospel. Festschrift for F. F. Bruce*. 123–133. Exeter: Paternoster, 1970.

Mitchell, Alan C. "The Social Function of Friendship in Acts 2:44–47 and 4:32–37." *Journal of Biblical Literature* 111(1992): 255–272.

Mufwata, Albert Kaumba. *Jusqu'aux extrémités de la terre*. Paris: Gabalda, 2006.

Murphy-O'Connor, Jerome. *The Holy Land: An Archaeological Guide from Earliest Times to 1700*. Oxford: Oxford Univ. Press, 1980.

Novick, Tzvi. "Succeeding Judas: Exegesis in Acts 1:15–26." *Journal of Biblical Literature* 129(2010): 795–799.

O'Toole, R. F. "Acts 2:30 and the Davidic Covenant of Pentecost." *Journal of Biblical Literature* 102(1983): 245–258.

Olyan, Saul M. "'Anyone Blind or Lame Shall Not Enter the House': On the Interpretation of Second Samuel 5:8b." *Catholic Biblical Quarterly* 60(1998): 218–227.

Papias. *Fragment* 3. 1744. http://www.ccel.org/ccel/schaff/anf01.vii.ii.iii.html

Parsons, Mikeal C. "The Character of the Lame Man in Acts 3–4." *Journal of Biblical Literature* 124(2005): 295–312.

Pathrapankal, J. "Christianity as a 'Way' according to the Acts of the Apostles." in *Les Actes des Apôtres*. éd. par J. Kremer. 533–539. Gembloux: Duculot et Leuven Univ. Press, 1979.

Pattengale, Jerry A. "Beautiful Gate." in *Anchor Bible Dictionary*, in *Anchor Bible Dictionary*. vol. 1. ed. by D. N. Freedman et al., 631–632. New York: Doubleday, 1992.

Peterson, David G. *The Acts of the Apostles*. Grand Rapids: Eerdmans, 2009.

Pervo, Richard I. *Acts: A Commentary*. Minneapolis: Fortress Press, 2009.

Polhill, John B. *Acts: The New American Commentary*. vol. 26. Nashville: Broadman Press, 1992.

Reinhardt, Wolfgang. "The Population Size of Jerusalem and Numerical Growth of the Jerusalem Church." in *The Book of Acts in Its Palestinian Setting*. vol. 4. ed. by R. J. Bauckham. 237–265. Grand Rapids: Eerdmans, 1995.

Richard, Earl. "Pentecost as a Recurrent Theme in Luke–Acts." 133–149. in *New Views on Luke and Acts*. ed. by Earl Richard. Collegeville: Liturgical Press, 1990.

Scheidel, Walter. "3. Demography." in *The Cambridge Economic History of the Greco-Roman World.* ed. by Ian Morris, Richard Saller & Walter Scheidel. 38–86. Cambridge, UK: Cambridge Univ. Press, 2007.

Schnabel, Eckhard J. *Acts* (Zondervan Exegetical Commentary on the New Testament). Grand Rapids: Zondervan, 2012.

Schweizer, Eduard. "Πνευμα." in *Theological Dictionary of the New Testament.* vol. VI. ed. by G. Kittel, tr. & ed. by G. W. Bromiley. 389–455. Grand Rapids: Eerdmans, 1967.

Sheely, Steven M. *Narrative Asides in Luke-Acts.* Sheffield: JSOT Press, 1992.

Shepherd, Jr., William H. *The Narrative Function of the Holy Spirit as a Character in Luke-Acts.* Atlanta: Scholar Press, 1993.

Sterling, Gregory E. "'Athletes of Virtue': An Analysis of the Summaries in Acts (2:41–47; 4:32–35; 5:12–16)." *Journal of Biblical Literature* 113 (1994): 679–696.

Strelan, Rick. "Strange Stares: Atenizein in Acts." *Novum Testamentum* XLI (1999): 235–255.

Talbert, Charles H. *Literary Patterns, Theological Themes, and the Genre of Luke-Acts.* Missoula: Scholars Press, 1974.

Tannehill, Robert C. *The Narrative Unity of Luke-Acts.* vol. 2. Minneapolis: Fortress Press, 1990.

Trites, Allison A. *The New Testament Concept of Witness.* Cambridge: Cambridge Univ. Press, 1977.

Trocmé, Etienne. *Le 'livre des Actes' et l'histoire.* Paris: Presses Universitaires de France, 1957.

Turner, Max. *The Holy Spirit and Spiritual Gifts: Then and Now.* Carlisle: Paternoster Press, 1996.

van der Horst, Pieter W. "Hellenistic Parallels To the Acts of the Apostles

(2.1–47)." *Journal for the Study of the New Testament* 25(1985): 49–60.

Vermes, Géza. *Jesus the Jew: A Historian's Reading of the Gospels*. London: Collins, 1973.

Weatherly, Jon A. *Jewish Responsibility for the Death of Jesus in Luke-Acts*. Sheffield: Sheffield Academic Press, 1994.

Wedderburn, A. J. M. "Tradition and Redaction in Acts 2:1–13." *Journal for the Study of the New Testament* 55(1994): 27–54.

Weinstock, S. "The Geographical Catalogue in Acts 2,9–11." *Journal of Roman Studies* 38(1948): 43–46.

Wenk, Matthias. *Community-Forming Power: The Socio-Ethical Role of the Spirit in Luke-Acts*. Sheffield: Sheffield Academic Press, 2000.

Williams, M. H. "Palestinian Jewish Personal Names in Acts." in *The Book of Acts in Its Palestinian Setting*. vol. 4. ed. by R. J. Bauckham, 79–113. Grand Rapids: Eerdmans, 1995.

Wilson, S. G. *The Gentiles and the Gentile Mission in Luke-Acts*. Cambridge: Cambridge Univ. Press, 1973.

Witherington III, Ben. *The Acts of the Apostles: A Socio-Rhetorical Commentary*. Grand Rapids: Eerdmans, 1998.

Zehnle, Richard. *Peter's Pentecost Discourse*. Nashville: Abingdon Press, 1971.

Zwiep, Arie W. *Judas and the Choice of Matthias*. Tübingen: Mohr Siebeck, 2004.

지은이

유상현

연세대학교 신학과

장로회신학대학교 신학대학원

Strasbourg대학교 개신교 신학부(Dr. en théol.)

현재 연세대학교 신약학 교수

저서

『사도행전 연구』(대한기독교서회, 1996)

『바울의 제1차 선교여행』(대한기독교서회, 2002)

『바울의 제2차 선교여행』(대한기독교서회, 2008)

『바울의 제3차 선교여행』(대한기독교서회, 2011)

『바울의 마지막 여행』(동연, 2014)

역서

『요한계시록 주석』(쟈끄 엘륄/한들출판사, 2000)

『초기 기독교의 형성』(에티엔느 트로크메/대한기독교서회, 2003)